富山県方言の文法

ひつじ研究叢書〈言語編〉

第109巻 複雑述語研究の現在 　　　　　　　　　　　　　岸本秀樹・由本陽子 編
第110巻 言語行為と調整理論 　　　　　　　　　　　　　　　　　　　久保進 著
第111巻 現代日本語ムード・テンス・アスペクト論 　　　　　　　　工藤真由美 著
第112巻 名詞句の世界 　　　　　　　　　　　　　　　　　　　　　　西山佑司 編
第113巻 「国語学」の形成と水脈 　　　　　　　　　　　　　　　　　　釘貫亨 著
第115巻 日本語の名詞指向性の研究 　　　　　　　　　　　　　　　　新屋映子 著
第116巻 英語副詞配列論 　　　　　　　　　　　　　　　　　　　　　鈴木博雄 著
第117巻 バントゥ諸語の一般言語学的研究 　　　　　　　　　　　　　湯川恭敏 著
第118巻 名詞句とともに用いられる「こと」の談話機能 　　　　　　　　金英周 著
第119巻 平安期日本語の主体表現と客体表現 　　　　　　　　　　　　高山道代 著
第120巻 長崎方言からみた語音調の構造 　　　　　　　　　　　　　　松浦年男 著
第121巻 テキストマイニングによる言語研究 　　　　　　　　岸江信介・田畑智司 編
第122巻 話し言葉と書き言葉の接点 　　　　　　　　　　　　　石黒圭・橋本行洋 編
第123巻 パースペクティブ・シフトと混合話法 　　　　　　　　　　　山森良枝 著
第124巻 日本語の共感覚的比喩 　　　　　　　　　　　　　　　　　　武藤彩加 著
第125巻 日本語における漢語の変容の研究 　　　　　　　　　　　　　鳴海伸一 著
第126巻 ドイツ語の様相助動詞 　　　　　　　　　　　　　　　　　　髙橋輝和 著
第127巻 コーパスと日本語史研究 　　　　　　近藤泰弘・田中牧郎・小木曽智信 編
第128巻 手続き的意味論 　　　　　　　　　　　　　　　　　　　　　武内道子 著
第129巻 コミュニケーションへの言語的接近 　　　　　　　　　　　　定延利之 著
第130巻 富山県方言の文法 　　　　　　　　　　　　　　　　　　　小西いずみ 著
第131巻 日本語の活用現象 　　　　　　　　　　　　　　　　　　　　三原健一 著
第132巻 日英語の文法化と構文化 　　　　　　　　　秋元実治・青木博史・前田満 編
第133巻 発話行為から見た日本語授受表現の歴史的研究 　　　　　　　　森勇太 著
第134巻 法生活空間におけるスペイン語の用法研究 　　　　　　　　　堀田英夫 編
第138巻 判断のモダリティに関する日中対照研究 　　　　　　　　　　　王其莉 編

ひつじ研究叢書
〈言語編〉
第130巻

富山県方言の文法

小西いずみ 著

ひつじ書房

目 次

序章　本書の背景・目的・方法　　　　　　　　　1
  1. はじめに　　　　　　　　　　　　　　　　1
  2. 日本語諸方言の文法研究　　　　　　　　　1
    2.1　方言文法研究の目的と意義　　　　　　1
    2.2　方言文法研究の方法　　　　　　　　　5
  3. 富山県方言の文法研究　　　　　　　　　　8
  4. 本書の目的・方法と構成　　　　　　　　　12

    I　地理的分布からのアプローチ　　　　　17

第1章　地理的分布から見た富山県方言の文法　　19
  1. 行政区としての富山県と富山県方言　　　　19
  2. 東西方言対立と富山県方言　　　　　　　　20
    2.1　牛山初男による東西方言境界の指標　　21
      2.1.1　動詞の否定形　　　　　　　　　22
      2.1.2　w語幹動詞音便形　　　　　　　22
      2.1.3　形容詞連用形　　　　　　　　　22
      2.1.4　母音語幹動詞の命令形　　　　　24
      2.1.5　コピュラ　　　　　　　　　　　25
    2.2　そのほかの西日本方言的特徴　　　　　26
  3. 非東西対立型の文法項目　　　　　　　　　28
    3.1　準体助詞　　　　　　　　　　　　　　28
    3.2　意志・推量形　　　　　　　　　　　　29
    3.3　勧誘形　　　　　　　　　　　　　　　30
    3.4　尊敬形　　　　　　　　　　　　　　　31
    3.5　原因・理由の接続助詞　　　　　　　　32
  4. 五箇山方言の特異性　　　　　　　　　　　35
  5. まとめ　　　　　　　　　　　　　　　　　36

第2章 コピュラの分布とその形成過程　39
1. 問題の所在　39
2. 方法　40
3. 調査結果　42
   - 3.1 地理的分布　42
   - 3.2 デャの音声的変異と使用意識　44
   - 3.3 言語内的要因　45
   - 3.4 言語外的要因（年齢差・男女差）　46
4. 分布形成過程　47
   - 4.1 富山市周辺におけるデャからダへの変化　47
   - 4.2 呉西と岐阜県境のジャ・ヤ　49
   - 4.3 呉東東部のデャ・ジャ・ヤ　49
   - 4.4 ダ優勢域のヤと、ジャ・ヤ優勢域のダ　51
   - 4.5 まとめ　52
5. 「では」の分布　53
6. 本章のまとめ　富山県方言の形成という視点から　56

II　記述的アプローチ1　総合的記述　59

第3章　富山市方言の文法体系　61
1. 本章の目的と方法　61
2. 音韻体系　64
   - 2.1 音素とモーラ　64
   - 2.2 アクセント　66
3. 品詞　69
4. 文の基本構造　69
5. 名詞句の構造　71
   - 5.1 人称代名詞　71
     - 5.1.1 1人称　71
     - 5.1.2 2人称　73
     - 5.1.3 3人称　75
   - 5.2 名詞に付く接辞　75
     - 5.2.1 複数の接尾辞　75
     - 5.2.2 概数・概量の接尾辞　76
     - 5.2.3 敬称接尾辞　77
     - 5.2.4 共同主体の副詞的成分を作る接尾辞　78
     - 5.2.5 丁寧・美化の接頭辞　78

- 5.3 形式名詞 ... 78
    - 5.3.1 モン ... 79
    - 5.3.2 サン ... 80
    - 5.3.3 トコ ... 80
    - 5.3.4 コト ... 81
- 5.4 準体助詞 ... 82
6. 指示語と疑問語 ... 85
7. 活用 ... 88
    - 7.1 動詞 ... 88
    - 7.2 形容詞 ... 96
    - 7.3 形容名詞述語・名詞述語 ... 101
8. 格 ... 103
    - 8.1 主格ø・ガ・ア・ナ ... 103
    - 8.2 対格ø・オ ... 105
    - 8.3 与格ニ・ø ... 106
    - 8.4 方向格エ ... 108
    - 8.5 相手格ト ... 108
    - 8.6 場所格デ ... 108
    - 8.7 起点格カラ ... 109
    - 8.8 基準格ヨリ・ヨリカ・ヨカ ... 109
    - 8.9 連体格ノ ... 109
    - 8.10 格助詞のアクセント ... 110
9. とりたて ... 111
    - 9.1 提題と対比的とりたて ... 111
    - 9.2 累加 ... 115
    - 9.3 極限 ... 116
    - 9.4 例示・評価 ... 117
    - 9.5 限定 ... 118
    - 9.6 格助詞との共起・語順とアクセント ... 120
10. 並列 ... 121
11. ヴォイス ... 125
    - 11.1 受身 ... 125
    - 11.2 使役 ... 125
12. 可能 ... 126
13. 恩恵の授受 ... 127
14. 希望 ... 130
15. アスペクト ... 131
    - 15.1 継続「〜トル」 ... 131

15.2 他のアスペクト形式		132
15.2.1 進行		132
15.2.2 結果継続		133
15.2.3 開始		134
15.2.4 完遂		135
16. 肯否		135
16.1 動詞の否定形		135
16.2 形容詞・名詞述語の否定形		139
16.3 否定の呼応副詞		142
17. テンス		142
18. モダリティ		143
18.1 評価		144
18.1.1 当為		144
18.1.2 妥当		145
18.1.3 許容		146
18.1.4 非許容		146
18.2 認識		148
18.2.1 断定と推量		148
18.2.2 蓋然性		150
18.2.3 推定		150
18.3 説明		152
18.4 疑問		155
18.5 確認要求		157
18.6 感嘆		159
18.7 意志		161
18.8 勧誘		162
18.9 命令		163
18.10 終助詞		167
18.10.1 ゼ		168
18.10.2 ジャ		169
18.10.3 ゾ		169
18.10.4 チャとワ		170
18.10.5 ト		171
18.10.6 ガイ・ガイネ		172
18.10.7 ワイ・ワイネ		172
18.10.8 ゲ		173
18.10.9 カとケ		174
18.10.10 ヨ		175

- 18.10.11 イネ ... 177
- 18.10.12 ノ・ネ・ナ ... 178
- 18.10.13 エ ... 179
19. 敬語 ... 179
    - 19.1 尊敬 ... 179
    - 19.2 丁寧 ... 180
20. 従属節 ... 182
    - 20.1 引用節 ... 182
    - 20.2 疑問節 ... 184
    - 20.3 名詞修飾節 ... 184
    - 20.4 仮定節 ... 185
    - 20.5 逆接仮定節 ... 190
    - 20.6 原因・理由節 ... 192
    - 20.7 逆接節 ... 194
    - 20.8 時間節 ... 196
    - 20.9 目的節 ... 198
    - 20.10 様態節 ... 199
    - 20.11 等位節 ... 200
21. 談話展開において機能する形式 ... 204
    - 21.1 接続詞 ... 204
        - 21.1.1 仮定の接続詞 ... 204
        - 21.1.2 理由 ... 205
        - 21.1.3 逆接 ... 206
        - 21.1.4 添加 ... 207
    - 21.2 応答表現 ... 208
        - 21.2.1 肯定とあいづち ... 208
        - 21.2.2 否定 ... 210
        - 21.2.3 情報の受容 ... 211
        - 21.2.4 問い返し ... 212
    - 21.3 間投表現 ... 212
        - 21.3.1 呼びかけ・注意喚起 ... 212
        - 21.3.2 フィラー ... 215
        - 21.3.3 驚き ... 216
        - 21.3.4 疑念表明 ... 217
22. 本章のまとめ ... 217

III　記述的アプローチ2　文法事象・文法形式各論　225

第4章 用言の音調交替とその機能　227
1. 本章の目的と問題の端緒　227
2. 音調交替とは　229
3. テ形の音調交替　229
4. 終止・連体形の音調交替　231
   - 4.1 音調交替が起こる語形　231
   - 4.2 音調交替用言に後接する付属語のアクセント　232
   - 4.3 タ形の終止・連体形における音調交替　237
   - 4.4 音調交替の機能　238
5. 課題　239

第5章 s語幹動詞イ音便化の例外語　243
1. 本章の目的　243
2. 先行研究と問題の所在　243
3. 調査方法　246
4. 調査結果と考察　247
   - 4.1 イ音便化の例外とその言語内的要因　247
   - 4.2 例外が生まれる動機　252
5. 課題　254

第6章 下新川方言における形容名詞述語の活用　257
1. 問題の所在と本章の目的　257
2. 調査方法　258
3. 記述と考察　259
   - 3.1 活用形一覧　259
   - 3.2 「〜ナ」と「〜ジャ」の違い　262
   - 3.3 「〜ナ＝形容詞語尾」形　266
   - 3.4 中・若年層における形容名詞述語の活用　269
   - 3.4 名詞と形容名詞の連続性　270
4. まとめと課題　273

第7章 形容詞の副詞化形式「ナト・ラト」と「ガニ」　275
1. 本章の目的　275
2. 方法　276
3. 形容詞の活用概観　277

4.「〜ク」に対応する諸形式　　　　　　　　　　280
　　　　4.1　テ形・補助用言後続形　　　　　　　　280
　　　　4.2　副詞形1「〜ナト・ラト」　　　　　　281
　　　　4.3　副詞形2「〜イガニ」　　　　　　　　285
　　5.　ナト・ラトやガニの発達　　　　　　　　　　288
　　　　5.1　形容詞連用形分化の背景　　　　　　　288
　　　　5.2　接尾辞ナト・ラトの由来　　　　　　　289
　　　　5.3　ガニの文法化　　　　　　　　　　　　290
　　6.　まとめ　　　　　　　　　　　　　　　　　　292

第8章　引用標識のゼロ化とその要因　　　　　　　　295
　　1.　本章の目的　　　　　　　　　　　　　　　　295
　　2.　先行研究　　　　　　　　　　　　　　　　　296
　　　　2.1　引用標識の全国分布　　　　　　　　　296
　　　　2.2　ø化に関わる言語内的要因　　　　　　296
　　3.　方法　　　　　　　　　　　　　　　　　　　297
　　4.　調査結果と分析　　　　　　　　　　　　　　298
　　　　4.1　引用標識のバリエーションとそのアクセント特徴　298
　　　　4.2　ø化の頻度の地域差　　　　　　　　　303
　　　　4.3　ø化の頻度に関わる言語内的要因　　　304
　　　　4.4　まとめ　　　　　　　　　　　　　　　309
　　5.　考察　ø化の動機　　　　　　　　　　　　　311
　　6.　まとめと課題　　　　　　　　　　　　　　　313

第9章　提題・対比的とりたての助詞「チャ」　　　　315
　　1.　本章の目的　　　　　　　　　　　　　　　　315
　　2.　方法　　　　　　　　　　　　　　　　　　　316
　　3.　「XチャY」文の意味　　　　　　　　　　　316
　　4.　「XチャY」文の別義どうしの関係　　　　　332
　　5.　課題と展望　　　　　　　　　　　　　　　　334

終章　　本書の成果と課題　　　　　　　　　　　　　337
　　1.　地理的分布からのアプローチ　　　　　　　　337
　　2.　記述的アプローチ　　　　　　　　　　　　　338
　　　　2.1　文法体系の記述　　　　　　　　　　　338
　　　　2.2　文法形式・文法事象各論　　　　　　　340

3. 方法論上の成果と課題　　　　　　　　　342

参考文献　　　　　　　　　　　　　　　　　347
本書と既発表論文との関係　　　　　　　　　357
あとがき　　　　　　　　　　　　　　　　　359
索引　　　　　　　　　　　　　　　　　　　361

序　章
本書の背景・目的・方法

1. はじめに

　本書は、富山県という行政単位を地理的基盤とする日本語の一変種「富山県方言」を対象とし、その文法について記述するものである。本書が日本語研究・日本語方言研究の蓄積のなかでどのように位置づけられるかを示すために、まず、日本語諸方言の文法研究の目的・意義・方法とこれまでの成果を整理する必要がある。そこで、**2**（以下、節項目の番号をこのようにゴチック体で示す）において、これまでの日本の方言文法研究一般の目的・意義・方法について略述し、**3**において、富山県方言を対象とした文法研究の成果と課題を述べる。それらを受け、**4**において、本書の目的・方法と構成を示す。

2. 日本語諸方言の文法研究

2.1　方言文法研究の目的と意義

　方言という地域的変種を対象とする研究では、標準的変種（「標準語」「（全国）共通語」と呼ばれるもの）を対象とする研究に比べて、話者が限られるなど、研究の実践上、さまざまな困難が伴う。それにも関わらず、方言を対象とした研究が行われるのは、言うまでもなく、標準的変種とは異なる言語現象がそこに存在し、その現象の理解が言語研究に寄与すると期待されるからである。文法研究に限って言えば、日本語の方言を対象とした文法研究によって、日本語あるいは言語一般の文法研究に寄与しうるとの期待がある。この、一言語変種としての特定方言の文法に対する理解と、その結果としての文法研究全体への貢献という点が、日本語諸方言を対象と

した文法研究のもっとも基本的な目的と意義であることは、ほぼ異論がないところであろう*1。

　文法研究への寄与を第一の目的とするのではなく、より総合的な言語現象の把握や、何らかの応用上の目的を持つ研究においても、方言の文法現象が考察対象となりうる。例えば、言語変化の一般性・個別性を実証的に明らかにしようとする分野（言語地理学や、変異理論の立場からの言語変化論）において文法項目が扱われる場合が該当する。また、近代の日本の方言研究において重要な位置をしめた方言区画論では、文法的事実が区画決定に最も大きな役割を果たしていた。さらに、応用研究としては、方言における文法的事実を把握した上で、それを言語政策や言語教育に役立てる場合が想定できる。明治期の国語調査委員会による音韻・口語法調査が、標準語制定という目的にもとづくものであったことは、よく知られている。その後、標準語の普及と「方言矯正」の必要性が叫ばれた時期には、その基礎研究として文法を含めた方言記述が行われた。現在の学校教育では、方言と共通語との違いを理解した上で必要に応じて両者を使い分けるべきとされ、その学習の一環として教科書で方言の文法現象に触れることもある*2。日本語教育（学）の分野においても、地域社会で生活する非日本語母語話者のために、文法を含む方言の指導・学習の必要性が認識されている。

　方言文法研究は、その視点・方法から見ても多様である。例えば、次のような観点においてである。

　　(a) 扱う言語単位のレベル。すなわち、形態論か、統語論か、文章・談話論にも及ぶのか。
　　(b) 連辞的（syntagmatic）関係を重視するか、範列的（paradigmatic）関係を重視するか。
　　(c) 考察・記述の対象（あるいは出発点）を言語形式とするか、意味・文法上の範疇とするか。
　　(d) 地理的分布を考慮するか否か。
　　(e) 社会言語学的要因を考慮するか否か。
　　(f) 共時論か通時論か。
　　(g) 特定の文法現象を主題として多くの方言を記述対象とする

か、特定の方言を対象として文法体系の記述を行うか。

　(a)〜(c)の3つは、それぞれ別の事柄だが、相互に関係が深い。宮島(1956)は、それまでの方言研究の大きな欠点の1つは「方言を体系的にあつかわなかったこと」であるとし、標準語と比べた上で標準語に見られない現象だけを述べるといった姿勢や、活用や接続ばかりを扱って文法的意味を扱おうとしない「形式主義」を批判した。この問題意識は、直接的には、上の(b)でいう言語表現の連辞的な構造ばかりを扱って範列的な体系を扱ってこなかったことに対するものだが、その目指すところは「格」「テンス」などの文法範疇における形式どうしの対立関係(すなわち「体系」)の把握にあるという点で(c)に関わる。また、方言文法研究が、用言の活用形の連辞的構造の把握を出発点とし、構造主義の立場での記述的研究がさかんな時代を通じて長くそれを中心としてきたため、(a)でいう形態論(特に、活用形相互の範列的な関係には立ち入らない形態論)にとどまり、文以上の単位や意味を対象とした文法研究がなかなか発展しなかったことは、加藤(1995)や渋谷(2000)が論じている。

　こうした問題意識をふまえ、特に1990年代半ば頃から、特定の文法・意味範疇を考察・記述の基本的対象とし、その体系を明らかにすることを重視した方言文法の記述的研究が盛んになった*3。こうした研究の動向は、2000年代前半に刊行された入門書・概説書の構成にも反映されている。例えば、2003年刊行の『ガイドブック方言研究』(小林・篠崎2003)は、「文法」に関する章として、構造主義的な形態論を扱う「方言のしくみ　文法(形態)」(大西拓一郎の執筆)と、特定の文法・意味範疇内での体系や文法形式の意味論的記述を扱う「方言のしくみ　文法(語法・意味)」(井上優の執筆)との2つを収める。また、「シリーズ方言学」の1冊『方言の文法』(佐々木・他2006)は、方言文法論の中心的課題を「統語論や意味論」と明記し(p.vii;シリーズ編者の小林隆による)、「格」「自発・可能」等の文法範疇に即した構成となっている*4。

　先の(d)〜(f)の3つも、それぞれ別の事柄だが、実際の研究においては相互に関わる問題である。つまり、(d)の地理的分布や

(e) の社会言語学的要因による変異は、地域方言の共時態の一側面であるが、これまでの研究では、これらの情報を、時には無自覚的に、通時論を展開するための手がかりとして利用することが多かった。また、研究史的には、(d)～(f) の視点は、先の (a)～(c) の視点とも無関係でない。南（1962）は「方言研究では、どんな種類の研究でもある程度広い地域の調査をしないと大きな成果は上がらない、と思われることもあるのではないだろうか。そんなことから、一つの方言の文法体系を徹底的に記述した、本格的な方言文法の研究があまり出なかったのだろうと考えられる」としたが、後に、研究最初の段階では特定の方言のみを対象とした徹底的な記述が必要だとしてもそれを方言文法の唯一の研究法であるとするのは「浅慮の至り」であったと述べ、地理的分布の情報を文法体系の記述に盛り込むことについて、実行上の問題と理論上の問題とに分けて論じている（南1980）。南のいう「実行上の問題」とは、理想論としてはある方言について文法書を書いた上で、その１つ１つの言語要素についての地理的分布を明らかにし、その情報を文法書に加えるという研究が考えられるが、そのような研究は実際には行いがたいという問題である。「理論上の問題」というのは、「文法体系を追求しようとする観点と、地理的分布を明らかにしようとする観点とは、矛盾なく両立するものなのか」というもので、それに関わる試みとして、Weinreichなどの構造的な言語地理学的研究の可能性に触れている。さらに、南（1980）は、上記の (e) の問題にも触れる。すなわち、方言には標準語との共存関係においてさまざまな違いがあり、方言が持つ言語要素の現れに話し手の属性や話題・発話の状況といった社会言語学的な要因が関わるが、そのような情報までも方言文法の記述に取り入れるかどうか、という点である。

　比較的最近では渋谷（2000）が、上記 (a)～(c) の問題点も考慮した上で、「文法レベルにおける方言地理学的研究」を行うためには、一方言内における「体系内記述」と「体系間比較対照による汎方言的な意味領域、意味項目の設定」という２つの作業が必要なことを論じている。南の場合、あくまで共時的な記述の対象範囲として、地理的分布や社会言語学的要因を問題としているのだが、渋

谷の論では、地理的分布ではなく言語地理学と文法との関係を論じていることからもうかがえるように、「方言の動態を見出す」という通時論的な目標が掲げられている。

方言地理学と体系記述との融合を目指す研究において、もっとも有用な資料の1つに、国立国語研究所（1989–2006）『方言文法全国地図』（GAJ）全6集がある。これを利用し、他の調査データもふまえて、方言文法形式の意味・機能とその動態記述を行った研究の嚆矢として、日高（2003, 2004）の東北方言の目的格助詞の研究や、小林（2004）の東北方言の格助詞サの研究があげられる。

最後に掲げた（g）も、すでに見てきた（a）〜（f）と無関係ではない。比較的規模の大きな、長期的研究課題においては、特定の文法現象あるいは意味・文法範疇をとりあげ、複数の方言間を比較・対照しながら記述する（さらに、そこから各方言の状態間の通時的な関係を論じる）ことを目指した研究と、特定の方言変種をとりあげ、その方言の文法体系全体や文法現象を広く記述することを目指した研究とがある。前者の研究としては、すでに触れてきたものも含めて、渋谷の可能表現（渋谷1993）、工藤のテンス・アスペクト・ムード体系（工藤2004など）、日高の授受表現に関する研究（日高2007a）などがあげられる。後者の一方言の文法体系の記述、特に参照文法（reference grammar）の記述・編纂は、南（1962, 1980）や渋谷（2000）がその必要性を論じているところである。方言の文法体系全体の参照文法の記述にはかなりの時間と労力を要することは言うまでもないが、どの程度の記述精度が必要とされるのかは意見が定まっていない。秋田県教育委員会（2000）『秋田の方言』は、文法だけでなく音韻・語彙も含めた広義の「文法書」として特筆すべき成果だが、一般向けという性格が強いこと、また、秋田県全体という広い地域を対象としたこともあって、記述の精度が高いとは言いがたい。

2.2 方言文法研究の方法

方言文法研究の広い意味での「方法」については、地理的・社会的変異をどこまで考慮するかといった点から、すでに述べてきた。

ここでは、どのような方法で目的のデータを得るかというデータ収集の方法について述べる。ただし、これも、方言文法の定性的な記述を目指すか定量的な記述を目指すかという、「文法」「文法記述」に対する基本的な立場の違いに関わる問題である。

これまでの方言文法研究においてとられてきた、データ収集の主な方法としては、次のものがあげられる。

　　a. 論者自身の内省に依拠
　　b. 方言話者をインフォーマントとした質問調査の結果に依拠
　　　1. 面接調査
　　　2. アンケート（自記記入式）調査
　　c. 方言話者による自発的発話（自然談話）の例に依拠

a、bは対象方言のネイティブ・スピーカーの内省に依拠するという点で共通する。文法に関する研究における「内省」の問い方としては、特定の言語形式・文が特定の文脈において生起可能か否かという文法性判断を問うことが中心となる。b2では内容の定められた調査票（質問紙）を用いる。b1でも予め定まった調査票を用意し、それに沿って質問を重ねるが、インフォーマントの回答・反応の様子にあわせて臨機応変に質問内容や質問順を変えることが多い。これは、データを得るまでのプロセスがやや不透明になるという欠点もあるが、質の高い詳細な文法記述を追究する場合にはむしろ有効である。また、アンケートは多数のインフォーマントに同時に行えるため、面接質問調査のほうが調査にかかる時間が圧倒的に長い。このような、質問の定型性や、調査にかかるコストの違いから、面接質問調査は、少人数のインフォーマントを対象とし、定性的な記述を目的とする研究において、一方、アンケート調査は、多数のインフォーマントを対象とし、定量的な記述を目的とする研究において、行われることが多い。aの論者自身の内省による場合も、当然、定性的な記述を行うものとなる。

cは、自発的な発話をデータとするもので、母語話者の判断を問うa、bとは異なる。いわばa、bは実験的手法、cは観察的手法である。文法に関する研究で自発的発話を資料とする場合、研究課題である文法現象・文法形式の例を記録・採集するのが一般的である。

記録・採集された用例は、定性的な記述にも定量的な記述にも用いられうる。藤原与一らによる「自然傍受法」は、cに該当する手法の1つで、しかも、もっぱら定性的な記述のデータとして用いられていると言える。定量的な記述のためには、同一話者あるいは同一地点においてある程度の規模を持った発話データが必要となるため、談話（特に、複数の話者による対話）を録音し、文字化したものを資料とするのが一般的である。方言による自然談話の収録・文字化は、研究者個人によっても行われているが、全国規模で収集されたものとして、日本放送協会（1999）『全国方言資料』、国立国語研究所（1978-1987）『方言談話資料』、同（2001-2008）『全国方言談話データベース 日本のふるさとことば集成』がある。

　a、b、cのデータ収集法、また、定性的・定量的な記述は、それぞれ長所・短所があり、補い合う性格を持つ。例えば、aやb1のような少人数の話者の内省に依拠する方法では、同一の意味や統語条件で複数の形式が並存するとき、それらがどのような関係にあるのかが把握しにくい。そうした情報は、多人数を対象とするb2のアンケート調査や、cのうち当該事象の例が多数期待される規模の談話資料の用例調査から、知ることができる。一方で、アンケート調査では、エラー（書き間違いや不誠実な回答）を避けることができず、自発的な談話を資料とする場合には、言いよどみ・言い間違いや、音声言語につきものの統語構造の乱れといった現象が存在する。こうした「問題のある」用例と「問題のない」用例との判別は、ややもすると恣意的になる恐れがある。また、自然談話資料においては、そもそも出現頻度の低い文法形式・文法現象は扱うことができないし、たまたま出現しなかった文法形式や文法現象がその方言において「無い」「許容されない」とは限らない。こうした自然談話資料の用例調査の弱点を補うためには、a、bのようなネイティブ・スピーカーの内省を問うという手法が有効となる。

　このように、特定の文法現象の記述において、異なる収集法で得られたデータを用いて分析・考察することは非常に有効だが、そうした研究は多くない。比較的最近では、日高（2007a）が、授与動詞の方言間対照研究において、面接質問調査や談話資料の例による

定性的な把握と、多人数を対象としたアンケート・面接調査による定量的な把握とを、並行して行いながら記述している。また、下地(2013)は、琉球諸変種や日本語諸方言の記述的研究において、記述文法書・辞書・自然談話の「3点セット」が求められるとし、それらのデータ収集・編集についての方法論的な検討を行っている。

なお、自発的発話を資料とした定量的な把握が、言語体系の共時的な記述やそれに基づく言語変化研究にとって非常に重要な役割を果たすことは、すでにコーパス言語学や変異理論の立場からの社会言語学的研究などによって、よく知られていることである。特に、上記の『全国方言資料』『日本のふるさとことば集成』は、全国規模で同一時期に収集されており、方言間の比較・対照のためには格好の資料である。しかし、日本の方言文法研究においては、自然談話資料の用例を定性的な記述のためのデータとすることが多く、当該方言の文法現象の定量的な把握のために用いた例はあまり多くない。今後、談話資料の資料性の検証も行いながら、積極的に活用していくことが望まれる。

3. 富山県方言の文法研究

富山県方言の文法については、複数の研究者による精力的な調査・研究が行われてきた歴史があり、全国的に見て、質的にも量的にも恵まれた研究成果が蓄積されている。

全国的に見た富山県方言の位置づけとしてまず確認しておくべきことは、富山県がちょうど東西方言の境界にあり、おおよそ西日本方言的な特徴を示しながらも、それに合致しない特徴もあわせ持つという点である。これらのことが初めて実証的に示されたのは、明治期の国語調査委員会による通信調査の結果をまとめた『口語法調査報告書』とそれを地図化した『口語法分布図』においてである(国語調査委員会1906a, b)。『口語法調査報告書』は、行政単位(県や市郡)にアンケートを郵送し、返送されて得た回答をまとめたもので、回答した行政単位の数や密度、回答の精密さや信頼性にかなりばらつきがあるが、富山県については、県および各市郡の回

答がほぼそろっており、その回答も比較的詳しく、明治期の富山県方言の文法についての貴重なデータと言える。しかし、調査項目が、ほぼ用言の活用形の構造論的な差異を扱ったものに限られており、各形式の意味・統語論的な情報や、用言の活用以外の文法事象については、ほとんど知ることができない。また、牛山（1969）は、『口語法調査報告書』を参照しながら、独自の通信調査結果にもとづき、東西方言境界を決める際の文法的指標や、指標どうしの等語線の異同を論じており、その記述からも、富山県に東日本方言の文法特徴が混じることが確かめられる。

全国規模の方言文法の地理的分布を示す基礎資料としては、前節でも触れた、国立国語研究所（1989–2006）『方言文法全国地図』（GAJ）全6集がある。この刊行によって、文法面における東西方言対立やそれ以外の観点から見た富山県方言の位置づけを改めて把握することが可能となった。

富山県方言の文法を対象とした研究の蓄積については、日本方言研究会（2005）の文献目録などによって知ることができる。ここでは、特筆すべき成果としてまず次の4つを紹介し、最後にそれ以外の成果に触れる。

(1) 金森久二による滑川方言の研究
(2) 真田ふみ・真田信治による五箇山方言の研究
(3) 井上優による砺波方言の研究
(4) 山田敏弘による富山県方言の研究

(1) 金森久二による滑川方言の研究

金森久二は越中方言研究会の代表者として、1931〜32（昭和6〜7）年という短い期間に『越中方言研究彙報』1〜6輯の編集・発行を行った。同誌は、文法に限らず音韻・語彙も含めた富山県方言に関する諸論考を掲載したもので、富山県方言の早い段階での記述的研究として価値が高い*5。同誌に掲載された文法に関する金森の論考は、滑川町（現在の滑川市）や中新川郡を対象としたもので、「代名詞形容詞調査報告（滑川町に於ける）」（1輯）、「オラッチャラッチャ考」（2輯）、「滑川町に於ける動詞調査報告」（2, 3輯）、

「滑川町に於ける助詞考察（一）～（三）」（4～6輯）、「中新川郡に於ける指定の助動詞概観」（6輯）がある。すなわち、用言の活用と助詞という文法の基本的な部分体系の記述が、昭和初期という早い時期に行われているのである。調査方法は明記されていないが、用言や助詞については東条操による「簡約方言手帖」にもとづいて記入した由が記されていることから、主に自身の内省と観察によると思われる。

(2) 真田ふみ・真田信治による五箇山方言の研究

「秘境」とされてきた五箇山地方（旧.西礪波郡上平村・平村・利賀村。現在の南砺市の一部）は、真田ふみや真田信治の記述的研究・言語地理学的研究・社会言語学的研究により、富山県内でもっとも広範で充実した方言研究の成果が蓄積されてきた地域である。真田らの成果も、文法に限らず、音韻・語彙を含めた方言全体に関するものである。語彙・文法の記述的な研究としては、『越中五箇山方言語彙』全13集があり、特に文法に関しては12集「文表現に関することば」（真田・真田1994）にまとめられている。これは上平村で幼少期を過ごした真田ふみの内省により、その個人語の（文法形式を含む）語彙体系を記述したものである。また、真田信治（1979a, 1990）による社会言語学的な調査・研究においては、連体・準体助詞、指定辞（コピュラ）、敬語などの文法項目が扱われている。

(3) 井上優による砺波方言の研究

井上優には、砺波方言（より厳密には旧.東礪波郡井波町方言）における、終助詞を中心とした一連の記述研究がある。ほぼ井上自身の内省によるものである。

井上（1995a, 1995b, 1995c, 1998）は、命令文で用いられる「ヤ」「マ」「カ」、叙述文で用いられる「チャ」「ワ」および「ゼ」「ジャ」など個々の終助詞の意味・用法を、統語・意味的に類似した終助詞どうしや共通語の終助詞との比較を通して詳しく記述した。この一連の記述は、方言文法研究の意義と可能性を示す、日本語方

言の文法研究全体にとって重要な成果と位置付けられる。また、井上（2006b）は、これらの終助詞全体を意味・統語的な特徴から再整理し、体系的に論じてもいる。

　終助詞以外にも、疑問表現、引用の助詞、テヤ敬語などについて、やはり自身の内省にもとづく記述がある（井上2003、井上・小西2006）。

（4）山田敏弘による富山県方言の研究

　山田敏弘の富山県方言に関する記述や調査報告は、やはり音韻や語彙にも及ぶものだが、特に文法を扱うものが多い。その成果は、主に『とやま・ことばの研究ノート』（以下「研究ノート」）第1〜3集、および、その別冊にまとめられている（山田2000a, 2000b, 2001a, 2001b）。特に、別冊の『文法を中心としたとやまことば入門』（以下「入門」）は、意味・文法範疇により配列された、簡便な「とやまことば」*6 の参照文法書と言える成果である。

　前述の3者がいずれも富山県内で言語形成期を過ごした富山県方言話者であるのに対し、山田は富山県方言話者ではない。そのために記述は、面接調査やアンケート調査、談話資料の用例調査といった、客観性・実証性の高い方法に依拠している。ただ、インフォーマントの年齢や生育・居住地といった属性にかなり幅があり、そうした話者属性の詳細が公表された成果には必ずしも明記されていない。「研究ノート」「入門」は一般向けという性格が強いこともあろうが、資料的価値をやや減じざるを得ない点は惜しまれる。

（5）その他の研究

　富山県方言研究にとって重要な成果として、ほかに、県や市町村史誌における方言の記述がある。特に文法に関しての重要な情報を含むものとしては、理由の接続助詞の地域差や方言文の例示を含む『富山県史　民俗編』掲載の大田（1973）の記述があげられる。また、行政による調査報告としては富山市教育委員会（1951–1956）の『富山市児童言語調査』全6集がある（文法に関しては、助詞や接続詞を扱った2集、助動詞を扱った3集が特に重要）。個人の成

果としては、水野（1981）の立山町方言の総合的記述、瀧川（1997, 1999）の呉西（県西部）の命令表現に関する記述が注目される。また、五箇山方言については、日高（2007a）の授与動詞体系の記述や、大阪大学による臨地調査報告（真田1997）などがある。

　以上のように、富山県方言の文法に関しては、全国規模の調査のデータに加えて、個々人の研究も多く、他方言から見ても豊かな研究成果が蓄積されていると言える。しかし、例えば、動詞の活用についてはほぼ金森（1931b）の記述に依拠してきたなど、文法の基本的な部分の記述が不足している。終助詞については井上優の一連の記述があるが、格の体系や副助詞、接続表現の体系については、助詞の一覧という形での金森（1932a）の論、山田（2001b）の概説があるものの、やはり体系的な記述には至っていない。これまでの蓄積を引き継いだ上で、さらに方法論的に洗練され、かつ詳細で体系的な記述が望まれる状況と言える。

4. 本書の目的・方法と構成

　前節で見たように、富山県方言の文法研究に関しては、他方言に比べて成果が蓄積されているとはいえ、総合的・体系的な記述には至っていない。また、富山県内の地域に注目してみると、対象が五箇山を含む呉西地方（県西部）に偏っていることが指摘できる。呉東（県東部）の方言は東日本的な要素の存在が指摘されるなど、共時的にも通時的にも興味深い対象であるはずだが、その文法の記述的研究は少なかった。県内の地域差も不明な点が多い。
　方法論的な側面を考慮すると、富山県方言に限らず日本語方言文法の記述全体にわたって、母方言話者の内省や、少人数の話者を対象とした面接調査による定性的な記述がほとんどで、文法現象の定量的な側面の記述、および定性的な側面と定量的な側面との両方にもとづく記述が少ないことが指摘できる。
　こうした、これまでの富山県方言文法研究の成果と問題点をふま

え、本書の目的を次のように設定する。
1) 文法事象・文法形式の地理的分布から、富山県方言の特性、および、富山県方言の分布形成過程を明らかにする。
2) 富山県方言の文法について総合的・体系的に記述する。その記述にもとづいて、他方言や中央語史と対照し、文法形式・文法事象の発達・変化過程を考察する。

本書は、アプローチの方法や上記目的との対応から、大きく3部に分けられる。それぞれの章立てとともに示す。

　　第Ⅰ部　地理的分布からのアプローチ
　　　第1章　地理的分布から見た富山県方言の文法
　　　第2章　コピュラの分布とその形成過程
　　第Ⅱ部　記述的アプローチ1　総合的記述
　　　第3章　富山市方言の文法体系
　　第Ⅲ部　記述的アプローチ2　文法事象・文法形式各論
　　　第4章　用言の音調交替とその機能
　　　第5章　s語幹動詞イ音便化の例外語
　　　第6章　下新川方言における形容名詞述語の活用
　　　第7章　形容詞の副詞化形式「ナト・ラト」と「ガニ」
　　　第8章　引用標識のゼロ化とその要因
　　　第9章　提題・対比的とりたての助詞「チャ」

第Ⅰ部では、地理的分布という側面から富山県方言の文法特性とその形成過程について論じる。上の目的1)に対応する。第1章では、日本全国および富山県の文法調査結果にもとづき、富山県方言の文法が全国的に見てどのような特徴を示すのか、および、富山県内にどのような地域差が見られるのかを概観する。第2章では、東西方言対立の指標の1つとされるコピュラ（名詞述語を作る助動詞。学校文法における「断定の助動詞」）の形態的変異をとりあげ、県内での地理的分布や統語環境等による差異を示し、その分布形成過程を考察する。これらは、文法を手がかりとした地域形成論という性格をあわせ持ち、第Ⅱ部・第Ⅲ部における記述・考察の前提知識を提示するという側面もある。

　第Ⅱ部は第3章のみから成る。ここでは、目的2)に対応する共

時的記述によるアプローチとして、対象地域を県の行政・経済の中心地である富山市に限定し、その方言の文法体系を総合的に記述する。目的2）を十分に果たすためには、富山県内の他地域方言の文法体系の記述も必要だが、それには圧倒的にデータが不足している。そこで、筆者自身の母方言であり、面接調査や談話資料の収集を継続して行ってきた富山市方言に対象をしぼることとした。

　第Ⅲ部は、共時的記述によるアプローチとして、富山県方言を特徴づける文法事象・文法形式を各章でとりあげ、面接調査や談話の用例調査にもとづいた記述を行う。共時的な記述ではあるが、第Ⅱ部とは異なり、共通語や他方言と対照したり、中央語史との関係や変化過程に言及したりしながら、当該事象・形式の共時的・通時的意味づけを積極的に行う。その点で、目的1）にもつながるものである。

　本書の「富山県方言の文法」というタイトルからは、「富山県方言」を1つの均質的な言語変種とみなし、その共時的な文法記述を行うかのように思われるかもしれないが、本書は、目的1）からも明らかなように、富山県方言が他の日本語方言と連続的であること、また、富山県方言の内部にも地理的・その他の要因による変異があることを前提とし、言語地理学的な考察を積極的に行うものである。むしろ、そうした言語地理学的知見や方法は、共時的な体系記述にも必要で有効なものであるとの認識に立つ。南（1980）も指摘するように、現在の方言は、共通語という標準的変種や隣接地域方言と絶えず接触し、それによる影響を蒙り続けている。作業仮説として、一地域あるいは一個人内に「共通語」「方言」さらに両者の「中間方言」という言語変種が共存し、それが場面などの要因で使い分けられると考えることもできるが、一方で、それらの変種どうしは、音韻や基礎語彙において共通した要素を持ち、連続的な関係にあるというのが、日本語の地域的変種の現実的な状況である。

　本書の第Ⅱ部では、富山県方言から富山市方言というより地理的に限定され、均質性が高まった変種を切り取り、その文法体系の記述を行うことを試みる。しかし、その富山市方言という対象においても、地域・年齢などによる話者間の差異が存在する。そうした変

異について得られたことはなるべく記述するよう努める。また、第Ⅲ部では、特定の文法事象・文法形式において、共時的な記述とともに、方言間や中央語史との対照を行う。第Ⅲ部では、一部の文法事象・文法形式に限定されるが、第Ⅰ部の地理的分布から見た特徴づけと、第Ⅱ部での体系記述とを、統合して把握することになる。

　第Ⅱ部・第Ⅲ部の記述を行うにあたり、筆者が留意するのは、まず第1に、形態論と意味・統語論の、あるいは、連辞構造論的記述と範列体系論的記述のどちらか一方に偏るのではなく、どちらの領域・観点からも整合性のある記述を行うことである*7。例えば、用言の活用については、その構造を記述し、さらに文法範疇ごとに形式間の対立関係を記述することになる。また、第2に、音韻論と文法論とをつなぐことを意識的に行う。特に活用形や付属語のアクセント上のふるまいは、その形式の形態・統語論的な性格と関わるという点で文法的にも重要な情報だが、そのような記述は主にアクセント論で行われ（奥村1956、和田1969,1984、木部1983など）、十分に文法記述に生かされてこなかった。例えば、第3章では富山市における母音語幹（一段）動詞の「見ロ」などの命令表現形式が、子音語幹（五段）動詞の「書ケ」などに対応する命令形ではなく、意志形による命令表現であると指摘するが、その論拠の1つはアクセントである。

　本書は、データ収集の方法論という側面から見ると、筆者自身の内省、各地の方言話者をインフォーマントとする臨地面接調査による定性的な記述がもっとも中心となるが、扱う文法現象の性質に応じて、自発的な発話（調査時の談話や既存の自然談話資料）における用例採集調査にもとづく定性的・定量的な記述も行っている。具体的には、2章におけるコピュラの変異、3章の全体、8章における引用標識のゼロ化に関してである。この分析・考察を通して、方言文法研究における、話者の内省に依拠する記述と談話資料の用例にもとづく記述、また、定性的な記述と定量的な記述との融合の有効性を示すのが、本書の副次的な目的でもある。

　ただし、本書では、話者の性・年齢その他の属性や文体・スタイルによる変異については、限定的にしか扱っていない。共時的記述

の厚みという点でも、通時論的にも、そのような社会言語学的要因に配慮することが望まれたが、現時点では十分な資料・データがなく、2章のコピュラ、3章の1人称代名詞などで利用・言及するに留まっている。

---

*1 このような方言文法研究の基本的な目的と意義を明確に述べたものとして、例えば、井上（2003）の論があげられる。
*2 平成20年3月告示の『中学校学習指導要領』第2章第1節「国語」では、第2学年の〔伝統的な言語文化と国語の特質に関する事項〕として「話し言葉と書き言葉との違い、共通語と方言の果たす役割、敬語の働きなどについて理解すること。」を挙げる。
*3 1990年代以降の方言文法研究において、特に重要な成果としては、渋谷（1993）による可能表現、工藤（2004）などによるテンス・ムード・アスペクト体系、佐々木（2004）による水海道方言の格、日高（2007a）による授受表現の記述などがあげられる。
*4 ほかに通時的な視点に立つものとして「文法化」と題した章が収められる。
*5 金森の方言研究については、山田（2000c）が再評価している。
*6 「とやま」は「富山県」を指すと明記されている（山田2001b、はしがき）。
*7 用言の活用に関する精密な連辞構造論的記述として、早田（1985）の博多方言に関する記述、大西（1994, 1995, 1996）の山形・岩手・大分方言の記述がある。また、金田（2001）の八丈方言の記述は連辞構造論的にも範列体系論的にも詳細なものである。本書ではこれらに学ぶところが大きかった。

I

地理的分布からのアプローチ

第1章
地理的分布から見た富山県方言の文法

1. 行政区としての富山県と富山県方言

　富山県は、古代令制国の「越中」に由来し、自然的にも行政的にも古代よりまとまりのある地域である。近世期には加賀藩とその支藩である富山藩に分かれたが、廃藩置県後は、何度かの新県設置や合併を経て、1883（明治16）年に旧越中国全域を管内とする富山県が設置され、富山町（現.富山市）に県庁が置かれた。県の面積は4,247.61km*1、2010（平成22）年国勢調査による人口は約109万人である。

　こうした地勢と歴史からうかがえるように、富山県は方言的にも均質性が高い。東条操（1954）の方言区画では、富山県方言は新潟県佐渡地方・石川県・福井県方言とともに「北陸方言」とされ、「西部方言」に属すとされる。また、富山県内の方言について、下野（1983）は、あまり大きな地域差はないとしたうえで、方言区画をたてるなら、大きく、東部〜中部の「呉東」、西部平野域の「呉西」、西部山間域の「五箇山」という3区画に、前2者はさらにそれぞれ2区画に、分けられるとする*2。下野の方言区画と現在の行政区との対応は次のとおり。図1.1も参照。

　　呉東　呉東東部　…　下新川郡、黒部市（旧.下新川郡宇奈月町を含む）、魚津市
　　　　　呉東西部　…　滑川市、中新川郡、富山市（旧.婦負郡・上新川郡を含む）
　　呉西　呉西北部　…　氷見市
　　　　　呉西南部　…　射水市（旧.新湊市・射水郡）、高岡市（旧.西礪波郡福岡町を含む）、小矢部市、砺波市（旧.東礪波郡庄川町を含む）、南砺市の

19

図 1.1　富山県の行政区画・方言区画

うち五箇山以外（旧. 西礪波郡福光町・東礪波郡福野町・井波町・城端町・井口村）

五箇山 … 南砺市のうち旧. 東礪波郡利賀村・平村・上平村

この方言区画は、音韻・語彙項目を手がかりとしたものだが、次節以降で見るように、文法面からもおおよそ支持できるものである。

2. 東西方言対立と富山県方言

前述のように、富山県方言は均質性が高く、西日本方言と共通した特徴が多く見られる。ただし、特に県東部（呉東）において、東日本方言的な要素も見られることが、下野（1983）や真田（1994）によって指摘されてきた。例えば、音韻面では、アクセントは京阪系に連なるが、県の一部に、シとス、チとツの区別が見られない、いわゆる「ズーズー弁」「一つ仮名弁」が分布するという点も、そ

の指摘に合致する＊3。本節では、こうした富山県方言の特性が文法面にもあてはまるかどうかを確認する。

2.1　牛山初男による東西方言境界の指標

まず、牛山（1969）が東西方言の境界線を設定する際の指標とした5項目をとりあげる。牛山があげた5つの指標と、東西それぞれの代表的形式は、次のとおりである。

	東	西
1. 打消の言い方	～ナイ	～ン
2. 指定の言い方	ダ	ジャ・ヤ
3. 形容詞の連用形	シロクナル	シロ(ー)ナル（白くなる）
4. 一段動詞の命令形	オキロ	オキヨ・オキー（起きろ）
5. ハ行四段活用の音便形	カッタ	コータ（買った）

上の5項目は、明治末期の調査結果である国語調査委員会（1906）『口語法調査報告書』および『口語法分布図』により、東西対立型の分布を示すことがすでに知られていた。牛山の成果は、この5項目の通信調査の結果により、東西方言の境界線を地図上に示したことにある。牛山の図（図1.2）では、日本海側の境界線はおおよそ新潟・富山県境に置かれている。ただし、実際には5項目全てにおいて、富山県内全域で、上の「西」の形が使われるわけではない＊4。以下では、この5項目の富山県内と全国の分布につい

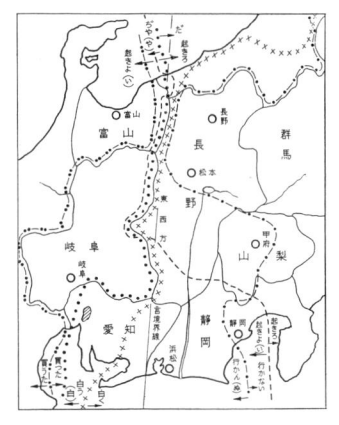

図1.2　牛山（1969）の「語法から見た東西方言境界線」

て、明治末期の『口語法調査報告書』(国語調査委員会1906a)、1980年前後の高年層を対象とした『方言文法全国地図』(GAJ；国立国語研究所1989-2006)、2000年代の高年層を対象とした『富山県方言文法地図』(GAT；小西・中井2009)などにより確認する。

2.1.1　動詞の否定形

牛山(1969)が「打消の言い方」とした動詞の否定形は、確かに、富山県内全域で「カカン」「ミン」など西日本方言の一般形「〜ン」が用いられる。

『口語法調査報告書』第31条の結果を見ると、「県下一般」の回答も各市郡からの回答も「〜ン」を用いるとする。また、GAJ第72〜84図でも、第77図「開けない」で大山町が「アケナイ」となっているほかは、全て「アケン(開けない)」「カカン(書かない)」等の「〜ン」が回答されている。

2.1.2　w語幹動詞音便形

w語幹(ハ・ワ行)動詞音便形については、『口語法調査報告書』第17条を見ると、県下一般も各市郡も、「言うて」「払うて」などのウ音便形を用いる旨の回答となっている。GAJ第105図「買った」でも、富山県下の全地点がウ音便形「コータ」である(図1.3*5)。GAT図15「買った」も、「コータ」が全県域を覆うが、呉東の中新川・下新川には「カータ」もある。これは、ウ音便形の一種で、中央語でハ行転呼とウ音便化によって生じたkauからkaRと変化したものである。中央語の母音連続auにaRが対応する例として、下新川ではほかに「ナイヤーニナル(無いようになる)」という形も確認できる。

2.1.3　形容詞連用形

牛山(1969)は、西日本の一般形として「シローナル(白くなる)」のようなウ音便長音形を例示しているが、富山県内では「シロナル」のような短音形が一般的である*6。また、語幹末aの形容詞「タカイ(高い)」では、「タコナル」のような語幹末母音がo

△ 促音便形（カッタ・カットー等）
● ウ音便形（コータ・カータ・コータン等）

図1.3 「買った」（GAJ第105図の略図）

に交替した形のほか、「タカナル」のような語幹がそのまま保たれる形もある。GAJ第137～140図によると、「タカナル」などの語幹保持形は近畿など他の西日本方言域にも分布しており、大西（1997）が述べるように、ウ音便により語幹が保持されなくなることを避けて成立したもので、歴史的にはウ音便の亜形と言ってよい。GAT図23では、語幹保持形「タカ（ー）ナル」が呉東・呉西に広く分布するのに対して、母音変化形「タコ（ー）ナル」の分布は呉西・五箇山と呉東西南部に偏る（図1.4）。

なお、動詞を副詞的に修飾する場合、「{アカナト・アカラト・アカイガニ} ソメル」（赤く染める）など、接尾辞ナト・ラト形や複合形式「ガニ」が用いられる点は、西日本一般には見られない富山県・石川県方言の特徴である（7章参照）。

図1.4 「高くなる」(GAT 図23 より)

2.1.4 母音語幹動詞の命令形

母音語幹(一段)動詞の命令形については、金森(1931b)などにより、呉東の富山市周辺で、東日本的な「〜ロ」(ミロ、ネロなど)や、それが「ラ行五段化」(r 語幹化)した「〜レ」(ミレ、ネレなど)が使われていると指摘されている。『口語法調査報告書』第4条・第5条でも、「受けよ」「見よ」などの「〜ヨ」や「受けい」「見い」などの長音形が富山県全域に回答されるなかで、上新川郡・中新川郡で「受けろ」などの「〜ロ」形を併用する旨の回答がある。GAJ 第85〜88図においても、八尾町に「〜ロ」、大山町・細入村に「〜レ」が回答されている。図1.5 に示すように、GAT でも、主に呉東西部に「〜ロ(ー)」や「〜レ」が見られる。

ただし、3章で富山市方言に関して記述するように、「〜ロ」および「〜ヨ(ー)」は、意志形の命令表現用法にあたり、子音語幹(五段)動詞の「カケ」など -e 形に対応する命令形ではない。つま

図1.5 「起きろ」（GAT図13より）

▲ オキ（ー）マ　　｜ オキヨ（ー）
▲ オキーヤ　　　　↗ オキロ（ー）
◉ オキレ　　　　　N 無回答
◉ オキレマ
◉ オキレヤ

り、子音語幹動詞の -e 形に対応する命令形として富山県方言に存在するのは、「オキ（ー）」など西日本方言的な語幹（長音）形と、「オキレ」など非西日本的な「〜レ」形ということになる。

　図1.5では、命令形のぞんざいな待遇性のため無回答も多いが、「オキ（ー）」は呉西・呉東に広く見られるのに対し、「オキレ」は富山市など呉東西部を中心に分布し、東は魚津市まで、呉西では射水・高岡に限られる*7。五箇山の2地点の「〜レ」は近年受け入れたものだろうか。

2.1.5　コピュラ

　コピュラ（名詞述語を作る、いわゆる断定・指定の助動詞）は、呉西では西日本的なジャ・ヤが主だが、呉東ではダとジャ以前の古形と思われるデャが存在するとともに、富山市周辺で東日本的なダが優勢となり、呉東東部はジャ・ヤも使われるという、やや複雑な

分布を見せる。東西対立から見た富山県方言の特性という点でも、富山県内の地域差の形成という点でも重要な事項である。これについては2章で詳しく述べる。

2.2 そのほかの西日本方言的特徴

県内に広く見られる西日本方言的な特徴としては、ほかに、s語幹（サ行五段）動詞におけるイ音便形の使用もあげられる（図1.6）。ただし、呉東東部の下新川や黒部市ではイ音便形が用いられず、「ダシタ」などの非音便形となる*8。『口語法調査報告書』第15条を見ると、下新川郡でも魚津区域（現．魚津市）、三日市区域（現．黒部市三日市）ではイ音便形が回答されているが、入善区域ではイ音便形は「上流社会ノ子弟間ニ使用セラルヽモノ」とされ、

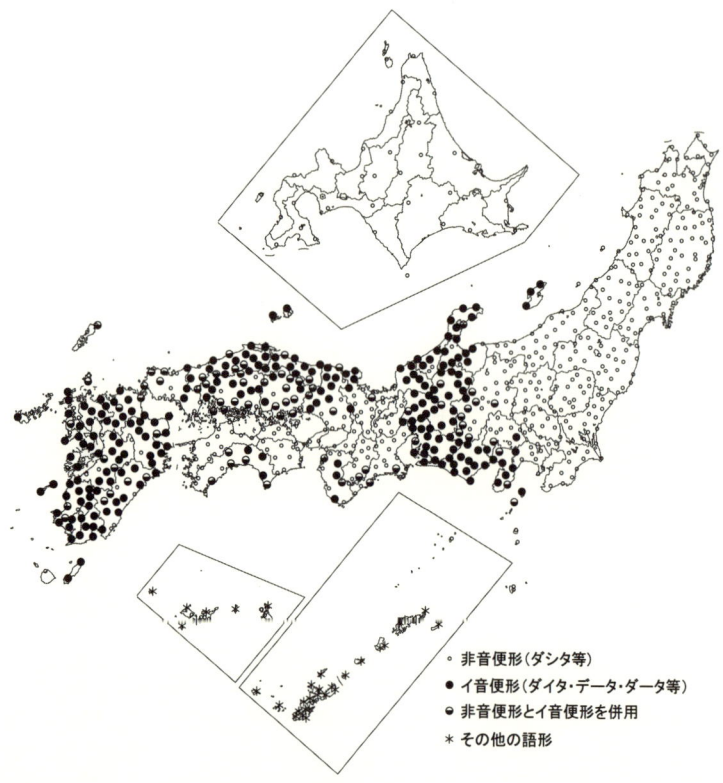

図1.6 「出した」（GAJ第92図の略図）

26　I　地理的分布からのアプローチ

舟見区域(現.入善町舟見)や泊区域(現.朝日町泊)ではイ音便形を使用しないとする。牛山(1969: 25-36)が1950～51年に高等学校・中学校の生徒を対象に「落として」のイ音便形の使用を調査した結果では、富山県のうち下新川郡と中新川郡の下新川寄りの地域では音便形の使用率が50%以下、他地域では50%以上であったとする。GATからも呉東東部でイ音便形が一般的でないことが確かめられる(図1.7)。

　また、「人ガ(ガ)オル(人がいる)」など存在動詞として「オル」を使用する点、それに伴って、〈継続〉のアスペクト形式として「今、雨降ットル(今、雨が降っている)」など「～トル」を使用する点も西日本的である。ただし、西日本には広く、「今、雨ガ降リヨル」「魚ガ死ンドル」のように、「～ヨル」と「～トル」という形式で〈動作の進行〉と〈結果の継続〉とを区別するアスペクト体系が存在するが、富山県方言には「～ヨル」にあたる形はない。

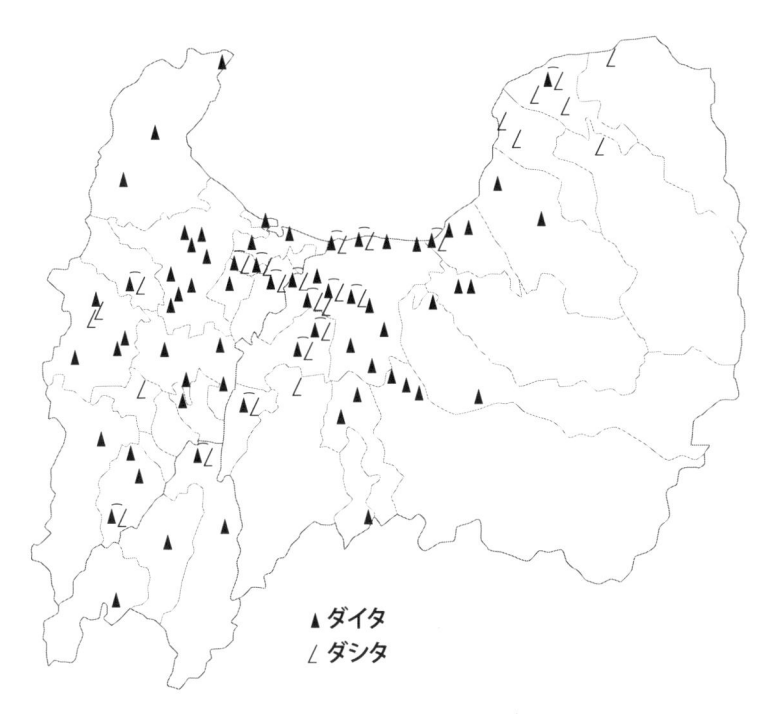

図1.7 「出した」(GAT14図より)

3. 非東西対立型の文法項目

次に、東西対立型以外で富山県方言の特徴がうかがえる項目や、県内で顕著な地域差が見られる項目をとりあげる。

3.1 準体助詞

次のような準体助詞ガ（ガ）*9 は、富山県内全域で用いられる。富山市方言の例を示す。

(1) ココニ　アンガ　ナニケ。（ここにあるのは何？）
(2) イクガ　ヤメタ。（行くのをやめた。）
(3) アンタノガモ　ミシテ。（あなたのも見せて。）

図1.8にGAJの略図を示す。ガ（ガを含む）は、隣の石川県と

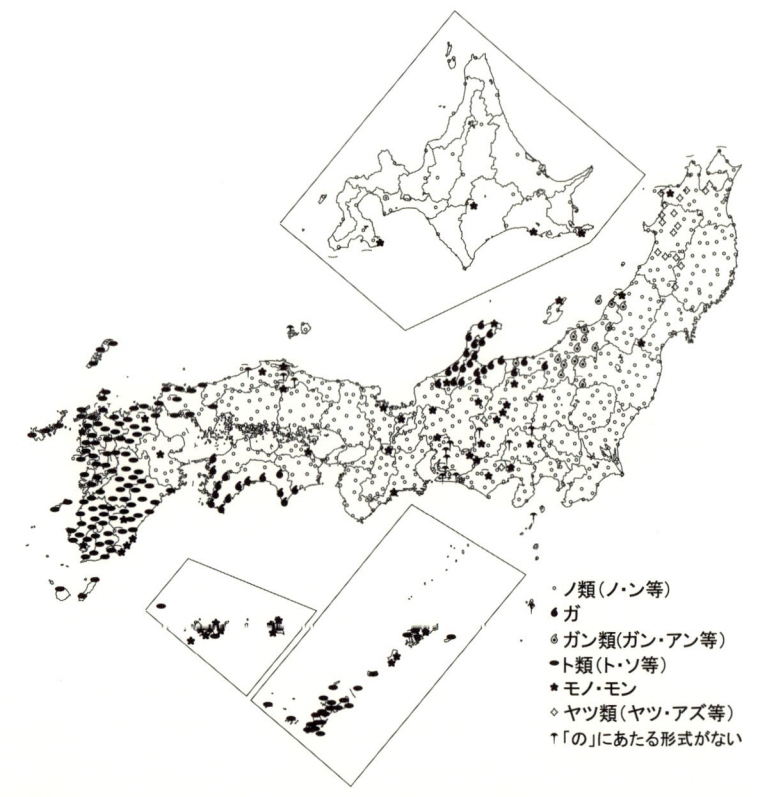

○ ノ類（ノ・ン等）
● ガ
◐ ガン類（ガン・アン等）
┳ ト類（ト・ソ等）
★ モノ・モン
◇ ヤツ類（ヤツ・アズ等）
↑「の」にあたる形式がない

図1.8 「ここにあるのは」の「の」（GAJ第16図の略図）

新潟県の一部のほか、高知県など四国の一部にしかなく、分布域が非常に限られている。なお、例（3）のように、共通語では「〜のもの」に相当する「〜の」が可能だが、富山県方言では、「連体格助詞ノ＝準体助詞ガ」となるのが一般的である。ただし、五箇山方言では、上接語に意味的制限を持つ連体格助詞ガがあり、それが用いられる環境であれば「オラガ（私のもの）」など、「体言ガ」で〈〜のもの〉という意味を表すことができる（渡辺他1986、真田・真田1994）。

3.2　意志・推量形

「書くだろう」などの推量形として、富山県全域で「カコー」など意志形と同じ形が使われる。これは、富山県方言が中央語史上の古い状態を保持する事例と言える。GAJ第112〜114図によると、意志・推量が同形で「カコー」「コー・コヨー（来るだろう）」など、古典語の「む」に由来する形を使う方言は、中国地方・九州地方の一部にも見られる。隣の石川県では全県的に、もっぱら「カクヤロー」など推量専用形「〜ル＝{ヤ・ジャ・ダ}ロ（ー）」が分布し、富山県でも呉西では「カクヤロー」を併用する地点が多い（図1.9）。GAT「起きるだろう」（図1.10）を見ても、推量専用形のみの回答が呉西に目立つ＊10。

図1.9　「書くだろう」（GAJ第112図の略図）

○ カクヤロ（ー）
◉ カクジャロ（ー）
◎ カクダロー
● カコー

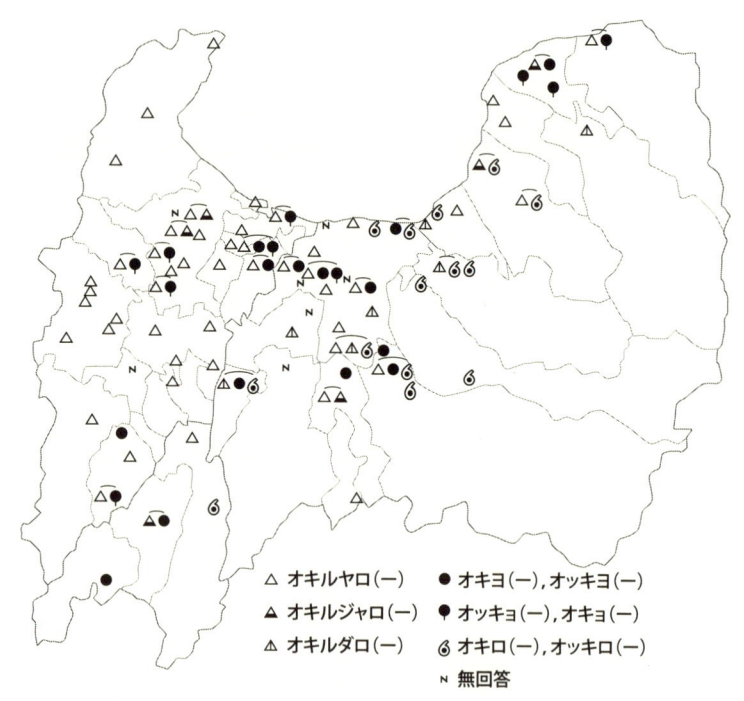

図1.10 「起きるだろう」(GAT16図より)

　また、GATでは、呉東の富山市東部から魚津市にかけて、「オキヨ（ー）」のr語幹（ラ行五段）化形「オキロ（ー）」が分布する。この「〜ロー」の分布は、2.1.4で見た命令形のr語幹化形「〜レ」の分布よりやや狭い。富山市など呉東西部において、まず命令形「〜レ」が成立し、それが意志・推量形のr語幹化も促したという過程を推測できる。

3.3　勧誘形

　富山県内で呉西・五箇山と呉東西部とに顕著な地域差が見られる事例として、勧誘形がある。図1.11にGATの勧誘形「行こう」の分布を示す。富山県には広くマイを要素とする勧誘形があるが、呉西・五箇山では、「イコマイ」「ミヨマイ」など-(j)omaiまたは「イクマイ」「ミルマイ」など-(r)umaiが、呉東では「イカンマイ」「ミンマイ」など-(a)Nmaiが、広く分布する。マイは古典語

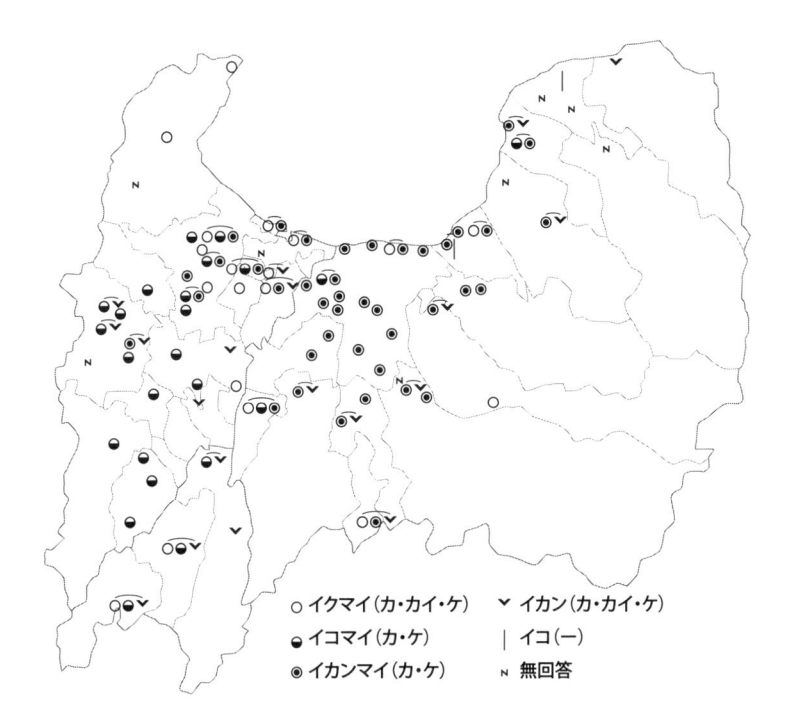

図1.11　勧誘「行こう」（GAT22図より）

の「まじ」に由来するだろうことから、-(r)umaiが古く、-(j)omai、-(a)Nmaiが新しい形と推測される。

　図1.11をより細かく見ると、呉西のなかでも、北部の氷見市は「イクマイ」のみ、高岡市・射水市は「イクマイ」「イコマイ」併用、それより南では「イコマイ」のみの地点が多い。また、五箇山では「イクマイ」「イコマイ」併用となる。「イクマイ」は呉東西部の周辺域にも点在する。また、下新川では無回答か否定疑問形であり、マイを使った形は一般的でないようだ*11。

3.4　尊敬形

　GATから、動詞「行く」の尊敬形の分布を図1.12に示す。「イカッシャル」が県全域に広く分布するが、富山市中心部ではあまり用いられない。「イカレル」については、呉東のなかでの差が顕著であり、富山市など呉東西部では優勢形で、呉西でも回答地点が多

図1.12 「行く」の尊敬形（GAT40図より）

いが、呉東東部ではあまり用いられない。また、呉西内部でも地域差があり、砺波市・小矢部市が「イカッシャル」「イカレル」であるのに対し、北部の氷見・高岡・射水市域には、「イッテヤ」が併用される。また、南部の福光・城端では「イクマッシャル」がある。五箇山には「イキャル」の形も見える。

　なお、「イッテヤ」など「〜テヤ」の形は、井波・城端など呉西の南部では「〜ていらっしゃる・〜ておられる」にあたる継続尊敬の意味で使われる（小西・井上2013）。

3.5　原因・理由の接続助詞

　富山県内の形態上のバリエーションが豊富な事例として、共通語の「から」に対応する原因・理由の接続助詞がある。図1.13に、富山県内の分布図を*12、図1.14に全国分布図（GAJの略図）を

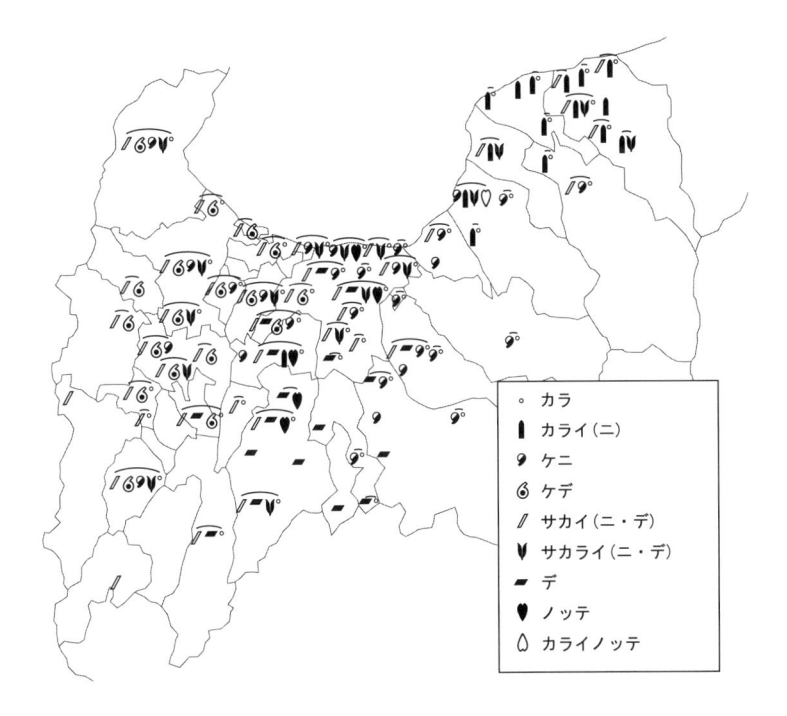

図1.13　原因・理由「から」（富山県）

示す。

　図1.13から、県内で用いられる形式が多様なこと、複数の形式を併用する地域が多いことがうかがえる。比較的広い地域に分布するのは「サカイ」および「サカイニ」で、呉西全域から呉東の平野部に見られる。図では「サカイ」と「サカイニ」「サカイデ」を区別していないが「サカイデ」は呉西にしかない。なお、呉東、特に下新川において「サカイ」「サカイニ」は「改まった、丁寧なことば」という意識が持たれている。このような待遇上の差異は分布域が平野部に偏ることと符合する。「サカライ」「サカライニ」も呉西の平野部から呉東の海岸部にかけて分布し、「サカライデ」が呉西にのみある。「ケニ」は、呉西から魚津市にかけて比較的広い分布域を持つが、類似した形の「ケデ」の分布はほぼ呉西に限られている。「デ」は県中央の南部に分布する。「カライ」は魚津市より東の

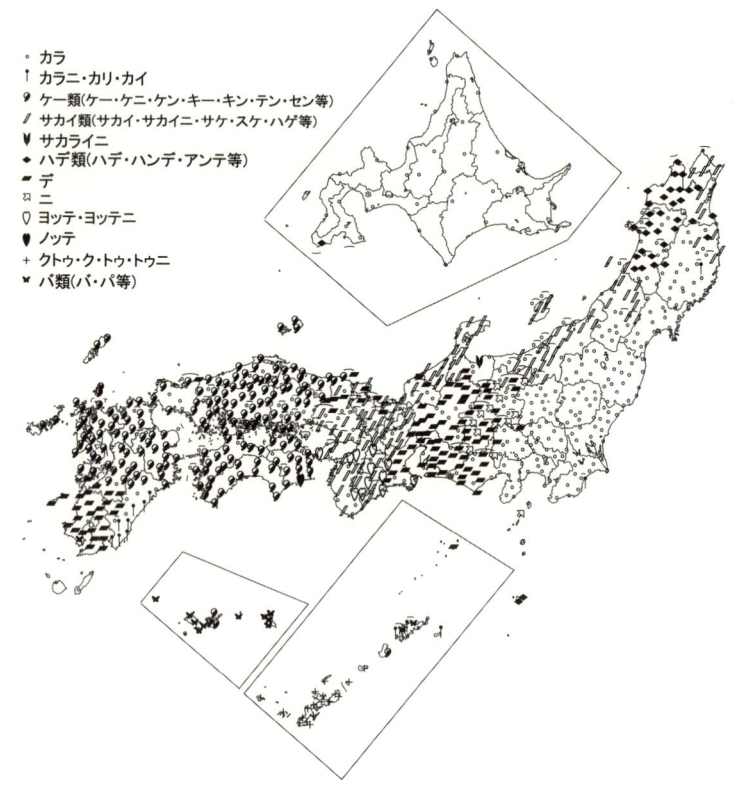

○ カラ
↑ カラニ・カリ・カイ
♀ ケー類(ケー・ケニ・ケン・キー・キン・テン・セン等)
◆ サカイ類(サカイ・サカイニ・サケ・スケ・ハゲ等)
▼ サカライニ
◆ ハデ類(ハデ・ハンデ・アンテ等)
− デ
⊠ ニ
◊ ヨッテ・ヨッテニ
● ノッテ
+ クトゥ・ク・トゥ・トゥニ
✶ パ類(パ・パ等)

図1.14　原因・理由「から」(GAJ第33図の略図)

旧.下新川郡内に見られる。「ノッテ」は富山市街地から旧.婦負郡にかけての狭い地域で確認される。中央語にあった「ニヨッテ」の縮約形と思われる。「カラ」は、「新しいことば」と内省する話者も多く、共通語から新たに受容されたものがかなり混じっていると思われる。

　図1.14で全国的な分布を確認すると、「サカイ」は近畿地方から石川県にかけて、「デ」は愛知・岐阜など東海地方に分布するもので、富山県内の「サカイ」や「デ」は、これらと分布が連続していることが分かる。なお、新潟から東北地方にかけて分布するスケ等もサカイに由来するものとされており、サカイ系の形式が近畿から東北にかけて連続的に分布することになる。また、ケニやその変化形と思われるケー・ケン・キーなどの形式は、中国・四国から九州

にかけて分布する。中央語文献には現れず由来もはっきりしない形式である（彦坂2005）。ケニが近畿より西の中国・四国・九州だけでなく、東の富山に分布することは、この形式の成立・歴史を考える上で重要な情報である＊13。「ノッテ」は、GAJ第33図で徳島の一地点にあり、同第34・35図（接続詞「だから」）の富山県細入村猪谷でも「ホンダイノッテ」が回答されている。

「サカライ（ニ・デ）」「カライ」「ケデ」は、他方言にも中央語文献にも例が見られない。真田（1994）は、「サカライニ」「サカライデ」について、「サカイ」と「カラ」または「サカイ」と「カラ」と「デ」の混交形とするが、「サカイ（ニ・デ）」と「カライ」との混交形とも考えられる。あるいは、「カライ」のほうが、「サカイ」と「カラ」との混交によって生まれた形式だろうか。「ケデ」は、「ケニ」と「デ」の混交形とも、サカイデから、スカイデ＞カイデ＞ケデ、あるいはサケデ＞スケデ＞ケデと変化した形式とも考えられる。また、魚津の「カライノッテ」は「カライ」と「ノッテ」の複合形である。

これらの方言形は現在衰退しつつあり、若い世代ではもっぱら「カラ」を用いるようになっている。

4. 五箇山方言の特異性

五箇山においては、歴史的に見て古いと思われるものも含め、県内の他地域とは異なる特徴が存在することが指摘されてきた。「ナローダ（並んだ）」「ノーダ（飲んだ）」のようなb・m語幹（バ・マ行五段）動詞のウ音便形もその1例である（日高1997）。

また、3.1で触れたように、連体格助詞として「ノ」とともに「ガ」が使われるという特徴がある。「ノ」はさまざまな語を上接することができるが、「ガ」は代名詞や親族名称など人に関する語のみを上接し、「ノ」「ガ」がともに用いられる場合、敬意の度合いの低い語では「ガ」が用いられやすいという待遇上の差がある。2人称代名詞なら、敬意の度合いの高い「オマイ」や「オマイサマ」には「ガ」が付かないが、敬意の度合いの低い「ワリ」や「イナ」に

は「ノ」よりも「ガ」が付きやすい（真田1979a、渡辺他1986、山田2001a）。

　また、語彙体系に関わることだが、伝統的な五箇山方言では、授与動詞「ヤル」対「クレル」の対立がなく、話し手の視点が授与主体にある場合も「クレル」を用いる。ただし、近年は共通語的な「ヤル」対「クレル」型になりつつあるという（日高2007a: 189–231）。

5．まとめ

　本章では、さまざまな文法項目の地理的分布にもとづいて、全国的に見た富山県方言の位置づけ、および、富山県内の地域差・方言区画を確認してきた。

　まず、東西方言対立という視点から見ると、先行研究で指摘されてきたように、富山県全体はおおよそ西日本方言（西部方言）に属すと言えるが、特に、富山市を中心とする呉東西部において、母音語幹動詞の命令形「～レ」が使われるという特徴を持つことを確認した。しかし、この特徴は、母音語幹動詞の活用を子音語幹動詞のそれに平準化し、活用体系を単純化するという、自律的な文法変化の一環とも考えられるもので、必ずしも呉東と東日本との歴史的なつながりを想定する必要はない。

　さらに、富山県内での地域差・方言区画という視点から見ると、下野（1983）が主に語彙・音韻にもとづいて設定した「呉東」「呉西」「五箇山」という3大区画は、文法面においてもほぼ適切であることが確認できた。1つの文法項目において「呉東」「呉西」「五箇山」が明確に対立するものは少ないにしても、上でも触れた母音語幹動詞の命令形や、勧誘形など、呉東と呉西・五箇山との間に違いが見られる項目は多い。また、いくつかの文法項目で、五箇山が呉東・呉西にない特徴を示すことは4で見たとおりである。

　下野（1983）はさらに、「呉東」を「西部」（中新川郡以西）と「東部」（魚津市以東）に、「呉西」を「北部」（氷見市）と「南部」（高岡市以南）に分けている。本章で見た文法項目では、確かに呉

東に東西差が、呉西に南北差が見られることはあったが、その境界線は必ずしも下野の区画どおりではない。すなわち、呉東では、魚津市あるいは黒部市までが呉東西部と連続する分布を示すことが多く、呉西では、氷見市と高岡市の間よりも、高岡市と砺波市・小矢部市との間に差がある項目が多かった。

　こうした富山県内の地域差は、江戸時代における藩領（加賀藩と富山藩）や群域の違いに由来し、さらに近代以降の、市街地から農村・山間部への（特に、行政・経済の中心である富山市から周囲への）影響が被さって形成されたと思われる。次章では、東西方言対立の指標の1つであるコピュラの分布から、県内の地域差とその形成について詳しく考察する。

＊1　国土地理院「平成26年全国都道府県市区町村別面積調」による。
＊2　「呉東」「呉西」とは、呉羽丘陵を境とする地域区分で、地域名称としては「五箇山」も含む県西部全体が「呉西」とされる。
＊3　「一つ仮名」的特徴は、筆者が方言調査を始めた1990年代後半の時点で、保持する高年層もあったが、本書執筆時点ではほぼ失われている。
＊4　牛山の調査結果からも、富山県内で一様に西日本方言的形式が回答されたわけではないことが示されており、牛山自身がそれに注意を払ってもいる。地図上の等語線という視覚的手段により、後世には過度に単純化されて受けとめられてきた側面がある。
＊5　GAJの略図の作成にあたり、国立国語研究所「方言研究の部屋」が公開する電子データとプログラムを利用した。
＊6　『口語法調査報告書』第35条では県全域で「ヒロー（広く）」などのウ音便長音形が回答されているが、この調査後に県全域でウ音便長音形から短音形への変化が起こったとは考えにくい。GAJ・GATでも「タコーナル」または「タカーナル」という長音形の回答があるが、筆者の調査によれば、長音形は共通語の「たかーくなる」のような程度強調形と見られる（7章参照）。
＊7　呉西については、瀧川（1997）の命令表現についての記述や井上（1995b, 1995c）の命令形に付く終助詞の記述を参照しても、語幹（長音）形が一般的で、「〜レ」形は用いにくいことが分かる。
＊8　イ音便形を用いる地域でも義務的なものではなく非音便形も用いられること、イ音便化しない語・しにくい語があることを、5章で詳述する。
＊9　ガ行鼻音がある呉東・呉西ではガ［ŋa］、ガ行鼻音がない五箇山では［ga］と実現する。
＊10　市岡（2006）によると、富山市でも、若い世代ほど意志形と推量形の分

化が進み、推量専用形式が用いられているという。
*11　GAJ第235・236図「行こうよ」の朝日町の回答も、「イカッシェンカ」という尊敬・否定疑問形である。
*12　筆者が1995〜1999年にかけて高年層を対象とした面接調査によって得たデータから作成した。呉西・五箇山については、GAJ第33図・第37図の調査結果から補ってある。主節のモダリティ制限がある「ガデ・ガデ」「モンデ」等の形式は略してある。
*13　彦坂（2005）も、富山県内の方言集等からケニの存在を確認している。

第2章
コピュラの分布とその形成過程

1. 問題の所在

　名詞述語を構成する助動詞コピュラ（いわゆる断定の助動詞「だ」）は、おおまかに見て東にダ、西にジャ・ヤという東西対立型の分布を示す。その分布は国立国語研究所（1966）『日本言語地図』（LAJ）第1集第46図で知ることができる。文献国語史の研究においては、ダ・ジャの前身として、キリシタン資料に次のような「dea」の例、抄物に「デヤ」などの例があることが明らかになっている*1。「dea」「デヤ」は「デアル」のルが脱落して成立した形とされている。

(1)　Yarixita de cubiuo toruua tegaradea.（槍下で首を取るは手柄であ。）（土井・他1995『邦訳日葡辞書』p.812「槍下」、下線は筆者）

　芥子川（1971）、彦坂（1997）は、近世期尾張近辺の戯作資料等にも「デヤ」などと表記されたコピュラの例が見られることを明らかにした。現代諸方言でも、奥能登や奥丹後から兵庫北部において、文献の「dea」「デヤ」に関連すると思われる「デャ」「デァ」の残存が報告されている（愛宕1969、室山1965、同1967）*2。また、西日本では、山陰（LAJ第46図）や熊本（九州方言学会1991: 30図）にダがあるなど、単純な東西分布として割り切れないこともよく知られている。

　1章で述べたように、富山県方言はおおよそ西日本方言に属すが、特に富山市など呉東には東日本方言的な要素もあると言われてきた。コピュラの分布においても、西日本的なジャ・ヤとともに、古形のデャ、東日本的なダがあることが、国語調査委員会（1906a: 746-747）、金森（1932b）、真田（1979b）などの先行研究によって指摘されている*3。しかし、デャ・ダ・ジャ・ヤの県内での分布、

また、その分布がどのように形成されたかについては、十分明らかでなかった。本章では、臨地調査の結果にもとづいて富山県内のコピュラの地理的分布を示し、その分布形成過程について考察する。

2. 方法

1995〜1997年、富山県内73地点で面接調査を行った。インフォーマントは調査当時60歳以上の男女で、調査地点で言語形成期を過ごした計81名（1地点に話者2名以上の場合がある）、および60歳未満の男女5名である。60歳未満の話者は少数なので、変遷を考える上で補足的に触れる。図2.1と表2.1に調査地点とインフォーマント情報を示す*4。図2.1では近世期富山藩域と、現代の富山市への通勤率50％域も示す*5。これについては後述する。

調査は、共通語の短文を提示する翻訳式の質問調査を主とした。コピュラの項目は活用形・音環境・統語環境などにより20数項目用意したが、話者の使用状態などによって加減した。質問項目の一部を下に示す。

終止基本　あっちは東だよ。；もうすぐお盆だね。（撥音前

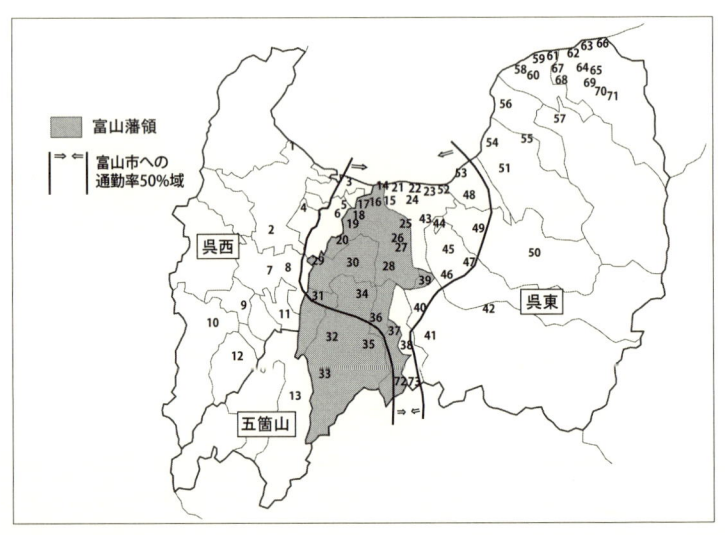

図2.1　調査地点

表2.1 調査地点・インフォーマント一覧

No	地点名	生年	性	No	地点名	生年	性
1	高岡市太田	1920	女	36	大沢野町葛原	1914	男
2	高岡市戸出古戸出	1918	女	37	細入村岩稲	1914	男
3	新湊市海老江	1918	男	38	大沢野町寺津	1920	男
		1921	女			1920	女
4	大門町二口	1929	女	39	大山町下番	1916	女
		1939 †	女	40	大山町瀬戸	1921	女
5	小杉町小白石	1925	女	41	大山町大双嶺	1923	女
6	小杉町鷲塚	1921	男	42	大山町亀谷	1914	女
		1949 †	男	43	富山市水橋入江	1913	男
7	砺波市太田	1922	男	44	舟橋村仏生寺	1914	男
8	砺波市安川	1926	男	45	立山町淵上	1919	女
9	福野町八塚	1923	女	46	立山町末三賀	1911	女
10	福光町荒木	1911	男	47	立山町白岩	1924	女
11	庄川町湯山	1924	男	48	滑川市上梅沢	1919	女
12	城端町城端	1925	男	49	上市町湯崎野	1920	男
13	利賀村上畠	1929	女	50	上市町伊折	1922	女
14	富山市四方野割町	1918	男			1924	女
		1929	女	51	魚津市升田	1916	女
15	富山市金山新	1919	男	52	富山市水橋中村町	1920	女
16	富山市呉羽野田	1915	男	53	滑川市中川原	1917	男
17	富山市大塚	1919	女	54	魚津市北鬼江	1927	男
18	富山市高木	1925	男	55	魚津市長引野	1913	女
19	富山市東老田	1932	女	56	黒部市中新	1929	女
20	富山市平岡	1916	女	57	宇奈月町下立	1915	女
21	富山市岩瀬文化町	1920	女	58	入善町吉原	1924	女
22	富山市海岸通	1922	女	59	入善町東五十里	1909	女
22'	富山市田畑	1975 †	男	60	入善町入善	1906	男
23	富山市浜黒崎	1924	女	61	入善町春日	1925	女
		1945 †	男	62	朝日町東草野	1920	男
24	富山市道正	1914	女	63	朝日町横尾	1925	女
25	富山市泉町	1917	女	64	朝日町桜町	1930	女
26	富山市花園町	1929	女	65	朝日町笹川	1930	女
27	富山市堀川	1935	女			1930	女
28	富山市安養寺	1933	女	66	朝日町境	1925	男
29	婦中町平等	1924	女			1928	女
30	婦中町千里	1919	女	67	朝日町舟川新	1926	女
30'	婦中町速星	1956 †	女	68	朝日町金山	1924	男
31	山田村中村	1909	女	69	朝日町殿町	1911	女
32	八尾町倉ケ谷	1920	女	70	朝日町山崎	1920	女
33	八尾町高野	1928	女	71	朝日町蛭谷	1913	女
		1937	女			1918	女
34	八尾町深谷	1911	女	72	細入村猪谷	1921	男
35	八尾町桐谷	1907	男	73	大沢野町猪谷	1923	男

† 調査時60歳未満

60歳未満の話者のみの地点の番号は、直近の地点の番号に'を付す。

接）；あの人は高岡から来たのだよ。（のだ文）；この辺りも夜は静かだね。（形容名詞述語＊6）

推量　あの木は多分桜だろう。
過去　あの辺りは昔、畑だったよ。
理由節　子供｛だから／なので｝分からなかった。
逆接節　あの人は近所の人だけれどもよく知らないよ。

　なお、調査中における調査者（筆者）や同席者に対する自発的な発話のなかでの使用例も分析に用いる。後述のように、デャが質問調査の回答には現れにくく、また、各形式の音環境や統語環境による出現頻度の計量的な分析に意味があると思われるためである。

3. 調査結果

3.1　地理的分布

　図2.2にコピュラの分布を示す。1) デャを使用するか否か（デャを使用する場合、図では塗りつぶし記号）、2) ダ・ジャ・ヤの優劣という2点から使用状況を分類、記号を与えた。デャと他語形の優劣を問わないのは、調査時のデャの出現頻度が、他の語形よりも、調査者と話者の親疎関係や話者の言語内省能力に大きく左右され、日常の使用実態を反映しないと判断したからである。ダ・ジャ・ヤの優劣は、質問項目の回答において、一方の語形が他方の語形との合計に対して7割以上を占めていれば「優勢」、7割未満なら「同等」とした＊7。談話にのみ現れた形式は、使用数に関わらず劣勢とした。なお、ヤには、「ヒガッシャ（東だ）」のように前接名詞と融合したもの、準体助詞ガ（ガ）を受けた「のだ」相当文で「ガエ」〜「ガイ」「ガー」となったものも含む。また、ラが現れることがあったが、ダ行子音とラ行子音の交替例と考え、ダに含める＊8。形容名詞述語における終止形「〜ナ」など、名詞述語にはない形は対象外とした＊9。ほかに、地点71（朝日町蛭谷）の終止基本形項目の回答に「〜デジャ」という形があったが、コピュラの変異と扱ってよいのか疑問が残るため、これも対象としなかった＊10。

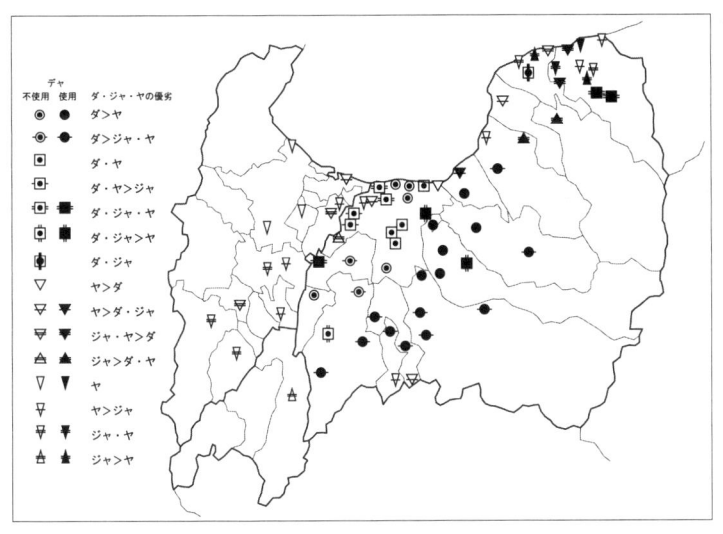

図2.2 コピュラの分布

図2.2の分布は、おおよそ以下のように地域区分できる。
　（a）呉西・五箇山［地点1〜13］　ジャ・ヤが主、ダは稀。
　（b）岐阜との県境、西猪谷・東猪谷［地点72、73］ジャ・ヤが主、ダは劣勢。
　（c）富山市周辺域（b・dを除く呉東）［地点21〜51］ダが主。
　　（c-1）ダが主、ヤも用いる。主に市街地・平野部。
　　（c-2）ダが主、デャ・ジャ・ヤも用いる。南東の農村・山間部。
　（d）富山市東部の沿岸部〜下新川郡［地点52〜71］ジャ・ヤが主、ダは劣勢。
　　（d-1）ジャ・ヤが主、ダは劣勢。市街地周辺に多い。
　　（d-2）デャ・ジャ・ヤが主、ダは劣勢。

呉西と呉東を隔てる呉羽丘陵に位置する地点14〜20は、上の地域区分に含めていない。a地域とc地域の境界地帯にあたり、ダ・ジャ・ヤが均衡する中間的な様相を示す。

なお、b地域では、ジャの子音が非母音間でも摩擦音［z］のことが多く、他の地域では、一般に破擦音［dz］で、母音間で閉鎖が弱まる程度であった。この摩擦・破擦の違いは、コピュラのジャに

限らず、ザ・ジャ行・ヂ・ヅの子音全体にわたる。b地域に接する岐阜県では、ザ行子音が語頭・語中を問わず摩擦音で発音されるという*11。bの2地点の摩擦音は、岐阜県と地理的に連続したものと考えられる。後述するように、この地域はコピュラに関しても岐阜県側の影響が認められる。

3.2 デャの音声的変異と使用意識

デャは、[d]の口蓋化子音に母音[a]が続く[dʲa]と発音される*12。音韻的にはダ行のア段拗音拍/dja/と位置付けられる。典型的には摩擦的噪音を伴わないが、それを伴ってジャに近く聞こえるもの、口蓋化が弱くダに近く聞こえるもの、リャに近く聞こえるものまで、音声的には幅がある*13。

音声的変異には地域的偏りがあり、リャ・ダに近いものは、c-2に多い。リャとなるのは、ダ行子音とラ行子音の交替現象の例と考えられる。また、ダに近いものが現れるのは、c地域でダが多いことと関係しよう。また、c-2地域のジャは、多くの地点では、デャの音声的変種と言えるくらいの不安定なものでしかなく、話者の多くも「ジャは使わない」と内省する。ただし、後述するようにc-2地域にはジャが安定して用いられる地点もある。

デャを使う話者はその使用を意識しておらず、c-2地域では「自分はダを用いる」、d-2地域では「自分はジャを用いる」と内省する話者がほとんどである。多くの話者は筆者が「ヒガシデャと言いませんか」とデャを誘導しても「言わない」と答えるが、後の回答や自然談話にデャが混じるという状況で、ダやジャを誘導してデャが得られることもあった。/dja/ [dʲa]というモーラは、コピュラと、後述の「では」相当の助詞複合形式、〈一家の主婦〉などを意味する名詞「デャーマ」「デャーサマ」「デャーサ」という3つに限って現れる。そのような限られた語でのみ現れるモーラであるために意識されにくいのだと思われる。音声的に幅があり、安定しないのも、モーラ体系上不安定な単位であるため、より安定した類似モーラに収斂する途上にあることによると言える。

3.3 言語内的要因

図2.2では捨象したが、コピュラの変異の選択には、前接音や活用形などの言語内的要因による偏りがある。以下の4点にまとめることができる。

(i) ジャ・ヤが優勢なa・b・d地域のうち、ヤに対してジャが劣勢の地点では、ジャが撥音が前接する環境で用いられることが多い。

(ii) a・b・d地域でダが使われる場合、原因・理由の接続形式ダカラ、逆接の接続形式ダケド等と助詞ダッテが多い。特に、接続詞ダカラの例が顕著である。

(iii) c地域の60歳以上の話者は、ヤを、準体助詞ガに付いた「〜ガヤ」(共通語の「のだ」。終止形以外も含む)、指示副詞ソ(ー)に付いたあいづち表現「ソヤソヤ」「ソーヤネ」などで用いることが多い。

(iv) c地域の若い世代では、ヤを、名詞や述語の終止形に付く推量形ヤロ(ー)として用いることが多い。

(i) に合致する地点の一部における談話での用例数を表2.2に示す。

表2.2 ジャが撥音前接時に偏る地点の例

地点		ジャ	ヤ	ダ	デャ
(a)	8	4 (4)	29 (5)	0	0
	11	6 (5)	121 (11)	2 (0)	0
	12	2 (2)	33 (2)	4 (0)	0
(b)	72	2 (1)	31 (5)	50 (7)	0
(d)	53	2 (2)	29 (5)	13 (1)	1 (0)
	64	1 (1)	56 (11)	6 (0)	0
	68	9 (7)	121 (7)	7 (1)	1 (1)

( ) 撥音前接時の用例数(内数)

ジャに前接する撥音は、名詞の語末音だが、特定の語ということはなく、撥音という音韻上の要因がジャ・ヤの選択に関わると言ってよい。愛宕 (1969: 51) によると、石川県の奥能登珠洲方言にも(i) と同様の現象があるという。また、『全国方言資料』(日本放送協会1999)、『方言談話資料』(国立国語研究所1978–1987) 所収

の各地方言の用例を調査すると、富山県内のほか、福井や滋賀、三重、京都、香川においても同様の現象が確認できる（小西 1999b）。これらの資料では撥音に続くヤ・ジャが「ンニャ」となる地点も見られる。/kaNON/ ＞ /kaNNON/（観音）などの「連声」と似て、撥音に母音・半母音が後続するのを避けるという、音配列上の動機に支えられた現象だと言える。

　（ii）について、該当する一部の地点における談話での用例数を示す。

　　（a）地点 11　　ダ 2 例中、接続詞ダカラ 1 例
　　　　　地点 12　　ダ 4 例中、接続詞ダカラ 3 例、助詞ダッテ 1 例
　　（b）地点 72　　ダ 50 例中、接続詞ダカラ 18 例、接続詞ダケレドモ 1 例、理由節〜ダカラ 4 例、逆接節〜ダ（ケ）レド（モ）3 例
　　（d）地点 53　　ダ 13 例中、接続詞ダカラ 4 例、接続詞ホダケニ 1 例, 理由節〜ダカラ 5 例、逆接節〜ダレド 1 例
　　　　　地点 64　　ダ 6 例中、接続詞ダカラ 4 例
　　　　　地点 68　　ダ 7 例中、接続詞ダカラ 1 例、逆接節〜ダケドモ 4 例

　（ii）は、近畿方言にも見られる傾向である（小西 2000）。この点については、史的変遷とともに考察する。

　（iii）と（iv）に該当する一部の地点における談話での用例数は次のとおり。

　　　　地点 28　ヤ 17 例中、ガヤ 3 例、あいづちソヤ等 14 例
　　　　地点 49　ヤ 27 例中、ガヤ 3 例、あいづちソヤ等 24 例
　　　　地点 22'（若年層）　ヤ 8 例中、推量形 7 例

　ただし、「〜ガヤ」やあいづち表現、推量形でなぜヤが選ばれやすいのかについては不明である。

3.4　言語外的要因（年齢差・男女差）

　60 歳未満の話者は数が少ないが、データから言えることを簡単にまとめる。

a地域の若い世代は、調査したのは平野部のみだが、ほとんどヤのみを使い、ジャは使わない。ダは先の（ii）の範囲内で使われる。b地域は未調査。c地域では、ダとヤを使い、ヤに関しては先の（iv）の傾向が見られる。隣接地点の高年層と比べてダが増えるような傾向はない。d地域は、活用形・音環境ごとの質問調査は行っていないが、商店街など中心部の若い世代（20代から40代）の女性によると、ヤしか使わないという。全地域を通して、50代の話者でデャは1例も観察されなかった。すなわち県全体で、若い世代ではデャ・ジャが衰退の方向にあるが、ダとヤの優劣に関して特に変化の方向性は見えない。

　男女差についても数地点で比較しただけだが、同地域・隣接地域の同世代どうしを比較したとき、女性ではヤを好むという傾向が指摘できる。

4. 分布形成過程

3で見た結果から、富山県におけるコピュラの分布がどのような過程を経て形成されたのかについて、解釈を試みる。

4.1　富山市周辺におけるデャからダへの変化

　前述のとおり、デャは、c・d地域、すなわち呉東の南東部に分布する。中世末のキリシタン資料や抄物には「dea」「デヤ」の例があり、近畿中央語・東国語の歴史ではそれがジャやダに変化したと考えられている。このことから、現在の富山県下のデャは、中世末の文献に見られる「dea」「デヤ」と同源の、「デアル」のルが脱落したもので、ダ・ジャに先行するもっとも古い形式と考えられる。

　佐伯（1990: 714）は、富山県内のコピュラの分布を「一般に富山県内では呉西が「ヤ（ジャ）」、富山市近辺が「ダ」、それから東が「デャ」となる」とした上で、「この分布から推すと、富山市の「ダ」は、東部方言の「ダ」ではなくて、もともと「デャ」であったものが標準語の影響を受けて変化したものと見ることができる」とした。また、真田（1994: 133）も、富山市周辺のダは、本来の

「デア」から直接変化した形式であろうとする。前述のコピュラの地理的分布やデャの音声的変異から考えると、これらの解釈は妥当であろう。すなわち、富山市など呉東西部のダは、周辺のデャから変化したものであり、その変化過程では、共通語のダが、変化を促進・安定させるものとして間接的に関与したと考えられる。この変化は、方言語形デャから共通語形ダに置換されるという一般的な意味での共通語形の受容とは、性格が異なる。3.2で述べたように、もともとデャは、モーラ体系上不安定な存在であり、音声的には直音化したダに近いもの、破擦化したジャに近いものが出現することがあった。そのような状態であったところに、共通語のダの存在が、変化の促進・安定要因として働いたと考えられる。

　富山市周辺でダが安定して用いられるようになったのは、比較的最近のことであろう。ダが古くから（例えば江戸初期～中期から）あったなら、周辺のデャという不安定な存在が現在まで保たれた理由が見出しがたいからである。デャに、破擦化したジャに近い音声的変異と、非口蓋化したダに近い音声的変異との両方が見られたとしたら、変化の可能性としても、ジャへの変化とダへの変化の両方がありえたはずだが、富山市周辺ではそのうち後者が選ばれた。その原因として、前述の通り共通語ダの間接的な影響が考えられるが、もう1つ、富山市周辺ではア段拗音が直音化する傾向があることが指摘できる。「指示代名詞コレ・ソレ・アレ＝助詞ワ」の縮約形として、呉西や呉東東部では「アリャ」「コリャ」「ソリャ」と拗音形が用いられるが、富山市周辺の高年層では、それら拗音形とともに「アラ」「コラ」「ソラ」という直音形が用いられる。また、「指示代名詞コ・ソ＝助詞ワ」に由来すると思われる「キャ」「シャ」が県全域にあるが、富山市周辺ではこれも直音化して「カ」「サ」となる（小西・中井2009：図1～3）。

　やや問題なのは、c地域の劣勢のジャである。しかし、このジャの多くは、前述したとおり、不安定で、デャの音声的変異とも言えるようなものである。c地域でジャがダより古いと想定する必要はない。ただし、地点29・32ではジャが安定して使われており、a地域や岐阜県側の影響が考えられる（後述）。

4.2　呉西と岐阜県境のジャ・ヤ

　a地域（呉西・五箇山）とb地域（岐阜との境にある西猪谷・東猪谷）は、ヤ・ジャを用いる点で似ているが、地理的には連続しない。a地域では石川県側から、b地域では岐阜県側からジャが伝播し、後にそれぞれ同じルートでヤが伝播したと思われる。

　西日本諸方言においてジャが古くヤが新しいことは、先行研究により明らかであり、当該地域においても、話者の内省から、また、a地域で南の山間部ほどジャが増えることから、そう認めてよい。

　LAJ第46図によると、ジャ・ヤは西日本に連続した分布域を持ち、a・b地域もこの分布域の一端であることが分かる。西日本のいくつかの地域では、ジャからヤへの変化が自律的に起こったと思われるが、a・b地域では、ジャとヤが明確に区別されており、LAJでは石川県や岐阜県がヤの分布域であることから、地を這った伝播を想定することに矛盾はない。a地域の中心地高岡は、北陸街道によって古くから石川県側と通じている。近世期にはa地域全体が加賀藩に含まれており、金沢が政治的・文化的中心であったから、言語面でも影響を受けやすかったのだろう。また、b地域では、岐阜県側と古くより飛騨街道が通じていた。飛騨街道沿道地域は、民俗面において飛騨方面からの影響を受けていることが確認されているという（高瀬1994: 73）。インフォーマントによると、明治以降は、岐阜と富山の県境集落同士で互いに嫁入りすることもあったそうだ。また、話者は2人とも「飛騨のことばはやさしく、こちらは汚い」と述べる。こうした飛騨方言へのプラス評価意識も、岐阜側の影響を受ける心理的基盤になったと考えられる。

　ジャの伝播がa地域に留まり、c地域に至らなかったのは、呉西と呉東の間にある呉羽丘陵という自然障害に加えて、近世江戸期の加賀藩・富山藩の分立が影響していると考えられる[14]。富山藩の範囲については前掲図2.1参照。

4.3　呉東東部のデャ・ジャ・ヤ

　d地域、すなわち富山市東部の沿岸部から下新川にかけては、古形デャがあり、かつ西日本的なジャ・ヤを用いる[15]。

前述のとおり、この地域のデャの実現形として摩擦を帯びたジャに近いものが聞かれる。このことから、自律的にデャからジャへの変化が起こったという解釈が可能である。また、d地域は近世期に加賀藩に属しており、富山藩領であった富山市沿岸部も含めて北前船を介した経済的な交流があったと思われることから、呉西から富山市の沿岸部を経て伝播したとの解釈も成り立つ。

　モーラ /dja/ と /zja/ の交替を示すもう1つの事例として、図2.3に示す、「一家の主婦」「年配の女性」などを表す語形がある*16。コピュラのデャ・ジャが混在するd地域は、この名詞でも「デャーマ」「デャーサマ」「デャーサ」と「ジャーマ」「ジャーサマ」「ジャーサ」が混在する。ただし、コピュラのジャよりジャーマ・ジャーサマ・ジャーサの分布域はやや狭く、コピュラはデャ・ジャ両方を使うが、当該名詞はデャーマ等デャの形のみで、ジャーマ等ジャの形は使わないとする話者もいる。また、a地域にはモーラ /dja/ を含む形はなく「ジャーマ」「ジャーサ」などが分布し、c地域にはこれらの名詞が存在しない。

　なお、川本（1980）、馬場（1996）、国立国語研究所（1989a: 111, 168）によると、ジャーマ・ジャーサマなどは石川県各地にあ

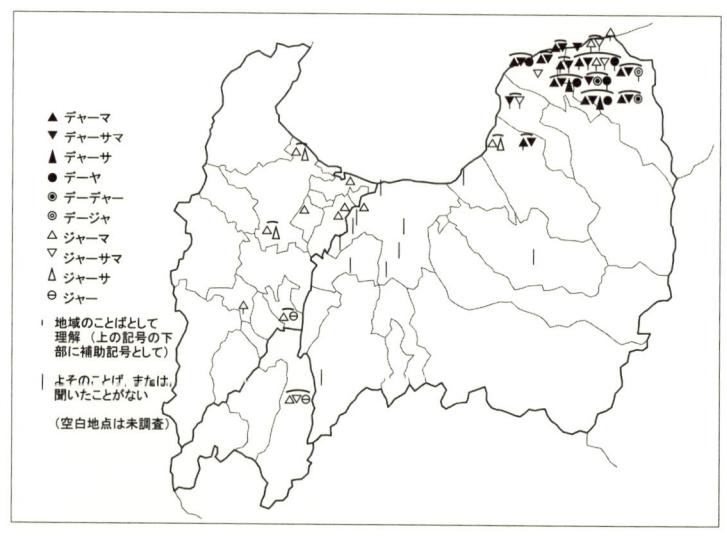

図2.3　「一家の主婦」「年配の女性」などを表す語形の分布

り、デャーマも能登にある。/dja/ > /zja/ の変化がd地域での自律的変化か、a地域との接触によるものかは決めがたいが、単なるコピュラの形態の変化ではなく、音韻変化という側面があると認めてよい。また、「一家の主婦」などを表す名詞の分布は、a地域とd地域が類似し、c地域が異質であるという点でも、コピュラの分布の形成、さらには富山県方言の地域差の形成を考えるうえで、示唆的である。

d地域では、さらにジャからヤへの移行が起こっている。a・b地域と同様にジャとヤは明確に区別されており、地域内での自律的変化とは考えにくい。a地域との接触による受容、a地域からc地域の海岸沿いを介した地続きの伝播という両側面が考えられる。また、近年ではヤが西日本共通語としての性格を帯びたため、特に若い世代に定着しつつあると言える。

4.4　ダ優勢域のヤと、ジャ・ヤ優勢域のダ

ダが優勢のc地域（富山市周辺）では、前述のとおり、ヤが、ガヤ（「のだ」）、ソーヤ（あいづち表現としての「そうだ」）、ヤロー（推量「だろう」）という形を中心に用いられる。これらのヤも、d地域と同様、a地域（呉西）との接触による受容という側面と、西日本共通語という性格による受容の促進という側面があると考えられる。なお、富山市街地に位置する地点25〜27では周辺地点に比べてヤの使用が多い。ヤが都市部でダより好まれるという側面もあるのかもしれない*17。

また、ジャ・ヤを主に使うa・b・d地域の話者は、ダを「ふだん使わない」「標準語」と内省する。ダの使用数はほんのわずかで、かつ前述のとおり、特に接続詞ダカラ・ダケドや、理由節・逆接節、助詞ダッテの例に偏る。これらの地域のダは、c地域のダとは異なり、共通語からの借用という性格が強い。なかでも接続詞ダカラ・ダケドや助詞ダッテについては、コピュラとしての受容というよりも、それらの語彙的な受容という性格がある。これは富山県に限らず、関西方言圏にも見られる現象である（小西2000）。

a・b・d地域のうち、呉西のa地域よりも呉東のb・d地域のほ

うが相対的にダが使用されやすい。近代以降、富山市を行政・経済の中心とした生活圏が成立し、呉西よりも呉東においてより富山市街地との接触頻度が高く、方言的にも市街地の影響を受けやすいためと言える。一方、呉西では、西日本や金沢への志向意識が呉東より高く、加賀藩に属していたことに誇りを持ち、呉東よりも文化的に進んでいるという意識が強い。そうした地域アイデンティティは、ある程度、富山市方言の受容を妨げる心理的要因として働くと思われる。

4.5　まとめ

コピュラの分布形成過程は、次のようにまとめられる。

(1) もっとも古い語形はc・d地域（呉東）の南東部に分布するデャである。

(2) c地域（富山市周辺）のダは、デャから変化したものである。その変化過程では、ダが共通語形でもあることが、変化の促進・安定の心理的動機となったと思われる。

(3) a地域（呉西）では石川県側からジャ、さらにヤが、b地域（岐阜県境付近）では岐阜県側からジャ、さらにヤが伝播した。

(4) d地域（呉東東部）のジャは、a地域やc地域沿岸部との接触による伝播とも、この地域にあるデャからの自律的変化とも考えられる。

(5) コピュラや「主婦」等を表す名詞の分布において、a・d地域が類似し、c地域が異なる状況を見せるのは、近世における加賀藩からの富山藩の分立という歴史的な事情に由来する。

(6) ダが優勢の地域ではヤが、ジャ・ヤが優勢の地域ではダが、限られた語彙・統語環境で受容され、使用されている。

(7) ヤには西日本共通語という性格が、ダには全国共通語、および、県の行政・地域の中心地である富山市の優勢語形という性格があり、そうした社会的価値が、ヤ・ダの受容促進・安定の心理的基盤になっていると思われる。

前章で述べたように、コピュラの形態は、東西方言境界の指標の1つとされ、富山県方言の特性を考えるうえでしばしば言及されてきた項目である。ここまでで論じてきた富山県でのコピュラの変異と分布形成は、中央語や他方言とどのように関わるだろうか。

　ダ・ジャの東西差の発生について、柳田（1993）は、「デアル」からルが脱落して成立した「デア」から、まず「ダ」が生まれ、遅れて「ヂャ」が生じたとした上で、「ヂ」の破擦音化や、それに伴う四つ仮名の混同の生じた時期に東西差があったという仮説のもと、東に「ダ」が、西に「ヂャ」が定着していった過程を推論している。結論の傍証として、現代方言において、一つ仮名弁の地域がコピュラのダの分布域に含まれることがあげられている。

　川本（1971）の論などから明らかなように、富山県の一部も「一つ仮名」の特徴を持っていた。呉東にはコピュラのダもあることから、富山県の事例は、一見、柳田の論の補強材料になるように思える。しかし、1）柳田は /dea/ > /da/ の変化によりダが成立したと想定しているが、富山市周辺のダはデャ/dja/［dʲa］からの変化を考えられる、2）デャが現代まで保持されており、ダの発生はそう古くないと推測される、3）富山県でのデャの音価は典型的には破擦化しない［dʲa］であるのに対し、ダ行イ段は破擦子音の［dzi］であり、両者の変化は並行的とは思えない、といった3点から、富山県におけるコピュラの変化に、柳田（1993）の論は適用できない。

5.「では」の分布

　ここで、コピュラの変異に形態・統語的にも、地理的分布からも関係のある形式として、名詞述語の否定形式「〜ではない」における「では」（コピュラの中止形デ＝助詞ワ）相当部分の変異と分布を見る。

　芥子川（1971、1983）や彦坂（1997）によると、尾張近辺の方言では、コピュラのデャとともに、「では」相当のデャも存在し、同地方の近世期文献には同じく「では」相当のダの用例もあるとい

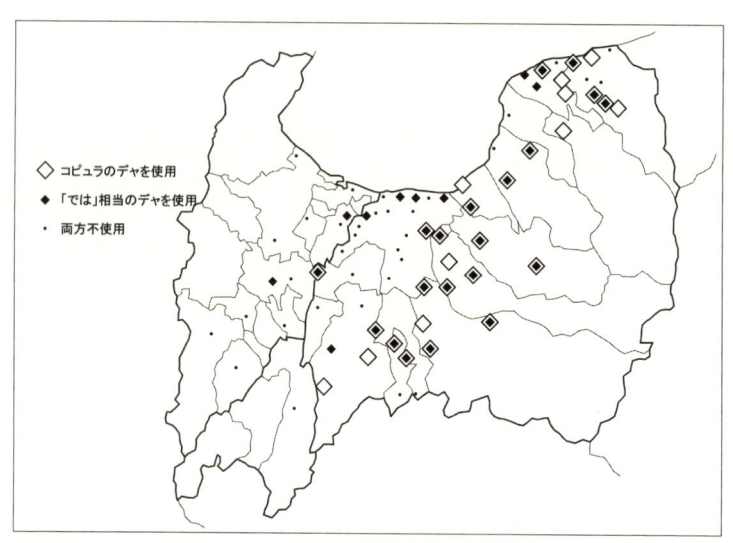

図2.4 「では」相当のデャとコピュラのデャ

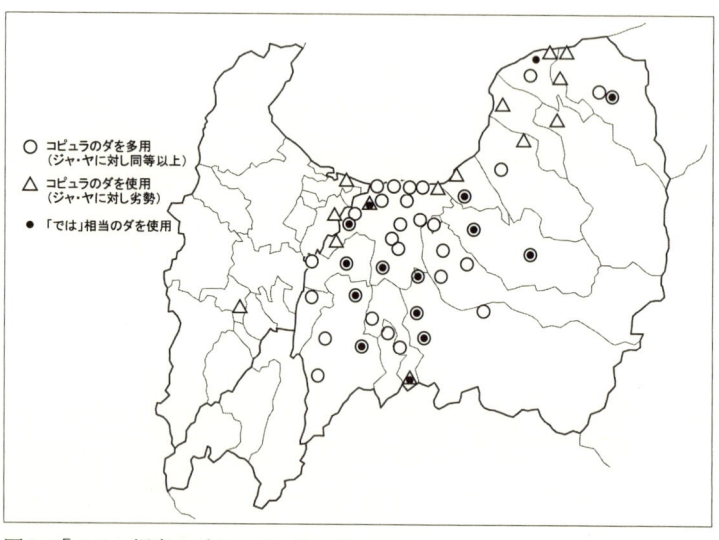

図2.5「では」相当のダとコピュラのダ

う。富山県方言でも、「では」相当環境でデャ・ダが用いられ、「では」相当のヤもあるが、図2.4〜図2.6に示すように、これらの分布はコピュラの分布と相関する*18。次のようにまとめられる。

(1)「では」相当のデャの分布域は、コピュラのデャの分布域

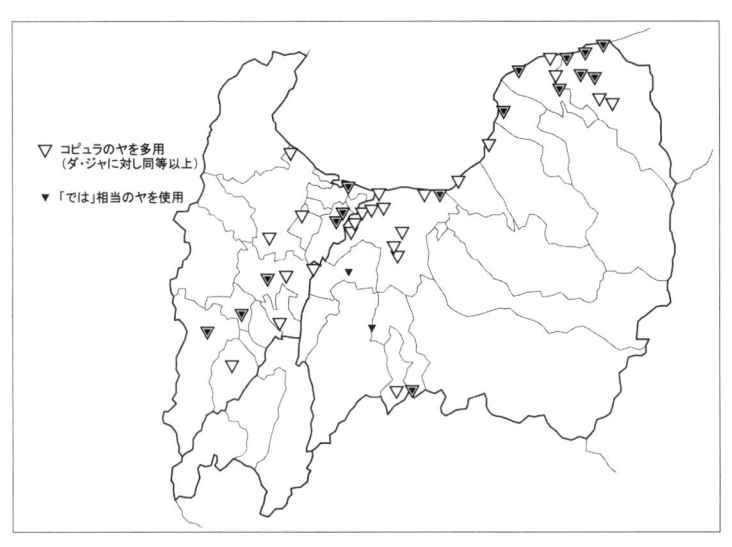

図2.6 「では」相当のヤとコピュラのヤ

よりやや広い。
(2)「では」相当のダの分布域は、コピュラのダの優勢な地域の範囲内である。
(3)「では」相当のヤの分布域は、コピュラのヤの優勢な地域の範囲内である。

芥子川（1983）によると、尾張では、コピュラのデャがなくなった後も「では」相当のデャが聞かれるといい、富山県での（1）の現象と重なる。コピュラのデャより「では」のデャが保持されやすいのは、デとワの複合という原形が意識されているためだろう。

(2)(3)の「では」のダ・ヤは、コピュラからの類推で生まれたと考えられる。『方言文法全国地図』（GAJ）第1集第17図「行くのではないか」および第3集第147図「静かでない」で「では」の全国分布を見ると、コピュラのダの分布域である東日本や京都北部から山陰にかけてダが、コピュラのヤの分布域である近畿などにヤがあり、全国的にも同様の事が起こっていると言える。

なお、中・若年層の話者には「では」のデャ・ダは全く用いられず、デ・ジャ・ヤ等が用いられる。

6. 本章のまとめ　富山県方言の形成という視点から

　以上、富山県方言におけるコピュラの変異デャ・ダ・ジャ・ヤについて、その地理的分布や各分布域における併用状況を示し、分布形成過程を考察した。

　コピュラの変異とその分布形成においては、呉西と呉東東部に共通性があり、その中央に位置する富山市など呉東西部が特異であるが、その歴史的背景に、近世期の藩領域と近代以降の富山市を中心とする生活圏の広がりという事情があると指摘した。

　前章で触れたように、呉西と呉東東部が共通し、富山市など呉東西部がそれとは異なる特徴を見せる文法項目はほかにもある。母音語幹動詞の命令形では、呉西と呉東東部で「オキー」などの語幹長音形をもっぱら用いるのに対し、富山市ではr語幹化した「オキレ」などを併用する。意志・推量形でも、呉東ではr語幹化した「オキロー」を成立させた。また、勧誘形においても、富山市周辺では「イカンマイ」など「～ンマイ」という他地域には見られない形が生まれている。いずれも、呉西・呉東東部では西日本や中部方言域に一般的な形が使われ、呉東西部ではそうした大勢から外れた、独自の変化を起こしていると言える。

　呉東は、もともと地理的に西日本方言域の最東部で中央からの影響を受けにくかったうえに、近世期に至って呉東西部が富山藩として分立、行政・経済的に自立したことが、西日本の大勢から外れた独自の方言変化を生みやすい基盤となったと言える。さらに、近代に至って富山市が県庁所在地となることで、その地域の「中心」としての性格が保持・強化され、独自に成立した革新形が呉東東部や呉西にまで広がりつつあるという面も観察される。

　先行研究では、呉東西部のコピュラのダや、命令形「～レ」について、「東部方言的要素」と位置づける場合があった。しかし、これらはいずれも、富山市を中心とする呉東西部における自律的な変化の結果であって、当該地域と東日本とに直接的な接触関係があった、あるいは、当該地域が東日本方言域に連続する「基層」を成すといった想定をする必要はない。これは、富山県方言を日本語の一

変種として位置づけるうえで重要な点であり、これを明らかにしえたことが、本書第Ⅰ部の主要な成果と言える。

＊1　キリシタン資料の「dea」、抄物資料の「デヤ」等の例とそれについての先行研究は、柳田（1993: 944-945, 981注4）が整理している。
＊2　真田（1979b）や藤原（1962）が現代方言の例を整理している。現代方言の報告には「デァ」「デャ」と表記されたものが混じるが、音価の差を示すとは考えにくい。注13も参照のこと。
＊3　国語調査委員会（1906a: 746）では、上新川郡北部の回答に「ぢゃ」とともに「でぁ」「であ」を使うとある。日本放送協会（1999）『全国方言資料』所収の入善町の談話資料の話者もデャを使っている。
＊4　地点名は調査当時のもの。
＊5　『富山県大百科事典』（富山新聞社大百科事典編集部1976）の中尾俊雄作成の図（p.550）より。1970年の国勢調査のデータによるとする。下野（1983）も富山県内の地域差形成に関わるものとしてこの図を引用している。
＊6　形容動詞語幹にあたるものをここでは「形容名詞」とする。
＊7　3語形が回答された場合も2語形ずつ比較した。この方法では「ヤはダに対して優勢、ヤとジャは同等、ジャとダは同等」などの関係が生じる恐れがあるが、結果としてこのような地点はなかった。
＊8　ラが現れるのは後述のc地域。同じ地点でダ・ラの交替例として、ほかに「ソラケ」（それだけ）という例も得られた。
＊9　6章参照。
＊10　地点65（朝日町笹川）では、近所の人と道で会った時のあいさつとして「コーナスタツ、ドーデ」（この家の人達はどうですか、お宅の皆さんはお元気ですか）という表現が以前用いられていたという。このデと「デジャ」のデは同語で、コピュラの中止形か、丁寧形「デス」の転、「デジャ」はそれに終助詞ジャがついたものではないかと思われる。
＊11　山口（1996: 53）の言及がある。『全国方言資料』（日本放送協会1999）の音声からも確認できる。
＊12　話者の発音を筆者が真似して内省すると、舌端から前舌面前部にかけてと歯茎から硬口蓋前部にかけてとが閉鎖を作る音である。日本語のチャ・ジャ・ニャの閉鎖に近いが、より閉鎖の面積が広い。
＊13　キリシタン資料に「dea」という表記があることから、現代方言の当該コピュラを「デア」と表記する先行研究があるが、富山県方言での当該例を聞く限り、2モーラの/dea/とは認められない。なお、筆者はキリシタン資料の「dea」表記も、［dea］という音価を持つものとは認めていない（小西1998）。
＊14　富山藩は、加賀藩の支藩として寛永16（1639）年に分立、万治2（1659）年の領替によって、図2.1のように加賀藩に挟まれた藩領が確立し、幕末まで続く。

＊15 d地域の地点60は、ダとジャを同等に用いるという点で特異だが、インフォーマントの職業等の個人的な要因によると考えられる。
＊16 a・d地域とも、調査時点ではほとんど用いず、昔のことばと内省する話者がほとんど。また、図では捨象したが、意味にも地域差があり、a地域市街地・平野部では「妻の卑称」、同山間部やd地域の一部で「年配の女性」、d地域の他地点で「一家の主婦」を表す。同じ地点でも語によって意味の違いがあることもある。真田（1978:28）によると、調査地点にない上平村ではジャーマ・ジャー・ジャーサがあるという。
＊17 ただし、地点26・27の話者は調査時a～cの境界地域に住むことから、ヤが現在の居住地で獲得されたとも考えられる。
＊18 質問調査項目と自然談話の両方にもとづき作図した。他にデワ・デ・ジャ・デチャも用いられるが、ここでは扱わない。

II

記述的アプローチ1
総合的記述

第3章
富山市方言の文法体系

1. 本章の目的と方法

　本章では、富山県方言のうち、県庁所在地であり、県の経済の中心地でもある富山市の方言を対象とし、その文法体系を総合的に記述する。

　第Ⅰ部で見てきたように、富山市方言は、動詞の活用やコピュラの形態など、呉西や呉東東部にはない特徴を発達させている。富山市が行政・経済の中心地であることから、その方言特徴が周辺地域に影響を与えてもいる。現在の富山市域は、2005年4月、旧.婦負郡・上新川郡と合併して成立したものであり、面積1,241.77km^2*1、2010（平成22）年国勢調査による人口は421,953人である。ここでは、合併前の富山市域（図3.1）を直接の対象とする。

　本章の記述は、臨地面接調査の結果、筆者自身の内省、先行研究や既存の方言談話資料を参照して行う。内省に依拠する話者は主に次の3者である。

話者A　1922（大正11）年生まれ。男性。生育地は富山市北新町。調査時住所は富山市東田地方町。富山市以外での居住歴は約4年。

話者B　1945（昭和20）年生まれ。男性。0～2歳サハリン、2～26歳富山市浜黒崎、26歳～富山市田畑に居住。言語形成期以後の富山市以外での居住歴はなし。

話者C　＝筆者。1973（昭和48）年生まれ。女性。0～18歳富山市田畑、以後は富山県外に居住。

　使用した談話資料は次の3種である。引用の際は［　］内の略称で示す。

　［藤木］：富山県教育委員会編「昭和56年度富山県方言収集緊

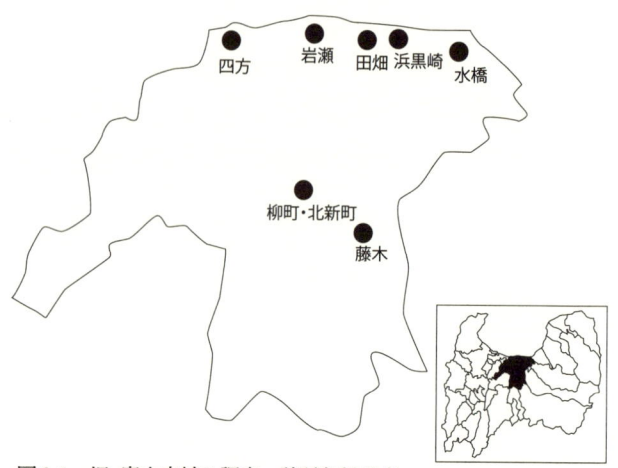

図3.1 旧.富山市域と調査・談話収録地点

急調査　富山地区　正」(未公刊、国立国語研究所所蔵)＊2。談話の録音文字化資料。調査および文字化担当者は水野元雄。**地点**：富山市藤木＊3。富山市東南部、常願寺川の西岸に位置する。**収録年**：1981年。**話者**：同地生育の1916～1917（大正5～6）年生まれの男女3名（会話例・用例数を示す際の話者の別をA・B・Cと表す）と、司会として立山町出身の1920（大正9）年生まれ男性1名（同じくD）。司会者の発話は断りなく対象としない。**その他**：用例を計量的に示す場合は、資料の一部「むかしの遊び・むかしの農村」と題された部分（約34分間）を対象とする。例文の引用に際し、音声データを確認して改めた場合がある。共通語訳はおよそ原資料に則るが、私に改めた場合がある。

［柳町］：筆者が収録・文字化。未公開。**地点**：富山市柳町小学校区内。富山市街地に位置する。**収録年**：2007年。**話者**：同地生育の、1922（大正11）年生まれ・男性（上と同じくAとする。臨地調査話者Aと同一）、1927（昭和2）年生まれ・男性（B）、立山町出身の1934（昭和9）年生まれ・女性（C）。立山町出身者の発話は断りなく対象としない。

［北前］：井本三夫編（1998）『北前の記憶―北洋・移民・米騒動との関係』桂書房。編者の取材・収録した談話にもとづき、

漢字かな混じりで整文化したもの。フィラーなどは除かれているが、文法的特徴は比較的忠実に文字化したと推測される。**地点**：富山市四方・岩瀬から水橋にかけての北部沿岸地域*4。編者も四方の出身。**収録年**：1978〜1991年。**話者**：同地生育の1895（明治28）〜1926（大正15）年生まれの男女（多くは男性）。**その他**：共通語訳は筆者が付す。

　本章は、現代日本語共通語の文法の基礎的知識があれば、富山市方言の文法が理解でき、かつ、音声言語としてそれを産出できる情報を与えることを目指している。そのため、具外的には次の点に留意した。1) 共通語と異ならない部分も一通り記述する。2) 連辞構造論的な記述と範列体系論的な記述との両方を行う。3) アクセントを含めた音韻情報を付与する。1) は、文法体系全体の総合的な記述であるためには必要なことである。ただし、実際には、共通語と富山市方言に差が見られない部分について詳細な記述をするのは冗長であることから、類似点と相違点を明確にし、前者については略述する場合がある。2) は、語や文がどのような構造を持ち、具体的にどのような形式で表されるかという点と、その形式相互がどのような対立関係にあるかという点との両方を記すということである。ただし、特に後者については、現段階で形式どうしの意味・機能上の詳細な相違が明らかでなく、おおまかな意味・機能ラベルの付与に留まった部分も多い。3) は、特に音声言語としての産出を意図したもので、まず音素体系・アクセント体系と表記の原則を明示するとともに、各節・項において該当形式のアクセント・音調についても記すこととした。

　本章の構成は、主に日本語記述文法研究会（2003–2010）『現代日本語文法』1〜7や下地（2013）を参考にしたが、筆者の立場や富山市方言の言語実態に応じて改めた部分も多い。例文には方言談話資料の例を積極的に用いる。出典がないものは筆者を含む方言話者から得た文である。

2. 音韻体系

2.1 音素とモーラ

富山市方言の音素の種類と体系は、現代共通語と大きく変わらない。音素一覧を下に示す。

　　母音音素（V）　/i, e, a, o, u/
　　子音音素（C）　/p, b, m, t, d, n, s, z, c, k, g, ŋ, h, r, w/
　　半母音音素（S）/j（, w）/
　　モーラ音素　　/Q, N, R/

/w/ は子音兼半母音とする。モーラ /wja/ があることによる（後述）。

ありうるモーラ構造は、/CV, V, CSV, SV, Q, N, R/ である。モーラ体系を表3.1に示す。配列は五十音図に準じる。上段が音素表記、中段が簡略音声表記、下段が仮名表記。（　）内は外来語等に稀に現れるモーラ。

表3.1　富山市方言のモーラ体系

/a	i	u	e	o	ja	ju	jo/
[a	i	ɯ	e	o	ja	jɯ	jo]
ア	イ	ウ	エ	オ	ヤ	ユ	ヨ

/ka	ki	ku	ke	ko	kja	kju	kjo/
[ka	kʲi	kɯ	ke	ko	kʲa	kʲɯ	kʲo]
カ	キ	ク	ケ	コ	キャ	キュ	キョ

/ga	gi	gu	ge	go	gja	gju	gjo/
[ga	gʲi	gɯ	ge	go	gʲa	gʲɯ	gʲo]
ガ	ギ	グ	ゲ	ゴ	ギャ	ギュ	ギョ

/ŋa	ŋi	ŋu	ŋe	ŋo	ŋja	ŋju	ŋjo/
[ŋa	ŋʲi	ŋɯ	ŋe	ŋo	ŋʲa	ŋʲɯ	ŋʲo]
カ゚	キ゚	ク゚	ケ゚	コ゚	キ゚ャ	キ゚ュ	キ゚ョ

/sa	si	su	se	so	sja	sju	sjo	(sje)/
[sa	ɕi	sɯ	se	so	ɕa	ɕɯ	ɕo	ɕe]
サ	シ	ス	セ	ソ	シャ	シュ	ショ	シェ

/za	zi	zu	ze	zo	zja	zju	zjo	(zje)/
[dza	dʑi	dzɯ	dze	dzo	dʑa	dʑɯ	dʑo	dʑe]
ザ	ジ・ヂ	ズ・ヅ	ゼ	ゾ	ジャ	ジュ	ジョ	ジェ

/ta	(ti)	(tu)	te	to /
[ta	tʲi	tɯ	te	to]

```
            タ    ティ    トゥ    テ    ト
/(ca)       ci    cu     (ce)   co)   cja   cju   cjo   (cje)/
[tsa       tɕi   tsɯ    tse    tso   tɕa   tɕɯ   tɕo   tɕe ]
 ツァ       チ     ツ     ツェ    ツォ   チャ   チュ   チョ   チェ

/da   (di)  du)   de    do    (dja)/
[da   dʲi   dɯ    de    do    dʲa  ]
 ダ    ディ   ドゥ   デ     ド     デャ

/na   ni    nu    ne    no    nja   nju   njo/
[na   ɲi    nɯ    ne    no    ɲa    ɲɯ    ɲo  ]
 ナ    ニ     ヌ    ネ     ノ    ニャ   ニュ   ニョ

/ha   hi    hu    he    ho    hja   hju   hjo   (hwa  hwi   hwe   hwo)/
[ha   çi    ɸɯ    he    ho    ça    çɯ    ço    ɸa    ɸi    ɸe    ɸo  ]
 ハ    ヒ     フ    ヘ     ホ    ヒャ   ヒュ   ヒョ    ファ   フィ   フェ   フォ

/ba   bi    bu    be    bo    bja   bju   bjo/
[ba   bʲi   bɯ    be    bo    bʲa   bʲɯ   bʲo ]
 バ    ビ     ブ    ベ     ボ    ビャ   ビュ   ビョ

/pa   pi    pu    pe    po    pja   pju   pjo/
[pa   pʲi   pɯ    pe    po    pʲa   pʲɯ   pʲo ]
 パ    ピ     プ    ペ     ポ    ピャ   ピュ   ピョ

/ma   mi    mu    me    mo    mja   mju   mjo/
[ma   mʲi   mɯ    me    mo    mʲa   mʲɯ   mʲo ]
 マ    ミ     ム    メ     モ    ミャ   ミュ   ミョ

/ra   ri    ru    re    ro    rja   rju   rjo/
[ɾa   ɾʲi   ɾɯ    ɾe    ɾo    ɾʲa   ɾʲɯ   ɾʲo ]
 ラ    リ     ル    レ     ロ    リャ   リュ   リョ

/wa   (wi)              (we)  wo    wja)/
[wa   wʲi               we    wo    wʲa ]
 ワ    ウィ               ウェ   ウォ    ウャ

/N    Q     R/
 ン    ッ     ー
```

　富山市方言にはいわゆるガ行鼻濁音［ŋ］がある。ガ行鼻音と破裂音とは別音素とみなし、前者を「カ゚、キ゚、…」と仮名表記する。また、「デャ」/dja/、「ウャ」/wja/ は、限られた環境でのみ現れる。

　川本（1971）は、富山市を含む県平野部周辺には、シとスス、チとツ、ジ（ヂ）とズ（ヅ）の区別がない、いわゆる「ズーズー弁」「一つ仮名弁」が分布すると記すが、本研究の調査開始段階（1990年代後半）では、富山市内では「シ」の母音がやや中舌化することがあっても、音韻上の区別は保たれていた。また、地点・話者によ

って、/e/ が狭め、/i/ が広め、/se, ze/ が口蓋化するといった特徴が見られたが、これも音声レベルの変異と言える。談話資料には、これらの変異を反映した表記、例えば原因・理由の接続助詞ケニを「ケネ」とする例などがあるが、音声がそれに著しく反していない限り、もとの表記を尊重して引用する。藤木資料には、/bu/ の変異 [βɯ] ～ [vɯ] ～ [ʋɯ] を「ヴ」と表記する例があるが、これもそのまま用いる。また、主格および提題の助詞アが非成節的に実現する場合、「サケァ」（酒が・酒は）など、小書きの「ァ」を用いる。

2.2 アクセント

共通語と同じように、「下げ核」（次を下げようとする核）を弁別特徴とし、n拍（＝モーラ）語に n + 1 個のアクセント型がある。系統的には、京阪系アクセントの高起・低起の対立が失われて成立したものとされている（平山1938、同1943、下野1983）。

名詞のアクセント型と音調、所属語彙の例をあげる。音調は、単語アクセントに、句音調 {○[○…}（1拍目から2拍目にかけての上昇）がかぶさることによって決まる。1拍名詞は長音化しやすい。

1拍名詞
  0型 [○ー。 [○ーガ～。 コ[ノ○ーガ～。
              柄、絵、蚊、木、血、戸、など
  1型 [○]ー。 [○]ーガ～。 コ[ノ○]ーガ～。
              毛、背、歯、胃、など

2拍名詞
  0型 ○[○。○[○ガ～。コ[ノ○○ガ～。
              風、飴、枝、口、鳥、端、鼻、など
  1型 [○]○。[○]○ガ～。コ[ノ○]○ガ～。
              石、夏、橋、髪、指、海、猿、など
  2型 ○[○。○[○]ガ～。コ[ノ○○]ガ～。
              山、川、冬、花、肌、汗、雨、など

3拍名詞
  0型 ○[○○。○[○○ガ～。コ[ノ○○○ガ～。
              車、子供、魚、桜、形、兎、など

1型　[○]○○。[○]○○ガ～。コ[ノ○]○○ガ～。

涙、兜など。少。

2型　○[○]○。○[○]○ガ～。コ[ノ○○]○ガ～。

心、命、小豆、毛抜、など

3型　○[○○。○[○○]ガ～。コ[ノ○○○]ガ～。

男、女、娘、袋、など

4拍名詞

0型　○[○○○。○[○○○ガ～。○[○○○ガ～。

鶏、友達、洗濯、など

1型　[○]○○○。[○]○○○ガ～。コ[ノ○]○○○ガ～。

兄弟、蝙蝠、椎茸、など

2型　○[○]○○。○[○]○○ガ～。コ[ノ○○]○○ガ～。

紫、朝顔、鶯、など

3型　○[○○]○。○[○○]○ガ～。コ[ノ○○○]○ガ～。

雷、梅干、足音、など

4型　○[○○○。○[○○○]ガ～。コ[ノ○○○○]ガ～。

弟、ガラス戸、など。稀。

金田一の類との対応は次のとおり。

1拍名詞　1・3類　　　主に0型
　　　　　2類　　　　0型・1型
2拍名詞　1・4類　　　主に0型
　　　　　2・3・5類で末尾a・e・o　　主に2型
　　　　　2・3・5類で末尾i・u　　　主に1型
3拍名詞　1・6類　　　主に0型
　　　　　2・4・7類　　主に2・3型
　　　　　5類　　　　2型が多、1型も

動詞・形容詞のアクセントはほぼ1つの型で、長さによらず、終止基本形において-2（語末から2モーラ目に核がある）型となるが、短い語に例外的なふるまいをするものがある。

動詞のうち、2拍動詞は、連体形において0（無核）型となる。ただし、「クル（来）」「オル（居）」のみ、連体形で1型（-2型）・0型を併用する。3拍以上では、2拍目が母音連続aiの後部にあた

る「ハイル（入）」で1型（-3型）となるなど、音素配列による下降の移動はあるが、基本的に終止形でも連体形でも-2型である。

 2拍・母音語幹（一段）、不規則動詞「来る」「する」
  一般 着る [キ]ル。キ[ルチャ]]。キ[ルト]キ。
       キ[タ。[キ]ン / [キン。
  例外 来る [ク]ル。[ク]ルチャ。
       [ク]ルト]キ / ク[ルト]キ。
       キ[タ。[コ]ン / [コン。

 2拍・子音語幹（五段）動詞
  一般 置く [オ]ク。オ[クチャ]]。オ[クト]キ。[オ]イタ。
       オ[カ]ン / オ[カン。
  例外 居る [オ]ル。[オ]ルチャ。
       [オ]ルト]キ / [オルト]キ。
       [オ]ッタ。オ[ラ]ン / オ[ラン。

 3拍・母音語幹動詞
  借りる カ[リ]ル。カ[リ]ルチャ。カ[リ]ルト]キ。
     カ[リ]タ。カ[リ]ン / カ[リン。

 3拍・子音語幹動詞
  泳ぐ オ[ヨ]グ。オ[ヨ]グチャ。オ[ヨ]グト]キ。
     オ[ヨ]イダ。オ[ヨガ]ン / オ[ヨガン。

形容詞は、2拍語4語のうち、「イー（良）」「ナイ（無）」は2拍動詞一般型と、「コイ（濃）」「ウイ（憂）」は2拍動詞例外型と同様の型となる。ただし、後者の連体形は1型（-2型）のみで0型はない。3拍以上では1つの型である。

 2拍形容詞
  良い [イ]ー / [イー。[イー]チャ]]。[イート]キ。
     イ[カ]ッタ。[イ]ー[ナイ。
  濃い [コ]イ。[コ]イチャ。[コ]イトキ。
     コ[カ]ッタ。[コ]ー[ナイ。

 3拍形容詞
  赤い ア[カ]イ。ア[カ]イチャ。ア[カ]イトキ。
     ア[カカ]ッタ。ア[カ]][ナイ。

動詞・形容詞の活用形のアクセントについては7および4章で詳述する。

付属語のアクセントを記述する際は、和田（1969, 1984）を参考に、次の分類を用いる。

独立型 付属語自身がアクセントを持つ。
順接型 それ自身アクセントを持たず、前接語のアクセントを変えない。
低接型 それ自身アクセントを持たず、前接語が有核の場合はそのまま低く、無核の場合も低く下がって付く。
融合型 前接語を無核化し、それ自身のアクセントを顕現させて全体で1アクセント単位を成す。

ただし、述語の終止形に接続する付属語には、一部の用言が連体形と同様に無核化する語と、しない語がある。前者にあたる付属語のアクセントについては「音調上は連体形に付く」という表現をする。

3. 品詞

品詞の別において共通語と違いは認められない。本章では表3.2の品詞を設ける。

名詞〜感動詞を「自立語」、助詞・助動詞を「付属語」とする[5]。「形容名詞」は、学校文法における形容動詞の語幹にあたる。

4. 文の基本構造

文の統語構造は、共通語と大きく変わらない。基本語順は、自動詞文SV、他動詞文SOVとなる。格体制は主格・対格型で、主格はø（無標示）か助詞ガ・ア・ナ、対格はøか助詞オで表される（8.1、8.2参照）。また、名詞修飾はAN型である（20.3参照）。

(1) サラ {ø／ガ} ワレタ。（皿が割れた。）［自動詞文］
(2) オラ {ø／ガ} サラ {ø／オ} ワッタガ。（私が皿を割っ

たの。)［他動詞文］
(3) タカイ　ホン（高い本）［形容詞 – 名詞］
(4) オラ {ø／ガ／ノ}　コータ　ホン（私が買った本）［名詞修飾節 – 名詞］

表3.2　品詞一覧

品詞	下位類	例
名詞	普通名詞	ハナ（花）、ガッコー（学校）
	固有名詞	タロー（人名）、トヤマ（地名）
	人称代名詞	オラ、ワシ、アンタ
	指示代名詞	コレ、ソレ、アレ
	疑問代名詞	ドレ
形容名詞		シズカ、ゲンキ
動詞		アソブ、オキル、クル、スル
形容詞		タカイ、ウレシー
副詞		ユックリ、コロコロ、イッパイ
連体詞		コノ、アノ、コイ、ソイ
接続詞		ソヤサカイ、ダレド
応答詞		ウン、ナーン
感動詞		アッ、アレ、エート
助詞	格助詞	ガ、オ、ニ
	準体助詞	ガ
	副助詞	ワ、モ、コソ、ト、カ
	接続助詞	カラ、ケド
	終助詞	ヨ、チャ、ワ
助動詞	コピュラ	ダ
	その他	ラシー、ミタイ、ダロー

5. 名詞句の構造

5.1 人称代名詞

5.1.1 1人称

主な1人称代名詞とその用例を下に示す*6。[ ] 内は話者B・Cによるアクセント型（複数の型がある場合は左が主）。△は、話者Bが〈可だが稀〉と内省し、談話資料にも例がない形である。

1) オラ［0］
   複数形　オラッチャ［2］、△オララチ［2, 3］、△オラドモ［4, 2］
2) ワシ［0］
   複数形　ワシラ［2］、ワシラチ［2, 3］
3) ワタシ［0］
   複数形　ワタシラ［3］、△ワタシラチ［3, 4］

(1) ナラ　オラト　ヤッカエー。（では私とやるか。）
　　　　　　　　　　　　　　　　　　　　　　　［藤木、男性］
(2) オラッチャミタイナ　ダラダッタラ　ドンナガデモ　シャベレル。（私達みたいな馬鹿だったら、どんなことでも喋れる。）
　　　　　　　　　　　　　　　　　　　　　　　［柳町、男性］
(3) ワシ　トソーモネー　イロヌリモ　ヤル。（私は塗装もね、色塗りもやる。）
　　　　　　　　　　　　　　　　　　　　　　　［柳町、男性］
(4) ワシラ　ビンボダッタカラネ。（私達は貧乏だったからね。）
　　　　　　　　　　　　　　　　　　　　　　　［藤木、女性］
(5) ワシラチ　ドーキューセーノサン　オラレタカラ（私達は同級生の人がおられたから、）　　　　　　　　　　　　［藤木、女性］
(6) ワタシモ　ムラカラ　ムラダレドサ（私も村から村だけどさ、）
　　　　　　　　　　　　　　　　　　　　　　　［藤木、女性］
(7) サ　シテァー　ドーダッタカ　シランネド　ワタシラネ　ソーダッタネ。（さあ、人はどうだったか知らないけど、私達はね、そうだったね。）　　　　　　　　　　　　　　　　　　　　　　　［藤木、女性］

3語とも男女ともに用いうるが、オラ＜ワシ＜ワタシの順に改まり度が高くなり、相関して女性の使用率が高くなる。『方言文法全

表3.3 藤木・柳町資料の1人称代名詞

			オラ (-ッチャ)	オワ (-ッチャ)	オレ	ワシ (-ラ, ラチ)	ワタシ (-ラ)
藤木	A	男1917	8 (3)	0	0	0	0
	B	女1916	4 (1)	0	0	19 (5,0)	10 (2)
	C	女1916	0	0	0	8 (1,3)	0
	D	男1920*	4	0	0	0	1
柳町	A	男1922	2	2	2	0	19 (3)
	B	男1927	17 (1)	17 (3)	3	4 (2,0)	0
	C	女1934*	0	0	0	11 (2,2)	5

* 立山町出身の話者。（）内は複数形（内数）

国地図』（GAJ）「この傘はおれのだ」（質問243、第6集338・340・342図）の富山市新庄町では、くだけた場面（O場面）でオラ、改まった場面（A、B場面）でワタシが回答されている。若い世代では共通語化が進み、話者Cを含めた中年層以下の女性ではオラ・ワシは用いず、ワタシ・アタシなどの共通語形が一般的である。

　藤木・柳町資料の用例数を表3.3に示す*7。オラは男性、ワシは女性に偏っている。また、柳町の男性が、オワとオレを用いる。オワはオラの音変化形と見られるが、藤木資料や北前資料では確例が得られない。

（8）　オワ　シットッタン。（私は知っていたの。）［柳町、男性］

　複数形を作る接尾辞として、ラ・ラチ・ドモがあるが（5.2.1参照）、1人称代名詞の複数形には偏りがある。オラ・オワの複数形は、談話資料では特別な形オラッチャ・オワッチャのみが使われている。面接調査の話者Bもオラッチャが自然で、オラ-ラは不可、オラ-ラチ・オラ-ドモは「許容はできるが実際にはまず使わない」と内省する。オフッチャは、オラ-ラナに主格・提題助詞アが付いた形に由来すると推測される。また、話者Bは、オラッチャは複数しか意味しないとするが、（9）のように、単数を表すとも解せる例がある*8。

（9）　おらっちゃも、もう駄目かと思うたこと何度あるやら。（私

も、もう駄目かと思ったことが何度あるやら。）　　［北前］

ワシ・ワタシには複数接尾辞ラ・ラチが後接するが*9、ドモは後接しない。

なお、以上の1人称複数形は、包括的か非包括的か（聞き手を含むか否か）によらず、用いることができる。

(10) ヤマダサン、オラッチャト　イッショデ　イーケ。（山田さん、私達と一緒でいい？）［非包括的］

(11) ヤマダサン、オラッチャモ　イッショニ　イカンマイケ。（山田さん、私達も一緒に行こうよ。）［包括的］

5.1.2　2人称

2人称代名詞として次の語がある*10。［　］内は話者Bによるアクセント型。△の形は話者Bが使用せず、アクセント型・複数形が不明。

1) アンタ［0］
   複数形　アンタラチ［3,4］、アンタラ［3］、アンタラッチャ［3,4］、アンタガタ［0］
2) アンニャ［0］
   複数形　アンニャラチ［3,4］、アンニャラ［3］、アンニャラッチャ［3,4］、アンニャドモ［5,3］
3) オマエ［0］
   複数形　オマエラチ［3,4］、オマエラ［3］、オマエラッチャ［3,4］、オマエドモ［5,3］
4) △アンタハン
5) △オマサ

敬称接尾辞を伴わない1)〜3)は、オマエ＜アンニャ＜アンタの順に高い待遇となる。もともとはオマエが待遇的に中立、アンタが上位だった。GAJの「お前の傘か」（質問242、第6集第333・335・336図）の富山市新庄町の回答は、くだけた場面でオマエ、改まった場面でアンタである。近年は待遇価が下落し、アンタが待遇的に中立、オマエはぞんざいな形となった。話者Cはアンタのみ使用する。

第3章　富山市方言の文法体系

藤木・柳町資料では話者どうしが互いにアンタと呼び合っている。(12)のように、聞き手の注意を惹くために間投詞に用いられる例も多い（21.3参照）。オマエ・アンニャは、ぞんざいな発話の引用にのみ見られる。オマサは話者B・Cは使わず、談話資料にも稀だが、使用例を見るとアンタより待遇価が低い。

(12) スキーニシタッテ　アンタ　タケデ　コッシャエテダロ。
　　　(スキーにしても、あなた、竹で作って、だろ？)　　　［藤木］

(13) Xチュー　アンタラ　シランダロケド　ソイ　ゴフクヤアッテ（Xという、あなた達は知らないだろうが、そういう呉服屋があって、)　　　［柳町］

(14) サ　アンニャ　ナニ　シトンガヨ。(それは、お前、何をしているんだよ。)　［柳町。親しい男友達への発話の引用部分］

(15) 戻ったら親方に「あんにゃらち、えらい長いことかゝとったぜェ」言われる。(戻ると親方に「お前達、えらく長くかかっていたね」と言われる。)　　　［北前］

(16) オマエ　ナニ　シトンガ。(お前、何をしてるの。)
　　　　　　　　　　　　　　［柳町。親しい男友達への発話の引用部分］

(17) おら、その間に小便だけして戻って来たら、おやじゃ「おまさ、小便しとる間に六人沈んでしもたがい」言う。(私はその間に小便だけをして戻ってきたら、親父が「お前が小便をしている間に6人沈んでしまった。」と言う。)　［北前］

複数形を作る接尾辞のうちラ・ラチ・ラッチャは汎用だが、ガタはアンタに、ドモはアンニャ・オマエに限って付く。すなわち、代名詞の待遇価と複数接尾辞の待遇価が乖離する形を欠く。話者Bにドモ形の例文を求めると、(18)のような詰問表現があがるのも、これら複数形の待遇的な側面の反映と考えられる。ラッチャ形は談話資料から確例が得られなかったが、話者B・Cの内省では(19)のように用いることができる。

(18) {アンニャドモ／オマエドモ}　ナニ　ヤットンガヨ。(お前達は何をしているんだよ。)

(19) アンタラッチャモ　タベラレ。(あなた達も食べなさい。)

5.1.3 3人称

3人称代名詞はふつう用いられないが、指示連体詞コノ・ソノ・アノに、人を表す形式名詞（ッ）サン（**5.3**参照）が付いたコノッサン・ソノッサン・アノッサンが代名詞にあたる機能を果たす。

(20) (Mさんの頃は人力車じゃなかったかと聞かれて) <u>アノッサンノ</u>　ジヴンナラ　クルマダロガイネ。(<u>あの人</u>の頃なら車だろうよ。)　　　　　　　　　　　　　　　　　　　　　　［藤木］

5.2　名詞に付く接辞
5.2.1　複数の接尾辞

複数を表す接尾辞として「ラ」「ラチ」「ラッチャ」「ドモ」がある。

ラは、人称代名詞を含めた人を表す名詞にしか付かない。特に1人称代名詞ワシ・ワタシに付く例が多く、藤木資料ではラの全8例、柳町資料はラの全10例中6例がそうである*11。**5.1**で見たとおり、オラにはラが付かない。柳町資料では、ほかに、2人称代名詞アンタや、名詞コドモ（子供）・ジブン（自分）に付く例が見られる。

(1) イツツノ　チョーナイノ　<u>コドモラ</u>　ツレテー (5つの町内の<u>子供達</u>を連れて、)　　　　　　　　　　　　　　　　　　　［柳町］

ラチも、人称代名詞を含めた人を表す名詞にしか付かない。字音接尾辞タチ（達）の連濁形ダチから、/d/→/r/と音変化して成立したと推測される。稀にダチ・タチの形も使われる。ラチは、藤木資料では計5例で、1人称ワシ、2人称アンニャ、名詞セート（生徒）サンに付く例がある。柳町資料では計8例で、1人称ワシ、2人称アンタ、3人称代名詞相当句コノサン（この人）に付く例がある。1・2人称に付いた例は**5.1**を参照。

(2) ホイテ　<u>コノサンラチ</u>　シランダン。(そして、<u>この人達</u>は知らなかったの。)　　　　　　　　　　　　　　　　　　　［柳町］

ラッチャは、アンタ等の2人称代名詞に付いた例に限られる*12。例は**5.1**(19)に示した。**5.1**で述べたように、ラチに助詞アが付いた形に由来すると考えられる。

ドモも、談話資料の用例は人名詞に偏るが、一部の人称代名詞に

は付きにくい。**5.1**で述べたように、話者Bは、2人称アンニャドモ・オマエドモは適格、1人称オラドモも許容できるが、2人称アンタドモや1人称ワシドモは不適格、ワタシドモは共通語として適格と判断する。談話資料の例を見ると、「オヤドモ」(親達)のような話し手側の第3者、「コドンドモ」(子供達)、「コサクドモ」(小作達)のような対等以下の者を指す語、「メロドモ」(女達)、「アイヌドモ」(アイヌ達)のような品位を欠いたり侮蔑的な表現の例が目立つ。同等以下という待遇価を持つ、ぞんざいな形式と位置づけられよう。ただ、(3)のように聞き手を指す固有名詞に付く例も見られる。

(3) ヤー　コーァ　コッデ　<u>Bサンドモァ</u>　ドーネ。(やあ、これは、これで、<u>Bさん達</u>はどうか。)　　　　　　［藤木］

動物に対して用いることもできる。

(4) トナリノ　<u>イヌドモ</u>　マタ　ホエトル。(隣の<u>犬達</u>がまた吠えている。)

(5) 網揚げると、脚ひっかけられた<u>蟹ども</u>一緒に上って来る。(網を揚げると、脚を引っかけられた<u>蟹達</u>が一緒に上がってくる。)　　　　　　［北前］

無生名詞にドモが付くと、複数の意ではなく、共通語の「など」にあたる、〈例示〉(類似の他の要素の存在を想定して代表例として当該名詞をあげる)の意味となる。「無生名詞-ドモ」には、評価の対象として事物をとりたてる用法もある (**9.4** 参照)。

(6) アノ　ニューノ　トコエ　マッデ　<u>カバンドモ</u>　カ　カクイテサ (あのにお(田のなかに積み上げた藁)の所へ、全部、<u>鞄など</u>をかくしてさ。)　　　　　　［藤木］

(7) 漁夫は北海道もんで、<u>上磯・江刺・木古内ども</u>から百五十人ほど来とったです。(漁夫は北海道の者で、<u>上磯・江刺・木古内など</u>から150人ほど来ていました。)　　　　　　［北前］

5.2.2　概数・概量の接尾辞

数量や大きさがおおよそ当該名詞に相当するという意を付加する接尾辞 (あるいは副助詞) として、「ホド」「ダケホド」「グライ」

がある。ダケホドは指示語にのみ後接する。

(8) カミダキニ　イチネンハンホド　オッタカネ。(上滝に1年半ぐらいいたかな。)　　　　　　　　　　　　　　　　［藤木］
(9) ホッテ　スグ　フチニ　コッダケホドノ　カワ　アッタ。(そしてすぐ横に、これぐらいの川があった。)　［藤木］
(10) アノー　バーチャンナエネ　イクツグライデ　シナレタモンケ。(あの婆ちゃんはよ、何歳ぐらいで亡くなったのか。)
　　　　　　　　　　　　　　　　　　　　　　　　　　　　［藤木］

5.2.3　敬称接尾辞

人名や親族名詞・職業名詞などに付く敬称接尾辞として、「ハン」「サン」「サマ」「チャン」「サ」がある。待遇的に中立で頻度が高いのはハン・サン、サマは改まった形、チャンは親しみを込めた形である。サは藤木資料にわずかに見られた。談話資料では、姓に付く場合は(11)のようにサンが多く、ハンは(12)のように屋号などを用いた伝統的な呼称の例のみである。

(11) Xサンモ　シナレナンダケ。(X(その場にいない人物の姓)さんも亡くなったんじゃない？)　　　　　　　　［藤木］
(12) Yハンナ　ター　ウェラレンニャ　コサクチャ　ター　ウェラレンガチネ。(Y(地主の姓あるいは屋号)さんが田をお植えにならなければ、小作は田を植えられないんだよね。)　　　　　　　　　　　　　　　　　　　　　　　　　［藤木］

藤木資料における、人名以外に敬称接尾辞が付いた例を示す。

ハン　アネハン・オアネハン〈(お)姉さん＝他家の長男の嫁〉、オイシャハンゴッコ〈お医者さんごっこ〉、オワハン〈おばさん＝他家の二男の嫁〉、オンミャハン〈お宮さん＝神社〉、ジーハン〈爺さん＝舅〉、シュートハン〈舅さん〉、ジンダハン〈警察官の呼称〉、ダンナハン〈旦那さん＝他家の家長〉、ホンコハン〈報恩講さん；僧侶の呼称〉、ヨメハン〈嫁さん〉

サン　オーヤサン・オヤッサン〈大家さん＝地主〉、オジョサン〈お嬢さん〉、オトサン〈他者の夫〉、オマワリサン〈お巡りさん〉、ジヌシサン〈地主さん〉、セートサン〈生徒さん〉

サマ　アネサマ〈姉様＝他家の長男の嫁〉
チャン　オカチャン・オッカチャン〈他者の妻、他家の家長の妻〉、オバーチャン・バーチャン〈自分のあるいは他者の姑〉、ジーチャン〈自分のあるいは他者の舅〉

「サ」は、藤木資料から「イッチョンサ」「ソースッツァ」各 1 例が得られた。「イッチョン」「ソースチ」という屋号か名に敬称が付いたものと思われる＊13。後者は、促音の後という環境で異形態/ca/をとっている。

5.2.4　共同主体の副詞的成分を作る接尾辞

複数の人を表す名詞に付いて〈共同主体〉を表す副詞的成分を作るシテがある。「｛一人で／自分で｝やる」のような単数の人名詞には許容しにくい。動詞スルのテ形に由来すると思われる。

(13) ダカラ　ニカゲツニ　イッカイホドー　<u>ミンナシテ</u>　リョコーニ　イクノ。（だから二か月に一回ほど、<u>みんなで</u>旅行に行くの。）　　　　　　　　　　　　　　　　　　　　［柳町］

(14) アンタラ　<u>キョーダイフタリシテ</u>　ドコ　ホッツキアライトアンケヨ。（あなた達、<u>兄弟二人で</u>、どこをぶらつき回っていたのか。）

5.2.5　丁寧・美化の接頭辞

接頭辞オは、共通語と同様に、話し手の品位標示の機能を持つが、頻度は低い。

(15) ジーチャン　オキテコラレタラ　スグ　<u>オチャ</u>　ノマレアン。（爺ちゃんは起きていらっしゃるとすぐに<u>お茶</u>をお飲みになるの。）　　　　　　　　　　　　　　　　　　　　　［藤木］

5.3　形式名詞

〈物〉〈人〉〈場所〉〈時〉〈事〉〈目的〉等、名詞の意味範疇において上位にあり、自立性が低く、文法的機能を果たす語を「形式名詞」とする。形式名詞には、少なくとも次の語がある。［　］は話者 B・C によるアクセント型。〈　〉内はその基本義の意味範疇。

モン［1］〈物・人〉、サン［0］〈人〉、トコ［2］〈場所〉、トキ［1］〈時〉、マ［0］〈時〉、コロ［2］〈時〉、コト［2］〈事〉

　末尾がルの動詞（r語幹動詞、母音語幹動詞、クル、スル）がこれらに前接するとき、そのルが、任意に、撥音化（被修飾名詞がモンの場合）・促音化（同じくサン・トコ・トキ・コトの場合）する。この逆行同化による動詞異形態は、助詞など付属語が後続する場合にも起こるが、被修飾名詞が一般名詞の場合は許容しにくい*14。言い換えれば、動詞の末尾が撥音・促音化した異形態を許容するか否かで、名詞の形式性を測ることができる。

（1）a.　ソコニ　{アルモン／アンモン／アルガ／アンガ}　トッテ。（そこにある{物／の}をとって。）
　　　b.　ソコニ　{アルガ／アンガ}。（そこにあるの。）
　　　c.　ソコニ　{アルモチ／??アンモチ}（そこにある餅）
（2）a.　ソコニ　{オルトキ／オットキ}（そこに居る時）
　　　b.　ソコニ　{オルチャ／オッチャ}。（そこにいるよ。）
　　　c.　ソコニ　{オルトリ／??オットリ}（そこにいる鳥）

　以下では、形式名詞のなかでも必ず連体修飾成分を伴って用いられるという点で自立性が低い「モン」「サン」「トコ」、いくつかの複合モダリティ形式の形成要素となる「コト」をとりあげる。

5.3.1　モン

　モンは（3）（4）のように〈物〉〈人〉を指す名詞として使われる。名詞修飾成分を伴う必要があり、そうでない（5）のような場合は不可。

（3）カワチッチコ　ユーテネー。アイモン　トッテキテ（カワチッチコ（雑草の一種）と言ってね、あんな物を取って来て、）　　　　　　　　　　　　　　　　　　　　　　［藤木］
（4）ナカニ　オルモンナ　ドンナ　キモチデ　オッタカ　ソイツァ　シランネド。（なかにいる者がどんな気持ちでいたか、それは知らないけど。）　　　　　　　　　　　　　　　　［柳町］
（5）ナンモ　{モノ／×モン}　ノコットラン。（何も物が残っていない。）

モンと他の語が複合して文法化した形式として、次のものがある。
1) モン（ダ）　名詞述語型の助動詞相当。事態成立の恒常性・習慣性を表す。**18.3**参照。
2) モン・モンニ　理由や事情を述べる終助詞相当。**18.3**参照。
3) モンデ・モンダカラなど「モンダ＝原因・理由の助詞」原因・理由節を作る接続助詞相当。**20.6**参照。
4) モンノ　接続助詞相当。a) 逆接節を作る。**20.7**参照。b) 等位節を作る。**20.11**参照。

5.3.2　サン

サンは〈人〉を表す。「ッサン」という自由変異の異形態もある。モンより指示対象を高く待遇する性質があり、敬称接尾辞サンに由来すると思われる*15。モンと同様、名詞修飾成分を伴わなければならない点で自立性が低い。
(6) キノ　ソイコト　ユートラレル<u>サン</u>　オラレタチャ。（昨日そういうことを言っておられる<u>人</u>がおられたよ。）　［藤木］
(7) ドーキューセーノ<u>サン</u>　オラレタカラ（同級生の<u>人</u>がおられたから）　［藤木］
(8) アノッ<u>サン</u>モ　ヨク　イロンナ　セワ　シラレタカラネ。（あの<u>人</u>もよくいろいろな世話をなさったからね。）　［柳町］

5.3.3　トコ

トコは、〈場所〉のほか、〈事態連続の局面〉も表す。これも名詞修飾成分を伴う必要がある。
(9) アワ　ユートッタ<u>トコ</u>　アッタカナー。（(姉のことを)アワと言っていた<u>所</u>はあったかな。）　［柳町］
(10) コトシ　コー　アメ　フラン<u>トコ</u>　ミットイネ。（今年、こう雨が降らない<u>ところ</u>を見るとね。）　［藤木］

「人を表す名詞＝連体助詞ノ＝トコ」（Nノトコ）または「人を表す名詞＝トコ」（Nトコ）という構造で、当該者の〈所属先〉を表す。共通語の「とこ（ろ）」にもある用法だが、富山市方言では連

体助詞を介さない「Nトコ」が可能な点が特徴的である。「Nトコ」のトコはすでに名詞ではなく接尾辞と言ってよい。「Nトコ」形を作る名詞は、人称代名詞や固有名詞が典型的で、親族名詞や、前述の形式名詞サンが付いた形、「自分」「船長」といった一般名詞も可能である。親族名詞のうち、「オジ（叔父）」「ムスメ」など対称詞用法（2人称代名詞相当の機能）を持たない語は、(16)のように、「Nトコ」より「Nノトコ」が選択されやすい*16。(17)のように、Nが人以外の名詞で全体で〈Nの周囲〉を表す場合は、「Nトコ」は不可となる。

(11) オワトコノ　オッカチャン　ハチニン　オッタ。(私のうちの妻は、(兄弟が)8人いた。)　　　　　　　　　　［柳町］

(12) ソエカラ　アンタトコノ　オモヤノ　ジチャンネ（それから、あなたの家の母屋の爺ちゃんね、）　　　　　　［藤木］

(13) 森正太郎さんとこの屋号は四十仙です。(森正太郎さんの家の屋号は四十仙です。)　　　　　　　　　　　　［北前］

(14) ダイソードダワ　コノサントコノ　ジーハンナンカ。(大変だよ、この人のうちの爺さんなんて。)　　　　　［藤木］

(15) 宮城彦次郎氏に言うと、船長とこ行って話をつけて来い言う。(宮城彦次郎氏に言うと、船長のところに行って話をつけて来いと言う。)　　　　　　　　　　　　　［北前］

(16) トーキョノ　オジノ　トコエネー（東京の叔父のところへね）　　　　　　　　　　　　　　　　　　　　［藤木］

(17) アノ　ニューノ　トコエ　マッデ　カバンドモ　カ　カクイテサ（あのにお（田のなかに積み上げた藁）の所へ、全部、鞄などをかくしてさ。）　　　　　　　　　　　　　［藤木］

5.3.4　コト

コトは、〈事〉（動作・変化・状態）を表す。(19)のように名詞修飾成分を伴わなくともよい。

(18) ソイコトシテ　アソンダモンダチャ。(そういうことをして遊んだものだよ。)　　　　　　　　　　　　　　［藤木］

(19) コト　オッキナッテシモテ　ヨワッタ。(事が大きくなって

困った。)

コトを要素とする文法形式に次のものがある。
1) コトヨ　反語・勧めを表す終助詞相当。18.4、18.9参照。
2) ノコトァ・ノコタ　提題の助詞相当。9.1参照。
3) 形容詞「〜イ」＝コト　形容詞からの派生副詞。用いられる形容詞は「長い」「うまい〈上手だ〉」など、限られている。例 (20)。

(20) タカオカニ　ナガイコト　オッタネカイネ。(高岡に長くいたじゃないか。)　　　　　　　　　　　　　　　　　　　　　　　[藤木]

5.4　準体助詞

名詞句以外に後接し、名詞句に準じる統語的単位を作る助詞を「準体助詞」とする。共通語の「の」にあたる。富山市方言の準体助詞は「ガ」である。アクセントは1型。後述するように、ガには「ン」「ガン」などの異形態がある。

ガの用法は大きく次の3つに分けられる。
a. 〈物〉を表す名詞相当。名詞修飾成分に後接。例 (21) (22)。
b. 節を名詞化する。例 (23) 〜 (28)。
c. 述語に後接し、説明のモダリティを表す。いわゆる「のだ」文。例 (29)。18.3参照。

(21) カッタデモ　シカクイガカラ　マルイガカラサ。(かるたなども、四角いのやら丸いのやらね。)　　　　　　　　　　　　　[藤木]
(22) だから内地の枕木は栗だけど、樺太のがは落葉松ばっかり。(だから内地の枕木は栗だけど、樺太のものは落葉松ばっかり。)　　　　　　　　　　　　　　　　　　　　　　　　　　　[北前]
(23) サッキ　アンタ　ハシットルガ　ミタ。(さっきあなたが走っているのを見た。)
(24) アンタ　オクレテキタガ　タローニ　チャント　イワレ。(あなたが遅れて来た{こと／??の}を太郎にちゃんと言いなさい。)
(25) アメリカニ　イクガ　ケッシンシタ。(アメリカに行く{こと／??の}を決心した。)

82　Ⅱ　記述的アプローチ1

(26) コノ　ナベ　オユ　ワカスガニ　イーワ。（この鍋はお湯を沸かすのにいいよ。）

(27) ヒー　オコイテ　ヒバチニ　スミビ　イレテ　テツビンニ　オユ　ワカスガ　シゴト。（火を熾して、火鉢に炭火を入れて、鉄瓶にお湯を沸かすのが仕事。）　　　［藤木］

(28) キョー　クルガ　ダレケ。（今日来るのは誰？）

(29) ソイガデチャ　ナイガダチャ　ヤッパ。（そういうことではないんだよ、やはり。）　　　［藤木］

aの用法において、共通語では（22）のように「の」が連体格と準体とを同時に表し、「のの」は不適格だが、富山方言では連体格をノ、準体をガが担う。

bの用法において、上の（24）（25）のように、共通語の「の」は発話・思考内容を表す成分には付きにくいが、ガは可能である。次の例も、bの用法かつ共通語の「の」が使いにくい場合と言える。

(30) アメリカニ　イクガニ　ナッタ。（アメリカに行く｛こと／??の｝になった。）

(31) その先、問屋ちゅうもんな無いがになって、（その先、問屋というものは無くなって（無いものになって）、）　　　［北前］

(32) トモダチニ　アウガニ　エキ　イッタ。（友達に会う｛ため／??の｝に駅に行った。）

（33）のように事態の有無・多寡を述語で述べる場合、（34）のように事態達成の直後を表す場合には、ガは用いられず、コトやトコを用いる。また、（35）のように、意味的にはbに相当していても、「～ガ」を述語にすることはできない。これらの特徴は、共通語「の」と同様である。

(33) シゴトデ　ガイコク　イク｛コト／×ガ｝チャ｛アル／ナイ／オーイ｝ケ。（仕事で外国に行く｛こと／×の｝は｛ある／ない／多い｝？）

(34) カエッテキタ｛トコ／×ガ｝ニ　デンワ　カカッテキタ。（帰ってきた｛ところ／×の｝に電話がかかってきた。）

(35) オラノ　シゴトチャ　オユ　ワカス｛コト／×ガ｝ダチャ。（私の仕事はお湯を沸かす｛こと／×の｝だよ。）

過去形「〜ガダッタ」という形で、動作や変化の達成の直前の局面を表すことができる。bの用法の延長上にあると思われる。ただし、対応する非過去形「〜ガダ」はこの意味では用いられない。

(36) モー　チョットデ　ガケカラ　オチル {ガ／トコ} ダッタチャ。(もう少しで崖から落ちる {ところ／×の} だった。)
　　 cf. モー　チョットデ　オチル {×ガ／トコ} ダ。(もう少しで落ちるところだ。)

ガには、次のような異形態がある。

1) 鼻音化ア［ã］　ぞんざいな発話で閉鎖がゆるまったもの。例 (37)。
2) ン　前接母音が /a/ の場合に現れやすい。例 (38)。
3) 接尾辞 -aN　前接形式と融合。次の3つがある。アクセントは-2型（〜]ン）。
   i. 動詞の非過去連体形の末尾ルとの融合。例 (39)(40)。
      例)「ハシル」の場合「ハシラン」または「ハシアン」
      　　「タベル」の場合「タベラン」または「タベアン」
   ii. w語幹動詞の非過去連体形末尾ウとの融合。例 (41)。
      例)「シマウ」の場合「シマワン」*17 または「シマーン」
   iii. 指示連体詞ソイとの融合*18。特に応答表現の場合。例 (42)。

(37) シュッチョーガ　オーイア。(出張が多いの。)　　　　　［柳町］
(38) ハーン　ソレカラ　タカオカエ　イカレタン。(はあん、それから高岡へ行かれた（尊敬）の。)　　　　　［藤木］
(39) アンニャ　ナニ　ユートランヨ。(あんた、何を言ってるのよ。)　　　　　［柳町］
(40) ホッテ　ショー　ツケアン。(そして塩を付けるの。)
　　　　　　　　　　　　　　　　　　　　　　　　　　　　［藤木］
(41) ミンデ　リーット　アノ　カエッテッテ　シマワンダケド。(皆でさっと帰ってしまうのだけど。)　　　　　［柳町］
(42) C：Xサンモ　シナレナンダケ。(Xさんも亡くなったんじゃない？)
　　 A：ア　ソアンケ。(あ、そうなんけ。)

また、上述cの「のだ形」にあたる「ガダ」「ガヤ」に「チャ」「ゼ」など歯茎音で始まる終助詞が付く場合、コピュラの形が保たれず、(43)(44)のようにコピュラが撥音・長音化したり、(45)(46)のように準体助詞に直接終助詞が付いたかのような形が許容される。

(43) ナワトビ　シットッキャ　アンタ　ナー　コーヤッテ　ノワンナン<u>ガンチャ</u>。（縄跳びをする時は、あなた、縄をこうやって縫わ<u>なければならないんだよ</u>。）

(44) ホター　ワシ　ヒトリ　イッタ<u>ガーチャ</u>。（そして、私1人行っ<u>たんだよ</u>。）　　　　　　　　　　　　　　　　　［藤木］

(45) マダ　シチニン　<u>オアンチャ</u>。（まだ7人<u>いるんだよ</u>。）
　　　　　　　　　　　　　　　　　　　　　　　　　　　［柳町］

(46) ワシアチヨカ　モット　モット　<u>デッカカッタンゼ</u>。（私達よりももっともっと<u>大きかったのだよ</u>。）　　　　　　［藤木］

「ガン」という形もある。アクセントは1型。藤木資料には確例がないが、柳町資料に若干例あり、話者B・Cも使用する。比較的新しいと考えられる。ガンは文末や文の成分末では許容できない。

(47) ワシガ　クガツノ　フツカニ　カナザワエ　マタ　ニュータイスン<u>ガン</u>ヤッタン　グンタイエ。（私が9月の2日に金沢へまた入隊する<u>の</u>だったの、軍隊へ。）　　　　［柳町］

(48) テツビンニ　オユ　ワカス {<u>ガンガ</u>／×ガンø}　シゴト。（鉄瓶にお湯を沸かす<u>のが</u>仕事。）

(49) アンタモ　イク {<u>ガ</u>／×ガン}？（あなたも行く<u>の</u>？）

6. 指示語と疑問語

　指示語・疑問語として、コ・ソ・ア・ドの系列が他品詞にわたる体系を作っている。表3.4に示す。［　］内はアクセント。

　ア系の場所を表す名詞が「アコ」であり、モーラ数が他の系と揃っている点は、共通語とは異なる。連体詞・副詞の「{コ・ソ・ア・ド}イ」は、指示副詞コーなどに動詞「言う」が付いた形に由来する。意味・用法は、共通語の「〜のよう{な・に}」などにあ

表3.4　指示語・疑問語の体系

		指示語			疑問語
		コ系	ソ系	ア系	ド系
名詞	物・人・事	コレ[0] コイツ[0]	ソレ[0] ソイツ[0]	アレ[0] アイツ[0]	ドレ[0] ドイツ[0]
	場所	ココ[0]	ソコ[0]	アコ[0]	ドコ[0]
	方向	コッチ[3]	ソッチ[3]	アッチ[3]	ドッチ[3]
連体詞	指定	コノ[0]	ソノ[0]	アノ[0]	ドノ[0]
	状態	コイ[0]	ソイ[0]	アイ[0]	ドイ[0]
副詞	状態	コー[1] コイ[0]	ソー[1] ソイ[0]	アー[1] アイ[0]	ドー[1] ドイ[0]
主題	物・人・事	コラ[0] コリャ[0] カ[0] キャ[0]	ソラ[0] ソリャ[0] サ[0] シャ[0]	アラ[0] アリャ[0] ア[0]	(欠)

たる。主題の「～ラ・リャ」形は、指示代名詞「～レ」に提題助詞ワ・アが付いた縮約形である。「カ・キャ」「サ・シャ」「ア」は、指示代名詞コ・ソ・アに提題助詞ワ・アが付いた形に由来すると思われるが、共時的に指示代名詞コ・ソ・アはなく、一語化している[*19]。

指示語の用法は、コ・ソ・アの対立も含め、共通語と同様である。指示対象が発話場の事物である〈現場文脈指示〉用法では[*20]、話し手側の事物にはコ系、聞き手側の事物にはソ系、どちら側ともみなされない時はア系が使われる。

(1) <u>コイ　トコ</u>　エレテ　アライタスノネ　ジキ　ヤコー　ナッガ。(<u>こんな所</u>に入れて歩くとね、すぐに柔らかくなるの。)　　　　　　　　　　　　　　　　　　　　　　［藤木］
(2) <u>ソイ</u>　ジロジロ　ミンナマ。(<u>そんなに</u>じろじろ見るなよ。)
(3) <u>アコノ</u>　メガネ　トッテマ。(<u>あそこの</u>眼鏡をとってよ。)

言語表現が指示対象の〈言語文脈指示〉用法では、主にソ系が使われる。記憶・想起した事物が指示対象の〈記憶文脈指示〉ではア系が使われる。(6)の「アン」は「アノ」の異形態。

(4) ナカニ オルモンナ ドンナ キモチデ オッタカ <u>ソイ</u><u>ツア</u> シランネド。(なかにいる者はどんな気持ちでいたか、<u>それは</u>知らないけど。)　　　　　　　　　　　［柳町］

(5) (Aが「姉が自分のことを「アワチャン」と呼んでいた」と言ったのを受けて) <u>サ　サ</u>サズノ コトバダロガイ。(<u>それ</u>は笹津の言葉だろうよ。)　　　　　　　　　　　　　［柳町］

(6) (だいぶ前の、町内旅行の話題で) <u>アントキ</u> ホトンド ムラ ゼンブッテ ユーテモ イークライ イカレタネカイ (<u>あの時</u>、ほとんど村全部と言ってもいいぐらい (大勢が) 行かれたじゃないか。)　　　　　　　　　　　　　［藤木］

(7) ダカラ キンノモ <u>アラ</u> ダレダッタイネ ダッカ イワレタン。(だから昨日も、<u>あれは</u>誰だったかね、誰かがおっしゃったの。)　　　　　　　　　　　　　　　　　［藤木］

主題の形式のうち、カ・キャ、サ・シャは、現場文脈や言語文脈上の事態について、責めたり、評価を述べる場合に頻出する。サ・シャは、指示対象がはっきりしない例も多い。この用法では「～ラ」「～リャ」形は不自然である。

(8) (客が見舞金を差し出すのに対して) アンタ ｛<u>カ／キャ／??コリャ</u>｝、ナニ シラレンガケ。(あなた、<u>これ</u>は何をなさるのか。)

(9) (ある女性が若い時はきれいだったという話題のなかで) イマノコタ ネー <u>サ</u> トッシャ エッテ セーモ コーチッチャ ナッテ ミエレドイネ (今はね、<u>そりゃ</u>、年をとって背もこう、小さくなって見えるけどね、)　　　［藤木］

ソ系指示語は、応答・間投表現としても用いられる (**21.2**、**21.3** 参照)。

疑問語には、表3.4の語のほか、次の語がある。

　　名詞　　ダレ［0］(人)、ナニ・ナン［0］(物)、
　　名詞・副詞　イツ［0］(時)、イクツ［2］(数、年齢)、イ
　　　　　　　　クラ(値段)
　　副詞　　ナンデ［0］(理由)

7. 活用

活用は、狭義には「単語が統語的機能や文法的意味に応じて形を変えること」などと定義できるが、ここでは、語彙的意味を表す動詞等の語に、文法的意味を表す付属語（助詞・助動詞）が接続した単位にも適用する。各述語の活用形を、大きく次の類に分ける*21。

終止類　それ自体で述語として文を終止する形。
接続類　連体・連用修飾の節・句を作る形。
派生類　もとの語句に文法的意味を付し、活用する語句や、他の品詞に属する語を派生する形。

7.1 動詞

富山市方言の動詞の活用は、共通語と同様、規則活用が2つの型、不規則動詞が2語である*22。

a. 規則動詞

子音語幹動詞　学校文法の五段動詞。C動詞、あるいは語幹末子音によりk動詞、r動詞などとすることがある。

例）kak（書）、kaŋ（嗅）、das（出）、ta{t/c}（立）、kir（切）、sin（死）、tob（飛）、nom（飲）、ka{w/ø}（買）

母音語幹動詞　学校文法の一段動詞。V動詞、あるいは語幹末母音の別にi動詞、e動詞とすることがある。

例）mi（見）、oki（起）、ne（寝）、ake（開）

b. 不規則動詞　k-uru（来）、s-uru（為）

それぞれの活用を表3.5に示す。仮定形など、同じ活用形に多くの形が併存する場合、省略したものもある。また、C動詞の「音便語幹」（kak（書）におけるkai）の作りかたを、表3.6に示す。

2.2で述べたように、動詞のアクセントは「来る」「居る」を除き1型だが、一部の活用形では音配列によるやや複雑なアクセント規則がある。以下、各活用形の意味や主な後接語、アクセントについて記す。音調型（アクセント句頭でのピッチ変動）は、基本的にC

表 3.5　動詞の活用

		子音語幹　kak（書）		母音語幹　mi（見）	
終止類					
基本		カク	-u	ミル	-ru
命令	1	カケ	-e	ミレ、ミー	-re, -ʀ
	2	カカレ	-are	ミラレ	-rare
禁止	1	カクナ	-u-na	ミルナ	-ru-na
	2	カカレンナ	-areɴ-na	ミラレンナ	-rareɴ-na
意志・推量		カコ（ー）	-o(ʀ)	ミヨ（ー）、ミロ（ー）	-jo(ʀ), -ro(ʀ)
勧誘		カカンマイ	-aɴmai	ミンマイ	-ɴmai
接続類					
連体		カク	-u	ミル	-ru
中止	1	カイテ	@te	ミテ	-te
	2	カキ	-i	ミ（ー）	-(ʀ)
仮定	1	カキャ	-ja	ミリャ	-rja
	2	カケバ	-eba	ミレバ	-reba
	3	カイタラ	@tara	ミタラ	-tara
逆接		カケド	-edo	ミレド	-redo
派生類					
過去		カイタ	@ta	ミタ	-ta
否定		カカン	-aɴ	ミン	-ɴ
丁寧		カキマス	-imasu	ミマス	-masu
使役	1	カカス	-as-u	ミサス	-sas-u
	2	カカセル	-ase-ru	ミサセル	-sase-ru
受身		カカレル	-are-ru	ミラレル	-rare-ru
可能	1	カケル	-e-ru	ミレル	-re-ru
	2	カカレル	-are-ru	ミラレル	-rare-ru
	3	カケエル	-ee-ru	ミレエル	-ree-ru
尊敬		カカレル	-are-ru	ミラレル	-rare-ru
継続		カイトル	@tor-u	ミトル	-tor-u
希望		カキタイ	-ita-i	ミタイ	-ta-i

- 形態素境界（@ 音便語幹に接続する場合）
△ 稀な形、† 話者 A から得られず話者 B・C から得た形、≪ ≫ 語彙的補充形態

表3.5（続き）

	不規則 k（来）		不規則 s（為）	
終止類				
基本	クル	-uru	スル	-uru
命令 1	コイ	-oi	セー、シレ†	-eʀ, -ire
2	コラレ	-orare	シラレ	-irare
禁止 1	クルナ	-uru-na	スルナ	-uru-na
2	コラレンナ	-oraren-na	シラレンナ	-iraren-na
意志・推量	コー、コヨ（ー） クロ（ー）†	-oʀ, -ojo(ʀ) -uro(ʀ)	ショー、シヨー、 シロー†	-joʀ, -ijo(ʀ) -iro(ʀ)
勧誘	コンマイ	-onmai	センマイ	-enmai
接続類				
連体	クル	-uru	スル	-uru
中止 1	キテ	-ite	シテ	-ite
2	キ（ー）	-i(ʀ)	シ（ー）	-i(ʀ)
仮定 1	クリャ、コリャ	-urja, -orja	スリャ、シリャ	-urja, -irja
2	クレバ、コレバ	-ureba, -oreba	スレバ、シレバ	-ureba, -ireba
3	キタラ	-itara	シタラ	-itara
逆接	クレド、コレド	-uredo, -oredo	スレド、シレド	-uredo, -iredo
派生類				
過去	キタ	-ita	シタ	-ita
否定	コン	-on	セン	-en
丁寧	キマス	-imas-u	シマス	-imas-u
使役 1	コサス	-osas-u	サス	-as-u
2	コサセル	-osase-ru	サセル	-ase-ru
受身	コラレル	-orare-ru	サレル	-are-ru
可能 1	コレル	-ore-ru	《デキル》	《deki-ru》
2	コラレル	-orare-ru	シラレル△	-irare-ru
3	コレエル	-oree-ru	セーエル、 シレエル△	-eʀe-ru, -iree-ru
尊敬	コラレル	-orare-ru	サレル、 シラレル†	-are-ru, -irare-ru
継続	キトル	-itor-u	シトル	-itor-u
希望	キタイ	-ita-i	シタイ	-ita-i

表3.6 子音語幹動詞の音便語幹の作りかた

語幹末 k	→i（イ音便）。
	例）kai-ta（書）、kawai-ta（乾）
	例外）iQ-ta（行）
ŋ	→i（イ音便）、かつ、後続 t→d
	例）kai-da（嗅）、sawai-da（騒）
s	→i（イ音便）、si（非音便）
	例）dai-ta、dasi-ta（出）
	例外）tas（足）などイ音便にならない・なりにくい語がある（5章参照）
t, r	→Q（促音便）
	例）taQ-ta（立）、hasiQ-ta（走）
n, b, m	→N（撥音便）、かつ、後続 t→d
	例）siN-da（死）、asoN-da（遊）、noN-da（飲）
w	1）wの前が u,o →{u, o}(R)
	例）suR-ta（吸）、joR-ta（酔）、uto(R)-ta（歌）
	2）wの前が a →o(R)
	例）koR-ta（買）、haro(R)-ta（払）
	1）、2）とも、基本形2拍の場合は義務的に長音化。3拍以上は任意。

動詞「書く」「遊ぶ」「集まる」、V動詞「見る」「食べる」「始める」、不規則動詞「来る」「する」で例示し（長い動詞は省略することもある）、必要に応じて他の動詞をあげる。

終止基本形・連体形　-(r)u

　終止基本形言い切り「〜ル」*23 の場合、動詞によるアクセント型の区別はなく、-2型（次末拍に下げ核が位置する型）となる。ただし、「ハイル（入）」「トール（通）」など、母音連続 ai の i や、長音素 R が次末拍の場合は1拍前にずれ、-3型となる*24。

　　［カ］ク。ア［ソ］ブ。ア［ツマ］ル。［ミ］ル。タ［ベ］ル。
　　ハ［ジメ］ル。［ク］ル。［ス］ル。
　　［ハ］イル。［ト］ール。

　連体形では、2拍動詞は一般に0型、ただし、「来る」「居る」は、-2型・0型の併用で、-2型が優勢である*25。3拍以上では、終

止形と同じ-2型である。

  2拍 一般 カ[クト]キ。ミ[ルト]キ。ス[ルト]キ。
     例外 [オ]ルト]キ/オ[ルト]キ。
       [ク]ルト]キ/ク[ルト]キ。
  3拍以上 ア[ソ]ブト]キ。タ[ベ]ルト]キ。
     ハ[ジメ]ルト]キ。ア[ツマ]ルト]キ。

接続助詞カラ、終助詞チャ・ワなど一部の助詞は、音調上は連体形に付く（つまり2拍動詞などが無核化する）。終助詞でもゾ・ヨなど、必ず-2型に付くものもある。詳しくは4章参照。

  ミ[ルカ]ラ、 ミ[ルチャ]]。 [ミ]ル[ゾ。

命令形1 -(r)e、-(r)

ぞんざいな命令形で、女性は使いにくい。この形は単独では用いにくく、終助詞マかヤを付加する。命令・禁止形についてはいずれも詳しくは **18.9** 参照。

「～レ」形のアクセントは、2拍の場合-1型、3拍以上は-2型。
  2拍 カ[ケ]マ。ミ[レ]マ。
  3拍以上 ア[ソ]ベマ。ア[ツマ]レマ。タ[ベ]レマ。
     ハ[ジメ]レマ。

V動詞には-(R)の形もある。語幹1拍の場合、義務的に長音化するが、2拍以上では短音形が優勢で、長音化も可。アクセントは長さによらず-1型。「する」の命令形「セー」もこれに準じる。「来る」の命令形「コイ」は-2型。

  [ミー]マ。タ[ベ]マ。ハ[ジメ]マ。[セー]マ。[コ]イマ。

なお、富山市など呉東方言ではV動詞の命令形に「～ロ」の形があるとする先行研究があるが*26、「～ロ」は、終助詞マ・ヤの付加が不適格であること、また、次のように、アクセントが意志形による命令表現と対応することから、C動詞の「カケ」など-e形に対応する命令形ではなく、後述の意志・推量形「～ロー」の命令表現用法とみなすべきである。

  C動詞-o(R)形の命令表現 ア[ソボ]ー。
  V動詞-jo(R)形の命令表現 タ[ベヨ]ー。

V動詞-ro(R)形の命令表現　タ[ベロ]ー。

命令形2　-(r)are

先の命令形1がぞんざいなのに対し、「〜ラレ」は待遇的に中立で、女性も用いやすい。また、こちらは終助詞マ・ヤの付加は任意である。アクセントは長さによらず-2型。

　　カ[カ]レ。ミ[ラ]レ。ア[ソバ]レ。タ[ベラ]レ。

禁止形1　-(r)u-na

待遇的に命令形1に対応する。命令形1と同様、単独では用いにくく、終助詞マ・ヤを付加する。アクセントは-3型。

　　[カ]クナマ。ア[ソ]ブナマ。[ミ]ルナマ。タ[ベ]ルナマ。

禁止形2　-(r)aren-na

待遇的に命令形2に対応し、終助詞の付加が任意である点も同様である。アクセントは-3型。

　　カ[カレ]ンナ。ア[ソバレ]ンナ。ミ[ラレ]ンナ。
　　タ[ベラレ]ンナ。

意志・推量形　-(j, r)o(r)

意志・推量をともに表し、命令表現にもなりうる。V動詞にはヨ（ー）・ロ（ー）2形あるが、後者は意志よりも推量の場合に用いやすい。意志は18.7、推量は18.2、命令表現用法は18.9参照。

アクセントは-2型。ただし、言い切りで意志を表す場合、無核化・短音化することが多い*27。

　　意志・推量　　カ[コ]ー。ア[ソボ]ー。
　　意志　　　　　カ[コ。ア[ソボ。
　　意志・推量　　ミ[ヨ]ー / ミ[ロ]ー。タ[ベヨ]ー / タ[ベロ]ー。
　　意志　　　　　ミ[ヨ / ミ[ロ。タ[ベヨ / タ[ベロ。

勧誘・否定意志・否定推量　-(a)nmai

表3.5では勧誘とのみ記したが、否定意志・否定推量も表す。そ

れぞれ **18.8**、**18.7**、**18.2** 参照。アクセントは-2型・-4型併用。

　　カ[カンマ]イ / カ[カ]ンマイ。

　　ア[ソバンマ]イ / ア[ソバ]ンマイ。

　　ミ[ンマ]イ / [ミ]ンマイ。タ[ベンマ]イ / タ[ベ]ンマイ。

中止 1　@te＊28

　もっとも基本的な等位節の述語形 (**20.11**)。補助動詞・補助形容詞を後接して複合的な述語を作るほか (**13〜15**)、命令表現の一種である依頼表現にもなる (**18.9**)。

　アクセントは、「オル」を除き、動詞の長さと音配列で決まる。

　　a)　2拍 → -1型

　　　　例) ミ[テ、ミ[テ]カラ (カラは始点の格助詞)

　　b)　3拍以上

　　　　b1) 一般には -2型　例) タ[ベ]テ、ハ[ジメ]テ

　　　　b2) 次末拍 /i, N, R/ → -3型

　　　　　　例) [カ]イテ (書)、ア[ソ]ンデ (遊)、[コ]ーテ (買)

　　　　b3) 次末拍が /Q/

　　　　　　b3-1) 3拍 → -1型　例) マッ[テ、マッ[テ]カラ (待)

　　　　　　b3-2) 4拍以上 → -3型　例) ハ[シ]ッテ (走)

　　　　　　　　-3拍目が母音連続 /ai/ の /i/ や /R/ の場合、-4型も。

　　　　　　　　例) [ハ]イッテ / [ハイ]ッテ (入)、

　　　　　　　　　　[ト]ーッテ / [トー]ッテ (通)

　　　　b4) 次末拍の母音が無声化した /i/

　　　　　　b4-1) 3拍 → -3型・-1型　例) [カ]シテ / カシ[テ] (貸)

　　　　　　b4-2) 4拍以上 → -3型　例) カ[エ]シテ (返)

依頼表現や補助用言を後接する場合は、0型となる。

　　[カイテ。[カイテヤ]ル。ア[ソンデ。ア[ソンデヤ]ル。

　　ミ[テ。ミ[テヤ]ル。タ[˚ミテ。タ[˚ミテヤ]ル。

「居る」の中止形は、上の規則 b3-1 に従えば -1型のはずだが、例外で 1型となる。依頼形や補助動詞では無核化するが、高く始まる音調も可能となる (4章参照)。

　　[オ]ッテ、[オッテ / オッ[テ。[オッテヤ]ル / オッ[テヤ]ル。

中止2　-(i)

　学校文法の連用形にあたる形。「中止」とはしたが、単独で等位節の述語にはなりにくく、複数の節を並列させるか（**20.11**）、重複して付帯状況を表す場合に用いられる（**20.10**）。

(1)　ウラ　カエシ　オモテ　カヤシシテ　ソノ　アイテオ　エラブト。(裏を返し、表を返しして、その、相手を選ぶと（いうことだ)。)　　　　　　　　　　　　　　　　　　　　　　［藤木］

(2)　テレビ　ミーミー　ゴハン　タベトル（テレビを見ながらご飯を食べている。）

　アクセントは0型となる。

　　カ[キ、カ[キカキ、ア[ソビ、ア[ソビアソビ、

　　[ミー、[ミーミー、タ[ベ、タ[ベタベ、

仮定形1　-(r)ja、仮定形2　-(r)eba

　-(r)jaは-(r)ebaの縮約形だが、前者がよく使われる。用法は**20.4**参照。アクセントは前者が-1型（末拍が下降）、後者が-2型。

　　カ[キャ]]、ア[ソビャ]]、ミ[リャ]]、タ[ベリャ]]、

　　カ[ケ]バ、ミ[レ]バ、ア[ソベ]バ、タ[ベレ]バ、

仮定形3　@tara

　用法は**20.4**参照。仮定節を作る形は、上の仮定形1・2とこの形のほかにもある。アクセントは中止テ形と同様、長さと音配列によって決まる。

　　[カ]イタラ、ア[ソ]ンダラ、ア[ツマ]ッタラ、

　　ミ[タ]ラ、タ[ベ]タラ、ハ[ジメ]タラ、

逆接形　-(r)edo

　共通語の「〜ル形＝ケ（レ）ド（モ）」にあたる。古典語の「已然形-ド」に由来する形で、この形を持つのは、富山市方言（を含む富山県方言）の特徴だと言える。**20.7**参照。アクセントは-2型。

　　カ[ケ]ド、ア[ソベ]ド、ミ[レ]ド、タ[ベレ]ド、

過去形　@ta

　過去形の活用と用法については17参照。アクセントは中止テ形に準じる。活用形のアクセントについても17で見る。
　　　［カ］イタ。ア［ソ］ンダ。ア［ツマ］ッタ。
　　　ミ［タ。タ［ベ］タ。ハ［ジメ］タ。

否定形　-(a)n

　否定形の活用と用法については16.1参照。アクセントは-2型がふつうだが、0型になることもある。
　　　カ［カ］ン / カ［カン。ア［ソバ］ン / ア［ソバン。
　　　［ミ］ン / ［ミン。タ［ベ］ン / タ［ベン。

丁寧形　-(i)masu

　丁寧形の活用・用法については19.2参照。アクセントは-2型。
　　　カ［キマ］ス。ア［ソビマ］ス。
　　　ミ［マ］ス。ハ［ジメマ］ス。

その他の派生類

　使役形・受身形は11、可能形は12、尊敬形は19.1、継続形は15.1を参照。いずれも動詞に準じた活用・アクセントを持つ。
　希望形は14参照。形容詞に準じた活用・アクセントを持つ。

7.2　形容詞

　終止基本形3拍（語幹2拍）以上の形容詞の活用型は1つだが、同2拍（語幹1拍）の形容詞4語の活用はやや不規則である。下に語例を示す。
　　　終止基本形2拍（全4語）
　　　　ko（濃）、u（憂、窮屈でつらい）、i/jo（良）、na（無）
　　　終止基本形3拍（例）
　　　　語幹末 a　taka（高）、aka（赤）、urusa（煩）、aQtaka（温）
　　　　語幹末 i　uresi（嬉）、sabisi（寂）、mezurasi（珍）
　　　　語幹末 u　acu（暑・熱）、jasu（安）、hiku（低）

語幹末o　oso（遅）、uzo（ぼろい）、siro（白）

表3.7に活用形を示す*29。終止基本形3拍以上の語については「タカイ」で代表させた。2拍語のうち「コイ」「ウイ」は同じ活用で、語幹が長音化する以外は3拍以上に準じる。表ではコイで代表させた。「イー」「ナイ」はより不規則性が強い。「イー」の語幹joの形は、話者Aが使うとするが、談話資料には稀である。

2.2で触れたように、3拍以上の形容詞のアクセントは1つの型、2拍形容詞のアクセントは連体形において2つに分かれる。

以下、活用形ごとにアクセントを含め略述する。

終止基本形・連体形　-i

終止基本形言い切りの場合、語によるアクセント型の区別はなく、-2型となる。しかし、連体形では、2拍語のみ型の区別が現れる。すなわち、コイ・ウイは終止基本形と変わらず-2型、「良い」「無い」は0型となる。3拍以上の語では、連体形も終止基本形と同じく-2型である。

　　［コ］イ。［コ］イト］キ。［イ］ー。［イート］キ。

　　［ナ］イ。［ナイト］キ。

　　タ［カ］イ。タ［カ］イト］キ。ウ［レシ］ー。ウ［レシ］ート］キ。

イー・ナイの0型化は、2拍動詞における連体形での0型と並行する現象と言える。助詞が付く場合のアクセントも動詞と並行している。4章で詳述する。

推量形　-kar-o(r)

動詞の-(j, r)o(ʀ)形に対応する。アクセントは-2型。

　　［コーカロ］ー。イ［カロ］ー。ナ［カロ］ー。

　　タ［カカロ］ー。ウ［レシカロ］ー。

中止形　-te

動詞の@te形に対応する。アクセントは-2型。

　　［コー］テ、［イー］テ、［ナー］テ、タ［カ］テ、ウ［レシ］テ、

表3.7 形容詞の活用

	3拍以上 taka（高）		2拍 ko（濃）	
終止類				
基本	タカイ	-i	コイ	-i
推量	タカカロー	-kar-o(R)	コーカロー	R-kar-o(R)
接続類				
連体	タカイ	-i	コイ	-i
中止	タカテ	-te	コーテ	R-te
仮定1	タカケリャ	-ker-ja	コーケリャ	R-ker-ja
2	タカケレバ	-ker-eba	コーケレバ	R-ker-eba
3	タカカッタラ	-kaQ-tara	コーカッタラ	R-kaQ-tara
逆接	タカカレド	-kar-edo	コーカレド	R-kar-edo
	タカケレド	-ker-edo	コーケレド	R-ker-edo
派生類				
過去	タカカッタ	-kaQ-ta	コーカッタ	R-kaQ-ta
丁寧	タカイデス	-i=des-u	コイデス	-i=des-u
否定	タカナイ	-ø=na-i	コーナイ	R-ø=na-i
なる	タカナル	-ø=nar-u	コーナル	R-ø=nar-u
する	タカスル	-ø=sur-u	コースル	R-ø=sur-u
過ぎる	タカスギル	-suɲi-ru	コースギル	R-suɲi-ru
副詞1	タカナト	-nato	コーナト	R-nato
2	タカク	-ku	コク	-ku
名詞	タカサ	-sa	コーサ	R-sa

- 形態素境界、= 語境界

仮定形1 -ker-ja、仮定形2 -ker-eba

　動詞の -(r)ja, -(r)eba に対応する。アクセントも前者が−1型（末拍が下降）、後者が−2型で、動詞と並行する。

　　［コーケリャ］］、イ［ケリャ］］、ナ［ケリャ］］、ナ［ケンニャ］］、
　　［コーケレ］バ、イ［ケレ］バ、ナ［ケレ］バ、
　　タ［カケリャ］］、ウ［レシケリャ］］、
　　タ［カケレ］バ、ウ［レシケレ］バ、

表 3.7（続き）

		2拍 i, jo（良）		na（無）	
終止類					
基本	イー	i-i > iR	ナイ	-i	
推量	イカロー	i-kar-o(R)	ナカロー	-kar-o(R)	
	ヨカロー△	jo-kar-o(R)			
接続類					
連体	イー	i-i > iR	ナイ	-i	
中止	イーテ	iR-te	ナーテ	R-te	
	ヨーテ△	joR-te	ノーテ△	noR-te	
仮定1	イケリャ	i-ker-ja	ナケリャ	-ker-ja	
	ヨケリャ△	jo-ker-ja	ナケンニャ	-keNnja	
2	イケレバ	i-ker-eba	ナケレバ	-ker-ba	
	ヨケレバ△	jo-ker-eba			
3	イカッタラ	i-kaQ-tara	ナカッタラ	-kaQ-tara	
	ヨカッタラ△	jo-kaQ-tara			
逆接	イカレド	i-kar-edo	ナカレド	-kar-edo	
	イケレド	i-ker-edo	ナケレド	-ker-edo	
	ヨケレド△	jo-ker-edo	ナケンネド	-keNnedo	
派生類					
過去	イカッタ	i-kaQ-ta	ナカッタ	-kaQ-ta	
	ヨカッタ△	jo-kaQ-ta			
丁寧	イーデス	i-i=des-u	ナイデス	-i=des-u	
否定	イーナイ	iR-ø=na-i	（欠）		
	ヨーナイ△	joR-ø=na-i			
なる	イーナル	iR-ø=nar-u	ノーナル△	noR-ø=nar-u	
	ヨーナル△	joR-ø=naru	ナイガニナル	-i=ŋa=ni=nar-u	
	イーガニナル	i-i=ŋa=ni=nar-u	ナイヨーニナル	-i=joR=ni=nar-u	
する	イースル	iR-ø=sur-u	ナイガニスル	-i=ŋa=ni=sur-u	
	ヨースル△	joR-ø=sur-u	ナイヨーニスル	-i=joR=ni=sur-u	
	イーガニスル	i-i=ŋa=ni=sur-u			
過ぎる	イスギル	i-suŋi-ru	ナサスギル	-sa-suŋi-ru	
	ヨスギル△	jo-suŋi-ru			
副詞1	イーナト	iR-nato	（欠）		
	ヨーナト△	joR-nato			
	イーガニ	i-i=ŋa=ni			
2	イク	i-ku	（欠）		
	ヨク△	jo-ku			
名詞	イサ	i-sa	ナサ	-sa	
	ヨサ	jo-sa			

- 形態素境界、= 語境界、△稀な形

仮定形3　-kaq-tara
　　動詞の@taraに対応する。アクセントは-4型。
　　　［コーカ］ッタラ、イ［カ］ッタラ、ナ［カ］ッタラ、
　　　タ［カカ］ッタラ、ウ［レシカ］ッタラ、

逆接形　-kar-edo、-ker-edo
　　動詞の-(r)edoに対応する。アクセントは-2型。下ではカレド形で代表させるが、ケレド形もこれに準じる。
　　　［コーカレ］ド、イ［カレ］ド、ナ［カレ］ド、ナ［ケンネ］ド、
　　　タ［カカレ］ド、ウ［レシカレ］ド、

過去形　-kaq-ta
　　動詞の@taに対応。アクセントは-3型。
　　　［コーカ］ッタ。イ［カ］ッタ。ナ［カ］ッタ。
　　　タ［カカ］ッタ。ウ［レシカ］ッタ。

丁寧形　-i=des-u
　　終止基本形に助動詞デスが付加する。デスのアクセントは独立型で-1型。つまり丁寧形全体で-2＋-1型（デスのアクセントは実現しないことがある）。活用は**19.2**参照。
　　　［コ］イデ］ス。［イ］ーデ］ス。［ナ］イデ］ス。
　　　タ［カ］イデ］ス。ウ［レシ］ーデ］ス。

否定形　-ø=na-i
　　語幹-øに補助形容詞ナイを後続させる。アクセントは全体で-1＋-2型、または、-1＋0型（下では省略）。
　　　［コ］ーナ］イ。［イ］ーナ］イ。タ［カ］ナ］イ。ウ［レシ］ナ］イ。

なる形　-ø=nar-u、する形　-ø=sur-u
　　語幹-øに補助動詞ナル・スルを後続させた形。アクセントは、形容詞を無核化して全体で-2型となる場合と、-1＋-2型とがある。
　　　-2型　［コーナ］ル。［イーナ］ル。［ノーナ］ル。

タ[カナ]ル。ウ[レシナ]ル。
-1＋-2型　[コ]ーナ]ル。[イ]ーナ]ル。[ノ]ーナ]ル。
タ[カ]ナ]ル。ウ[レシ]ナ]ル。

イー・ナイには、「連体形＝ガニナル」「連体形＝ヨーニナル」の形もある。アクセントは下のとおり。イーもこれに準じる。

[ナイガ]ニナ]ル。[ナイヨ]ーニナ]ル。

過ぎる形　-suɲi-ru

程度が過度であることを表す派生動詞形。ナイの場合、接尾辞サを介在させる。動詞アクセントに準じ、-2型となる。

[コースギ]ル。イ[スギ]ル。ナ[サスギ]ル。
タ[カスギ]ル。ウ[レシスギ]ル。

副詞形1　-nato、副詞形2　-ku

形容詞を副詞化する形。共通語のいわゆる連用形「〜く」に対応する。接尾辞ナトを使う副詞形1が特徴的である。ナトではなくラトという形も聞かれる。この形については7章を参照。アクセントは、ナト形が-3型、ク形が-2型。形容詞イーには「イーガニ」の形もある。-2＋1または0＋1型。

[コー]ナト　　[イー]ナト　　タ[カ]ナト　　ウ[レシ]ナト
[コ]ク　　　　[イ]ク　　　　タ[カ]ク　　　ウ[レシ]ク
[イ]ーガ]ニ／[イーガ]ニ

名詞形　-sa

形容詞を名詞化する形。アクセントは-2型。

[コー]サ　　[イ]サ　　[ナ]サ　　タ[カ]サ　　ウ[レシ]サ

7.3　形容名詞述語・名詞述語

形容名詞の語例を示す。[　]内はアクセント型。

mame [2]（健康・達者）、dame [2]（駄目）、sizuka [3]（静）、kireʀ [2]（綺麗）、geɴki [1]（元気）、juʀmeʀ [3]（有名）、iroiro [0]（色々）

表 3.8 形容名詞述語・名詞述語の活用

	形容名詞　sizuka（静）		名詞　kodomo（子供）	
終止類				
基本 1	シズカ	=ø	コドモ	=ø
2	シズカダ	=da	コドモダ	=da
推量	シズカダロー	=dar-o(R)	コドモダロー	=dar-o(R)
接続類				
連体	シズカナ	=na	《コドモノ》	《=no》
			コドモナ[注]	=na
中止	シズカデ	=de	コドモデ	=de
仮定 1	シズカナラ	=nara	コドモナラ	=nara
2	シズカダッタラ	=daQ-tara	コドモダッタラ	=daQ-tara
逆接	シズカダレド	=dar-edo	コドモダレド	=dar-edo
派生類				
過去	シズカダッタ	=daQ-ta	コドモダッタ	=daQ-ta
丁寧	シズカデス	=des-u	コドモデス	=des-u
否定	シズカデナイ	=de=na-i	コドモデナイ	=de=na-i
	シズカジャナイ	=zja=na-i	コドモジャナイ	=zja=na-i
	シズカダナイ△	=da=na-i	コドモダナイ△	=da=na-i
なる	シズカニナル	=ni=nar-u	コドモニナル	=ni=nar-u
	シズカナル	=nar-u	コドモナル	=nar-u
する	シズカニスル	=ni=sur-u	コドモニスル	=ni=sur-u
過ぎる	シズカスギル	-suɲi-ru	（欠）	
副詞	シズカニ	=ni	（欠）	
名詞	シズカサ	-sa	（欠）	

注）「名詞＝ナ」は準体助詞ガが続く時のみ。
- 形態素境界、＝語境界、△稀な形、《 》語彙的補充形態

　形容名詞・名詞が述語となる場合、テンス等を表すためにコピュラを伴う。コピュラは「ダ」が優勢だが、「ヤ」や、高年層で稀に「ジャ」も用いられる。以下では原則としてダで代表し、他の形が用いられやすい場合などはその旨を記す。
　派生接尾辞スギル・サが付く場合を除いて、名詞のアクセントが

そのまま保たれ、さらにコピュラなど付属語が固有のアクセントを持つ場合がある。シズカ（3型）、コドモ（0型）の場合、音調型は次のとおりである。

　　シ［ズカ］ダ。シ［ズカダロ］ー。シ［ズカ］ナト］キ。
　　シ［ズカ］ナガ。シ［ズカ］デ、シ［ズカ］ナラ、
　　シ［ズカ］ダッタ］ラ、シ［ズカ］ダレ］ド、シ［ズカ］ダッタ。
　　シ［ズカ］デス。シ［ズカ］デナ］イ。シ［ズカ］ニナ］ル。
　　シ［ズカ］ナル。シ［ズカ］ニス］ル。シ［ズカ］ニ、
　　コ［ドモダ。コ［ドモダ］ロー。コ［ドモノト］キ。コ［ドモナガ。
　　コ［ドモデ、コ［ドモナラ、コ［ドモダッタ］ラ、
　　コ［ドモダレ］ド、コ［ドモダッタ。コ［ドモデ］ス。
　　コ［ドモデナ］イ。コ［ドモニナ］ル。コ［ドモナ］ル。

過ぎる形・名詞形では、形容名詞のアクセントを無核化し、いずれも−2型となる。

　　シ［ズカスギ］ル。　シ［ズカ］サ。

8. 格

8.1 主格 ø・ガ・ア・ナ

他動詞文の〈動作主〉、自動詞文の〈動作主〉〈変化主〉、および、形容詞・名詞述語文の〈状態主〉は「ø（無助詞）」で標示されることが多く、「ガ」「ア」「ナ」でも標示される。これらを「主格」のバリエーションとみなす。共通語と同様、希望「～タイ」や感情形容詞述語文で〈欲求・感情の対象〉を表す名詞句も主格をとる。

主格のバリエーションのうちアは、単独で音節を成さず、前接名詞句の末尾音により次のように実現する。

　　前接 /N/　ナ　例）ホンナ（本が）
　　前接 /i/　前接拍と融合して /Cja/。前節拍が無声子音の場合は、/QCja/ となることもある。例）ユキャ・ユッキャ（雪が）
　　前接 /e/　前接拍と1音節を成して [a]（片仮名で「ァ」と表記）、または、前接拍と融合して /Cja/。例）ミセァ・ミシャ（店が）

前接/u, o/　前節拍と1音節を成して［a］。例）ヒトァ（人が）

　上のうち、前接/e, u, o/の環境での非成節的な［a］、および、前接/e/の環境での/Cja/形は、ガの、ぞんざいな発話スタイルにおける臨時の音声的変異とみなせるもので、内省では許容しにくい*30。前接/i/の/QCja/や前接/N/のナは、ガの形態音韻的な変異と言え、内省でも可と判断される。

　また、ナは、下の（1）（3）（4）のように撥音前接環境以外でも稀に使われる。上のアの異形態ナが析出されたと考えられる。

　優勢・汎用の主格標示はøであり、（1）（2）のような当該名詞句に焦点のない〈中立叙述〉でも、（3）（4）のような名詞句に焦点があるいわゆる〈総記〉でも可である。一方、ガは名詞的に焦点のある場合でないと用いにくい。アの変異/QCja/やナ、および非撥音前接時のナは、øと同様に、焦点の位置によらず可。

(1) アレ　{ユキø／??ユキガ／ユッキャ／ユキナ}　フッテキタジャ。（あれ？雪が降ってきたよ。）

(2) アレ　コニッサン　{ø／??ガ／ナ}　オランジャ。（あれ？小西さんがいないよ。）

(3) キョー　アメデナテ　{ユキø／ユキガ／ユッキャ／ユキナ}　フルトヨ。（今日は雨でなくて、雪が降るってよ。）

(4) ナニ　{ø／ガ／ナ}　タベタイガケ。（何が食べたいの？）

　談話資料でも圧倒的にøが多く、総記の場合にガが混じる。ア・ナも少数ある。（5）〜（7）が中立叙述、（8）〜（12）が総記の例。

(5) シチガツカラ　ズーット　アメø　フラナンダ。（七月からずっと雨が降らなかった。）　　　　　　　　　　　　　　［藤木］

(6) トッシャ　イッテ　シモタラナモ　ドコノ　スマニ　オラレルヤラッテ　ユーテ（年がいってしまったら、もう、どこの隅におられるやらって言って）　　　　　　　　　　　　［藤木］

(7) オラッチャ　カゾクナ　オーキーケニ　ハヤー　セー　ガッコーカラ　カエッテキテモ　ナワヌエデ　ヒタリナワヌーカラ　アンマル　アテッケ　アタラナンダガダレド。（私達は家族が大きいから、もう学校から帰ってきても、縄縫いでした縄を縫うから、あまり手間賃がもらえなかった

のだけど。) [藤木]

(8) ヒー オコイテ ヒバチニ スミビ イレテ テツビンニ オユ ワカスガ̠ シゴト。(火を熾して、火鉢に炭火を入れて、鉄瓶にお湯を沸かすのが仕事。) [藤木]

(9) オトコチャ ヤッパシ オクテブトリガ̠ オーイガダネ。(男というのは、やはり奥手太りが多いんだね。) [藤木]

(10) ダレガ̠ ハヤイカダチャ。(誰が早いか(が問題)だよ。) [藤木]

(11) タテヤマチョー ソノモンナ̠ チーサイカラダロー。(立山町そのものが小さいからだろう。) [柳町]

8.2 対格 ø・オ

他動詞文の〈動作対象〉は「ø(無助詞)」「オ」のいずれかで標示される。ø・オを対格のバリエーションとみなす。共通語の「を」同様、〈移動の経過域〉や〈起点〉も表す。

藤木資料の用例数を表 3.9 に示す。「隣接」は対格名詞句が述語の直前に位置する場合。対格は基本的に ø で、「非隣接」すなわち対格名詞句が述語と離れている環境ではオが現れやすいと言える[*31]。

表 3.9 藤木資料での対格標示

	隣接	非隣接	計 (%)
ø	89	5	94 (96%)
オ	1	3	4 (4%)

(1) スキニ シタッテネー タケø̠ ワッテ ホッテ アヴッテ マゲテネ。(スキーにしたってね、竹を割って、そしてあぶって曲げてね。)〈対象〉 [藤木]

(2) オワオ̠ ナカマニ イレント ホッポッテ(私を仲間に入れないで放っておいて)〈対象〉 [柳町]

(3) ホテ エマー アノ ミチ ナカッタ ジヴン オミャサンノ アコø̠ トーッタライタネケネー オッミャハンノ

ナカø。(そして、今、あの道がなかった頃、お宮さんのあそこを通って歩いたよね、お宮さんのなかを。)〈経過域〉

[藤木]

(4) その頃の神通川は浅て、川ø出る前に荷積んだと底つかえて動けんことんなる。(その頃の神通川は浅くて、川を出る前に荷を積むと底がつかえて動けないことになる。)〈起点〉

[北前]

〈対象〉〈経過域〉の両方をøで標示する構文も可能である。

(5) クルマø　モンø　トースガニ　ドッダケ　ジカン　カカットンガ。(??車を門を通すのに、どれだけ時間がかかっているの。)

8.3　与格ニ・ø

〈移動の着点〉〈授与の相手〉を担う格を与格とする。ニが一般だが、限られた場合にøにもなる。

ニは、〈着点〉〈相手〉〈目的〉〈変化結果〉〈存在場所〉〈時〉〈起点〉、可能文・受身文・他動詞の使役文・テモウラ文における〈動作主〉といった、共通語の「に」と同様の広い意味役割に対応する。

(1) ベントー　ネー　ベントガラニ　ゴハン　コーシテ　エレテーネ(弁当ね、弁当がらにご飯をこうして入れてね、)〈着点〉

[藤木]

(2) トモダチニ　オータ。(友達に会った。)〈相手〉

(3) リョコーニ　イクト　マケルガ。(旅行に行くと(麻雀に)負けるの。)〈目的〉

[柳町]

(4) ナーン　ベツニ　セートサンラッチャ　マタ　アソンニ　コラレルモンニ。(いや、別に生徒さん達は、また、遊びに来られるもの。)〈目的。動詞に後接〉

[藤木]

(5) トベタト　ユーコトニ　ナランダロ。(飛べたということになるのだろう。)〈変化結果〉

[藤木]

(6) ムカシ　シンマチトカ　シンチ　ユータラ　カナラズ　マチノ　ハズレニ　アッタモンダチャ。(昔、新町とか新地と言ったら、必ず町の外れにあったもんだよ。)〈存在場所〉

(7) ソイツ ヘルマニ カエッテ クーアン。(そいつは昼間に帰って来るの。)〈時〉　　　　　　　　　　　　　　　　　[柳町]
　　　　　　　　　　　　　　　　　　　　　　　　　　　　　[藤木]
(8) 能登は銭（ぜん）持った者ぁ少なて、越中のもんに借りて木切って、それをまた越中のもんに渡いとった。(能登は銭を持った者が少なくて、越中の者に借りて木を切って、それをまた越中の者に渡していた。)〈起点〉〈着点〉　　　　　　[北前]
(9) アンタニ ソイコト デキンガケヨ。(あなたにそんなことができるのか。)〈可能文の動作主〉
(10) シュートハンネ ドッダケ ソ イジメラレテイネヨ。(姑さんにどれだけいじめられてよ。)〈受身文の動作主〉

　　　　　　　　　　　　　　　　　　　　　　　　　　　　　[藤木]
(11) 兵隊の食事は無料だれど、士官は少し金払うてコックに作らせること出来る。(兵隊の食事は無料だけど、士官は少し金を払ってコックに作らせることができる。)〈使役文の動作主〉　　　　　　　　　　　　　　　　　　　　　　　　　[北前]

øは次の場合に現れる。cでøとなる点で、共通語とは異なる*32。

　a. 〈着点〉を表す、人以外の名詞句。例(12)(13)。
　b. 〈目的〉を表す名詞句。動詞-(i)形は不可。例(14)。
　c. 〈変化結果〉を表し、述語が「なる」。他の動詞は不可。例(15)。
　d. 〈存在場所〉を表し、述語が存在動詞。例(16)。

(12) アンタ ドコø イッテキタガヨ。(あなた、どこに行ってきたんだよ。)　　　　　　　　　　　　　　　　　　　　[柳町]
(13) コイトコø エレテ アライタスノネ ジキ ヤコー ナッガ。(こんな所に入れていたらね、すぐに柔らかくなるの。)
　　　　　　　　　　　　　　　　　　　　　　　　　　　　　[藤木]
(14) ハヨ シゴトø イカレンカヨ。(早く仕事に行かないか。)
(15) ホッテ ホーァ マッシロø ナッテシモテネー(そして、穂が真っ白になってしまってね、)
(16) アンタ イママデ ドコø オッタガ。(あなた、今までど

こにいたの。)

8.4 方向格エ

エは〈方向〉〈着点〉を表す。ニの意味役割の一部にあたり、頻度はニのほうが高い。

(1) トヤマノ ホーエ エッテ タノシミ シテ キタガダロガイネ。(富山の方へ行って楽しみをして、帰ってきたのでしょう?) [藤木]

(2) アノ ニューノ トコエ マッデ カバンドモ カ カクイテサ(あのにお(田のなかに積み上げた藁)の所へ、全部、鞄などをかくしてさ。) [藤木]

8.5 相手格ト

トは〈共同相手〉〈異同の比較基準〉を表す*33。

(1) Xサント アワセテ ワタシラ サンニンガ チューシンナッテ ヤットッタンダレド(Xさんと合わせて私ら3人が中心になってやっていたんだけど、)〈共同相手〉 [柳町]

(2) アノッサンノコトア マタ ワタシト ヤマイ チガウモンダカラ シナレタケド エー。(あの人については、また、私と病が違うものだから、死なれたけど、ええ。)〈異同の比較基準〉 [藤木]

8.6 場所格デ

デは〈動作の場所〉〈手段〉〈原因〉〈様態〉を表す。

(1) エママデ タンボデ ナンシトッタエー ユーテネ(「今まで田んぼで何をしていたんだよ」と言ってね)〈動作の場所〉 [藤木]

(2) スキーシタッテ アンタ タケデ コッシャエテダロ。(スキーにしても、あなた、竹で作って、だろ?)〈手段〉 [藤木]

(3) ウチノ バーチャン センソーデ シンダガ。(うちの婆ちゃんは戦争で死んだの。)〈原因〉

(4) 一時間六マイル、四日間エンジンかけっ放しで六百三十マイル走ってく。(1時間6マイル、4日間エンジンかけっ放しで630マイル走って行く。)〈様態〉　　　　　　　　　　　　　　　　　　［北前］

8.7　起点格カラ

カラは時空間上の〈起点〉、受身文における〈動作主〉を表す。

(1) シモニーカワカラ　デカイト　ニンパー　キトッタガヤトイネ。(下新川から多くの人夫が来ていたんだって。)〈空間上の起点〉　　　　　　　　　　　　　　　　　　［藤木］

(2) アサカラ　ナニ　デカイ　コエ　ダシトンガケヨ。(朝から、何を大きな声を出しているのか。)〈時間上の起点〉

(3) デモ　ホカノー　チョーナイカラ　アンタトコー　ヨクシラレルネー　ユーテ　ウン　ユワレタヨ。(でも、他の町内から、あなたの所はよく(世話を)なさるねえと、うん、言われたよ。)〈受身文の動作主〉　　　　　　　　　　　［柳町］

8.8　基準格ヨリ・ヨリカ・ヨカ

ヨリ・ヨリカ・ヨカが〈比較基準〉を表す。3語に意味の違いはないようだ。

(1) シュートハンヨリ　アトカラチャ　モー　オッキラレナンダモンダチャネ。(姑さんより後からは、もう、起きることができなかったものだよね。)　　　　　　　　　　　　　［藤木］

(2) ドコノ　チョーナイヨリカ　モーカル。(どこの町内より儲かる。)　　　　　　　　　　　　　　　　　　　　　　　　　　　　　［柳町］

(3) ワシアチヨカ　モット　モット　デッカカッタンゼ。(私達よりもっともっと大きかったんだよ。)　　　　　　　　　　　［藤木］

8.9　連体格ノ

連体格はノが担う。ぞんざいな発話では母音脱落形ンが使われることもある。共通語の「の」と同様に、〈所有者－所有物〉、〈材料－製品〉〈動作主－動作〉〈対象－動作〉〈場所－位置関係〉〈属性－属性主〉などの関係を広く表しうる。

(1) ニクイ ニクイ ユー ヨメノ ハラカラ デタ マゴァ カワイテナンサー（憎い憎いという嫁の腹から出た孫はかわいくてね）〈所有者−所有物（分離不可）〉　　　　　　　　［藤木］

(2) ナワトビダ ユータッテ エマミタイナンカ アンナ ナイロンノナワ アリャセズネー（縄跳びだと言っても、今みたいに、なんか、あんなナイロンの縄はありはしなくてね、）〈材料−製品〉　　　　　　　　　　　　　　　　　　［藤木］

(3) オンナノ アソビ ユータラネー（女の遊びと言えばね）〈動作主−動作〉　　　　　　　　　　　　　　　　　　　　　　［藤木］

(4) ワタシネー サンジューキュウネンカン ジドークラブノ セワ シテ（私ね、39年間児童クラブの世話をして）〈対象−動作〉　　　　　　　　　　　　　　　　　　　　　　　　　［柳町］

(5) ソーット コタツン ナカエ ハイッテ（そっと炬燵のなかへ入って）〈場所−位置関係〉　　　　　　　　　　　　［藤木］

(6) ジヌシサンノ マ オヤッサンエー マー トーカ ホーコニ イッタトカ（地主さんの、まあ、親父さんへ、まあ、10日奉公に行ったとか）〈属性−属性主〉　　　　　　　［藤木］

ノは、名詞修飾節内で主体を表す場合も、主格に代って使われる。

(7) エライ キノ イー ヤツッチュモンカ（えらく気のいい奴というものか、）　　　　　　　　　　　　　　　　　　　　［柳町］

〈所属者−所属先〉で所属先が「トコ（所）」の場合、「オラøトコ（私の所）」など、連体格標示がøとなる。トコを接尾辞とみなすことも可能である（5.3.3）。

8.10　格助詞のアクセント

1拍の格助詞のアクセントは順接型。名詞コドモ（0型）、オトコ（3型）で例示すると次のとおり。

コ[ドモガ　コ[ドモァ　コ[ドモナ　コ[ドてオ　コ[ドモニ
コ[ドモエ　コ[ドモト　コ[ドモデ　コ[ドモノト]キ
オ[トコ]ガ　オ[トコ]ァ　オ[トコ]ナ　オ[トコ]オ
オ[トコ]ニ　オ[トコ]エ　オ[トコ]ト　オ[トコ]デ
オ[トコ]ノト]キ

カラも順接型、ヨリ・ヨリカ・ヨカは独立1型である。ヨリ・ヨリカ・ヨカは用言に付くことができるが、その場合は音調上の連体形に付く。

　　コ［ドモカラ　コ［ドモヨ］リ　コ［ドモヨ］リカ　コ［ドモヨ］カ
　　オ［トコ］カラ　オ［トコ］ヨ］リ　オ［トコ］ヨ］リカ
　　オ［トコ］ヨ］カ
　　イ［クヨ］リ　タ［ベ］ルヨ］リ

例示は省略したが、主格・対格・与格のøの場合も、アクセントを変えることはない。

9. とりたて

「とりたて」を「文中のある要素をきわだたせ、同類の要素との関係を背景にして、特別な意味を加えること」（日本語記述文法研究会 2009a: 3）と定義する。「とりたて」は、副助詞のほか複合的な形式が担う。意味の点から、〈提題〉〈対比的とりたて〉〈累加〉〈極限〉〈例示〉〈評価〉〈限定〉と分けられる。以下ではその順に該当する形式を示し、最後に、とりたて形式の格助詞などとの接続を整理する。

9.1　提題と対比的とりたて

文の主題を標示する機能を〈提題〉とする。副詞・格成分など主題とは言い難い語句を、他との対比を含意しながら、説明を付与する対象としてとりたてる場合〈対比的とりたて〉とする。これらの機能を持つ形式として、次のものがある。

　　チャ、ワ、ア、ナ、ノコタ・ノコサ、コソ・コサ、ø（無助詞）

チャは、もっとも基本的な提題・対比的とりたての助詞である。「引用の副助詞ト＝とりたての副助詞ワまたはア」の融合形に由来すると思われる。下の（1）は言語表現について説明する用法、（2）は名詞句が表す事物の属性を述べる用法の例である。チャは、共通語の「って」に類似するが、（3）（4）のように、格成分や副詞に付く対比的とりたての機能が「って」より発達している。9章

で詳述する。

(1) そのあと最初から新懸(しんがけ)やらされた。新懸ちゃ、新しいお得意さん作り。(そのあと最初から新懸をやらされた。新懸{というのは／?は}、新しいお得意さん作り。)　　　　［北前］

(2) ムカシノ　バーハンチャ　ナンデ　アイ　コンジョー　ワルカッタガカノ。(昔のお婆さんは、なぜあんなに根性が悪かったのかね。)　　　　［柳町］

(3) ドコモ　アソビニチャ　ヤッテモラワレンガ。(どこも遊びにはやってもらえないの。)　　　　［藤木］

(4) ゼンブチャ　タベトラン。(全部は食べていない。)

ワは、ほぼ共通語の「は」と同じ用法だが*34、そのかなりの部分がチャと重なるため、ワの頻度はあまり高くない。(5)(6)は主格相当名詞句の属性を述べる例、(7)は対格相当名詞句について説明を付す例で、(6)(7)は対比性が強い。(8)は手段を表すデ格成分に付いた例、(9)は尺度上低い極に位置する数量語に付いて事態成立を述べる例である。(5)〜(7)はチャに置き換え可能、(8)は不自然、(9)は不可となる。

(5) マッツリワ　ナマグサイガダッテ　コー　ユウェド(祭りは生臭いのだって、こう言うけど)　　　　［藤木］

(6) タカ　フタリワネ　ヤッパ　ショーガッコノ　トキカラ　オーキカッタケド　エチバン　シタワ　チンチャカッタガ。(上の2人はね、やっぱり、小学校の時から大きかったけど、一番下は小さかったの。)　　　　［藤木］

(7) ナニモ　センデモ　ソレダケワ　モ　カナラズ　センナンガ　サンビャクロクジューゴニチネ。(何もしなくてもそれだけは必ずしなければならないのだ、365日ね。)　　　　［藤木］

(8) ソーノ　ジーチャンチャネ　アッデ　グワッ　グワー　ユーテネ　デッカイ　コイデワ　イワレタレド　ハラチャナイ　シトダッタ。(その爺ちゃんはね、あれで、グワッグワッと大きな声では言われたけど、肚はない人だった。)

　　　　［藤木］

(9) ヒャクグライワ　ウレヨー。(100ぐらいは売れるだろう。)

アは、主格のアと同様、単独で音節を成さず、次のように実現する。前接 /a/ のときは、無助詞 ø と区別がつかない。

　前接 /N/　ナ　例）ホンナ（本は）

　前接 /i/　前接拍と融合して /Cja/。前節拍が無声子音の場合は、/QCja/ となることもある。例）ユキャ・ユッキャ（雪は）

　前接 /e/　前接拍と1音節を成して［a］（片仮名で「ァ」と表記）、または、前接拍と融合して /Cja/。例）ミセァ・ミシャ（店は）

　前接 /u, o/　前接拍と1音節を成して［a］。例）ヒトァ（人は）

(10) ヨー　オトコメロダ　イワレタモンダチャ　コッデ　ワタシラミタイモンナ。（よく男女だと言われたものだよ、これで、私達みたいな者は。）　　　　　　　　　　　　　［藤木］

(11) ムカシャ　アノ　ニューチモンナ　デカイト　アッタネカイネ。（昔は、あの、「にゅう」（田に積み上げた藁）というものがたくさんあったじゃないか。）　　　　　　　　［藤木］

(12) ヤー　コイツァ　サイワイ　ダレモ　シランワ。（いやあ、これは、幸い、誰も知らないよ。）　　　　　　　　　　　　　　　［柳町］

(13) ナン　ガッコーァ　カンケー　ナケンネドー。（いや、学校は関係ないけどね。）　　　　　　　　　　　　　　　　　　　　［柳町］

アは、ワのぞんざいな発話における変異だと思われる。ワは副詞や格成分などの文の成分にも付くのに対して、アは付きにくく、談話資料ではほぼ主格兼主題の名詞句に限られる。とりたてという機能の負担が軽い環境で現れると言える。

ナは、前述アの撥音前接時の異形態ナが析出され、他の環境でも出現可能となったものである*35。名詞句にのみ付き、格助詞の付いた形や副詞には付かない。

(14) タラ　トノサマナ　カッテナモンデ　キタシンマチオ　アノ　ココエ　ズラス　アノ　ウツセト　コー　ユーテ（すると、殿さまは勝手なもので、北新町を、あの、ここへずらすと、あの、移せと、こう言って）　　　　　　　　［柳町］

複合形式ノコタ（ノコトァ）は、共通語の「〜については」「〜について言えば」にあたる*36。構造は「連体ノ＝形式名詞コト

＝提題ワ」だが、共通語の「〜のことは」には置換できない。発話の文脈上、説明が必要と思われる事物をとりたてて主題とするもので、補足説明のための挿入文に現れる。「他はともかく、〜について言えば」と、対比的に他の要素の存在を含意する。ソ系指示連体詞ソノを用いた「ソノコタ」もよく現れる。

(15) ゴハンノ　ヨーイ<u>ノコトァ</u>　ナン　ワシトコノ　バーチャン　シトラレナンダ。(食事の用意<u>については</u>、いや、私のばあちゃんは、しておられなかった。　　　　　　　［藤木］

(16) 山の仕事ばっかりしとって、漁師のおらんとこやった。その炭なんか仕入れて来て店屋へ売る。商売だちゃ。おらの<u>こたァ</u>子供の手ったいやから、まゝ食わしてもらうだけで、なんにゃ銭(ぜに)当たることい。((石川県の穴水は) 山の仕事ばかりしていて、漁師のいないところだった。その炭などを仕入れて来て、店屋に売る。商売だよ。私は子供の手伝いだから、食事を食べさせてもらうだけで、どうして金がもらえることか。)　　　　　　　　　　　　　　　［北前］

(17) コンナ　タクサン　ツレテイキャー　ヒトリ　フタリ　ウラ　ウシナカイテクッカモシレン　ユータラ　<u>ソノコタ</u>　ソーダチャネー　ユーテ(「こんなたくさん連れて行けば、1人2人失くしてくるかもしれない」と言ったら、「<u>それは</u>そうだね」と言って)　　　　　　　　　　　　　　［柳町］

ノコサという形も見られる。ノコタと次のコサとの混淆形か*37。

(18) イマ　ソノヒト<u>ノコサ</u>　ワシ　ヤメッチャ　ユータケドネー。(今、その人<u>は</u>「私はやめるよ」と言ったけどね。)
　　　　　　　　　　　　　　　　　　　　　　　　　　　　［柳町］

コソ・コサは、対比性の強いとりたて形式で、逆接節・逆接仮定節に用いられることが多い。(20)のように文の成分にも付くことができる。共通語の「こそ」「こそは」と同源と思われるが、共通語の「こそ」は〈もっとも相応しいものを際立たせる〉という意味で「あなた<u>こそ</u>が適任だ」など主格・対格成分の内側にも現れるのに対し、富山市のコソ・コサは格成分の内側に現れる例は見られず、

対比的とりたてという性格が強い*38。

(19) 今こそ川だいぶんいいなっとれど、悪かった時ぁ船ぁ岩瀬においたるが。(今は川がだいぶ良くなっているけど、悪かった時は船は岩瀬に置いてあるの。) ［北前］

(20) イマ ココデコサ ユーケドネ アノ Xサンエネ、(今ここでだから言うけどね、あの、Xさんのことだよ、(以下、Xさんについての話題が続く)) ［藤木］

(21) イマコサ アタラシーケニ シンマチテ ツケトル。ムカシ シンマチトカ シンチ ユータラ カナラズ マチノ ハズレニ アッタモンダチャ。(今は新しいから（という理由で町名に）「新町」と付けている。昔、「新町」とか「新地」というと、必ず町の外れにあったものだよ。) ［柳町］

主題となる名詞句は、ø（無助詞）のことも多い。対格相当名詞句や場所を表す与格相当名詞句にも用いるが、談話では主格相当名詞句や時の名詞句に偏り、藤木資料では主格名詞句や時を表す主題øが38例なのに対し、対格成分の主題øは1例のみである。

(22) ジーチャンø オキテコラレタラ スグ オチャ ノマレアン。(爺ちゃんは起きていらっしゃるとすぐにお茶をお飲みになるのだ。) ［藤木］

(23) イマデモ オラø マダ ワカレドヨー。(今でも私はまだ若いけどよ。) ［柳町］

(24) ムカシø ヤッパリ アノ カチカチ ユーテーネ、(昔はやっぱりカチカチと言ってね) ［藤木］

9.2 累加

同類の他のものにその要素を加えるという意味を〈累加〉とする（日本語記述文法研究会 2009a: 20）。

〈累加〉は副助詞モが表す。用法は共通語の「も」に等しい。(2)は数量語に付いて否定形述語と共起した例、(3)は引用節、(4)は動詞-(i)形をとりたてた例である。

(1) カクレンボモ ヤッタシ オイシャハンゴッコモ ヤッタシ。(かくれんぼもしたし、お医者さんごっこもしたし。)

(2) アカイワチャ　イチマイモ　シテモラワンチャ。(晴れ着は一枚もして（作って）もらわないよ。)　　　　　　[藤木]
(3) ベツニ　シンドイトモ　オモワン。(別にしんどいとも思わない。)
(4) ジブンデ　ヤリモセント　モンクバッカ　ユワレンナ。(自分でやりもしないで、文句ばかり言いなさるな。)

9.3　極限

該当する事物のうち、極端な例をとりたてて提示するものを〈極限〉とする。次のものがある。

　　マデ、サエ、デモ、ダッテ、カッテ

マデは、共通語と同様、その要素を〈事態と結びつく序列の極限として示し、その事態が意外なものであること〉を示す（日本語記述文法研究会 2009a: 96）。

(1) 春、こっちから行く時ゃ何でも積んでったもんだねェ、畳まで積んでったちゃ。(春、こっちから行く時は何でも積んで行ったものだね。畳まで積んで行ったよ。)　　　[北前]

サエは、共通語と同様、次の2つの用法を持つ（日本語記述文法研究会 2009c: 88）。談話資料では後者に該当する例が多い。

　　a. 一般には事態成立が期待されない（否定述語では期待される）極端な例をあげる場合。例(2)
　　b. 仮定節で、主節の事態成立の最低条件をあげる場合。例(3)

(2) ワタシラサエ　ソー　オモーガダカラ　ワカイシトダチガネ　（略）(私達さえそう思うのだから、若い人達がね、（略))　　　　　　　　　　　　　　　　　　　　　　　　[藤木]
(3) コッチャー　ツノリエ　モットリャ　イーガ。(こっちは綱さえ持っていればいいの。)　　　　　　　　　　　　[藤木]

デモ、ダッテ、カッテは、〈通常は成立しない要素が、その事態と結び付くことの意外さ〉を表す（日本語記述文法研究会 2009: 110）。疑問語と共起すると〈際限なくその事態が成立する〉こと

を表す。いずれも、次項の〈例示〉の用法から派生したものだと思われる。

(4) そんなもん一面張っとるけね、家ん中、冬中暗ぁい。昼でもランプ灯いとったもんです。(そんなものを一面に張っているから、家のなかは冬中暗い。昼でもランプを灯していたものです。)　　　　　　　　　　　　　　　　　　　[北前]

(5) エマナラ　ソコラ　ドッコニデモ　アレド。(今なら、そこら(あたりの)どこにでもあるけど。)　　　　　　　　　[藤木]

(6) ソイコト　コドモ｛ダッテ／カッテ｝　シットルガイネ。(そんなこと、子供だって知っているよ。)

9.4　例示・評価

事態に該当する要素を例示する助詞に次のものがある。

　デモ、ダッテ、カッテ、ナンカ、ドモ、ダノ

デモには次の2つの用法がある。aは共通語の「でも」と同様だが(日本語記述文法研究会 2009a: 143–144)、bは共通語の「も」「だって」にあたり、共通語にはない用法である。

　a. 選択肢・可能性の1つを示す。
　　a1. 勧誘など未実現の行為について選択肢を提案する。例 (1)
　　a2. 不明の要素を推測して示す。例 (2)
　b. 話題の事態に該当する例を追加する。例 (3)。

(1) ナラ　マージャンデモ　スリャ　ドーカ　ユーテ (それなら「麻雀でもすればどうか」と言って)　　　　　　　[柳町]

(2) コメデモ　カズイトガダ　オモタアダロネ。(米でもかずいているのだろうと思ったのだろうね。)　　　　　　[藤木]

(3) ダイダイ　マー　オアドコノ　オジサン　オバサンドモデモネ　ヨンジューイチニ　グライデネ　シンドラレルガ　(代々、まあ、私の家の叔父さん・叔母さん達だってね、41、2歳ぐらいでね、死んでおられるんだ。)　　　　[藤木]

ダッテ・カッテは、デモのbと同じ用法を持つ。

(4) やっぱり悪い考えすりゃ向こうかって悪うなるしね。(やっ

ぱり悪い考えをすれば、むこうだって悪くなるしね。）
［北前］

ナンカは、共通語の「なんか」「など」と同じ、2つの用法を持つ。

 a．他にも該当要素があるという含意を伴って例を示す。例（5）。
 b．評価の対象として事物をとりたてる。例（6）。

（5）チョーハイガエリナンカデモ　ジンリキデ　ヤッタモンダッテ　ユーテ　バーチャン　ヨー　ハナシ　シラレタネ。（里帰りなどでも人力でやったものだって、婆ちゃんがよく話をなさったね。）
［藤木］

（6）所持品はロッカーなんかない。帽缶いうがあるだけだ。（所持品はロッカーなんかない。帽缶というものがあるだけだ。）
［北前］

ドモは、5.2で見たように〈複数〉〈例示〉を表す接尾辞だが、その例示用法から派生したと思われる、評価の対象として事物を提示する用法がある。評価用法は藤木・柳町資料に確例がなく、北前資料に見られる*39。（8）のように格助詞にドモが付く例もある。

（7）さ、あんた首筋ゃもげてしもたがども、親どもに見せられんまいげ。（それは、あなた、首筋がもげてしまったのなど、親達に見せられないだろう？）
［北前］

（8）そっで福井の方へども、土産に蒲鉾持ってたりして歩いとられた。（そして福井の方へなんかも、土産に蒲鉾を持っていったりして歩いておられた。）
［北前］

ダノも、ナンカ・ドモと同様に、評価の対象として事物をとりたてる。ただし、ナンカ・ドモとは異なり、例示用法はない。ダノは並列の機能も持つ（10）。

（9）チューシャダノ　シタコト　ナイモン。（注射なんか、したことがないもの。）
［藤木］

9.5　限定

限定の助詞は、意味によって次の3類に分けられる*40。

 a．シカ類　シカ・ヨカ・ヨリ

b. ダケ
c. バカリ類　バッカリ・バッカシ・バッカ

シカは、共通語の「しか」と同様、否定の述語形式と共起する。北前資料には同じ用法でヨカ・ヨリの例も見られる。

(1) アレサ　アサヒシカ　ノマン　ヒトデヨ。(あれはさ、朝日（煙草の銘柄）しか吸わない人でね。)　　　　　　　　［藤木］

(2) サ　コノミセニシカ　ナイワ。(それはこの店にしかないよ。)

(3) そいだけ運んどる人に県からは二航海、百五十石ほどの割り当てよかくれんがやちゃ。(それだけ運んでいる人に、県からは2航海、150石ほどの割り当てしかくれないのだよ。)
　　　　　　　　　　　　　　　　　　　　　　　　　　［北前］

(4) ナン、私のこたァこの家に生まれて、何もかもこの町のことより知らんがです。(いや、私はこの家に生まれて、何もかもこの町のことしか知らないのです。)　　　　　　　　［北前］

ダケは、共通語同様、前接の要素が事態成立の唯一のものであることを示す。(6)のように対比的とりたてのワが付加すると、事態成立の最低限の条件を表す。

(5) ソノ　モトユダケガネー　ヌルイガ。(その元湯だけがね、ぬるいの。)　　　　　　　　　　　　　　　　　　　　　［藤木］

(6) ナニモ　センデモ　ソレダケワ　モ　カナラズ　センナンガ　サンビャクロクジューゴニチネ。(何もしなくてもそれだけは必ずしなければならないのだ、365日ね。)　　［藤木］

(7) 漁場主でなしに入社出来た者も、合同の年に漁場にだけ使うて、秋にはやだいたい首切られてしまいました。(漁場主でなくて入社出来た者も、合同の年に漁場にだけ使って、秋にもうだいたい首を切られてしまいました。)　　　［北前］

バカリ類（バッカリ・バッカシ・バッカ）は、共通語「ばかり」同様、〈複数の要素が存在するが、それらが同質の要素に限定されている〉ことを表す。(9)は動詞テ形をとりたてる例、(10)は述語に付く例である。

(8) マイーニチ　ソンナ　コンブデンブバッカ　カケテ　タベ

トッタ。(毎日そんな昆布でんぶ<u>ばかり</u>かけて食べていた。)

[藤木]

(9) ソノクセー　イバッテ<u>バッカリ</u>　オッテー(そのくせ威張ってばかりいて)

[柳町]

(10) ワシノコトァ　ヨージン<u>バッカ</u>シダチャ。(私については用心<u>ばっかり</u>だよ。)

[藤木]

9.6 格助詞との共起・語順とアクセント

とりたて形式は、格助詞との共起・語順という点から、次のように大別できる。

　a. 主格・対格相当成分の場合、必ず格標示がøで、ガ・オと共起しない。ニ・ト・デ・カラ格成分の場合、格助詞の後に付く。

　b. 主格・対格相当成分の場合、格標示がøとなることが多いが、とりたて形式にガ・オを付加するのも可。ニ・ト・デ・カラ格成分の場合、格助詞が前後両方ありうる。

aは提題・対比的とりたての全形式、累加のモ、極限や例示のデモ・ダッテ・カッテ、評価のナンカ・ドモ・ダノ、限定のシカ類が該当する。例 (1)、および、**9.1** (3) (8)、**9.3** (5)、**9.4** (8)、**9.5** (2) 参照。

(1) バンノ　オカズ {チャ／×オチャ／×チャオ}　コータ。(晩のおかず<u>は</u>買った？)

bには極限のマデ・サエ、例示のナンカ・ドモ、限定のダケ・バカリ類が該当する。とりたて助詞のチャ・モの付加も可。ニ格等の場合、マデ・サエは格助詞の後がふつうか。(2) (3)、**9.5** (5) 参照。

(2) バンノ　オカズ {マデ／ナンカ／ドモ} チャ　コートランヨ。(晩のおかず {まで／など} は買ってないよ。)

(3) コドモ {ニマデ／??マデニ}　アタラレンナ。(子供 {にまで／??までに} 当るな。)

アクセントは、提題のワ・ア・ナは順接型、その他のチャ・モ・シカ以外は<u>独立型</u>である。コドモ (0型)、オトコ (3型) に後接し

た場合の音調型を示す（コサ・カッテ・バッカシは、それぞれコソ・ダッテ・バッカリに準じる）。

　　コ［ドモワ、コ［ドモァ、コ［ドモナ、
　　コ［ドモノコタ］］、コ［ドモノコ］サ、コ［ドモコ］ソ、
　　コ［ドモマ］デ、コ［ドモサ］エ、コ［ドモデ］モ、コ［ドモダ］ッテ、
　　コ［ドモナ］ンカ、コ［ドモドモ、コ［ドモダ］ノ、
　　コ［ドモダケ］ガ、コ［ドモバッカ］リ、コ［ドモバッカ］ガ、
　　オ［トコ］ワ、オ［トコ］ァ、オ［トコ］ナ、
　　オ［トコ］ノコタ］］、オ［トコ］ノコ］サ、オ［トコ］コ］ソ、
　　オ［トコ］マ］デ、オ［トコ］サ］エ、オ［トコ］デ］モ、
　　オ［トコ］ダ］ッテ、オ［トコ］ナ］ンカ、オ［トコ］ドモ、
　　オ［トコ］ダ］ノ、オ［トコ］ダケ］ガ、オ［トコ］バッカ］リ、
　　オ［トコ］バッカ］ガ

チャ・モ・シカは、低接型である。

　　コ［ドモ］チャ、コ［ドモ］モ、コ［ドモ］シカ、
　　オ［トコ］チャ、オ［トコ］モ、オ［トコ］シカ、

マデ、ダケ、バカリ類、チャ、シカは用言にも付くことができる。前3形は音調上の連体形、後2形は音調上の終止形に付く。

　　イ［クマ］デガ、タ［ベ］ルマ］デガ、
　　イ［クダケ］ガ、タ［ベ］ルダケ］ガ、
　　イ［クバッカ］リ、タ［ベ］ルバッカ］リ、
　　［イ］クチャ、タ［ベ］ルチャ、［イ］クシカ、タ［ベ］ルシカ、

10. 並列

名詞を並列する機能を持つ副助詞等を、意味により、次のように大別する*41。

　a. 全部列挙型　　ト
　b. 一部列挙型　　ヤラ、トカ・ダトカ、ダノ、ノ、カラ
　c. 選択列挙型　　カ

また、これらの統語的性質の違いを表3.10にまとめる。「格助詞付加」は、「XトY（ト）ガ」のように、並列された語句が格助詞

表3.10 並列形式の統語的特徴

	格助詞付加	述語名詞化	用言接続
a. ト	○	○	×
b. ヤラ	○	○	○
（ダ）トカ	○	○	○
ダノ	?	×	○
ノ	×	×	○
カラ	×	×	×
c. カ	○	○	○

を付加して格成分となるか否か、「述語名詞化」は、「XトY（ト）ダ」のように並列された語句が述語名詞となるか否か、「用言接続」欄は、「行クヤラ行カンヤラ」など動詞・形容詞の終止類に接続するか否か、を示したものである。

　a 全部列挙型のトは、該当する全要素をあげるという意味・機能を持つ。(1)のような、最後の要素にトを付けない「XトY」の例がふつうだが、(2)のような、最後の要素にもトを付す例もある。

　(1) ナンクト　ナンクヤッタヨ　アコ。(何区と何区だった？あそこは。)　　　　　　　　　　　　　　　　　　［柳町］

　(2) ジーチャント　バーチャントø　ウチニ　オラレタッテネーゴハンノ　ヨーイ　ヒトツ　シテアルジャナシネー。(爺ちゃんと婆ちゃんとが家におられてもね、ご飯の用意１つしてあるわけじゃなしね。)　　　　　　　　　　［藤木］

　b 一部列挙型の助詞は、該当する要素の一部のみを列挙するという意味・機能を持つ。ヤラは、列挙した最後の要素にも付す「XヤラYヤラ」が一般的である。(4)のように、動詞・形容詞の終止類に後接しえ、引用節を並列する機能も持つ (20.1)。ダレ等の不定語や、不確定な数量語にも付く。また、疑問節を作る用法も持つ (20.2)。こうした特徴はcのカと共通する点が多い。

　(3) ホッテ　コンバインヤラ　トラクターヤラデ　ノッタラク。(そしてコンバインやらトラクターやらで乗って回っている。)　　　　　　　　　　　　　　　　　　　　　　　［藤木］

(4) オカシ ダスヤラ ナニスルヤラシテ セッタイシトッテ、(お菓子を出すやら、何をするやらして接待をしていて、)　　　　　　　　　　　　　　　　　　　　　　［柳町］

(5) ホイタラネー ドコヤラノ オカーチャンナネー ヘンジシタワケヨ。(そうするとね、どこかのお母さんがね、返事をしたわけだよ。)　　　　　　　　　　　　　　　［柳町］

(6) ワタシノ ハハオヤチャ アンタ キューニンヤラ ウンダ イワレタモンニ。(私の母親は、あなた、9人だか生んだと仰ったもの。)　　　　　　　　　　　　　　　　　［藤木］

トカ・ダトカは、共通語と同様、「X（ダ）トカY」「X（ダ）トカY（ダ）トカ」両方が可能。(9)のように用言に接続して、引用節を並列する機能も持つ（20.1）。

(7) ムカシ シンマチトカ シンチ ユータラ カナラズ マチノ ハズレニ アッタモンダチャ。(昔、「新町」とか「新地」というと、必ず町の外れにあったものだよ。)［柳町］

(8) コーヤッテ イシケリダトカ チンカラカイテ アノー アレ スンガダトカネー ソイコトシテ アソンダモンダチャ。(こうやって石蹴りだとか、片足飛びをして、あの、あれをするのだとかね、そういうことをして遊んだものだよ。)　　　　　　　　　　　　　　　　　　　　　　　　　　　　　　　　　　［藤木］

(9) イクトカ イカントカ ユーテ コマラセル。(行くとか行かないとか言って困らせる。)

ダノは内省では許容しうるが、談話資料の例は得られていない。用法は共通語と重なる。引用節の並列機能も持つ（20.1）。

(10) トナリノアンマダノ ムカイノオッジャダノ ミンナ テッタイニ キテクタハレタ。(隣の長男だの向かいの二男だの、皆が手伝いに来て下さった。)

ノは、引用節の並列に用いられる（20.1）。

(11) ダラノ アホノユーテ ボロクソニ ユートッチャ。(ダラ(馬鹿)だのアホだのと、ぼろくそに言っているよ。)［柳町］

カラは、該当する要素が多様で、その一部を列挙するという意味を伴う。(14)に示すように、格助詞と共起しない。

(12) カッタデモ　シカクイガカラ　マルイガカラサ。ネー。(か
るだでも、四角いのやら丸いのやらさ。ねえ。)　　　［藤木］

(13) 筏から何から、全員乗っけられるよな方法とっるもんだ。
(筏やら何やら、全員乗っけられるような方法をとっている
ものだ。)　　　　　　　　　　　　　　　　　　［北前］

(14) サイダンニ　マンジュカラ　モチカラ {ø／??カ} ナラン
ドル。(祭壇に、饅頭だの餅だのが並んでいる。)

c 選択列挙型のカは、該当する可能性のある要素を候補として列挙する。列挙する最後の要素にはふつうカが付かないが、(16)のように、Yが不定語の場合は付く。(17)のように「ダレ」などの不定語に付くと、該当する可能性のある要素が少なくとも1つ存在することを表す。疑問節を並列する機能もある (20.2)。

(15) カクトコエ　ニカショカ　サンカショ　クルマ　オサメテ
(各所へ2か所か3か所に車を納めて)　　　　　　［柳町］

(16) アレノ　ダンナノ　キョーダイカ　ナンカダゼ　アレ。(あ
れの旦那の兄弟か何かだよ、あれは。)　　　　　　［柳町］

(17) ダカラ　キンノモ　アラ　ダレダッタイネ　ダッカ　イワ
レタン。(だから、昨日も、あれは誰だったか、誰かがおっ
しゃったの。)　　　　　　　　　　　　　　　　［藤木］

名詞コドモ (0型)、オトナ (3型)、動詞イク・イカン、タベル・タベン (全て言い切りでは-2型) に後接した場合の音調を示す。全て独立型。用言に付く場合、ヤラ・カは音調上は連体形に付き (ヤラは終止形も可)、他は終止形に付く。

コ[ドモト]、オ[トナ]ト]ガ、
コ[ドモヤ]ラ、オ[トナ]ヤ]ラガ、
コ[ドモト]カ、オ[トナ]ト]カガ、
コ[ドモダ]トカ、オ[トナ]ダ]トカガ、
コ[ドモダ]ノ、オ[ト]ナ]ダ]ノガ、
コ[ドモカラ]、オ[トナ]カラ、
コ[ドモカ]、オ[トナ]カ]ガ、
イ[クヤ]ラ、イ[カンヤ]ラ、
[イ]クト]カ、イ[カ]ント]カ、

［イ］クダ］トカ、イ［カ］ンダ］トカ、

［イ］クダ］ノ、イ［カ］ンダ］ノ、

［イ］クノ、イ［カ］ノ、

イ［クカ］、イ［カンカ］ガ、タ［ベ］ルカ、タ［ベンカ］ガ、

11. ヴォイス

11.1 受身

動詞の受身形は、V動詞型接尾辞ラレル-(r)are-ruによって作られる。「カカレル」「ミラレル」など。また、受身文の格体制は次のとおりである。

〈対象〉主格　〈動作主〉ニ　V

述語が発話動詞の場合、動作主は起点格カラも可能だが、談話資料には例がほとんどなく、(2)のような場所名詞の例しか得られていない。(3)は、対応する能動文にはない被影響主を主語とする、いわゆる間接受動文の例である。

(1) ヘモ　ヘッツケルヤラ　ナンヤラシテ　ヨー　オヤドモニ　シッカラレテネ。(紐を付けるやら何やらして、よく親達に叱られてね。)　　　　　　　　　　　　　　　　　［藤木］

(2) 幸い浮いて来んかったれど、そういう馬鹿な獲り方するもんあるかい云うて、上から叱られる。(幸い浮いてこなかったけれど、そういう馬鹿な獲り方をする者があるかと言って、上から叱られる。)　　　　　　　　　　　［北前］

(3) アノッサン　ワカイ　ジブンニ　オヤニ　シナレテ　クローサレタガヤゼ。(あの人は若い頃に親に死なれて、苦労なさったのだよ。)

11.2 使役

動詞の使役形は、次のいずれかで作られる。

　　V動詞型接尾辞サセル-(s)ase-ru　例) カカセル、ミサセル

　　C動詞型接尾辞サス-(s)as-u　例) カカス、ミサス

使役文の格体制は次のとおり。例(1)(2)。他動詞使役文の動

作主が、ニのほか、øとなる点が特徴的である*42。
　　自動詞使役文
　　　　〈使役者〉主格　〈動作主〉対格　V
　　他動詞使役文
　　　　〈使役者〉主格　〈動作主〉ニ・ø　〈対象〉対格　V

(1) a.　コドモø　ガッコーø　イッタ。(子供が学校に行った。)
　　b.　オラø　コドモø　ガッコーø　{イカセタ／イカシタ}。(私は子供を学校に行かせた。)
(2) a.　コドモø　ホンø　コータ。(子供が本を買った。)
　　b.　オラø　コドモ{ニ／ø}　ホンø　{カワセタ／カワシタ}。(私は子供に本を買わせた。)

12. 可能

動詞の可能形は次の接尾辞によって作られる。
　　1)　V動詞型接尾辞レル -(r)e-ru　例)カケル、ミレル
　　2)　V動詞型接尾辞ラレル -(r)are-ru　例)カカレル、ミラレル
　　3)　V動詞型接尾辞エル -(r)ee-ru*43　例)カケエル、ミレエル

1)2)は、〈能力可能〉(動作主の能力が動作成立の条件)、〈状況可能〉(外的状況が動作成立の条件)汎用の形である。C動詞には1) -e-ru、V動詞には2) -rare-ruが付きやすい*44。3)は〈能力可能〉専用の形で、肯定形よりも否定形エン -(r)ee-Nが用いられやすい。なお、動詞スルの可能形は、代替動詞デキルが使われることもあるが、レル形にあたるシラレル、エル形にあたるセーエル、シレエルの形も存在する(7.1、表3.5参照)。

可能文の格体制は次のとおり。
　　自動詞可能文　〈動作主〉主格・ニ　V
　　他動詞可能文　〈動作主〉主格・ニ　〈対象〉主格　V

(1)　ソレヨリ　ウエ　トベッカ　トベンカ　ユーテ　ヤトッ

タモンダネー。(それより上を飛べるか飛べないかと言って、やっていたものだね。(縄を飛び越える高さを競う遊びの話題))〈能力・C動詞-e-ru〉　　　　　　　　　　　［藤木］

(2) ミンナ　キー　アウカラー　ダラノ　アホノ　ユワレンガデー（だって皆気が合うから、ダラだのアホだのと言えるのであって、）〈状況・C動詞-are-ru〉　　　　　［柳町］

(3) ナイ　ゴッツォデモ　ヤッパ　ゴッツォ　タベラレタケネタノシミダッタ。（ないご馳走でも、やはりご馳走が食べられたから、楽しみだった。）〈状況・V動詞-rare-ru〉［藤木］

(4) コンナモンナ　オラトコノ　オッカニ　ニテー　コウラハットカラ　ナーン　デカナレエンヤツァ　ユテ。（この者は、私の家の嫁に似てふくらはぎが張っているから、ちっとも大きくなれない奴だと言って。）〈能力・C動詞-ee-ru〉

［藤木］

(5) わしら一月に七回でも八回でも通うてその度に六〇石七〇石積んで来りゃ、製板どもならそぅいうでかいとちゃ続けえんもんやちゃ。（私達は一月に7回でも8回でも通ってその度に60石70石を積んで来れば、製板などならそんなにたくさんは続けられないものだよ。）〈能力・V動詞-e-ru〉

［北前］

2）の否定形「～ラレン」は、共通語の「～てはいけない」にあたる〈禁止〉の慣用的な形でもある (18.1.4、18.9)。一方、1）の否定形「～レン」は、〈不可能〉の意しか担わず、禁止表現にならない。

(6) スグ　フカナッカラ　ココデチャ　{オヨガレン／×オヨゲン} ヨ。（すぐに深くなるから、ここでは泳いではいけない（≠泳ぐことはできない）よ。）

13. 恩恵の授受

恩恵の授受を表す「～テ＝補助動詞」構造の述語形式として、共通語と同じ1）～3）のほか、用法が限定的な4）がある。これら

の動詞は、単独では、物の授受を表す動詞として用いられる。

1) テヤル @te=jar-u　例）カイテヤル、ミテヤル
2) テクレル @te=kure-ru　例）カイテクレル、ミテクレル
3) テモラウ @te=moraw-u　例）カイテモラウ、ミテモラウ
4) テアタル @te=atar-u　例）カイテアタル、ミテアタル

テヤル文・テクレル文は同じ格体制となり、前者は話し手の視点が動作主側に、後者は話し手の視点が受け手側にある。物の授与を表す動詞ヤル・クレルも、話し手の視点が同様に対立する。

物の授与　例（1）
　〈動作主〉主格　〈受け手〉ニ　〈対象〉対格　ヤル・クレル
恩恵の授与・自動詞　例（2）
　〈動作主〉主格　（〈受け手〉ノタメニ）*45　Ｖテヤル・テクレル
恩恵の授与・他動詞　例（3）（4）
　〈動作主〉主格　〈受け手〉ニ　〈対象〉対格　Ｖテヤル・テクレル
　〈動作主〉主格　〈受け手兼対象〉対格　Ｖテヤル・テクレル

(1) オラø　タローニ　ホンø　ヤッタ（私が太郎に本をやった）
(2) タローø　オラノタメニ　カワリニ　イッテクレタチャ。（太郎が私のために代りに行ってくれたよ。）
(3) アシタノ　アサ　オラニ　ミョーガノ　オツユø　シテクレッシャイ　ユテ　ホッテ　マー　ネラレタガート。（明日の朝、私に茗荷のおつゆをしてくださいと言って、そして、まあ、寝られたのだって。）　　　　　　　　　　　　　　　　[藤木]
(4) オラø　アノッサンø　サソテヤッタ。（私はあの人を誘ってやった。）

ヤルの謙譲語として「アゲル」「サシアゲル」、クレルの尊敬語として「クタハレル」がある。GAJ の富山市新庄町の回答では、質問262、第6集第319図「（これをあなたに）あげましょう」の改まった場面（A・B場面）で「アゲマショー」「サシアゲマショー」、質問260、第6集第320図「（その荷物は、私が）持ちましょう」の改まった場面で「モッテアゲマショー（カ）」が回答されている。クタハレルの例は下のとおり。

(5) 近所からもお参りに来てくたはれて、(近所からもお参りに来て下さって、)　　　　　　　　　　　　　　　　[北前]

モラウ文とテモラウ文の格体制は下のとおり。話し手の視点は受け手の側にある。

　物の受納
　　〈受け手〉主格　〈動作主〉ニ　〈対象〉対格　モラウ
　恩恵の受納・自動詞　例(6)
　　〈受け手〉主格　〈動作主〉ニ　Ｖテモラウ
　恩恵の受納・他動詞　例(7)
　　〈受け手〉主格　〈動作主〉ニ　〈対象〉対格　Ｖテモラウ
　　〈受け手兼対象〉主格　〈動作主〉ニ・カラ　Ｖテモラウ

(6) ワシラチø　アンタ　Oセンセーニ　モッテモロトッタトキニ(私達が、あなた、O先生に担任してもらっていた時に、)　　　　　　　　　　　　　　　　[藤木]

(7) ウチノ　コø　アンタトコノ　ネーチャンニ　ベンキョø　オシエテモロタト。(うちの子が、あなたの家のお姉ちゃんに勉強を教えてもらったって。)

テアタルの要素となる自動詞アタルは、共通語同様〈事物がねらいに到達する〉ことを基本義とするが、富山市方言では、派生義として〈物が人に与えられる〉ことを表す。これに平行して、補助動詞形式テアタルは〈恩恵が人に与えられる〉ことを表す。格体制は次のとおり。話し手の視点は受け手の側にある。

　物の受納　例(8)
　　〈受け手〉ニ・主格　〈対象〉主格　アタル
　恩恵の受納・自動詞　例(9)
　　〈受け手〉主格　〈動作者〉ニ　Ｖテアタル
　恩恵の受納・他動詞　例(10)(11)
　　〈受け手〉主格　〈動作主〉ニ　〈対象〉対格　Ｖテアタル
　　〈受け手兼対象〉主格　〈動作主〉ニ　Ｖテアタル

(8) ダレ{ニ／ø／ガ}　プレゼント{ø／ガ}　アタッタガ。(誰がプレゼントをもらえたの。)

(9) ウチノアンマø　イー　カテーキョーシニ　キテアタッタ。

（うちの長男はいい家庭教師に来てもらえた。）
(10) ダレ{ø／ガ} センセニ タダデ エーゴø オシエテアタッタガ。（誰が先生にただで英語を教えてもらえたの。）
(11) ワタシø タダデ ノミカイ ダシテアッタ。（私はただで飲み会に出してもらえた。）

　テアタル文は〈意図せず、運よく恩恵を蒙る〉という意味を伴う。「～てもらう」でも共通語訳できる場合が多いが、可能形「～てもらえる」のほうが近い。こうした意味特徴を持つため、動作者に働きかけた結果として恩恵を得るという場合は用いられない。

(12) センセニ タノンデ タダデ エーゴø {オシエテモラッタ／×オシエテアタッタ}。（先生に頼んでただで英語を教えてもらった。）

14. 希望

　事態成立の〈希望〉を表す形式として次の3つがある。
　1) タイ -(i)ta-i 例) カキタイ、ミタイ
　2) テホシー @te=hosi-i 例) カイテホシー、ミテホシー
　3) テモライタイ @te=mora-ita-i 例) カイテモライタイ、ミテモライタイ

タイは形容詞型の活用をする接尾辞である。非過去・断定の場合、述語動詞の動作主が1人称に制限される。格体制は下のとおり。

　　〈動作主兼希望主〉主格　（〈対象〉主格）　V
(1) オラø ハヨ ミズø ノミタイ。（私は早く水が飲みたい。）

　事態の不成立を望む場合、「カキタナイ」のように形容詞の否定形に準じた形にする。
　2) は、「～テ＝補助形容詞ホシー」、3) は「～テ＝補助動詞モラウのタイ形」である。述語動詞の動作・変化主が1人称以外の場合に用いられる。変化主が無生物の場合、2) はニ格をとりにくく、3) は使いにくい。2)、3) とも、格パターンは次のとおり。

　　〈希望主〉主格　〈動作・変化主〉ニ・主格　（〈対象〉対格）　V

(2) オラø ハヨ アンタ {ニ／ø} キテ {ホシー／モライタイ}。(私は早くあなたに来てほしい。)
(3) オラø ハヨ コノ シナモンø ウレテホシー。(私は早くこの品物が売れてほしい。)
(4) オラø ハヨ アンタ {ニ／ø} コレø ウッテ {ホシー／モライタイ}。(私は早くあなたにこれを売ってほしい。)

2)、3)の否定形、つまり事態の不成立を望む形は、次のようになる。b2〜ントイテは、**15.2.2**の結果継続〜トクの否定中止形。

   a. 補助形容詞を否定形に：〜テホシナイ、〜テモライタナイ
   b. 動詞を否定テ形に：
      b1. 〜ンデホシー、〜ンデモライタイ
      b2. 〜ントイテホシー、〜ントイテモライタイ

15. アスペクト

15.1 継続「〜トル」

動詞の終止基本形「〜ル」が完成相を表すのに対し、継続相は、C動詞型接尾辞トル@tor-uによる「カイトル」「ミトル」などが用いられる。

富山市方言（を含む富山県方言全体）には、西日本方言に広く見られるヨル形は用いられず、トル形が〈進行〉も〈結果状態の継続〉も担う。トルはテオル（テ＝補助動詞オル）の縮約形で、述語部分をとりたてる場合には、「テ＝とりたて形式＝オル」となる。

(1) マイーニチ ソンナ コンブデンブバッカ カケテ タベトッタ。(毎日そんな昆布でんぶばかりを（ご飯に）かけて食べていた。)〈動作の進行〉　　　　　　　　　　　　　　［藤木］
(2) 時化は、和船でも水入らんようになっとる。荷物には筵もかかっとる。(時化は、和船でも水が入らないようになっている。荷物には筵もかかっている。)〈変化の結果の継続〉
　　　　　　　　　　　　　　　　　　　　　　　　　［北前］
(3) コノホン マダ ゼンブ ヨンデチャオラン。(この本は、まだ全部読んではいない。)

トルの否定形は2つある。
1) トラン　例）カイトラン、カイテオラン
2) ントオル　例）カカントオル、ミントオル

1) は基準時に事態が進行していない、成立していないことを表す。上の（3）もこの例。2) は動詞否定条件形ントに補助動詞オルが付いた形である。事態不成立を維持した状態であることを表し、意志的な場合にしか用いえない。

(4) イマ　アメ　{フットラン／×フラントオル}。(今は雨が<u>降っていない</u>。)

(5) アノッサン　マダ　ヒトコトモ　<u>シャベラントオル</u>ガケ。(あの人、まだ一言も<u>喋らないでいる</u>の？)

15.2　他のアスペクト形式

他の有標のアスペクト形式を、〈進行〉〈結果継続〉〈開始〉〈完遂〉という意味分類ごとに見て行く。

15.2.1　進行

1) テク・テイク　@tek-u, @te=ik-u
   例）カイテク・カイテイク、ミテク・ミテイク
2) テクル　@te=k-uru　例）カイテクル、ミテクル
3) タラク・テアラク　@tarak-u, @te=arak-u
   例）カイタラク・カイテアラク、ミタラク・ミテアラク
4) サクル　-(i)-sakur-u　例）カキサクル、ミサクル

1)、2) は、動作・変化が比較的長い期間に徐々に進行することを表す*46。2) は話し手の視点が変化進行後にある場合に使われる。

(1) コーコ　サンネングライニ　ナッテカラ　グングン　<u>ノビテイッタ</u>ガ。(高校3年ぐらいになってから、ぐんぐん伸びていったの。)　　　　　　　　　　　　　　　　　　[藤木]

(2) コッチガ　ヨリアイジョタイダカラサ　チョーヒトカ　ソイモンガ　ゼンゼン　<u>チゴテキトン</u>。(こっちが寄合所帯だから、町費とかそういうものが、全然<u>違ってきている</u>の。)

　　　　　　　　　　　　　　　　　　　　　　　　［柳町］

　3）テアラクは、移動を伴う動作の継続を表す。下の例（3）のような動詞アラクを補助動詞として用いたものである。アラクは「あるく・ありく」と同源と思われる移動動詞だが、（3）のように〈移動する〉の意で、〈歩行〉の意味はない。また、（5）のように、アルク（歩く）にテアラクが付くこともできる。

　（3）クルマデ　アラカレルワ　イマデモ。（車で移動なさるよ、
　　　今でも。）　　　　　　　　　　　　　　　　　　［藤木］
　（4）オッカシナ　カッコチャ　シテアラカレンチャ。（おかしな
　　　格好はして歩けないよ。）　　　　　　　　　　　［藤木］
　（5）滅多に入るいうことも無かった、ただブラブラ歩いたらく
　　　もんだ。（滅多に入るということも無かった。ただブラブラ
　　　歩いて回るものだ。）　　　　　　　　　　　　　［北前］

　4）サクルは、動作が激しい勢いで多回的に継続されることを表す*47。話し手の否定的評価を含意しがちである。共通語の「〜まくる」に近い。なお、単純動詞サクルは富山市方言には存在しない。

　（6）小川さんのお姑さん、蟹工船の船長しとられたつれあい亡
　　　くなられた時、泰然自若としとられた。昔ァそれが美徳と
　　　されとったこともあろけど、みんな、あんまり泣きさくっ
　　　とったが聞かんよ。（小川さんのお姑さんは、蟹工船の船長
　　　をしておられた連れ合いが亡くなられた時、泰然自若とし
　　　ておられた。昔はそれが美徳とされていたこともあるだろ
　　　うが、みんな、あんまり泣きまくっていたという話は聞か
　　　ないよ。）　　　　　　　　　　　　　　　　　　［北前］

15.2.2　結果継続

　1）　トク・テオク　@tok-u, @te=ok-u
　　　例）カイトク・カイテオク、ミトク・ミテオク
　2）　テアル　@te=ar-u　例）カイテアル、ミテアル

　1）トク・テオクは、共通語の「〜ておく」同様、意志的な動作を表す動詞に付き、動作の結果の維持や事前の処置を表す*48。

否定形は次の2つがある。
　　a．トカン・テオカン
　　　例）カイトカン・カイテオカン、ミトカン・ミテオカン
　　b．ントク・ントオク
　　　例）カカントク・カカントオク、ミントク・ミントオク
aは補助動詞を否定形にする。結果の維持や事前の処置が想定される動作が実現していないことを表す。bはもとの動詞を否定中止形にする。動作が非成立の状態を意図的に維持することを表す。

(7)　タンポポデモ　ショーニ　ツケトキャ　ジョーブイガダレド（たんぽぽも塩に漬けておけば丈夫なのだけど、）［藤木］

(8)　チャント　ジュンビシトカンカラ　オクレタガヤゼ。（ちゃんと準備しておかないから、遅れたのだよ。）

(9)　ホカノヒトノ　ヘンジワ　ゼッタイ　セントイテクレ　ユーテ（「ほかの人の返事は絶対にしないでくれ」と言って、）
　　　　　　　　　　　　　　　　　　　　　　　　　　　　　［柳町］

2）テアルは、意志的な動作を表す動詞に付き、動作の結果に生じた効力が残っていることを表す。

(10)　ジーチャント　バーチャント　ウチニ　オラレタッテネー　ゴハンノ　ヨーイ　ヒトツ　シテアルジャナシネー。（爺ちゃんと婆ちゃんとが家におられてもね、ご飯の用意1つしてあるわけじゃなしね。）　　　　　　　　　　　　　　［藤木］

15.2.3　開始

1) ダス　-(i)-das-u　例）カキダス、ミダス
2) ニカカル　-(i)-ni=kakar-u　例）カキニカカル、ミニカカル
3) カケル　-(i)-kake-ru　例）カキカケル

1）ダスは、共通語と同様、動作・変化が始まる局面を表す。

(11)　ソッデ　ソイモンガー　シンブン　クバリダシタラネ　イッケンモ　シッパイスルコトナシニ　キチント　ミンナクバッテクルモンダッタ。（そして、そういう者が新聞を配りだしたらね、一軒も失敗することなく、きちんと皆配っ

てくるものだった。）　　　　　　　　　　　　　　　　　　［柳町］

2）ニカカル、3）カケルは、動作の開始や変化の達成直前の局面を表す。2）は共通語にはない特徴的な形である。

(12) ニモツ　イスカラ　オチニカカットル。（荷物が椅子から落ちそうになっている。）

(13) ほして縄で舟引張られて、ペートロパースケいうとこまで行きにかかった。行きにかかったれど、日本の軍艦来てくれたねけ。（そして縄で舟を引っ張られて、ペトロパブロフスクというところまで行きかけた。行きかけたけど、日本の軍艦が来てくれたじゃないか。）　　　　　　［北前］

(14) 火傷から癌なりかけて足片っぽ切ったちゃ。（火傷から癌になりかけて、足を片方切ったよ。）　　　　　　　　　　［北前］

15.2.4　完遂

1)　キル　-(i)-kir-u　例）カキキル、タベキル
2)　テシマウ　@te=simaw-u　例）カイテシマウ、ミテシマウ

どちらも共通語と同様で、キルは動作・変化の完遂（最後まで達成されること）、テシマウは動作・変化の完遂、または、動作・変化の実現を話し手が否定的に評価していることを表す。

(15) 積みきれん魚は塩漬けにして、砂んなかいけて帰る。（積みきれない魚は塩漬けにして、砂のなかに埋めて帰る。）

　　　　　　　　　　　　　　　　　　　　　　　　　　　　［北前］

(16) ナンデモ　カンデモ　マッデ　ワスレテシモテー。（なんでもかんでも、まるで忘れてしまって。）　　　　　　　　［柳町］

16.　肯否

16.1　動詞の否定形

動詞の否定形は接尾辞ン -(a)N で作る。表3.11に活用を示す。

(1) コイツァ　サイワイ　ダレモ　シランワ。（これは幸い、誰も知らないよ。）　　　　　　　　　　　　　　　　　　　［柳町］

(2) アンナ　オッカシナ　ショーバイデモ　シトッカラ　ナン

表3.11 動詞否定形の活用

		カク（書）	ミル（見）	
終止類				
基本		カカン	ミン	-(a)ɴ
推量		カカンカロー	ミンカロー	-(a)ɴkar-oʀ
		カカンマイ	ミンマイ	-(a)ɴmai
接続類				
連体		カカン	ミン	-(a)ɴ
中止		カカナンデ	ミナンデ	-(a)naɴde
		カカンデ	ミンデ	-(a)ɴde
		カカント	ミント	-(a)ɴto
		カカズニ	ミズニ	-(a)zuni
仮定	1	カカンニャ	ミンニャ	-(a)ɴnja
		カカンケリャ	ミンケリャ	-(a)ɴkerja
	2	カカナンダラ	ミナンダラ	-(a)naɴdara
		カカンダラ	ミンダラ	-(a)ɴdara
		カカンカッタラ	ミンカッタラ	-(a)ɴkaQ-tara †
逆接		カカンネド	ミンネド	-(a)ɴnedo
派生類				
過去		カカナンダ	ミナンダ	-(a)naɴda
		カカンダ	ミンダ	-(a)ɴda
		カカンカッタ	ミンカッタ	-(a)ɴkaQ-ta †

† 新しい形

ナン　アンマ　ウチ　アケラレンカロー。（あんなおかしな商売などしているから、もう、あまり家を空けられないだろ？）　　　　　　　　　　　　　　　　　　　　　　［藤木］

(3) さ、あんた首筋ゃもげてしもたがども、親どもに見せられんまいげ。（それは、あなた、首筋がもげてしまったものなど、親達に見せられないだろうよ。）　　　　　　　　　［北前］

(4) ナカナカ　アメ　{ヤマナンデ／ヤマンデ}　ヨワッタチャ。（なかなか雨がやまなくて、困ったよ。）

(5) ホッタラネ　エネ　カラント　テー　キッタ。（そうしたらね、稲を刈らずに手を切った。）　　　　　　　　　　　　　　　　　　　　　　　　　　　　　　　　　　　　［藤木］

(6) ガッコーァ　スンダスノ　ネー　ウチエナモ　カエラズニ　アンタ　カバン　カズイテ（学校が済んだら、ねえ、家に、もう、帰らずに、あなた、鞄を背負って、）　　　［藤木］

(7) ヨメ　イジメンニャ　ソンミタイニ　オモトッタモンダチャ。（嫁をいじめなければ損みたいに思っていたものだよ。）　　　　　　　　　　　　　　　　　　　　　　　　　　［藤木］

(8) アメ　{フランニャ／フランケリャ}　デカケンマイ。（雨が降らなければ出かけよう。）

(9) コッデ　ナガイキ　デキナンダラ　ナモー　ドーカシトル。（これで長生きができなかったら、まあ、どうかしている。）　　　　　　　　　　　　　　　　　　　　　　　　　　［藤木］

(10) サ　シトァー　ドーダッタカ　シランネド　ワタシラネソーダッタネ。（さあ、人はどうだったか知らないけど、私達はそうだったね。）　　　　　　　　　　　　　　［藤木］

(11) ムカシャ　ソイガシカ　イワナンダ。（昔はそういうことしか言わなかった。）　　　　　　　　　　　　　　　　［藤木］

(12) ジモトノ　ニンゲンチャ　ナーン　ツカワンダネケ。（地元の人間は、ちっとも使わなかったじゃないか。）　　　［藤木］

(13) ワタシ　ホラ　ムスメジウンニ　ココニ　シバラク　オランカッタネカイネ。（私は、ほか、娘の頃に、ここにしばらくいなかったじゃないか。）　　　　　　　　　　　　　　［藤木］

推量のンマイは、意志（否定意志）・勧誘も表す（18.7、18.8）。

中止形のうち、ナンデ・ンデは、(4) など継起・対比関係を表す等位節に、ント・ズニは (5)(6) など対比関係を表す等位節や付帯状況を表す副詞節に使われる（20.10、20.11も参照）。また、ナンデは高年層中心に用いられる古形、ズニは共通語的な劣勢形である。過去形のうち、ナンダは高年層中心に用いられる古形、ンカッタは比較的新しい形である。過去形ンカッタに対応する中止形としてンカッテが想定できるが、許容しにくい。

仮定形1のンニャ・ンケリャは、肯定の仮定形リャ-(r)ja・レバ-(r)ebaに対応する形である。ンニャのほうが一般的で、ンケリャは談話資料からは得られず、インフォーマントの内省で得た形であ

る。また、「～なければならない」にあたる当為表現において、ンニャを使った「～ンニャナラン」があるのにたいし、「*～ンケリャナラン」は用いられない（18.1.1）*49。また、逆接形は、肯定逆接形と同様、「基本終止形＝ケ（レ）ド（モ）」の形もあるが、表では省略した。

　否定辞ンは、中央語の「ぬ」に由来し、仮定形は「～ネバ」＞「～ニャ」、逆接形は「～ネド」が本来の形だろうが、富山市方言では、基本形と同じンまでを不変化とし、それに本来の形が付く「～ンニャ」「～ンネド」となる。また、過去「～ンカッタ」、推量「～ンカロー」、仮定「～ンケリャ」は、ンに形容詞の語尾が付く形と言える。すなわち、富山市方言の否定辞は、過去「～ナンダ」や仮定「～ネバ・ニャ」、逆接「～ネド」といった母音変化や不規則な形の代替を伴う総合的（synthetic）な活用形を廃し、ンまでを不変化として〈否定〉の意味標示を担保した上で、他の文法的意味を担う要素を後接する、より分析的（analytic）な形を発達させている。

　なお、共通語や西日本の一部の方言には、「カキワシナイ」「カキャセン」など、「-(i) 形＝助詞ワ＝補助動詞スル否定形」という構造で、事態の成立可能性を強く否定する、いわゆる「とりたて否定」の形が存在するが、富山市方言では、このとりたて否定形は容認しがたく、談話資料からの確例も得られない*50。共通語の助詞ワの一部機能を担う形式としてチャがあるが（**9.1**および**9**章）、「*カキチャセン」などの形も容認できない*51。ただ、動詞アルのとりたて否定中止形「アリャセズ」は全体で語彙化しており、談話資料から複数例を得ることができる。

　(14) イマミタイニ　アンタ　ナンカ　ズック　ハクチュ　コト
　　　<u>アリャセズ</u>　アンタ　マッデ　ハダシダッタモン。（今みたいに、あなた、なんか、ズックを履くということもなく、あなた、全部裸足だったもの。）　　　　　　　　　［藤木］

否定形のアクセント（音調型）は次のとおりである。「書カン」で代表させるが、もとの動詞による違いはない。

　　カ［カ］ン／カ［カン。カ［カント］キ。

カ[カンカロ]ー。カ[カ]ンマイ／カ[カンマ]イ。
カ[カナ]ンデ、カ[カ]ンデ、カ[カ]ント／カ[カント、
カ[カ]ズニ、
カ[カ]ンニャ／カ[カンニャ]]、カ[カンケリャ]]、
カ[カナ]ンダラ、カ[カ]ンダラ、カ[カンカ]ッタラ、
カ[カンネ]ド、カ[カナ]ンダ。カ[カ]ンダ。カ[カンカ]ッタ。

　終止基本形が-2型・0型併用であるのに対し、連体形やチャ等の一部の終助詞が後接する場合は0型しか許されない。この点はカク・ミルなど2拍動詞肯定形と同様である。4章参照。

16.2　形容詞・名詞述語の否定形

　形容詞の否定形は、語幹に補助形容詞ナイを後接して、また、形容名詞述語・名詞述語の否定形は、「名詞＝デ・ジャ・ダ」に補助形容詞ナイを後接して作る。表3.12、表3.13に活用を示す。表3.13では、「名詞＝デ＝ナイ」で代表した。

(1) イワシチャ　ムカシ　ソイ　タカナカッタ。(鰯は昔そんなに高くなかった。)

(2) 戻りは直行したちゃ。よっぽど風悪なけんにゃ、どこも入らんです。(戻りは直行したよ。よっぽど風が悪くなければ、どこも入りません。)　　　　　　　　　　　　　　　[北前]

(3) ココ　アンマ　シズカデナケンネド　ガマンシテッタハレ。(ここはあまり静かでないけれど、我慢をしてください。)

(4) ナン　エイギョーデナイガ。(いや、営業じゃないんだ。)
　　　　　　　　　　　　　　　　　　　　　　　　　　　[柳町]

(5) サー　アンタ　イマミタイ　フクデナカロガイ。(それはあなた、今みたいな服ではないでしょうよ。)　　　　[藤木]

　名詞述語の中止形ナシニは、形容詞や形容名詞述語では用いられない。また、名詞述語であっても、(7)のような、「〜でなくてもよい」という譲歩の表現では用いられない*52。

(6) ナンナンナン。Xデナシニ　ムコーノ　Y。(いやいやいや。X（人名）じゃなくて、向こうのY（人名）。)　　[柳町]

(7) コレデ｛ナーテ／×ナシニ｝イーチャ。(これでなくていい

表3.12　形容詞否定形の活用

	例)「高い」	taka-ø
終止類		
基本	タカナイ	=na-i
推量	タカナカロ（ー）	=na-kar-o(R)
接続類		
連体	タカナイ	=na-i
中止	タカナ（ー）テ	=na(R)-te
仮定1	タカナケンニャ	=na-keNnja
	タカナケリャ	=na-ker-ja
2	タカナカッタラ	=na-kaQ-tara
逆接	タカナケンネド	=na-keNnedo
	タカナカレド	=na-kar-edo
	タカナケレド	=na-ker-edo
派生類		
過去	タカナカッタ	=na-kaQ-ta
丁寧	タカナイデス	=na-i=des-u
なる	タカナイガニナル	=na-i=ŋa=ni=nar-u
	タカナイヨーニナル	=na-i=joR=ni=nar-u
過ぎる	タカナサスギル	=na-sa-suɲi-ru

よ。)

　もう1つの中止形ナ（ー）テでは、形容詞の否定形の場合は短音形ナテがより自然で、長音形は許容しにくい。テ形での語幹の長音化は、「濃い」など他の2拍形容詞にも見られる。形容詞否定形で短音形ナテが好まれるのは、「語幹＝ナイ」の形態的緊密性が「Nデ＝ナイ」に比べて高い、言い換えれば、ナイの自立性が低く「語幹＝ナイ」全体がより「語」に近い単位と捉えられやすいためと言える。

(8) ソイ　{タカナテ／?タカナーテ}　モノ　イーガ。(そんなに高くなくて、物がいいのだ。)

(9) アンマ　シズカデ　{ナテ／ナーテ}　ヨワッチャ。(あまり静かじゃなくて困る。)

表3.13　名詞述語の否定形の活用

	例）「静か」	「子供」	{sizuka, kodomo}=de
終止類			
基本	シズカデナイ	コドモデナイ	=na-i
推量	シズカデナカロ（ー）	コドモデナカロ（ー）	=na-kar-o(R)
接続類			
連体	シズカデナイ	コドモデナイ	=na-i
中止	シズカデナ（ー）テ	コドモデナ（ー）テ	=na(R)-te
		コドモデナシニ	=nasi=ni
仮定1	シズカデナケンニャ	コドモデナケンニャ	=na-keNnja
	シズカデナケリャ	コドモデナケリャ	=na-ker-ja
2	シズカデナカッタラ	コドモデナカッタラ	=na-kaQ-tara
逆接	シズカデナケンネド	コドモデナケンネド	=na-keNnedo
	シズカデナカレド	コドモデナカレド	=na-kar-edo
	シズカデナケレド	コドモデナケレド	=na-ker-edo
派生類			
過去	シズカデナカッタ	コドモデナカッタ	=na-kaQ-ta
丁寧	シズカデナイデス	コドモデナイデス	=na-i=des-u
なる	シズカデナイガニナル	コドモデナイガニナル	=na-i=ŋa=ni=nar-u
	シズカデナイヨーニナル	コドモデナイヨーニナル	=na-i=joR=ni=nar-u
過ぎる	シズカデナサスギル	（欠）	=na-sa-suɲi-ru

　また、語彙的形容詞の場合も含めてナイの仮定形はナケンニャ、逆接形はナケンネドとなり、動詞否定形の仮定形・逆接形に似る*53。当為表現の場合、「ナケンニャナラン」などナケンニャのみが用いられ、「*ナケリャナラン」は不可となる（18.1.1）。

　アクセントは形容詞ナイに準じる。タカイ否定形の音調型を記す。

　　タ[カ]ナ]イ／タ[カ]ナイ。タ[カ]ナイト]キ。
　　タ[カ]ナカロ]ー。タ[カ]ナ]テ、タ[カ]ナケンニャ]]、
　　タ[カ]ナケリャ]]、タ[カ]ナカ]ッタラ、タ[カ]ナケンネ]ド、
　　タ[カ]ナカレ]ド、タ[カ]ナケレ]ド、
　　タ[カ]ナカ]ッタ。タ[カ]ナ]イデス。
　　タ[カ]ナイガ]ニナ]ル。タ[カ]ナイヨ]ーニナ]ル。

タ[カ]ナ[サスギ]ル。

16.3　否定の呼応副詞

　否定の呼応副詞で特徴的な語に、「ナーン」「モートー」がある。
　ナーンは、期待よりも数量・程度がずっと少ない・低いことを表す。共通語の「ちっとも」にあたる。「疑問語ナニ（何）＝助詞モ」に由来すると思われる。アクセントは０型・−１型（ンが低くなる）。否定の応答詞やフィラーとしても使われる（**21.2**、**21.3**、小西2015）。
　モートーは、漢語「毛頭」が出自だろう。事態の非成立を強調する副詞で、意味は共通語の同語と同じだが、富山市方言では、日常語となっている点で文体的価値が異なる。アクセントは０型。

(1)　キンノ　ナーン　ネレンダ。（昨日はちっとも寝られなかった。）

(2)　アノッサン　ヒトノ　ワルクチャ　モートー　イワレナンダワ。（あの人は、人の悪口は決して言われなかったよ。）

17.　テンス

　動詞のル形、形容詞のイ形、形容名詞を含む名詞述語のø形・ダ形が〈非過去〉を表すのに対し、接尾辞タを付した形が〈過去〉を表す。それぞれの過去形は次のとおり。

　　動詞　　　@ta　　例）カイタ、ミタ
　　形容詞　　-kaQ-ta　例）タカカッタ
　　名詞述語　=daQ-ta　例）シズカダッタ、コドモダッタ

タ形には次の活用形がある。

　　終止基本・連体　-ta
　　推量　　　　　　-tar-o(R)　　例）カイタロ（ー）
　　逆接　　　　　　-tar-edo　　例）カイタレド

タの用法は、共通語と同じで、(1)のように、いわゆる「発見のタ」もある。

(1)　アレ　ナイ　オモトッタラ　コイ　トコニ　アッタジャ。

(あれ？無いと思っていたらこんな所に<u>あったぞ</u>。)

(2) イネモ　ロクニ　<u>カッタコト</u>　ナイガニサ。(稲もろくに<u>刈ったことがない</u>のにさ。)　　　　　　　　　　　　　　　　　　　［藤木］

(3) ムカシノ　バーハンチャ　ナンデ　アイ　コンジョー　<u>ワルカッタガカノ</u>。(昔の婆さんというのは、なんであんなに<u>根性が悪かった</u>のかね。)　　　　　　　　　　　　　　　　　　［柳町］

(4) アノ　シューセンノ　トシモ　コイ　アッツイ　<u>トシダッタネカイネ</u>。(あの終戦の年もこんなに暑い<u>年だった</u>じゃないか。)　　　　　　　　　　　　　　　　　　　　　　［藤木］

(5) ニジュップン　サンジュップングライ　<u>マットッタローノー</u>。(20分、30分ぐらい<u>待っていただろう</u>ね。)　　　　　　　　　［柳町］

(6) ソーノ　ジーチャンチャネ　アッデ　グワッ　グワー　ユーテネ　デッカイ　コイデワ　<u>イワレタレド</u>　ハラチャナイ　シトダッタ。(その爺ちゃんはね、あれで、グワッグワッと大きな声では<u>言われたけど</u>、肚はない人だった。)

［藤木］

動詞タ形のアクセントが長さと音配列によって決まることは、7.1で述べた。連体形の場合は、終止形に準じた有核型のほか、無核型も併存する（詳しくは4章）。推量・逆接形では、次のとおり、終止形でのアクセントが保たれる。

　ミ[タ]。ミ[タ]トキ/ミ[タト]キ。ミ[タ]ロー。ミ[タ]レド、
　[カ]イタ。[カ]イタトキ/[カイタト]キ。
　[カ]イタロー。[カ]イタレド。

18. モダリティ

事態に対する話し手の認識・態度を表す意味上のカテゴリーをモダリティとする。モダリティによる文の類型を次のようにたてる*54。

　a．テンスの対立がある文：叙述文、疑問文、確認要求文、感嘆文
　b．テンスの対立がない文：意志文、勧誘文、命令文

上の類型に関わる基本的モダリティを、それぞれ〈叙述〉〈疑問〉〈確認要求〉〈感嘆〉〈意志〉〈勧誘〉〈命令〉とする。また、叙述文では、事態の評価・認識・説明に関わるモダリティを任意に表すことができる。一部は疑問文や確認要求文にも現れる。

　以下では、まず叙述文が表す評価・認識・説明のモダリティを順に見た上で、疑問などの文類型に対応するモダリティを見ていく。

18.1　評価

　事態に対する評価のモダリティとして〈当為〉〈妥当〉〈許容〉〈非許容〉がある*55。

18.1.1　当為

　〈当為〉、すなわち当該事態の成立を当然とみなすことを表すのは、「否定仮定形＝動詞ナルの否定形」およびその縮約形である。主な形を下に例示する。

　　動詞
　　　1)　-(a)Nnja=nar-aN　例）カカンニャナラン
　　　2)　-(a)NnaraN　例）カカンナラン
　　　3)　-(a)NnaN　例）カカンナン

　　形容詞・名詞述語
　　　1)　(=de)=nakeNnja=nar-aN
　　　　例）タカナケンニャナラン、コドモデナケンニャナラン
　　　2)　(=de)=nakeNnaraN
　　　　例）タカナケンナラン、コドモデナケンナラン
　　　3)　(=de)=nakeNnaN
　　　　例）タカナケンナン、コドモデナケンナン

(1) マメオ　ウエンニャナラントカ　（豆を植えなければならないとか）　　　　　　　　　　　　　　　　　　　[藤木]

(2) コノ　アツイガニ　マイランナラン　ユーテ。（この暑いのにお参りしなければならないと言って。）　　　　　[藤木]

(3) ライネン　ナッタラ　マタ　ホラ　コータイセンデー　コータイセンナンモンデー、（来年になったら、また、ほら、

交代選で交代しなければならないので、）　　　　　　　　［柳町］

(4) モット ｛ヤスナケンニャナラン／ヤスナケンナラン／ヤスナケンナン｝。（もっと安くなければならない。）

　1)は「否定仮定形＝動詞ナル否定形」の構造だが、2)、3)はそのように分析できず、全体で〈当為〉を表す用言型接尾辞（動詞の場合）、助動詞（形容詞・名詞述語の場合）と化している。否定仮定形には、動詞ンケリャ、形容詞・名詞述語（デ）ナケリャもあるが、それらによる当為形（*〜ンケリャナラン、*〜（デ）ナケリャナラン）は容認されない。

　当為形は、動詞否定ン形・形容詞ナイに準じた活用形・アクセントをし、(5)のように過去形にもなる。発話時の認識を表すとは限らない点で、典型的なモダリティ形式とは言えない。また、動詞3)の過去形は、「〜ンナンカッタ」のみで、「〜ナンダ」「〜ンダ」に対応する形はない。形容詞・名詞述語の当為形の過去形も、「〜（デ）ナケンナンカッタ」のみである。

(5) キンノ　シゴトニ　イカンナンカッタ。（昨日は仕事に行かなければならなかった。）

18.1.2　妥当

　事態の成立・不成立を〈妥当〉とみなすことを表す形は「仮定形・否定仮定形＝形容詞イー」である。

　　動詞肯定　　-(r)ja=i-i　　例）カキャイー
　　動詞否定　　-(a)ɴnja=i-i　　例）カカンニャイー
　　　　　　　　-(a)ɴkerja=i-i　例）カカンケリャイー
　　形容詞肯定　-ker-ja=i-i　　例）タカケリャイー
　　形容詞否定　-ø=na-keɴnja=i-i　例）タカナケンニャイー
　　　　　　　　-ø=na-ker-ja=i-i　例）タカナケリャイー
　　名詞述語肯定　=nara=i-i　　例）コドモナライー
　　名詞述語否定　=de=na-keɴnja=i-i　例）コドモデナケンニャイー
　　　　　　　　　=de=na-ker-ja=i-i　例）コドモデナケリャイー

ほか、「カイタライー」など仮定形がタラ形となることもある。
　妥当形の過去形は、(8)のように、過去の時点での妥当な事態

を述べる場合と、過去の事態に対する話し手の現在の認識を表す場合がある。

(6) 遊ばしときゃいいがに、遊ばしとかん。(遊ばせておけばいいのに、遊ばせておかない。) [北前]
(7) ヤーガナラ ｛ミンニャ／ミンケリャ｝ イーガニ。(嫌なら見なければいいのに。)
(8) a. マエ タダ イキャイカッタ。(前はただ行けばよかった。)
   b. タダ イキャイカッタガニ(ただ行けばよかったのに。)

18.1.3 許容

事態成立に対する〈許容〉は、「中止テ＝形容詞イー」または「逆接仮定形テモ＝形容詞イー」で表される。

動詞肯定 　＠te(mo)=i-i 　例）カイテ（モ）イー
動詞否定 　-(a)Nde(mo)=i-i 　例）カカンデ（モ）イー
形容詞肯定 　-te(mo)=i-i 　例）タカテ（モ）イー
形容詞否定 　-ø=na-te(mo)=i-i 　例）タカナテ（モ）イー
名詞述語肯定 　=de(mo)=i-i 　例）コドモデ（モ）イー
名詞述語否定 　=de=na-te(mo)=i-i 　例）コドモデナテ（モ）イー

(9) サキ ｛イッテ／イッテモ｝ イカロー。(先に行ってもいいだろう。)
(10) ソイ フーニ アノ イランコトセンデモ イーガーチャ。(そんなふうに、あの、要らないことをしなくてもいいんだよ。) [柳町]

前項と同様、過去形は、過去の時点で許容されていたことを表す場合、過去の事態に対する話し手の現在の認識を表す場合がある。

18.1.4 非許容

事態の成立を許容しないことを表す形式に、次のものがある。

1) 仮定形＝否定述語

仮定形は、-tara、-tacja、-tecja/=decja のいずれか。

否定述語は、ik-aN（動詞イク否定形）、ik-eN（同・可能否定形）、dame(=da)（形容名詞ダメ（＝コピュラ））のいずれか。

例）カイタライカン、カイタチャイカン、タカカッタチャイケン、タカテチャイケン、コドモダッタラダメダ、コドモデチャダメダ

2）動詞可能否定形 -(r)are-N　例）カカレン、ミラレン

1）は、動詞・形容詞・名詞述語の仮定形に形式的な述語が続いて全体で〈非許容〉を表す。動詞の場合、仮定形部分はタラ・タチャが使われ、テチャは容認しにくい。ただし、存在動詞アル・オルや継続トル形など状態の意を帯びれば用いられる。

(11) a.　そうやろ、みんなやり方あるがやちゃ、おおどに<u>考えとったちゃ駄目だ</u>。(そうだろ？みんなやり方があるんだよ。<u>おおざっぱに考えていてはだめだ</u>。)　　［北前］
　　b.　オードニ　{<u>カンガエトッタラ／カンガエトッタチャ／カンガエトッテチャ</u>} {<u>イカン／イケン／ダメダ</u>} チャ。(大ざっぱに考えていてはだめだよ。)

2）は動詞しかとりえず、動詞否定形に準じた活用をする。この形の非過去断定形は、禁止（否定命令）表現として機能する(18.9)。12で見たように、動詞の不可能（可能否定）形には -(r)e-N もあるが、これは〈非許容〉の意にならない。

(12) アコ　ゼッタイ　<u>ハイラレンヨ</u>。(あそこは、絶対に<u>入ってはいけないよ</u>。)
(13) アコ　キョネンマデ　<u>ハイラレナンダ</u>。(あそこは、去年まで{<u>入ってはいけなかった</u>／入ることができなかった}。)
(14) 河の両岸一里、我々も<u>網建てられん</u>事になっとります。(川の両岸一里は我々も網を<u>建ててはいけない</u>ことになっています。)　　［北前］

18.2 認識
18.2.1 断定と推量

　事態の成立・不成立に対する話し手の発話時の判断を表す「認識のモダリティ」において、事態を確かなものと捉える〈断定〉と、不確かなものと捉える〈推量〉とを、基本的な対立項とみなす。

　〈断定〉はモダリティに関して無標の形が表す。動詞の「カク」「カイタ」「カカン」「カカナンダ」、形容詞の「タカイ」「タカカッタ」「タカナイ」、名詞述語の「〜デナイ」「〜ダッタ」など。名詞述語の肯定非過去の断定形には、次の2つがある。

　　1）= ø（名詞単独形）　例）シズカ、コドモ
　　2）= ダ・ヤ・ジャ（コピュラ付加形）　例）シズカダ、コドモダ

　この2形は、まず、終助詞の接続において異なる。終助詞ゼ・ジャ・ゾ・チャ・ワ・ト・ガイ（ネ）・ワイ（ネ）は、2）のコピュラ付加形に付き、1）の名詞単独形には付かない。この場合、下の(1)のように、動詞・形容詞の終止基本形（ル形・イ形）と名詞述語2）形が対応する。一方、終助詞ヨ・イネ・ネ・ノは、(2)(3)のように、1）名詞単独形に付きうる。このうちヨ・ネ・ノはコピュラ付加形にも付くが、名詞単独形に付く場合とは意味が異なる。各終助詞の性格については **18.10** を参照。

　(1) キョー　ヨル　{フル／サムイ／シズカダ／アメダ／×アメ}　ジャ。（今日は夜 {降る／寒い／静かだ／雨だ} よ。）
　(2) A：（写真に写る人物を指して）カ　ダレケ。（これは誰？）
　　　B：サ　アンタ　{ヨ／イネ}。（それはあなただよ。）
　(3) ナラ　イクガ　アンタ　{ネ／ノ}。（じゃあ、行くのはあなたね。）

　名詞述語の1）と2）は、言い切りで述語となる場合の用法も異なる。話し手の既有の知識を中立的な態度で伝達する場合、名詞単独での言い切りが自然で、コピュラ付加形の言い切りは許容しにくい。(5)のようにその場で判断したのであれば、コピュラ付加形も用いうる。

　(4) A：アノ　タテモン　ナニケ。（あの建物は何？）

B：a. ア　ガッコー {ø／?ダ}。(あれは学校（だ）。)
　　　　　b. ナンダッタケー。オモイダイタ。アラ　ガッコー
　　　　　　（ダ）。
　　　　　　（何だったっけ。思い出した。あれは学校（だ）。)
　(5)　コタエ　ワカッタ。イチバンダ。(答えが分かった。一番
　　　だ。)
　〈推量〉を表す形には次の3種類がある。名詞述語の非過去肯定
形は1）のみ、また、3）は動詞非過去のみの〈否定推量〉形である。いずれも、テンスなどによる活用がなく、話し手の発話時における認識を表す。
　　1）　接尾辞ヨー・ロー形　-(j,r)o(R)
　　　　動詞　-(j,r)o(R)　例）カコ（ー）、ミロ（ー）・ミヨ（ー）
　　　　形容詞　-kar-o(R)　例）タカカロ（ー）
　　　　動詞否定　-(a)N-kar-o(R)　例）カカンカロ（ー）
　　　　名詞述語　={d,j}ar-o(R)　例）コドモダロ（ー）、コドモヤ
　　　　　　ロ（ー）
　　　　過去　-tar-o(R)　例）カイタロ（ー）、タカカッタロ（ー）、
　　　　　　コドモダッタロ（ー）、カカナンダロ（ー）
　　2）　断定形＝ダロー・ヤロー　={d,j}aro(R)
　　　　　例）カクダロ（ー）、カイタダロ（ー）、タカイダロ
　　　　　　（ー）
　　3）　接尾辞ンマイ　-a(N)mai
　　　　　例）カカンマイ、ミンマイ
　動詞の1）形は、意志形としても用いられるが、終助詞ガイ（ネ）・ワイ（ネ）・ゲが付くと推量の意しか表さず、こうした終助詞が意志と推量の区別を副次的に助けていると思われる。また、V動詞にはロー・ヨーの2形あるが、ローは推量を表す場合に使用が偏る。
　(6)　アシタ　{ハレヨー／ハレロー}。(明日は晴れるだろう。)
　(7)　アノ　シナモン　タカカロー。(あの品物は高いだろう。)
　(8)　ササヅノ　コトバダロガイ。(笹津の言葉だろうよ。)

　　　　　　　　　　　　　　　　　　　　　　　　［柳町］

2）は推量専用形で、1）に比べて新しい。コピュラの変異に準じてダロ（ー）とヤロ（ー）もあるが、一般にコピュラはダが優勢であるのに対し、推量の助動詞ではヤロ（ー）が現れやすい。

(9) アルトコデワ　ソートー　ヤッパリー　コムギオ　マーヤッタヤロー。（ある所では相当、やっぱり、小麦をやっただろう。）　　　　　　　　　　　　　　　　　　　　　　　　［藤木］

3）は〈否定意志〉〈勧誘〉も表すが（18.7、18.8）、1）と同じく、終助詞ガイ・ワイ・ゲが付くと〈否定推量〉の意に定まる。

(10) ゲンザイナラ　ヤランマイ。（現在ならやらないだろう。）
［藤木］

(11) オトーサン　ソイ　エーガチャ　ミンマイゲ。（お父さんはそんな映画は見ないだろうよ。）

18.2.2　蓋然性

事態成立に蓋然性があることを表す形式として、「カモシレン」=ka=mo=sire=N がある。断定形に接続し、「カクカモシレン」「カイタカモシレン」「カカンカモシレン」「タカイカモシレン」などとなる。名詞述語の肯定非過去では、名詞単独に付き、「コドモカモシレン」などとなる。共通語の「かもしれない」同様、事態成立を期待あるいは懸念するという語用論的な含意を伴いがちである。

(12) イマ　ワカイ　シトダッチャ　モー　トーニ　モットモット　ハナレテイクカモシレンチャネ。（今の若い人達は、もうとうに、もっともっと離れていくかもしれないね。）
［柳町］

(13) キンノノ　ジテンデチャ　コレンカモシレンカッタ。（昨日の時点では来ることができないかもしれなかった。）

カモシレン形の活用は否定形に準じる。音調は、助詞カ・否定ン形のアクセントにより、次のようになる。

　　カ［クカ］モシレ］ン。カ［クカ］モシレント］キ。

18.2.3　推定

観察などに基づいた判断を〈推定〉とする。次の形式で表される。

1) ソー（ダ） -sor(=da)
   動詞 -(i)sor(=da)　例）カキソー（ダ）、ミソー（ダ）
   形容詞 -sor(=da)　例）タカソー（ダ）
   形容名詞 -sor(=da)　例）シズカソー（ダ）
2) （ガ）ミタイ（ダ）　連体形 =ŋa=mitai(=da)、名詞 =mitai (=da)
   例）カクガミタイ（ダ）、カイタガミタイ（ダ）、タカイガミタイ（ダ）、コドモミタイ（ダ）
3) （ガ）ミタイ　連体形 =ŋa=mita-i、名詞 =mita-i
   例）カクガミタイ、カイタガミタイ、タカイガミタイ、コドモミタイ

　1）は共通語の「そうだ」に相当する、名詞化接尾辞ソーとコピュラの複合形式で、名詞述語に準じた活用をする。当該動作・変化・状態の成立を何らかの根拠から推定するもので、動作・変化動詞に付く場合は事態成立の直前を表すアスペクト形式とも位置づけうる。

(14) アメ　フリソーダワ。（雨が降りそうだよ。）
(15) カ　ウマソーダ。（これはおいしそうだ。）

　アクセントは融合型で、ソーの核が実現する。

　　カ［キソ］ーダ。ミ［ソ］ーダ。タ［カソ］ーダ。シ［ズカソ］ーダ。

　2）は共通語の「みたいだ」に相当する形で、名詞述語に準じた活用をする。3）はそのミタイ部分が形容詞化した形で、形容詞に準じた活用をする。用言に付く場合は準体助詞ガを義務的に伴う点で共通語とは異なる。

(16) コデ　ホトンド　モー　メンドー　ミテモロトラレンガミタイダカラ。（これでほとんど、もう、面倒を見てもらっておられるのみたいだから。）　　　　　　　　　　［柳町］
(17) アノッサンモ　イクガミタカッタ。（あの人も行くみたいだった。）

　2）、3）には、連体節・副詞節で事物の様子を例示・比喩として表す用法もあり、談話資料にはそちらの例のほうが多い*56。

(18) ムカッシャ　アンター　オアッチャミタイ　ネンダイデネ

タンボ　デトッタ　ヒトチャ　ナーン　ホトンド　オランガデ。(昔はあなた、<u>私達のような</u>年代でね、田んぼに出ていた人は、いや、ちっともいないので。)　　　　　　　［藤木］

(19) マンデ　ジブンモ　<u>イッタガミタイニ</u>　ハナシトッタ。(まるで自分も<u>行ったように</u>話していた。)

アクセントは2)、3) とも、<u>独立2型</u>である。

　カ[クガ]ミタ]イダ。シ[ズカ]ミタ]イダ。
　カ[クガ]ミタ]イ。シ[ズカ]ミタ]イ。

18.3　説明

　当該事態を文脈上の他の事態と関連づけて示す〈説明〉のモダリティを表す形式として、次のものがある。いずれも、形式名詞・準体助詞とコピュラの複合形式である。

　1)　ガ（ダ）　連体形 =ŋa(=da)
　　例）　カクガ（ダ）、カイタガ（ダ）、コドモナガ（ダ）
　2)　ワケ（ダ）　連体形 =wake(=da)
　　例）　カクワケ（ダ）、カイタワケ（ダ）、タカイワケ（ダ）
　3)　モン（ダ）　連体形 =moN(=da)
　　例）　カクモン（ダ）、カイタモン（ダ）、タカイモン（ダ）
　4)　モン（ニ）　断定形 =moN(=ni)
　　名詞述語の肯定非過去では、コピュラ付加形に付く。
　　例）　カクモン（ニ）、カイタモン（ニ）、タカイモン（ニ）、コドモダモン（ニ）
　5)　チュ（ー）モン（ダ）　断定形 =cju(R)=moN (=da)
　　名詞述語の肯定非過去では、名詞単独に付く。
　　例）　カクチュ（ー）モン（ダ）、カイタチュ（ー）モン（ダ）、タカイチュ（ー）モン（ダ）、コドモ（チ）ュ（ー）モン（ダ）

　1) は、共通語の「の（だ）」に対応する、当該事態を既定のものと捉え、他の事態の背景事情や理由として示す形である。非過去断定における「～ガ」と「～ガダ」の違いは、**18.2.1**で述べた、名詞述語における名詞単独形とコピュラ付加形の違いと並行的である。

下の(1)(2)のように、話し手にとって既知の事態を聞き手に伝える場合、ガ言い切りや、「ガ＝終助詞ヨ」「ガダ＝終助詞」が自然で、ガダ言い切りは許容しにくい。「ガ。」が中立的な態度で既定の事態を伝えているのに対し、「ガヨ。」は、〈事情を説明して理解を求める〉という側面が強くなる（ヨの性格については18.10参照）。一方、(3)のように、聞き手に伝えるという性格がなく、話し手が当該事態を新たに把握したことを表す場合は「ガダ。」が使われる*57。

(1) A： キョー ノミニ イカンケ。（今日、飲みにいかない？）
　　B： ゴメン。キョー ヨージ アン｛ガ／ガヨ／×ガダ／ガダチャ｝。（ごめん。今日、用事がある｛の／んだ／んだよ｝。）

(2) ネマラレマ ユート チョット ジョーヒンナ <u>コトバナガヤチャ</u>。（「ネマラレマ（＝座りなさいよ）」と言うと、ちょっと上品な<u>言葉なんだよ</u>。） ［柳町］

(3) （独り言で）ハーン コノ ボタン オス｛×ガ／ガダ｝。（はあん、このボタンを押す｛×の／んだ｝。）

2) ワケ（ダ）は、共通語の「わけだ」に相当し、事情・理由を説明する形式である。

(4) ソレガ アンタ ワタシ キメタ<u>ワケデナイ</u>。ミンナ アンタ オヤダチデ チャント シテイカレアンダカラ アンタ。（それが、あなた、私が決めた<u>わけではない</u>。皆、あなた、親達がちゃんとしていきなさるのだから、あなた。）
［藤木］

3) モン（ダ）は、共通語の「ものだ」に相当し、話し手が当該事態を恒常的・一般的に成立すると認識していることを表す。モンは形式名詞に由来するが、モンでの言い切りは不可。「モンヨ。」は話者の内省では可だが、談話資料では見出しにくい。

(5) 森正太郎さん「か、なん、高岡、何さしとんがい」言われれど、どの場所もそういう風になっとる<u>もんだ</u>。（森正太郎さんが「これは、高岡は何をさせているのだ」と言われるが、どの場所もそういう風になっている<u>ものだ</u>。） ［北前］

(6) ソイコトシテ アソンダモンダチャ。(そういうことをして遊んだものだよ。)　　　　　　　　　　　　　　　　　［藤木］

4) モン・モンニは、共通語の「もの・もん」に相当する、前文脈の事態に対する理由・事情を補足する形式である。

(7) ナンネモ カンネモ コッダケダッタチャ。コメチャ ナカッタモン。(なにもかも、これだけだったよ。米はなかったもの。)　　　　　　　　　　　　　　　　　　　　　　　　［藤木］

(8) ナーン ベツニ セートサンラッチャ マタ アソンニ コラレルモンニ。([旦那さんが教員だったから、休みの日にはいろいろな所へ連れて行ってもらったんでしょ？と尋ねられて] いいえ、別に生徒さん達が、また遊びに来られるもの。)　　　　　　　　　　　　　　　　　　　　　　　［藤木］

5) チュ(ー)モン(ダ)は、構造上は「というものだ」に対応するが、意味的には事情を説明するという性格のもので、「のだ」に近い。

(9) 伊徳丸は米・莚・縄いっぱい積んだまま、小樽の手前の瀬田内いう所で遭難してしもた。これから傾き出したちゅうもんだ。(伊徳丸は米・莚・縄をいっぱい積んだまま、小樽の手前の瀬田内という所で遭難してしまった。これから傾き出したのだ。)　　　　　　　　　　　　　　　　　　　　　　　　［北前］

上のうち、ガ(ダ)、ワケ(ダ)、モン(ダ)は、アクセント上「連体形＝名詞述語」に準じる。ガ・ワケ・モンは各々1型。モン(ニ)も「連体形＝名詞述語」に準じるが、過去のタ形に接続するときはタ形が無核にならず、タ終止形と同じ有核となる*58。

　カ[ク]ガ]ダ。カ[カンガ]ダ。[カイタガ]ダ。タ[カ]イガ]ダ。
　カ[クワ]ケダ。カ[カンワ]ケダ。[カイタワ]ケダ。
　タ[カ]イワ]ケダ。
　カ[クモ]ンダ。カ[カンモ]ンダ。[カイタモ]ンダ。
　タ[カ]イモ]ンダ。
　カ[クモ]ンニ。カ[カンモ]ンニ。[カ]イタモ]ンニ。
　タ[カ]イモ]ンニ。

チュ(ー)モン(ダ)は、引用形式に準じ(**20.1**)、低接型とな

る。

　　　［カ］クチュ（ー）モ］ンダ。コ［ドモ］チュ（ー）モ］ンダ。

18.4　疑問
　〈疑問〉は終助詞の付加という統語的手段、あるいは、特別なイントネーションの付加という韻律的手段によって表される。

　下の（1）のように、名詞述語の真偽疑問文ではø（名詞単独）のほか、終助詞ケ・カを付加した形となり、疑問語疑問文では、それに加えてコピュラや終助詞ヨ・イネを付加した形も使われる。真偽疑問文では「名詞＝ヨ」は不可だが「名詞＝ケヨ・カヨ」なら可となる。既定の事態について問う「ガ（ダ）」（共通語の「のだ」）疑問文も、（2）のように同様。（3）（4）のような発話時の判断を問う場合、真偽疑問文ではø・ケ・カ形が、疑問語疑問文ではそれに加えてヨ・イネ形が使われる。

（1）a.　カ　アンタノ　カサ {ø／ケ／カ／ケヨ／カヨ／×ダ／×ヨ／×イネ}。（これはあなたの傘 {ø／?か／?かよ／×だ／×よ} ?）

　　b.　カ　ダレノ　カサ {ø／ケ／カ／ケヨ／カヨ／ダ／ヨ／イネ}。（これは誰の傘 {ø／?か／?かよ／だ／?よ} ?）

（2）a.　アンタ　イクガ {ø／ケ／カ／ケヨ／カヨ／×ダ／×ヨ／×イネ}。（あなたが行くの {ø／?か／?かよ／×だ／×よ} ?）

　　b.　ダレ　イクガ {ø／ケ／カ／ケヨ／カヨ／ダ／ヨ／イネ}。（誰が行くの {ø／?か／?かよ／だ／?よ} ?

（3）a.　ナラ　イマカラ　イク {ø／ケ／カ／ケヨ／カヨ／×ヨ／×イネ}。（じゃあ，今から行く {ø／?か／?かよ／×よ} ?）

　　b.　ナラ　イツ　イク {ø／ケ／カ／ケヨ／カヨ／ヨ／イネ}。（じゃあ，いつ行く {ø／?か／?かよ／?よ} ?）

　真偽疑問文・疑問語疑問文ともに、聞き手に回答を求める〈質問〉としてもっとも自然で待遇的に中立なのは、終助詞ケを付す形である。終助詞カの形は、ケに比べてぞんざいで女性は使いにくい。

カ・ケとも、質問文では下降調が自然で、平板調も可。上昇調や下降上昇調も可だが、その場合は、質問より〈自問〉という側面が強くなる。下に名詞述語の真偽疑問文でのケ形の音調を示す。名詞カサ（傘）のアクセントは０型。

　　　［カ　［アンタノ　　カサケ（平板）
　　　　　　　　　　　　カサケ］］（下降）
　　　　　　　　　　　　カサ［ケ（上昇）
　　　　　　　　　　　　カサケ］ー［ー（下降上昇）

ø（名詞単独）形も下降調が自然で、上昇調も可。下降上昇調は自問の性格を帯びる。平板調は真偽疑問文では不可（疑問を表す手段が無いため）、疑問語疑問文でも一般的でない。

　疑問語疑問文でのダ形は自問の性格が強い。平板調が自然である。

　　　［カ　ダ［レノ　カサダ（平板）

　終助詞ヨ形・イネ形は、回答を強く求めるという性格があり、〈自問〉にも〈質問〉にもなる。ただし〈質問〉としてはぞんざいで、〈詰問〉や〈非難〉の意味を伴いがちとなる。下降調または平板調で、上昇調は不可。ヨのアクセントは、低接型・順接型両方がありうるが、ケヨの場合、必ずケの後に下降がある。イネは低接型。終助詞ヨ・イネの性格については **18.10** を参照。

　　　［カ　ダ［レノ　カサ］ヨ（ヨ低接・平板）
　　　　　　　　　　　カサ］ヨ］］（ヨ低接・下降）
　　　　　　　　　　　カサヨ（ヨ順接・平板）
　　　　　　　　　　　カサヨ］］（ヨ順接・下降）
　　　　　　　　　　　カサケ］ヨ（ヨ低接・平板）
　　　　　　　　　　　カサケ］ヨ］］（ヨ低接・下降）
　　　　　　　　　　　カサ］イネ（イネ低接・平板）
　　　　　　　　　　　カサ］イネ］］（イネ低接・下降）

　上述のとおり、終助詞ヨ・イネには、情報を強く要求するという性格があり、〈詰問〉となりやすい。さらに、情報を要求するという性格を失った〈非難〉の表現にも連続する。

　（4）　イツマデ　ダラナコト　　シャベットルガ　{ヨ／ケヨ／イネ}。
　　　　（いつまで馬鹿なことをしゃべっているのか。）

ヨ・イネは、述語が表す事態の否定を含意する〈反語〉文でも使われる。疑問語疑問文の反語形式には「〜コトヨ」という形もある。

(5) アノッサンガ ソイトコ <u>イクケヨ</u>。（あの人がそんなところに行くかよ。）

(6) ダレガ ソイトコ <u>イク{ヨ／ガヨ／ケヨ／カヨ／ガケヨ／ガカヨ／コトヨ}</u>。（誰がそんなところに行くかよ。）

新たな情報を受け取って〈納得〉したことを表す場合には、下降調または平板調の「〜ガ（ケ・カ・ダ）」を用いる。ソ系指示連体詞ソンナ・ソイを用いた、「ソンナガ（ケ・カ・ダ）」「ソイガ（ケ・カ・ダ）」は、共通語の「そうなのか」「そうなんだ」にあたるあいづち表現となる。

(7) ヘー <u>ソイガ {ø／ケ／カ／ダ}</u>。アシタ <u>イクガ {ø／ケ／カ／ダ}</u>。（へー、そうなのか、明日行くのか。）

18.5　確認要求

〈疑問〉に連続するモダリティとして〈確認要求〉がある。三宅（1996, 2011: 211–232）に従い、「話し手にとって何か不確実なことを、聞き手によって確実にしてもらうための確認を要求する」と定義し、命題の真偽が確認の対象となる〈命題確認の要求〉と、命題によって表される聞き手の知識（情報）が確認の対象となる〈知識確認の要求〉に分ける。

富山市方言の確認要求形式と意味分担を、表 3.14 に示す。

表 3.14　確認要求形式の意味分担

		1) 推量形	2) 否定疑問形	3) ネカ・ネケ	4) ガイ（ネ）
確認要求	命題確認	○	○	×	×
	知識確認	○	×	○	△

1) 推量形（＝終助詞ガイ・ガイネ・ゲ）
　例）カコー、カクヤロー、カイタロー、カカンマイ、タカカロー、コドモヤロー

2） 否定疑問形
    例）カカンケ、タカナイケ、コドモデナシカ、コドモデナイガケ
  3） 断定形＝終助詞ネカ・ネケ
    例）カクネカ、カクネケ、タカイネカ、コドモダネカ
  4） 断定形＝終助詞ガイ（ネ）
    例）カクガイ、タカイガイ、コドモダガイ

 1)は、推量形単独でも、終助詞ガイ等が付いた形でもよく、後者の場合は推量形が短音化して「カクヤロガイ」などとなりやすい。2)の否定疑問形に付く終助詞としてケ・カがあり、終助詞がない形も可能だが、肯定疑問文と同様、ケを付加するのがもっとも自然である。名詞述語の否定疑問形には、特徴的な形「～デナシカ」があるが*59、形容名詞はこの形はとりにくく、「シズカデナイ（ガ）ケ」などとなる。3)、4)の終助詞の性格については**18.10**を参照。

〈命題確認の要求〉では、上の1)、2)が使われる。

 (1) タロー　サイキン　ヨー　{ヤスモー／ヤスマンケ}。（太郎は最近よく{休むだろう／?休まない}?）*60
 (2) キョー　{サムカロー／サムナイケ}。（今日、{寒いだろう／寒くない}?）
 (3) サー　アンタ　イマミタイ　フクデナカロガイ。（それはあなた、今のような服じゃないだろう？）　　　　　［藤木］
 (4) ボケトアンナシカイ。（ぼけているのではないか。）（「ボケトルガデナシカイ」からの変化形）　　　　　　　［柳町］

〈知識確認の要求〉には、1)、3)が使われる。〈知識確認の要求〉のなかでも、下の(6)(7)は三宅が〈潜在的共有知識の活性化〉としたもの、(8)は〈認識の同一化要求〉としたものにあたる。〈認識の同一化要求〉に限り、4)も使われる*61。

 (5) アコニ　ポスト　{アロー／アルネカ／×アルガイ（ネ)}。（あそこにポストが{あるだろう／あるじゃない}?）
 (6) アンタ　アノ　テオシポンプ　アロガイネヨ。アノ　ショーボノ。（あんた、あの手押しポンプがあるだろう？　あの

消防の。)　　　　　　　　　　　　　　　　　　　[藤木]
(7)　あんまり暗がりから魚釣れんまいげ、(あんまり暗い内から魚を釣れないだろ?)　　　　　　　　　　　　　　　　　[北前]
(8)　ナニ　ユートンガ。アラ　キョネン{ダロ／ダネカ／ダガイ(ネ)}。(何を言っているの。あれは去年{だろ／じゃないか}。)

三宅(1996)が〈弱い確認要求〉とした次のような例は*62、3)、4)が使われる。共通語の「〜じゃない(か)」と同様、確認を求めるというより、驚きの気持ちを表すものである。

(9)　アレ?　ケッコー　ウマイ{ネカ／ネケ／ガイ(ネ)}。(あれ?　結構おいしいじゃないか。)

〈説明〉のガダ(のだ)に終助詞ネカ・ネケが付いて、談話展開において聞き手にとって新しい情報を導入する際に用いることができる。共通語の「のじゃないか」にはない用法である*63。

(10)　キンノ　ムスコガ　キューニ　デンワ　カケテキテ　ムカイニコイ　ユーガダネカ。ダレド　…(昨日息子が急に電話をかけてきて、迎えに来いと言うんだよね。だけど…)

関連する形式として、次のものがある。
　　5)　断定形＝ヨネ・ヨノ(共通語の「よね」相当)
　　6)　断定形＝ネ・ノ(共通語の「ね」相当)

ともに、〈話し手と聞き手の判断が同一という見込みのもと、聞き手に同意を求める〉という意味合いがある*64。5)、6)とも、上昇調か上昇下降調となる。

(1)'　タロー　サイキン　ヨー　ヤスム{ヨノ／ノ}。(太郎は最近よく休む{よね／ね}。)
(5)'　アコニ　ポスト　アル{ヨノ／?ノ}。(あそこにポストがある{よね／?ね}。)

18.6　感嘆

事態に対する話し手の驚き・感動を表す〈感嘆〉のモダリティを表す述語形式・構文として、次のものがある。
　　1)　断定形＝終助詞ヤ

名詞述語の非過去肯定では、名詞単独にヤが付く。形容詞の非過去肯定形には語幹-ヤ形もある。

　　例）カクヤ、カイタヤ、タカイヤ・タカヤ、コドモヤ

2)　断定形＝終助詞ノ・ナ

名詞述語の非過去肯定では、コピュラ付加形に終助詞が付く。

　　例）カクノ、カイタノ、タカイノ、コドモダノ

3)　副詞ナンチュ＋名詞述語・ガ（ダ）・モン（ダ）

1)、2)とも、終助詞は長音化することが多い。

(1) a.　ヒドイ　コト　スル {ヤー／ノー／ナー}。（ひどいことをするなあ。）

　　b.　コノ　シナモン {タカイヤー／タカヤー／タカイノー／タカイナー}。（この品物、高いなあ。）

　　c.　シズカ {ヤー／ダノー／ダナー}。（静かだなあ。）

　　d.　ヒドイ　ヒト {ヤー／ダノー／ダナー}。（ひどい人だなあ。）

1)、2)の述語形を用いた感嘆文では、主節部分のアクセントが実現せず、高く平板になるという韻律特徴を持つ。ヤは高いまま、ノー・ナーは終助詞自体が下降するのが自然である。

　　ヒ[ドイ　コト　スルヤー。

　　ヒ[ドイ　コト　スルノ]ー。

　　cf. ヒ[ド]イ　コト］ス]ル。（叙述文）

3)は、副詞ナンチュを用い、名詞述語をとる構文である。述語が動詞・形容詞の場合は、説明のモダリティ形式「ガ（ダ）」「モン（ダ）」を用いる。ナンチュは、共通語の「なんという」に由来すると思われるが、共通語では述語に「のだ」「ものだ」はとりにくい（「なんと」「なんて」は可）。

(2) a.　ナンチュ　ヒドイ　ヒトヨ。（なんとひどい人だ。）

　　b.　ナンチュ　ヒドイガコ。（なんとひどいんだ。）

(3)　なんちゅ昔ゃダラなことしとったもんだと思ぅてー。（なんと昔は馬鹿なことをしていたものだと思って。）　　　　[北前]

3)の文では、1)、2)のようなアクセントを無核化する韻律特徴は見られない。副詞ナンチュは1型である。

［ナ］ンチュ　ヒ［ド］イ　ヒト］ヨ。

18.7　意志

話し手の意志を表す明示的な動詞の形として、次のものがある。

　　肯定意志　-(j, r)o(R)　例）カコー、ミヨー・ミロー
　　否定意志　-(a)Nmai　例）カカンマイ、ミンマイ
　　　　　　　-(a)Ntok-o(R)　例）カカントコー、ミントコー

ヨー・ロー形は、18.2.1で見たように推量も表すが、次の点が、意志と推量を区別する副次的な手段となる。

　　a．意志は短音形、推量は長音形になりやすい。
　　b．意志の場合、末尾音節で下降するという本来のアクセントが実現せず、平板になりやすい。カ［コ］ー → カ［コ（ー）など。
　　c．推量の場合、終助詞ガイ・ガイネ・ワイが付加しうる。
　　d．V動詞の場合、意志はヨーになりやすく、ローは推量の例に偏る。

また、ヨー・ロー形には終助詞カ・ケが後接しうる。この場合、意志が不定という意が加わり、副詞ゼッタイとは共起しない。ケでは、さらに、聞き手に判断を問うことになる。

（1）a．　オラ　（ゼッタイ）　イコ。（私（絶対に）行こう。）
　　　b．　オラ　（×ゼッタイ）　ヒトリデ　イコカ。（私は（×絶対）1人で行こうか。）（質問でも自問でも可）
　　　c．　オラ　（×ゼッタイ）　ヒトリデ　イコケ。（私は（×絶対）1人で行こうか。）（質問。自問は不可）

ンマイは、〈否定推量〉〈勧誘〉も表す。ンマイ単独では〈否定意志〉を表す述語になりにくいが、下の（2）のように、オモー（思）の引用節内であれば〈否定意志〉の解釈をとりやすい。終助詞カ・ケが付くと、〈勧誘〉の解釈しかできず、〈否定意志〉〈否定推量〉の意にならない。ントコ（ー）は、「否定中止ント＝補助動詞オクのヨー・ロー形」の縮約形である。これは終助詞カが付いて質問や自問になるが、ケは許容しにくい。

（2）a．　ヒトリデチャ　｛イカンマイ／イカントコ｝　オモトル。

(1人では {行くまい／行かないでおこう} と思っている。)
b. ヒトリデチャ {×イカンマイカ／イカントコカ} オモトル。(1人では {×行くまいか／行かないでおこうか} と思っている。)
(3) アメ フットッカラ {イカントコカ／?イカントコケ}。(雨が降っているから行かないでおこうか。)

ほかに、動詞の非過去断定形も意志文で用いられる。終助詞チャやワと共起することが多い。

(4) ナラ マタ アトデ クッチャ。(じゃあ、また後で来るよ。)

18.8　勧誘

聞き手に話し手と共同で動作を行う（または、行わない）よう求めることを〈勧誘〉とする。〈勧誘〉を表す形式として次のものがある。

肯定勧誘（動作を行うことの誘いかけ）
1) -(a)Nmai(=ka, ke)　例) カカンマイ (カ・ケ)
2) -(j, r)o(R)　例) カコ (ー)、ミヨ (ー)・ミロ (ー)
3) 否定疑問形 -(a)N(=ka, ke)　例) カカン (カ・ケ)

否定勧誘（動作を行わないことの誘いかけ）
-Ntoko(R)　例) カカントコ (ー)、ミントコ (ー)

肯定1) ンマイが勧誘の主形式である。〈当該行為を共同で行うことを聞き手に提案する〉という側面が強い*65。ンマイは〈否定意志〉〈否定推量〉の意も持つが、若い世代ではそれらの意味を失い、ほぼ勧誘専用形式となっている。終助詞カ・ケを後接することが多い*66。

(1) 沖におる舟ひっくり返ったが見えて、日合時次郎が「半助、助けに行かんまい」言うて、(沖にいる舟がひっくり返ったのが見えて、日合時次郎が「半助、助けに行こうじゃないか」と言って、)　　　　　　　　　　　　　　　　　　　　　　[北前]
(2) ウッチャ ウチデ コイガニ キメタガダカラ コレニ

センマイケト。(うちはうちでこのようなことに決めたのだから、これにしようじゃないかと。)　　　　　　　　　　［柳町］

　肯定2)は、前項で見た意志形による勧誘表現である。この形単独での勧誘表現は上昇調または平板調となる（下降調は、次項で見る〈促し〉になる）。終助詞カが付くと下降調または平板調となり、〈聞き手の意向を問う〉という意が加わる。終助詞ケは付きにくい。終助詞ヨが付くと、下降調または平板調で、〈提案を受け入れることを求める〉という意が加わる。

　肯定3)の否定疑問形は、〈行為を提案し、意向を問う〉という意で、単独では上昇調、終助詞カ・ケが付けば下降調か平板調となる。

(3)　ゴゴカラ　カイモン　{イコー／イコカ／×イコケ／イコーヨ／イカン／イカンカ／イカンケ}。(午後から買い物に{行こう（か）／行かないか}。)

18.9　命令

　聞き手に動作（または、動作を行わないこと）を要求する〈命令〉のモダリティを表す動詞の形は、大きく次の6類に分けられる*67。

　　a. 命令形・禁止形　-(r)e、-(R)、-u-na など。
　　b. 依頼形　@te など。
　　c. 否定疑問形　-(a)N=ka など。
　　d. 意志形　-(j, r)o(R)
　　e. 非過去断定形＝コト＝ヨ
　　f. 評価のモダリティ形式

a. 命令形・禁止形

　該当する基本的な形を下に示す。

　　命令　1)　-(r)e, -(R)　例）カケ、ミレ・ミー
　　　　　2)　-(r)are　例）カカレ、ミラレ
　　禁止　1)　-(r)u-na　例）カクナ、ミルナ
　　　　　2)　-(r)areN-na　例）カカレンナ、ミラレンナ

命令・禁止とも、1) がぞんざいで男性的な形、2) が待遇的に中立な形である。また、1) は、単独では使いにくく、終助詞マまたはヤを付すのが自然だが、(3) のような引用節では単独でも現れる。2) は終助詞マ・ヤの付加は任意である。終助詞マは、共通語の終助詞「よ(非上昇)」と同様に、〈話し手の意向どおりに事態が進行していないとして聞き手にその修正を求める〉意を持つ。終助詞ヤは、共通語の終助詞「よ(上昇)」と同様に、〈念押し〉の意味を表す*68。

(1) ナニ グズグズシトンガヨ。ハヨ {コイマ／? コイヤ／?? コイ}。(何をぐずぐずしているんだ。早く来い(よ)。)

(2) アシタ デンワセンカラノ。ジブンデ {×コイマ／コイヤ／?? コイ}。(明日は電話しないからね。自分で来いよ。)

(3) ヒトニ ハヨ コイ ユーテ ジブン マダ キトランネカ。(人に早く来いと言って、自分がまだ来ていないじゃないか。)

命令形2) は、尊敬辞ラレル -(r)are-ru の命令形に由来すると思われる。ただし、尊敬辞ラレルが一般動詞に即して活用するなら「*カカレレ」「*カカレー」となることから、-(r)are は命令の接尾辞として語彙化していると言える*69。また、禁止形2) は、尊敬辞ラレルに接尾辞ナを付した形が逆行同化により撥音化したものと推測される。非逆行同化形「*カカレルナ」などは非文法的であり、-(r)aren-na も語彙化されていると言える。(6) のように禁止1) では末尾ルの動詞の場合、撥音化しない形・した形両方が可能である。

(4) マダ ネトンガケ。ハヨ {オキラレ／オキラレマ}。(まだ寝ているのか。早く起きなさい(よ)。)

(5) アコ アブナイカラ {イカレンナ／イカレンナヤ}。(あそこは危ないから行きなさるな(よ)。)

(6) ジロジロ {ミルナマ／ミンナマ}。(じろじろ見るなよ。)

待遇上2) に対応する稀な形として、尊敬形「〜ッシャル」の不規則な命令形「〜ッシャイ」、同じく禁止形「〜ッシャンナ」もある。

(7) ホッデ　トーキョーエ　ハタラキニ　<u>イカッシャイト</u>。(そ
　　 れで「東京へ働きに<u>行きなさい</u>」と。)　　　　　　　　　　　[藤木]

b. 依頼形

該当する形は次のとおり。

　　肯定依頼　1)　@te=kure　　例) カイテクレ、ミテクレ
　　　　　　　2)　@te　　例) カイテ、ミテ
　　否定依頼　1a) -(a)Nde=kure　例) カカンデクレ
　　　　　　　1b) -(a)Ntoi-te=kure　例) カカントイテクレ
　　　　　　　2a) -(a)Nde　例) カカンデ
　　　　　　　2b) -(a)Ntoi-te　例) カカントイテ

　依頼形は当該行為の成立／非成立により話し手が利益を得るという含意がある点で、先に見た命令形・禁止形と異なる。1) は中止テ形に恩恵の授与を表す補助動詞クレルの命令形・禁止形が付いた形である。肯定・否定ともに上の1)、2) は、命令形・禁止形の1)、2) と待遇的に対応し、1) がぞんざいな形、2) が中立的な形である*70。終助詞マ・ヤの付加についても同様で、1) は終助詞マ・ヤを付加しないと不自然、2) は終助詞マ・ヤの付加が任意である。

(8) ハヨ　{キテクレマ／キテ／キテマ}。(早く {来てくれ
　　 (よ) ／来て (よ)}。)
(9) イランコト　{イワンデクレマ／イワントイテクレマ／イワ
　　 ンデ／イウンデマ／イワントイテ／イワントイテマ}。(要
　　 らないことを {言わないでくれ (よ) ／言わないで
　　 (よ)}。)

　丁寧な依頼形として、「～テクタハレ」@te=kutahare、「～テッタハレ」@teQtahare がある。クタハレは補助動詞クレルの語彙的尊敬動詞クタハレルの連用形に由来する命令形だと思われる。対応する否定依頼形は、否定中止形を用いる「～ントイテクタハレ」が自然だが、補助動詞を否定形にする「～テクタハレンナ」も許容しうる。

(10) ハヨ　{キテクタハレ／キテッタハレ}。(早く<u>来て下さい</u>。)
(11) ソイ　コト　{セントイテクタハレ／セントイテッタハレ}。

(そんなことをしないで下さい。)

c. 否定疑問形による命令表現

　否定疑問形に終助詞カを付した次の形がある。命令のみで、禁止に相当する形はない。また、疑問の終助詞にはケもあるが、ケを付した形は命令表現には用いられない。

　　1) -(a)N=ka　例) カカンカ、ミンカ
　　2) -(r)areN=ka　例) カカレンカ、ミラレンカ

　1)、2) は、待遇的に前述 a・b の 1)、2) に対応する。2) のような尊敬否定疑問形の命令表現は共通語では発達していない。1) は、カ単独では用いにくく、終助詞ヨ・イネを付すのが自然である。2) は、任意に終助詞ヨが付加される。イネを付すのは不可。また、意味としては、前述 a・b に終助詞マを付した形と同様、〈話し手の意向どおりに事態が進行していない状況で、行為実現を促す〉場合に用いられ、(13) のような未来の行為を指示する場合には用いられない。

　　(12) ナニ　グズグズシトンガ。ハヨ　{??コンカ／コンカヨ／コンカイネ／コラレンカ／コラレンカヨ／×コラレンカイネ}。(何をぐずぐずしているんだ。早く来ないか。)

　　(13) アシタ　デンワセンカラノ。ジブンデ　{コラレ／×コンカヨ／×コラレンカ}。(明日は電話しないからね。自分で {来なさい／×来ないか}。)

d. 意志形による命令表現

　下降調の意志形ヨー・ローは、c と同様、〈話し手の意向どおりに事態が進行していない状況で、行為実現を促す〉場合に用いられる*71。そのため (15) では不可となる。終助詞は後接しない。共通語でも幼児に「さあ、服を脱ごうね」と言う場合など、動作主体の視点に立つ表現として用いられるが、富山市方言の用法はそれより広い。

　　(14) ナニ　グズグズシトンガ。ハヨ　{コー／コヨー}。(何をぐずぐずしているんだ。早く {×来よう／来なさい}。)

(15) アシタ　デンワセンカラノ。ジブンデ　{コラレ／×コー／×コヨー}。（明日は電話しないからね。自分で来なさい。）

e. 非過去断定形＝コトヨ

「カクコトヨ」「カカンコトヨ」など、「動詞の非過去連体形＝形式名詞コト＝終助詞ヨ」が命令表現として機能する。〈何らかの判断材料にもとづいて、聞き手にとって妥当だと話し手が判断する行為を勧める〉という意味を持つ。共通語でも「〜ことだ」が同様の命令表現として用いうるが、富山市方言では「〜コトヨ」の形で熟しており、終助詞ヨをコピュラに置換できない。

(16) マヨトンガナラ　マズ　ヤッテミルコトヨ。（迷っているのなら、まずやってみることだ。）

(17) ソイ　ヤーガナラ　イカンコトヨ。（そんなに嫌なのなら行かないことだ。）

アクセントは、動詞部分は連体形の場合に準じ、コトは2型。

　カ[クコト]ヨ。カ[カンコト]ヨ。
　タ[ベ]ルコト]ヨ。タ[ベンコト]ヨ。

f. 評価のモダリティ形式による命令表現

18.1で見た評価のモダリティ〈当為〉〈妥当〉〈許容〉〈非許容〉形式の非過去断定形は、語用論的に命令・禁止表現となりうる。特に、(18)のような、〈非許容〉を表す可能否定形ラレンは、禁止表現として熟したものとなっている。ただし、これらは過去形や推量形となりうる点で、上のa〜eのような命令表現形式とは異なる。

(18) アコ　ゼッタイ　ハイラレンヨ。（あそこは、絶対に入ってはいけないよ。）（＝18.1（12））

18.10　終助詞

終助詞は統語的性質により、次のように分類できる。aの終助詞で#を付したのは、必ず最文末に位置し、bの終助詞が後接しない語である。

　a. 他の終助詞に後接しない

a1. 叙述文で断定形に接続　ゼ[#]、ジャ[#]、ゾ、チャ、ワ、ト
　　　a2. 叙述文（および一部は確認要求文）で
　　　　　断定形・推量形に接続　ガイ（ネ）、ワイ（ネ）
　　　　　推量形に接続　ゲ
　　　a3. 感嘆文で断定形（名詞述語は ø 形）に接続　ヤ[#]
　　　a4. 疑問文・確認要求文・意志文・勧誘文で
　　　　　断定形（名詞述語は ø 形）・意志形・推量形・勧誘形に接
　　　　　続　カ
　　　　　断定形（名詞述語は ø 形）・意志形・勧誘形に接続　ケ
　　　a5. 確認要求文で断定形に接続　ネカ、ネケ
　　　a6. 命令文で命令・依頼形に接続　マ[#]、ヤ[#]
　　b. 他の終助詞に後接しうる　ヨ、イネ、ノ、ネ、ナ、エ
　　a3のヤ、a5のネカ・ネケ、a6のマ・ヤについては、それぞれ18.6、18.5、18.9で触れた。以下では、他の終助詞の意味や統語的・韻律的特徴を順に記述する*72。

18.10.1　ゼ

　叙述文で断定形に接続し、〈当該の情報と別の情報との間の矛盾・摩擦を発話時において認識している〉ことを表す（井上1995a*73）。下の（1）は、話し手がその場にいるはずと思っていた「小西さん」がいないことに気づいたときの発話で、想定と矛盾する現実の状況を述べた文である。独話でも可。（2）は、聞き手がセメント袋を担ぐことの大変さを知らないとの認識から、その大変さを既定の事態として伝える発話である。
　（1）　アレ　コニッサン　オランゼ。サッキマデ　ココニ　オッ
　　　　タガダゼ。（あれ？　小西さんがいないぞ。さっきまでここ
　　　　にいたんだぞ。）　　　　　　　　　　（井上1995a: 例（1）改）
　（2）　セメントの袋かつぐがあんた、五十キロだがいね。（略）あ
　　　　の七尾セメント、背中火傷するほど熱っいがやぜ。（セメン
　　　　トの袋をかつぐのはあなた、50キロだよ。（略）あの七尾セ
　　　　メントは、背中を火傷するほど熱いんだぞ。）　　　　　［北前］
　ゼは常に最文末で用いられ、他の終助詞を後接することはない。

アクセント上は終止形に順接。文末は典型的には上昇調だが、平板調（積極的に上昇しない音調）も可能。

　　　［カ］ク［［ゼ。カ［カ］ン［［ゼ。（上昇調）
　　　［カ］クゼ。カ［カ］ンゼ。（平板調）

18.10.2　ジャ

叙述文で断定形に接続し、〈非主体的な認識更新〉すなわち〈現場の状況や記憶を参照した結果、話し手のそれまでの認識の更新をせまるような結論がその場で自然と意識にのぼり、話し手がその結論に沿って認識を更新する必要性を感じている〉ことを表す（井上1998）。(3) は、玄関から人の声などが聞こえ、応対する必要があるという状況での発話で、独言でも可。(4) は、聞き手と談笑していた際にふと時計などを見ての発話で、この文脈では聞き手に認識更新を促す語用論的機能を持つ。

　(3)　アレ　ゲンカンニ　ダッカ　キタジャ。（あれ？玄関に誰かが来たぞ。）
　(4)　アンタヨ。モー　デンナンジャ。（あなた。もう（うちを）出なくては行けないよ。）

ジャは他の終助詞が後続せず、つねに文末に現れる。音調上は連体形に付き、下降調となる。

　　　カ［クジャ］］。カ［カンジャ］］。
　　　タ［ベ］ルジャ］］。タ［ベンジャ］］。

18.10.3　ゾ

ゾは、〈話し手にとって既定の情報を提示し、聞き手にその情報を受け入れるよう求める〉意を持つ*74。(5) は知識の伝達、(6) は行為の促しの発話である。男性的であり、ヨに置換しうる。

　(5)　今の松原町のお稲荷さんちゃ、元ぁ鉄工所のとこにあったがやぞ。（今の松原町のお稲荷さんは、元は鉄鋼所の所にあったのだぞ。）　　　　　　　　　　　　　　　　　　　　　［北前］
　(6)　サー　ソロソロ　カエッゾ。（さあ、そろそろ帰るぞ。）

ゾには終助詞イネが後接することがある。

(7) フジノキノ　ムラモ　コッデ　ナカナカダッタゾイネ。(藤木の村もこれでもなかなかだったぞ。)　　　　[藤木]

アクセント上は、終止形に順接するが、高く付いて平らな音調が一般的。高く付いてさらに下降することもあり、その場合、聞き手に認識更新を促す意が強くなる。

[カ]ク[ゾ]。カ[カ]ン[ゾ]。(高平調)

[カ]ク[ゾ]]。カ[カ]ン[ゾ]]。(高下降調)

18.10.4　チャとワ

チャ・ワとも叙述文で断定形に接続する*75。チャは、当該の情報が〈既定事項〉、すなわち〈話し手の認識をこえて無条件に真であるとしてよい〉と判断される情報であること、ワは、当該の情報が〈その場で認識された話し手の個人的見解〉、すなわち〈話し手の認識世界では真である〉として新規に認識された情報であることを表す(井上1995b)。(8)(9)でのチャとワの違いは、当該の事態が話し手にとって既定事項か、その場で認識・判断した事態かである。(8b)でチャを使うと、「目にゴミが入った」という推量判断は発話時以前に行ったことになる。チャ・ワともに、その情報を聞き手に伝達するのがふつうだが、ワは、新規に認識したことを思わず口に出すという独話での使用が可能である。チャの独言での使用は想定しにくい*76。

(8) A：ドーシタガ°。(どうしたの？)

　　B：a. ソレガ°　メーニ　ゴミ　ハイッタガ°ダ {チャ／×ワ}。

　　　　b. タブン　メーニ　ゴミ　ハイッタガ°ダ {?チャ／ワ}。({それが／たぶん} 目にごみが入ったんだよ。)(井上1995b: 例(48)改)

(9) アレ　ゲンカンニ　ダッカ　キタ {×チャ／ワ}。(あれ？玄関に誰かが来たよ。)

チャには終助詞ヨ・ノ・ネ・エが、ワには終助詞ノ・ネ・エが後接しうる*77。

(10) A：ハヨ　コラレンカ。(早く来ないか。)

B：イマ　イク {チャ／チャヨ}。(今行くよ。)
(11) ヤッパ　ソーカモ　シレンチャネ。(やっぱりそうかもしれないよね。)　　　　　　　　　　　　　　　　　　　　　　[藤木]
(11)' ヤッパ　ソーカモ　シレン {チャノ／ワネ／ワノ}。
ワは異形態ナ・ヤを持つ。ナは撥音、ヤはiに後接する。
(12) ナーン　イマデ　オラレンナ。(いや、今は(その人は)いらっしゃらないよ。)　　　　　　　　　　　　　　　　　　　[藤木]
(13) アレ　コッチノホーガ　タカイ {ワ／ヤ}。(あれ？こっちのほうが高いよ。)

チャ・ワともに音調上は連体形に付く。文末は典型的には下降調だが、平板調も可。

　　　カ[クチャ]]。カ[カンチャ]]。タ[ベ]ルチャ]]。(下降調)
　　　カ[クチャ。カ[カンチャ。タ[ベ]ルチャ。(平板調)

18.10.5　ト

トは断定形に付いて、〈当該情報が伝聞にもとづく〉ことを表す。共通語の「って」に相当する。

(14)(天気予報を聞いて、隣の部屋の人に)
　　　ゴゴカラ　アメ　フルト。(午後から雨が降るって。)

引用の副助詞トに由来すると思われるが、(15)のように情報源を主格で標示できない、(16)のように推量形や終助詞チャなどの単位をとりえないという点で、引用のトとは異なる。コピュラとの複合形式「ダト」は、共通語の「だって」と同様、発話内容を引用する機能を持つ*78。

(15) ??テンキヨホーø　ゴゴカラ　アメ　フルト。(??天気予報が午後から雨が降るって。)
(16) ゴゴカラ　アメ　フルチャ {×ト／ダト}。(午後から雨が降るよ {×って／だって}。)

終助詞ヨ・イネが後接しうる。音調上は連体形に付き、平板。

　　　カ[クト。[カ]イタト。タ[ベ]ルト。

第3章　富山市方言の文法体系　　171

18.10.6　ガイ・ガイネ

　ガイ・ガイネは断定形または推量形に接続し、〈当該情報と別の情報との間に矛盾がある〉との認識を表す。ガイは叙述文と確認要求文にわたって現れる。ガイネは聞き手に確認する意を伴い、確認要求文に限られる。断定形接続は当該情報が話し手にとって確かな場合、推量形接続は不確かな場合に用いられる。確認要求文では推量形接続が多い。

　(17) コッデモ　イーホー {ダガイ／ダガイネ／ダロガイ／ダロガイネ}。(これでも良いほう {だよ／じゃないか／だろうよ／じゃないか}。)

　(18) サー　アンタ　イマミタイ　フクデナカロガイ。(それはあなた、今のような服じゃないだろうが。)　　　　　　　　　　［藤木］

　(19) そいにあんた車ちゅうもんな無かろがいね。じゃからやっぱりこっちへ持って来んにゃしゃーないわ、あれ。(それに、あなた、車というものが無いだろうが。だからやっぱりこっちへ持って来なければしかたがないよ、あれは。)　［北前］

　ガイ・ガイネは、元はガとヨ・イネの複合形式だと推測されるが、富山市方言には単独のガは存在しない。

　ガイネにはヨが後接しうる。また、ガイ・ガイネともに注意喚起のノが後接しうる。断定形接続の場合、音調上は連体形に付く。ガの後で下降する。

　カ[クガ]イ。カ[カンガ]イ。カ[コ]ーガ]イ。
　カ[クガ]イネ。カ[カンガ]イネ。カ[コ]ーガ]イネ。

18.10.7　ワイ・ワイネ

　叙述文で断定形と推量形に接続し、〈当該の情報が、その場で認識された話し手の個人的見解である〉との認識と、〈その情報にもとづいて認識を更新することを求める〉こととを同時に表す。つまり、上述のワと後述のヨ・イネの複合的な意味を持つ。

　(20) オワトコノ　オッカ　マダ　クドクワイ。(俺のうちの妻はまだ文句を言うよ。)　　　　　　　　　　　　　　　　　　［柳町］

　(21) 西瓜や青もん高い高い。だから漬物も儲ったろわい。(西瓜

や青もんは高い高い。だから漬物も儲っただろう<u>よ</u>。）
［北前］
(22) ヨー　オトコダチトァ　ケンカ　シタ<u>ワイネ</u>。（よく男達とは喧嘩をした<u>よ</u>。）
［藤木］
(23) 天塩は材木出いとる町です、天塩川いうがあって、材木はみんな川下って来ます、戸数は七～八百あったろ<u>わいね</u>。（天塩は材木を出している町です。天塩川というのがあって、材木はみんな川を下って来ます。戸数は7、800あっただろう<u>よ</u>。）
［北前］

　ワイ・ワイネは、元はワとヨ・イネの複合形式だと思われるが、ワ単独では断定形にのみ、ワイ・ワイネは推量形にも接続するという違いがある*79。

　ワイネのみ終助詞ヨが後接しえ、ワイ・ワイネともに注意喚起のノ・ネが後接しうる。音調上は連体形に付き、ワの後で下降する。
　　カ［クワ］イ。カ［カンワ］イ。カ［コ］ーワ］イ。
　　カ［クワ］イネ。カ［カンワ］イネ。カ［コ］ーワ］イネ。

18.10.8　ゲ°

　推量形に接続し、〈当該情報と別の情報との間に矛盾がある〉ことを表す。叙述文・確認要求文に用いられる。推量形接続のガイと同義で、おそらく ai > e の音変化を経て語彙化したものと思われる。
(24)（昔の若者の恋愛事情について、男女が2人だけで会うことがあったかを疑う相手の発話を受けて）イヤ　ソレワ　ヤッタロ<u>ゲ</u>。（いや、それは、やっただろう<u>が</u>。）
［藤木］
(25) ほれ、能登に田鶴浜いうとこあろう<u>げ</u>、和倉のちょっと向こう、中島との間に。（ほら、能登に田鶴浜いうところがあるだろう<u>が</u>。和倉のちょっと向こう、中島との間に。）
［北前］

　アクセントは順接型で、文末は平板がふつう。
　　カ［コ］ーゲ。［カ］クヤロ］ゲ。カ［カンマ］イゲ。

18.10.9　カとケ

　カは断定形（名詞述語では名詞単独形に接続）、意志・推量・勧誘形に接続する。ただし、ンマイ形へのカの付加は、勧誘・否定推量を表す場合に限られ、否定意志の場合には付かない。疑問文を中心に、意志文・勧誘文にわたって使われ、〈疑問〉すなわち〈事態の一部や真偽が不確かだ〉ということを表す。

(25) カ　アンタノ　カサカ。（これはあなたの傘か。）

(26) オラ　ヒトリデ　イコカ。（私は１人で行こうか。）

(27) キョー　アメ　フランマイカ。（今日雨が降らないだろうか。）

(28) ナラ　アンタモ　イッショニ　{イコカ／イカンカ／イカンマイカ}。（じゃあ、あなたも一緒に {行こうか／行かないか／行こうじゃないか}。）

　疑問文で断定形に付くカには、(29) のように、ヨ、イネ、ノ・ネ・ナが、疑問文で推量形に付くカ、および、意志形に付くカには (30)〜(32) のようにノ・ネ・ナが、勧誘を表すン・ンマイに付くカには (33) のようにヨが、後接しうる。

(29) カ　アンタノ　カサカ{ヨ／イネ／ノ}。（これはあなたの傘か{よ／な}。）

(30) ダレニ　タノムガ　イカロカノ。（誰に頼むのがいいだろうかね。）

(31) キョー　アメ　フランマイカノ。（今日雨が降らないだろうかね。）

(32) ナラ　オラモ　イッショニ　イコカノ。（じゃあ私も一緒に行こうかな。）

(33) ナラ　アンタモ　イッショニ　{イカンカヨ／イカンマイカヨ}。（じゃあ、あなたも一緒に {行かないか／行こうじゃないかよ}。）

　ケは断定形（名詞述語では名詞単独形に接続）、意志形ヨー・ロー（推量は不可）、勧誘を表すン・ンマイに接続する。カよりも〈不定の部分の情報を求める〉という意味が強く、自問には用いにくい。ケにはヨが後接しえ、その場合さらに情報を求めるという意

味が強まり、詰問・非難の含意を伴いがちとなる。

(34) カ　アンタノ　カサケ（ヨ）。（これはあなたの傘か（よ）。）
(35) ナラ　オラモ　イッショニ　イコケ（ヨ）。（じゃあ私も一緒に行こうか。）
(36) ナラ　アンタモ　イッショニ　{イカンケ（ヨ）／イカンマイケ（ヨ）}。（じゃあ、あなたも一緒に{行こうか／行かないか（よ）／行こうじゃないか（よ）}。）

カ・ケとも断定形に接続する場合、音調上は連体形となる。下降調がふつうで、平板調や上昇調もありうる（**18.4**参照）。

カ［クケ］］。カ［カンケ］］。カ［コ］ーケ］］。

18.10.10　ヨ

共通語の「よ」と同様に、〈当該情報を他の情報と照合して推論するよう求める〉ことを意味し、下降調と上昇調がある点も共通するが、特に下降調のヨの前接形式や用法が共通語とは異なる*80。

上昇調のヨ（ヨ↑）は、叙述文と命令文に使われ、対処を聞き手に任せるという意が加わる。叙述文では断定形（名詞述語ではコピュラ付加形）に付く。

(37)　A：アノ　タテモン　ナニケ。（あの建物は何？）
　　　B：アラ　ガッコーダヨ↑。（あれは学校だよ↑。）
(38)　ソロソロ　カエルヨ↑。（そろそろ帰るよ↑。）

命令文では、命令文専用の述語形式である命令・禁止・依頼形（**18.9**のa、b）に付き、終助詞ヤと同様に念押しの意を加える。ラレ（命令）やラレンナ（禁止）に付くのが自然で、ぞんざいな命令・禁止形 -(r)e、-(r)u-na や依頼のテ形に付くのは共通語的でやや不自然に感じられる。可能否定形を用いた禁止表現にも付きうる。

(39) アシタ　ワスレント　イカレヨ↑。（明日忘れずに行きなよ↑。）
(40) アブナイカライカレンヨ↑。（危ないから行ってはいけないよ↑。）

下降調のヨ（ヨ↓）は、叙述文のほか、確認要求文・疑問文・命令文・勧誘文に現れる。ヨが持つ〈当該情報を他の情報と照合して

推論するよう求める〉という意に、その心的操作を〈強いる〉という意を加える。叙述文においてヨ↓は、名詞単独、説明のモダリティを表すガ、「断定形＋終助詞ト・チャ・ワ・ワイネ・ガイネ・トイネ」、「推量形＋終助詞ガイネ・ゲ」に後接する（終助詞を介する場合の一部は確認要求文）。コピュラや、動詞・形容詞の断定形に直接付かない点で、ヨ↑とも、共通語の「よ↓」とも異なる。

(41) A：マリチャンチャ　ドコノ　シュッシンケ。（まりちゃんってどこの出身？）
　　　B：トヤマ{ヨ↓／×ダヨ↓}。（富山だよ↓。）

(42) A：アレ、ドコ　イクガ゚。（あれ、どこに行くの？）
　　　B：コドモ　ムカエニ　イクガ゚{ヨ↓／×ダヨ↓}。（子どもを迎えに行くんだよ↓。）

(43) ワシラ　ジブンナ　トナ　シンコンリョコーチャ　ナイチャヨ。（私達の事は、みんな、新婚旅行など、ないよ。）
　　　　　　　　　　　　　　　　　　　　　　　　　　　　　　　　　　［藤木］

(44) アンタ　アノ　テオシポンプ　アロガイネヨ↓　アノ　ショーボノ。（あなた、あの、手押しポンプがあるだろ？　あの、消防の。）
　　　　　　　　　　　　　　　　　　　　　　　　　　　　　　　　　　［藤木］

疑問語疑問文では、名詞単独、説明のモダリティの「〜ガ」のほか、動詞・形容詞の断定形にもヨが直接付く。真偽疑問文ではケ・カを介して付く。また、終助詞イネの後にもヨが後接しうる。疑問語疑問も真偽疑問もヨ↓が付くとかなりぞんざいで、聞き手に対する非難を含意しがちだが、それが不可避なわけではなく、(45)のように問いかけとしても用いられる点で共通語の「よ↓」とは異なる。

(45) コレカラ　ドコ　イクヨ↓。（これからどこに行く？）
(46) アノッサンガ　ソイトコ　イクケヨ↓。（あの人がそんなところに行くかよ↓。）

命令文では、終助詞マと同様に、(47)のような、期待・想定に反した状況で修正を求める場合にヨ↓が現れる。命令文専用の述語形式である命令・禁止・依頼形（**18.9**のa、b）に付きうるが、ぞんざいな命令-(r)e、禁止-(r)u-naや依頼のテ形には、ヨ↓が直接

付くよりもマに後接するほうが自然である。ほか、否定疑問ンカ形にも付き、「非過去断定形＋形式名詞コト＋ヨ↓」の形で勧めを表す形（**18.9**のe）もある。

(47) グズグズシトラント　ハヨ　{イカレヨ↓／イケマヨ↓／イッテマヨ↓／イカンカヨ↓}。(ぐずぐずしていないで早く{行きなよ↓／行けよ↓／行ってよ↓／? 行かないかよ↓}。)

勧誘文のンマイ（ケ・カ）、否定疑問ンカにもヨ↓が付く。

(48) イッショニ　{イカンマイヨ↓／イカンマイケヨ↓／イカンカヨ↓}。(一緒に {行こうよ／? 行かないかよ}。)

ヨには、間投助詞としての用法もある（**21.3.1**）。

(49) イマデ　ミンナ　サソワレンネカイ　ユーテヨ　カラコトアンヨ。(今では皆、誘われないじゃないか、と言ってね、からかっているんだよ。)　　　　　　　　　　　　　　　［柳町］

ヨ↑のアクセントは順接型。ヨ↓は低接型だが、無核名詞に付く場合は、順接でヨ自体が下降する音調も可能である。間投助詞のヨは、順接で下降する。

　　ヨ↑　　[カ]クヨ。カ[カ]ン[ヨ。タ[カ]イ[ヨ。
　　　　　　コ[ドモダ]][ヨ。
　　ヨ↓　　[カ]クヨ。カ[カ]ンヨ。タ[カ]イヨ。
　　　　　　コ[ドモ]ヨ／コ[ドモヨ]]。カ[クチャ]ヨ。
　　間投　　[カ]イテ[ヨ]]、

18.10.11　イネ

イネは、ヨ↓と同じ、〈当該情報を他の情報と照合して推論するよう強いる〉意味を表すが、接続が限定的である。叙述文における名詞単独形、「断定形＝終助詞ト」に付くが、説明の「〜ガ」には付きにくい。ほか、確認要求文における「断定形＝ネカ」に付く。また、終助詞ガイネ・ワイネは、形成要素としてイネを含むと考えられる。

(50) 日本人のパン屋、無かったからか。「パンいらんか、パンいらんか」て売りに歩いたわけ。なん、男いね。(日本人のパ

ン屋が無かったからか。「パンは要らないか、パンは要らないか」と売りに歩いたわけだ。いや、(売り子は) <u>男</u>だよ。)

[北前]

(51) キョー　アメ　<u>フルトイネ</u>。(今日、雨が降るってよ。)

疑問語疑問文では、ヨ↓と同様、名詞、説明の「〜ガ」形、動詞・形容詞の断定形に付く。真偽疑問文では必ずカを介して付く(ケは不可)。聞き手に対する非難を含意しがちである (**21.3.1**)。

(52) カ　ダレノ　<u>カサイネ</u>。(これは誰の<u>傘</u>だよ?)

(53) カ　アンタノ　<u>カサカイネヨ</u>。(これはあなたの<u>傘</u>かよ?)

上のとおり、イネにはヨが後接しうる。

また、次のように間投助詞としての用法もある (**21.3.1**)。

(54) ヤッパリ　バスリョコーダ　ユーテモイ<u>ネ</u>　コラー　サゲンカンカラ　ゲンカンマデ　<u>ネー</u>　(やはりバス旅行だといっても<u>ね</u>、これは、もう、玄関から玄関まで、<u>ねえ</u>、)

[藤木]

イネは、アクセント上は低接型である。間投助詞でも同様。

[カ]クイネ。コ[ドモ]イネ。カ[クト]イネ。

[ユ]ーテモ]イネ、

18.10.12　ノ・ネ・ナ

ノ・ネ・ナは、共通語の「ね」「な」と似て、話し手自身が当該情報を心内で確認しながら発話したり、眼前の状況を描写したりする場合に用いられる。発話者自身が眼前の状況や既有の知識と照らし合わせながら発話する場合もあれば、聞き手にその確認を求める場合もある。〈当該情報を処理中〉という共通義が認められる。長音化して用いられることが多い。

叙述文・確認要求文において、断定形、推量ロー・ヨー形、ンマイ形、終助詞チャ・ワ・ネカ・ガイ・ワイに、疑問文においてカに、意志文や勧誘文において「ヨー・ロー＝カ」「ンマイカ」に後接しうる。また、終助詞ヨにも後接する。

(55) ヤヤコトカ　ソンナ　イーカタ　<u>センノー</u>。(「ヤヤコ」とか、そんな言い方は<u>しないなあ</u>。)

[柳町]

(56) ノーチカイホノ　コリャ　マ　オカゲダチャネ。(農地解放の、これは、まあ、おかげだよね。)　　　　　　　　[藤木]
(57) ヒトリデ　モットラレタホ　イーネカネ。(1人で持っていらっしゃったほうがいいじゃないね。)　　　　　　　[藤木]
(58) オトナドマー　ヤッパー　シチハチジッセンカ　アタッタンカナ。(大人達は、やはり、7、80銭もらえたのかな。)
　　　　　　　　　　　　　　　　　　　　　　　　　　　　　[藤木]

ノ・ネには、間投助詞としての用法もある（**21.3.1**）。
(59) ホッタラネー　ワシトコエ　キテ、…(そうするとね、私のところへ来て、…)　　　　　　　　　　　　　[藤木]

ノ・ネ・ナは終止形アクセントに順接し、上昇下降調となるのが一般的である。短く高いままのこともある。
　　[カ]ク[ノ]ー。　　[カ]ク[ノ。

18.10.13　エ

エは、共通語の「ね」の用法のうち、念を押す場合に使われる。述語の断定形に直接付くことはなく、終助詞チャの後に付く。接続詞の後に付く場合もある。
(60) ナラ　イクチャエ。(じゃあ、行くね。)
(61) ナラエ。(じゃあね。)

エはアクセント上は順接型で、それ自体は高く平らに付く。
　　イ[クチャ]][エ。[ナ]ラ[エ。

19.　敬語

19.1　尊敬

〈尊敬〉すなわち〈主語に対する上位待遇〉を表す接尾辞として次のものがある。1）が主で、2）、3）は稀な形である[81]。

1) V動詞型接尾辞　-(r)are-ru　例）カカレル、ミラレル
2) C動詞型接尾辞　-(a)Qsjar-u　例）カカッシャル、ミッシャル
3) C動詞型接尾辞　-(a)har-u　例）カカハル、ミハル

(1) ヨー　<u>シナレタ</u>　オバーチャンナ　<u>イワレタ</u>モンダチャ。
（よく<u>亡</u>くなったおばあちゃんが<u>言われた</u>ものだ。）　　［藤木］

(2) 連合艦隊の長官まで<u>しられた</u>聞いとんがや。（連合艦隊の長官まで<u>なさった</u>と聞いているんだ。）　　［北前］

(3) ナーン　イマ　ジヴンナ　ナーン　シャワニチャ　<u>オラッシャランチャ</u>。（いや、今頃には、まあ、姿婆には<u>いらっしゃらない</u>よ。）　　［藤木］

(4) そっでお嬶らちゃ担ぎに<u>出っしゃる</u>ようになったわけ。（それで妻達は担ぎに<u>出られる</u>ようになったわけ。）　　［北前］

(5) そこの相沢ちゅう人でも宇出津と飯田方面だけで、穴水の方ちょっこり<u>来らはった</u>けれど。（そこの相沢という人も、宇出津と飯田方面だけで、穴水の方に少し<u>来られた</u>けれど。）　　［北前］

上記のとおり、1）、2）はそれぞれV型・C型に準じた動詞を派生するが、命令形は不規則で、それぞれ-(r)are（カカレ、ミラレなど）、-(a)Qsjai（カカッシャイ、ミッシャイなど）となる（18.9）。

語彙的尊敬動詞はあまり使われないが、共通語の「くださる」に相当する、動詞クレルの尊敬形「<u>クタハレル</u>」kutahare-ru は、特に〈受益〉を表す補助動詞としてよく使われる（13）。

(6) ナラ　オラ　デンワ　カケテヤル　ユーテ　ホッデ　デンワ　<u>カケテクタハレタ</u>。（「じゃあ私が電話をかけてやる」と言って、それで電話を<u>かけてくださった</u>。）　　［藤木］

19.2　丁寧

聞き手に対する待遇を表す〈丁寧〉の形式に、次の2つがある。
　1）　接尾辞 -(i)mas-u　例）カキマス、ミマス
　2）　助動詞 =des-u　例）タカイデス、コドモデス

マスは動詞に付く。活用は不規則で、次のとおり。

　基本　　-(i)mas-u
　過去　　-(i)mas-ita　例）ミマシタ
　意志・推量　-(i)masj-o(R)　例）ミマショー

中止　-(i)mas-ite　例）ミマシテ

　逆接　-(i)mas-uredo　例）ミマスレド

　命令　-(i)mas-e　例）ミラレマセ

命令形は単純動詞に付く例は得られていない。確認できるのは、上の例や（4）のように、尊敬辞ラレルに付いたラレマセである。

(1)　イー　ネンダイデ　ウマレテ　キマシタチャ。（いい年代で生まれてきましたよ。）　　　　　　　　　　　　　　［藤木］

(2)　フクリュースイ　デマショゲ（伏流水が出るでしょうよ。）
　　　　　　　　　　　　　　　　　　　　　　　　　　　　［藤木］

(3)　「おらっちゃ降伏しますれど、あんたらちペートルまで行って受け取ってくたはれ」て、郡司はん騙いたもんだ。（「私達は降伏しますけど、あなた達はペートルまで行って受け取って下さい」と、郡司さんを騙したものだ。）　　［北前］

(4)　「だから持ってかれませ」「ナンあずかられません」とね。（「だから持って行きなさい」「いや、預かれません」とね。）
　　　　　　　　　　　　　　　　　　　　　　　　　　　　［北前］

2）デスは、主に名詞に付くほか、形容詞のイ形やタ形に付く例も見られる。活用形として次のものが認められる。

　基本　=des-u

　過去　=des-ita

　推量　=des-jo(R)

　中止　=des-ite

　逆接　=des-uredo

(5)　ホシテ　マタ　カヤッテ　キタガデス。（そしてまた帰ってきたんです。）　　　　　　　　　　　　　　　　　　［藤木］

(6)　イーデスヨ。（いいですよ。）　　　　　　　　　　　［柳町］

(7)　タイシタ　オレー　デキンガデスレド（たいしたお礼ができないのですけど）

なお、動作の相手を高める〈謙譲〉の派生形は一般的でなく、談話資料に確例が見いだせない。授与を表す語彙的謙譲動詞に「アゲル」「サシアゲル」がある（3）。

20. 従属節

従属節を、主節との統語・意味的な関係から次のように分類し*82、順に記述する。

    a. 補足節 … 述語に対する主語・補語成分となる。
        a1. 引用節 … 発話や思考・知覚の内容を引用する。
        a2. 疑問節 … 思考・知覚の内容を不確実なものとして示す。
    b. 名詞修飾節 … 名詞を修飾する成分となる。
    c. 副詞節 … 主節の副詞的修飾成分となる。
        c1. 条件節 … 主節との間に因果関係がある事態を示す。「仮定節」「逆接仮定節」「原因・理由節」「逆接節」がある。
        c2. 時間節 … 主節と種々の時間的な関係にある事態を示す。
        c3. 目的節 … 主節の事態の動作・変化・状態の目的を表す。
        c4. 様態節 … 主節の事態の動作・変化・状態の様態を表す。
    d. 等位節 … 主節と意味・統語的に対等な関係にある。

20.1 引用節

引用節を標示する形式として次のものがある。

1) ø（ゼロ、無助詞）
2) 副助詞ト
3) 副助詞テ、ッテ
4) 複合形式「øユーテ」「チューテ」等
5) 副助詞ヤラ
6) 副助詞トカ、ダトカ
7) 副助詞ダノ
8) 副助詞ノ

引用節標示が1)のøとなるのは、直後に主節動詞「言う」「思う」が続く場合に限られる。ただし、引用節の多くがこの条件に合致し、引用節全体でのø標示の割合は高い。詳しくは8章参照。

(1) センセ　エッテ　コラレッカ ø　ユーテ　ジデンシャノ　ゲスニサ　ノセテ（「先生、行ってきなさるか」と言って、自転車の荷台に乗せて、）　　　　　　　　　　　　［藤木］

(2) アンタモ　イク<u>ø</u>　オモタ。(あなたも行く<u>と</u>思った。)

2) トは主節動詞が「思う」の場合、3) (ッ) テは主節動詞が「言う」の場合に用いられることが多い。

(3) マー　ヨー　ヤッテキタ<u>ト</u>　オモウワネ。(まあ、よくやってきた<u>と</u>思うよね。)　　　　　　　　　　　　　　　［藤木］

(4) マッツリワ　ナマグサイガ<u>ダッテ</u>　コー　ユウェド (祭りは生臭いの<u>だって</u>、こう言うけど)　　　　　　　　　［藤木］

4) は、1) ～3) に動詞ユー (言う) のテ形が付いた複合形式である。(5) のように主節動詞が「言う」の場合にも用いられることから、動詞としての語彙的意味を失い、全体で引用助詞相当形式として文法化している*83。これも主節動詞が「言う」の場合が多い。

(5) アンニャヤチ　コンナ　エッペンニ　デカイト　コント　サンニン　ヨッタリズツ　ワケテ　コイヨ<u>ユーテ</u>　ヨーユーテオラレタガ。(「あなた達、こんなに一度にたくさん来ないで、3人4人ずつに分けて来いよ」<u>と</u>、よく仰っていたの。)　　　　　　　　　　　　　　　　　　　［藤木］

5) ヤラ、6) (ダ) トカ、7) ダノ、8) ノは引用節の並列機能を持つ (10)。

(6) アノッサント　カイモン　イッタチャ　アコ　イカンニャ　ナラン {ヤラ／トカ／ダトカ／ダノ／ノ} ココ　イカンニャ　ナラン {ヤラ／トカ／ダトカ／ダノ／ノ} ウルサテナン。(あの人と買い物に行ったら、あそこに行かなければならない<u>とか</u>、ここに行かなければならない<u>とか</u>、うるさくて、もう。)

アクセントはト、(ッ) テは低接型。øも必ず下降を伴う。これらを前部要素とする4) も同様。例は「書ク」(-2型)、「コドモ」(0型)。ヤラ・(ダ) トカ・ダノ・ノのアクセントについては10参照。

　　［カ］ク　ユ］ー。コ［ドモ］　ユ］ー。
　　［カ］クト　オモ］ー。コ［ドモ］ト　オモ］ー。
　　［カ］クッテ　ユ］ー。コ［ドモ］ッテ　ユ］ー。
　　［カ］クユーテ　ユ］ー。コ［ドモ］ユーテ　ユ］ー。

20.2 疑問節

疑問節は、主節述語が表す思考・知覚内容を不確実なものとして示す。副助詞カやヤラで表される。アクセントについては10参照。

(1) イゼンホドニ　デル<u>カ</u>　デン<u>カ</u>　ワカランケドモ（以前ほどに（水が）出る<u>か</u>出ない<u>か</u>分からないけど）　　　　　［藤木］

(2) ユッキャ　デッカイ　タメニ　ドコデ　イタンドル<u>ヤラ</u>　ワカランガダチュガヤチャ。（雪が大きいために（パイプが）どこで傷んでいる<u>やら</u>分からないのだと言うのだよ。）
　　　　　　　　　　　　　　　　　　　　　　　　　　　　　［藤木］

20.3 名詞修飾節

名詞修飾節は、述語を連体形とし、被修飾名詞の前に位置することによって表される。(1)のように、被修飾名詞が名詞修飾節の述語に対する格関係にある場合、(2)のように、そのような関係にない場合がある。修飾する事態が発話・思考・引用内容で、発話・思考を指す名詞を修飾する場合、(3)(4)のように「引用の助詞＝動詞ユー（言う）」にあたる「øユー」「チュー」「ッテ」が介在することがある。構造的には名詞修飾節のなかに引用節が埋め込まれていると言える。

(1) <u>アンタ　コータ</u>　ホン　ミシテ。（<u>あなたが買った</u>本を見せて。）

(2) ソッデモネ　<u>エシャエ　エク</u>　キチャ　センモンダチャ。（それでもね、<u>医者に行く</u>気はしないものだよ。）　［藤木］

(3) スコシグライ　チョーシャ　ワルテモ　ナーン　<u>コンナモン　イマ　ナオンネカッテ</u>　キニ　ナットカラネー（少しぐらい調子が悪くても、いや、<u>こんなものくらいすぐに治るよって</u>気になっているからねえ）　　　［藤木］

(4) <u>タロー　ニューインシタøユー</u>　ハナシ　キ　タビ。（<u>太郎が入院したという</u>話を聞いたよ。）

被修飾名詞が形式名詞や準体助詞の場合は **5.3**、**5.4** 参照。

20.4 仮定節

主節の事態を引き起こすと予測される原因を仮定的に示す節を仮定節とする。仮定節の述語の形として、次のものがある。

1) リャ・レバ
   動詞肯定　-(r)ja, -(r)eba　例）カキャ・カケバ、ミリャ・ミレバ
   動詞否定　-(a)Nnja　例）カカンニャ
   形容詞肯定　-ker-ja, -ker-eba　例）タカケリャ・タカケレバ
   形容詞否定・名詞否定　(=de)=nakeNnja
      例）タカナケンニャ、コドモダナケンニャ
2) タラ -tara　例）カイタラ、タカカッタラ、コドモダッタラ
3) タチャ・タシャ・タッチャ -tacja, -tasja, -taQcja
      例）カイタチャ、タカカッタチャ、コドモダッタチャ
4) タシノ -tasino
      例）カイタシノ、タカカッタシノ、コドモダッタシノ
5) タト -tato　例）カイタト、タカカッタト、コドモダッタト
6) ト　非過去断定形（名詞述語はコピュラ付加形）=to
      例）カクト、タカイト、コドモダト
7) テチャ・デチャ　-te=cja, =de=cja
      例）カイテチャ、タカテチャ、コドモデチャ
8) (ガ)ナラ　(=ŋa)=nara　例）カクガナラ、コドモナラ

藤木資料・柳町資料での使用形を表3.15、3.16に示す。表では、仮定節をとる文を次のように分類している*84。

仮説条件文　仮定節・主節ともに未実現の事態。「明日雨が降れば、会は中止になるだろう。」など。

反事実条件文　仮定節・主節ともに反事実の事態。「晴れれば、今ごろ出かけていたのに。」など。

一般条件文　仮定節と主節の事態間の関係が、時を超えて必ず成立する。「1に2を足せば、3になる。」など。

反復条件文　仮定節と主節の事態間の関係が、繰り返し成立する。「雨が降ると、よくバスが遅れる。」など。

事実条件文　仮定節の事態が主節の事態を引き起こしたという、

表 3.15 談話資料での仮定形式：名詞述語・ガ゜形述語以外

		1 リャ・レバ	2 タラ	3 タチャ	4 タシノ	6 ト	7 テチャ
藤木	仮説	4	1	0	1	0	0
	反事	0	0	0	0	0	0
	一般	4	1	0	1	0	0
	反復	1	5	4	12	0	0
	計	9	7	4	14	0	0
柳町	仮説	4	6	1	0	0	1
	反事	1	1	0	0	0	0
	一般	2	8	0	0	6	0
	反復	3	4	1	0	4	0
	事実	0	15	0	0	2	0
	計	10	34	2	0	12	1

表 3.16 談話資料での仮定形式：名詞述語・ガ゜形述語

		2 ダッタラ	6 ダト	7 ナラ
藤木	仮説	0	0	4
	計	0	0	4
柳町	仮説	1	1	3
	反事	3	0	0
	一般	3	0	0
	反復	1	0	0
	計	8	1	3

過去の1回的な出来事を伝える。「部屋に入ったら、人がいた。」など。

1) リャ・レバは、〈事実条件〉以外で用いることができ、特に〈仮説条件〉〈反事実条件〉〈一般条件〉で用いられやすい。下の(2)のように、動作性の事態を仮定し、主節が命令表現の場合も用いられる点で、共通語のレバより用法が広い。

(1) ソイテ　コンナ　タクサン　ツレテイキャー　ヒトリ　フタリ　ウシナカイテクッカモシレン　ユータラ、(そして、

「こんなにたくさん連れて行けば、1人2人失くして来るかもしれない」と言うと、)〈仮説条件〉　　　　　　　　　　　［柳町］

(2) アンタ　タロー　クリャ　カエラレ。(あなたは太郎が{？来れば／来たら}帰りなさい。)〈仮説条件、主節が命令〉

(3) ジューネンマエニ　ソイガ　ユーテクレリャ　オラ　サソーガヤッタンニ。(10年前にそういうことを言ってくれれば、私が誘うのだったのに。)〈反事実条件〉　　　［柳町］

(4) Xハンナ　ター　ウェラレンニャ　コサクチャ　ターウェラレンガチネ。(X(地主の名)さんが田をお植えにならなければ、小作は田を植えられないんだよね。)〈一般条件〉
[藤木]

2) タラは全ての仮定条件文で使われる。藤木資料よりも柳町資料で頻度が高いことから、近年、優勢傾向にあると推測される。名詞・ガ形(「の(だ)」形)述語の仮定節も、藤木資料ではナラのみだが、柳町資料では{ダ・ヤ}ッタラも使われる。

(5) ソイデ　ナンカ　モンク　アッタラ、アトカラ、コノヒトワ　コーダカラ　アーダカラトカ　ユーテ　キカシテクレト。(それで何か文句があったら、後からこの人はこうだからああだからなどと聞かせてくれと(言うんだ)。)〈仮説条件〉　　　　　　　　　　　　　　　　　　　　　［柳町］

(6) イッペンデモ　ジコ　オキタラ　タイヘンノガダッタケド。(一度でも事故が起きたら大変なことだったけど。)〈反事実条件〉　　　　　　　　　　　　　　　　　　　　　　［柳町］

(7) オンナノヒトノ　オル　アノ　ショクドーナリ　ソイ　ヤツガ　タクサン　アッタラ　シンマチチュ　ナマエ　ツク。(女の人がいる、あの、食堂なりそういうものがたくさんあったら新町という名前がつく。)〈一般条件〉　　　［柳町］

(8) ジーチャン　オキテコラレタラ　スグ　オチャ　ノマレアン。(爺ちゃんは起きていらっしゃるとすぐにお茶をお飲みになるの。)〈反復条件〉　　　　　　　　　　　　［藤木］

(9) アタラシーマチ　タクサン　デキタラー　ワカランヨーナッテキタガダ。(新しい町がたくさんできたら、分からな

くなって来たんだ。)〈事実条件〉　　　　　　　　　　　　　［柳町］

　(10)オラッチャ　ミタイナ　ダラダッタラ　ドンナガデモ　シ
　　　ャベレル。(私みたいな馬鹿なら、どんなことでも話せる。)
　　　〈仮説条件、名詞＝ダッタラ〉　　　　　　　　　　　　［柳町］

　3) タチャ・タシャ・タッチャは、談話資料では例が少なく〈反復条件〉に偏るが、〈仮説条件〉でも可能である。〈事実条件〉では許容しがたい。主節を「ダメ（駄目）ダ」とし、〈妥当〉のモダリティ形式としての用法もある。

　(11)ホッテ　エマ　ドコヤラニ　ウンドカイノ　アル　ユータ
　　　シャ　シャー　ハシッガーチャ。(そして、今、どこかに運
　　　動会があると言えば、それは走るんだよ。)〈反復条件〉

　　　　　　　　　　　　　　　　　　　　　　　　　　　　［藤木］

　(12)コンド　オワトコ　キタチャ　オワ　アノ　テープニ　イ
　　　レッチャ。(今度私の所に来たら、私は、あのテープに入れ
　　　る（＝録音する）よ。)〈仮説条件〉　　　　　　　　［柳町］

　(13)みんなやり方あるがやちゃ、おおどに考えとったちゃ駄目
　　　だ。(皆やり方があるのだよ。大ざっぱに考えていては駄目
　　　だ。)〈妥当〉　　　　　　　　　　　　　　　　　　［北前］

　4) タシノは藤木資料に現れる*85。〈反復条件〉の例が多く、〈一般条件〉〈仮説条件〉の例もある。〈事実条件〉の確例がなく、可能かどうか不明。

　(14)コイ　トコ　エレテ　アライタスノネ　ジキ　ヤコー　ナ
　　　ッガ。(こんな所に入れて歩くとね、すぐに柔らかくなる
　　　の。)〈反復条件〉　　　　　　　　　　　　　　　　［藤木］

　(15)ワシニ　ユータスノ　ユーカモテダチャ。(私に言うと、
　　　（誰かに）言うかと思って、だよ。)〈仮説条件〉　　［藤木］

　5) タトは、藤木・柳町資料にはなく、北前資料に複数例見られる*86。〈一般条件〉〈反復条件〉の例が多く、〈事実条件〉や〈仮説条件〉の例も少数ある。

　(16)ここの河口に、甲羅に何やら一杯生えた蓑亀がおって、そ
　　　れが上がったと必ず海や荒れる云うたもんじゃ。(ここの河
　　　口に、甲羅に何やら一杯生えた蓑亀がいて、それが上がる

と必ず海が荒れると言ったものだ。）〈一般条件〉　　［北前］

(17) 親の本郷清四郎の時代や、千石あるいうて、秋になったと小作料収めに来る荷車何十台と続いとった。（親の本郷清四郎の時代は、千石あると言って、秋になると、小作料を収めに来る荷車が何十台と続いていた。）〈反復条件〉　［北前］

(18) 着いたと、その大通り行進して、軍司令官の閲兵受けた。（着くと、その大通りを行進して、軍司令官の閲兵を受けた。）〈事実条件〉　　　　　　　　　　　　　　　［北前］

(19) 親方ぁ「おら行ったと何じゃけね、おかか、おまさ行って検査員引っぱって来う」言わっしゃる。（親方が「私が行くと何だから、お母さん、お前が行って検査員を引っぱって来い」とおっしゃる。）〈仮説条件〉　　［北前］

6）トは、共通語と同様、〈一般条件〉〈反復条件〉の例が多く、〈事実条件〉でも用いうる。

(20) ダイザイ　キメルト　マタ　コレ　マタ　ムズカシーガチャ。（題材を決めると、また、これがまた難しいんだよ。）〈一般条件〉　　　　　　　　　　　　　　　　　［柳町］

(21) 天塩川の左岸、西の方入ってくと川口原野で、福井県の勝山のもんども開拓しとりました。（天塩川の左岸、西の方に入って行くと川口原野で、福井県の勝山の者達が開拓をしていました。）〈事実条件〉　　　　　　　　　　　　［北前］

7）テチャは、共通語の「ては」同様、〈仮説条件〉〈反事実条件〉で主節が望ましくない事態の場合に用いられる。下の例は立山町出身の話者による。

(22) ソイカラ　ヒトノ　マエデ　ハナストキャネー　トヤマベン　シャベットッテチャ　ワラワレッカト　オモテ　ヤッパリネ　シャベリニクイ。（それから、人の前で話す時は、富山弁をしゃべっていては笑われるかと思って、やっぱりね、しゃべりにくい。）　　　　　　　　　　　［柳町］

8）ナラは、共通語と異なり、動詞・形容詞の断定形に直接付かず、「連体形＝準体助詞ガ＝ナラ」となる。「〜ガナラ」は事態が既定だと仮定することを表す。(25)のように、共通語で「のなら」

が許容されない文では、富山市方言のガナラも許容されない。

(23) エマナラ ソコラ ドッコニデモ アレド。(今なら、そこら（あたりの）どこにでもあるけど。) ［藤木］

(24) イマミタイ アノ アノ トイガ アッテ コタエンガ<u>ナラ</u> イーケドネー。(今みたいに、あの、あの、問があって答える<u>のなら</u>いいけどね。) ［柳町］

(25) モシ アシタ アメ ｛フリャ／？フルガナラ｝ チューシナロー。(明日雨が｛降れば／降るなら／？降るのなら｝中止になるだろう。)

1) リャ・レバ、2) タラのアクセントについては、7.1 など各品詞・接辞の活用の記述部分を参照。タチャ等、タシノ、タト、テチャはタラ形、テ形のアクセントに準じ、下のようになる。トは音調上は終止形に、ガナラは音調上は連体形に付く。

［カ］イタチャ、タ［カカ］ッタチャ、コ［ドモダッタ］チャ、
［カ］イタシノ、タ［カカ］ッタシノ、コ［ドモダッタ］シノ、
［カ］イタト、タ［カカ］ッタト、コ［ドモダッタ］ト、
［カ］クト、［ミ］ルト、タ［カ］イト、コ［ドモダ］ト、
［カ］イテチャ、タ［カ］テチャ、コ［ドモデ］チャ、
カ［クガ］ナラ、タ［カ］イガナラ、コ［ドモナ］ラ、

20.5　逆接仮定節

主節において一般的な因果関係からは予測できない事態が示される場合、その原因にあたる事態を仮定的に示す従属節を逆接仮定節とする。逆接仮定節を作る形式として次のものがある。

　　1)　テモ・デモ
　　　　動詞肯定　＠temo　　例）カイテモ、ミテモ
　　　　動詞否定　-(a)Ndemo　例）カカンデモ
　　　　形容詞　　-temo　　　例）タカテモ
　　　　名詞述語　=demo　　　例）コドモデモ
　　2)　タッテ・ダッテ　-taQte、=daQte
　　　　動詞肯定　＠taQte　　例）カイタッテ、ミタッテ
　　　　動詞否定　-(a)NdaQte　例）カカンダッテ

形容詞　　-taQte　　例）タカタッテ
　　名詞述語　=daQte　　例）コドモダッテ
　3）テデモ　＠te=demo　例）カイテデモ、ミテデモ

1）、2）が一般的な逆接仮定の形式で、1）のほうが優勢である*87。形容詞・名詞述語の2）の形は稀で、談話資料では確例が得られないが、話者の内省では許容される。

（1）ソダケ　ユワレテモ　ダンモ　ハラ　タテンガネ。（それだけ言われても、誰も腹を立てないのね。）　　　　　　　　［柳町］
（2）スクナーテモ　ニケン　サンゲンシテ　ナカマスレバネ。（少なくても2軒か3軒で共有すればね。）　　　　　　　　　［藤木］
（3）ジーチャント　バーチャント　ウチニ　オラレタッテネー　ゴハンノ　ヨーイ　ヒトツ　シテアルジャナシネー。（爺ちゃんと婆ちゃんとが家におられてもね、ご飯の用意1つしてあるわけじゃなしね。）　　　　　　　　　　　　　［藤木］
（4）ソイ　コト　ワザワザ　｛イワンデモ／イワンダッテ｝　ミンナ　ワカットッチャヨ。（そんなことをわざわざ言わなくても、皆分かっているよ。）

3）は中止形に例示の副助詞デモ（9.4）が後接した複合形である。談話資料からは動詞肯定形の例しか得られず、動詞否定形や形容詞については話者の内省を問うと可・不可の判断がゆれる。反復条件で用いられやすく、一回的な事態に対する因果関係を仮定的に述べる場合には用いにくい。

（5）アコモ　ホントニネー　マ　ヒトツノ　トージユニ　ナッテネー　エー　ヨーサル　ジューイチジ　イッテデモ　ヤットッチャ。（あそこも、本当にね、まあ1つの湯治湯になってね、夜11時を過ぎてもやっているよ。）　　［藤木］
（6）a.　イツモ　アメ　フッテデモ　ヤルヨ。（いつも雨を降ってもやるよ。）
　　 b.　キョー　アメ　｛?フッテデモ／フッテモ｝　ヤロー。（今日、雨が降ってもやるだろう。）

アクセントは、次のように、テ形・タ形に準じる。
　［カ］イテモ、カ［カ］ンデモ、タ［カテ］モ、コ［ドモデ］モ、

［カ］イタッテ、カ［カ］ンダッテ、タ［カ］タッテ、
コ［ドモダ］ッテ、
［カ］イテデモ、ミ［テ］デモ

20.6 原因・理由節

原因・理由節を作る接続助詞、および、接続助詞相当の複合形式として、大きく次の2類がある。

　a. 単一の接続助詞

カラ・サカイ・サカイニ・サカライ・ケニ（ケネ）・ノッテ・デ。述語の断定形（名詞述語ではコピュラ付加形）と、推量形のうち＝ダロ（ー）・ヤロ（ー）形に接続。カコーなど推量 (j, r)o(R) 形には付きにくい。

　　　例）カクケニ、カイタケニ、タカイケニ、コドモダケニ、カクヤロケニ

　b. 形式名詞・準体助詞と助詞との複合形式

　　b1. ガデ　＝ŋa=de　述語の連体形に接続。

　　　　例）カクガデ、カイタガデ、タカイガデ、コドモナガデ

　　b2. モンデ　＝moN=de　述語の終止形または連体形に接続。

　　　　例）カクモンデ、カイタモンデ、タカイモンデ、コドモダモンデ・コドモナモンデ

　　b3. モンダケニ・モンダカラなど　＝moN=da= 接続助詞
　　　述語の連体形に接続。

　　　　例）カクモンダケニ、カイタモンダケニ、タカイモンダケニ、コドモナモンダケニ

談話資料での内訳を表3.17に示す[88]。

a類は、(1)～(3)のように、従属節が主節に対する〈原因〉を表す場合も、(4)のように〈判断・発言の根拠〉を表す場合も用いられるが、b類は後者では用いにくい。b類の主節に意志・命令などのモダリティ制限があるということでもある。

(1) ナイ　ゴッツォデモ　ヤッパ　ゴッツォ　タベラレタケネ　タノシミダッタ。（無いご馳走でも、やはりご馳走が食べら

表3.17 藤木・柳町資料における原因・理由形式

	a類		b類					b類%
	カラ	ケニ	サカイニ	ガデ	モンデ	モンダカラ	モンダケニ	
藤	16	5	2	2	0	5	2	28%
柳	37	12	0	1	2	5	2	17%

れたから、楽しみだった。） ［藤木］

(2) デ オワ チョーナンダッタモンデ カエッテキタガ。（それで、私は長男だったので、帰ってきたの。） ［柳町］

(3) マイニチ アメ フル ｛サカイ／ガデ／モンデ／モンダサカイ｝ センダクモンナ カワカンナ。（毎日雨が降る｛から／ので｝、洗濯物が乾かないよ。）

(4) アカンボーァ ネトル ｛サカイニ／×ガデ／×モンデ／×モンダサカイ｝、シズカセーマ。（赤ん坊が寝ている｛から／×ので｝静かにしろよ。）

こうしたb類の意味・モダリティ制限は、共通語の「ので」「もので」「ものだから」と同じだが、富山市方言では、b類の使用頻度が高いのが特徴的である。藤木資料と同時期に収録された談話資料『日本のふるさとことば集成』（国立国語研究所2001-2008）の東京都台東区では、a類カラ53例に対してb類ンデ2例で、b類率5％、神奈川県小田原市では、a類27例に対してb類ンデ1例で、b類率4％である。

a類の助詞のうち、デ以外は、音調上は連体形に接続し、助詞自身のアクセントも持つ。

カ［クカ］ラ、カ［カンカ］ラ、タ［カ］イカ］ラ、コ［ドモダ］カラ、
カ［クサカ］イ（ニ）、カ［カンサカ］イ（ニ）、
タ［カ］イサカ］イ（ニ）、コ［ドモダ］サカ］イ（ニ）、
カ［クサカラ］イ、カ［カンサカラ］イ、タ［カ］イサカラ］イ、
コ［ドモダ］サカラ］イ、
カ［クケ］ニ、カ［カンケ］ニ、タ［カ］イケ］ニ、コ［ドモダ］ケ］ニ、
カ［クノ］ッテ、カ［カンノ］ッテ、タ［カ］イノ］ッテ、
コ［ドモダ］ノ］ッテ、

デは、順接型である。

[カ]クデ、カ[カ]ンデ、タ[カ]イデ、コ[ドモダ]デ、

b類の複合形式では、連体形アクセントに接続し、準体助詞ガ（1型）、形式名詞モン（1型）のアクセントが実現する。

カ[クガ]デ、カ[カンガ]デ、タ[カ]イガ]デ、
コ[ドモナガ]デ、
カ[クモ]ンデ、カ[カンモ]ンデ、タ[カ]イモ]ンデ、
コ[ドモナモ]ンデ、コ[ドモダ]モンデ、
カ[クモ]ンダカラ、カ[カンモ]ンダカラ、
タ[カ]イモ]ンダカラ、コ[ドモナモ]ンダカラ、

20.7　逆接節

一般的な因果関係とは異なる事態が事実として起こることを示す逆接節の述語を作る形式として次のものがある。

1) 接尾辞レド（モ）
   動詞肯定　-(r)edo(mo)　例）カケド（モ）、ミレド（モ）
   動詞否定　-(a)Nnedo(mo)　例）カカンネド（モ）
   形容詞　-kar-edo(mo)、-ker-edo(mo)　例）タカカレド（モ）、タカケレド（モ）
   名詞　=dar-edo（mo）　例）コドモダレド（モ）
   過去　-tar-edo（mo）　例）カイタレド（モ）、タカカッタレド（モ）
2) 接続助詞ケド（モ）　=kedo(mo)　断定形に接続。
   例）カクケド（モ）、カイタケド（モ）、タカイケド（モ）、コドモダケド（モ）
3) 複合形式ガニ　=ŋa=ni　連体形に接続。
   例）カクガニ、カイタガニ、タカイガニ、コドモナガニ
4) 複合形式モノ　=mɔN=nɔ　連体形に接続。
   例）カクモノ、カイタモノ、タカイモノ、コドモナモノ

1)、2)は意味的に等しく、2)が新しい形である。1)、2)とも末尾にモが付かない形のほうが一般的である。

(1) マー　ソコマデ　イキラレルカナート　<u>オモトッタレド</u>　マー　キョーマデ　シナナンダト　ユーコト　ナリャ　ヤクソク　マモッタ　ホーダロガイネ。(まあ、そこまで生きられるかなと<u>思っていたけど</u>、まあ、今日まで死ななかったということになれば、約束を守ったほうだろうね。)

［藤木］

(2) ネダン　{タカカレド／タカケレド}　カウ。(値段が<u>高いけど</u>、買う。)

(3) サ　シター　ドーダッタカ　<u>シランネド</u>　ワタシラネソーダッタネ。(さあ、人はどうだったか<u>知らないけど</u>、私達はそうだったね。)

［藤木］

(4) チチオヤガー　Ａチューガッコーノ　コーチョー　シトッタカー　ナンカ　<u>シランケド</u>　トニカク　ムヤミヤタラニ　イバットッテ。(父親がＡ中学校の校長をしていたか何だか<u>知らないけど</u>、とにかくむやみやたらに威張っていて)

［柳町］

3) は準体助詞ガと助詞ニの複合形で、共通語の「のに」に対応する。主節に命令・意志・推量といった行為要求や判断のモダリティをとらない。

(5) コノ　<u>アツイガニ</u>　マイランナラン　ユーテ。(この暑いの<u>に</u>参らなければならないと言って。)

［藤木］

(6) チョット　{タカカレド／×タカイガニ}　カオカナ。(ちょっと{高いけど／×高いのに}買おうかな。)

4) モンノは、形式名詞モンと助詞ノの複合形で、共通語の「ものの」に相当する。

(7) アンシン　シタヨナ<u>モンノ</u>　コイヤ　デナンダモンダカラ　イチジ　ヤッパリ　ナヤンダネ　ンー。(まあ安心したような<u>ものの</u>、声が出なかったものだから、一時はやっぱり悩んだね、うん。)

［藤木］

1) レド(モ)形のアクセントについては、7.1などそれぞれの活用形の記述箇所で触れた。2) は、音調上は連体形に接続し、ケド(モ)のアクセント(1型)が実現する。3)、4) も、連体形に

接続、準体助詞・形式名詞のアクセントが実現する。

カ[クケ]ド、カ[カンケ]ド、タ[カ]イケ]ド、コ[ドモダ]ケド、
カ[クガ]ニ、カ[カンガ]ニ、タ[カ]イガ]ニ、コ[ドモナガ]ニ、
カ[クモ]ンノ、カ[カンモ]ンノ、タ[カ]イモ]ンノ、
コ[ドモナモ]ンノ

20.8 時間節

主節の表す事態と別の事態との相対的な時間関係を示す節を「時間節」とする。富山市方言では、共通語と同様、主に「名詞修飾節＝時を表す名詞（＝助詞ニ）」で表される。具体的には下のとおり。

a. 主節事態が従属節事態と同時：トキ（ニ）、ジブン
b. 主節事態が従属節事態の展開中に生起：マニ、ウチ（ニ）
c. 主節事態が従属節事態より前に生起：マエ（ニ）、サキ（ニ）、マデ（ニ）
d. 主節事態が従属節事態より後に生起：アト（ニ）、テカラ @te=kara、ナリ

（1）（2）がa、（3）（4）がb、（5）～（7）がc、（8）～（10）がdの例である。cのマエ（ニ）、サキ（ニ）は、肯定形のほか、（5）（6）のように否定形に付くことがある。また、cのマデは、主節事態の成立まで従属節事態が継続することを表す。dのナリは、従属節の事態の直後に主節の事態が起こることを表す。

(1) ワシ　ココイ　キタ<u>トキ</u>　マダ　アノー　オトーサンナ　アンネヤー　アンネヤッテ　ユワレタ。（私がここに来た時、まだ、あの、お父さんが「あんね（長女の呼称）や、あんね（長女の呼称）や」とおっしゃった。）　　　　［柳町］

(2) ホテ　エマー　アノ　ミチ　ナカッタ<u>ジヴン</u>　オミャサンノ　アコ　トーッタライタネケネー　オッミャハンノ　ナカ。（そして、今、あの道がなかった頃、お宮さんのあそこを通って歩いたよね、お宮さんのなかを。）　　　　［藤木］

(3) アンタ　ネトル<u>マニ</u>　カタズケトイタ。（あなたが寝ている間に片づけておいた。）

(4) ところが九十九ちゅ所はね、港の中に虫いうて、そう舟虫、

ありゃ多うて、二月かそこら水に浸っとるうちに船底喰われてしもた。(ところが九十九という所はね、港のなかに虫と言って、そう、舟虫、あれが多くて、2月かそこらの間、水に浸っているうちに船底が食われてしまった。)　　［北前］

(5) イマノ　ダンナハンニ　マー　ツカンマエニャー　ヤッパリー　アノ　シトトナラッテ　ユーコト　オモ　オモタコト　アルモンカイ。(今の旦那さんに、まあ、嫁ぐ前には、やっぱり、あの、「この人となら」ということを思ったことがあるのか。)　　　　　　　　　　　　　　　　　　［藤木］

(6) その札持って、葬式出てかん先にそこな旦那はんうち行って、皆もろて来たわ。(その札を持って、葬式に出て行く前にそこ旦那さんの家に行って、皆もらって来たよ。)　［北前］

(7) 親父の遺体は鰊の油入れる大きなガンガン入れて、塩一杯つめて漁が終わるまで埋めといた。(親父の遺体は鰊の油を入れる大きな缶に入れて、塩を一杯詰めて、漁が終わるまで埋めておいた。)　　　　　　　　　　　　　　　　　　［北前］

(8) ダレド　ヤッパリ　カナーズト　ユーテ　ミズ　アビタアト　サー　ケンカダネケネー。(だけど、やはり必ずといって、水を浴びた後、それは喧嘩だよね。)　　　　［藤木］

(9) コーコ　サンネングライニ　ナッテカラ　グングン　ノビテイッタガ。(高校3年ぐらいになってから、ぐんぐん伸びていったの。)　　　　　　　　　　　　　　　　　　　［藤木］

(10) ソレガネ　ツイタチノ　アサネ　ゴハン　タベンナリ　マッデ　ハイテシモタン。(朔日の朝にご飯食べるとすぐに、全部吐いてしまったの。)　　　　　　　　　　　　　　　　　［藤木］

形式名詞を要素とするトキ（ニ）などは、音調上は連体形に接続し、形式名詞のアクセントが実現する。

カ［クト］キ（ニ）、カ［カント］キ（ニ）、タ［カ］イト］キ（ニ）、

カ［クジブ］ン、カ［カンジブ］ン、タ［カ］イジブ］ン、

カ［クマニ、カ［カンマニ、

カ［クウチ（ニ）、カ［カンウチ（ニ）、タ［カ］イウチ（ニ）、

カ［クマ］エ（ニ）、カ［カンマ］エ（ニ）、

カ[クサキ（ニ）、カ[カンサキ（ニ）、
[カイタアト（ニ）、

マデ（ニ）、ナリも音調上は連体形に接続する。テカラはテ形アクセントに準じる（**7.1**）。

カ[クマ]デ、タ[ベ]ルマデ、
カ[クナ]リ、タ[ベ]ルナ]リ、
[カ]イテカラ、タ[ベ]テカラ、

20.9　目的節

主節の動作・状態の目的を表す節の述語形式として、次のものがある。

1) 助詞ニ　動詞-(i)=ni　例) カキニ、ミニ
2) ガニ　=ŋa=ni　動詞の非過去連体形に接続。
　例) カクガニ、ミルガニ
3) タメニ　=tame=ni　動詞の非過去連体形に接続。
　例) カクタメニ、ミルタメニ
4) ヨーニ　=joR=ni　動詞の非過去連体形に接続。
　例) カクヨーニ、ミルヨーニ

1)、2) についてはそれぞれ **8.3**、**5.4** を参照。

3) は形式名詞タメと助詞ニ、4) は形式名詞ヨーと助詞ニの複合形式である。

(1) ヤッパリ　コメヅクリチャー　カネオ　トルタメニ　ヤットルガダレド（やっぱり米作りというのは、金をとるためにやっているのだけど、）　　　　　　　　　　　　［藤木］
(2) ユダヤノ　トコカラ　コンダ　ハイレルヨーニ　トビラオ　ツケテ　エー　ナオサレタ。（湯殿の所から今度は入れるように扉を付けて、ええ、お直しになった。）　　　　　　［藤木］

音調上は連体形に接続し、タメ・ヨーのアクセントが実現する。

カ[クタメ]ニ、カ[カンタメ]ニ、タ[ベ]ルタメ]ニ、
カ[クヨ]ーニ、カ[カンヨ]ーニ、タ[ベ]ルヨ]ーニ、

20.10　様態節

　主節の動作・状態の様子・程度を表す副詞的成分である。意味によってa～cに分けられる。

　　a．動作・状態の様子を比喩的に示す。
　　　1)　ヨーニ　joʀ=ni　述語の連体形に接続。例）カクヨーニ
　　　2)　ガミタイニ　=ŋa=mitai=ni　述語の連体形に接続。例）カクガミタイニ
　　b．程度
　　　ホド　=hodo　述語の連体形に接続。例）カクホド
　　c．付帯状況
　　　1)　ナガラ　-(i)naŋara　例）カキナガラ、ミナガラ
　　　2)　動詞-(i)形の重複形。語幹1拍の場合は長音化。例）カキカキ、ミーミー
　　　3)　ント　-(a)ɴto　例）カカント、ミント
　　　4)　ズニ　-(a)zuni　例）カカズニ、ミズニ

　a1)は、形式名詞ヨーと助詞ニの、a2)は、準体助詞ガと名詞述語型助動詞ミタイダの副詞形の、複合形式である。bホドは、形式名詞と言える。

　(1)　ソレコソ　ヒロテキタヨーニ　ユータモンダチャ。（それこそ拾ってきたように言ったものだよ。）　　　　　　　　　［柳町］
　(2)　マッデ　ジブンガ　ヤッタガミタイニ　ジマンシトル。（まるで自分がやったみたいに自慢をしている。）
　(3)　ヒトリデ　タタレンホド　サケ　ノンダ（1人で立てないほど酒を飲んだ。）

　cは動詞派生形である。3)ント、4)ズニは当該動作を伴わないことを表す。**16.1**、**20.11**も参照。

　(4)　ユー　ハイリナガラー　カラダオ　カラダオ　ヤスメルト（湯に入りながら体を、体を休めると（いうことだ）。）
　　　　　　　　　　　　　　　　　　　　　　　　　　　　　　［藤木］
　(5)　テレビ　ミーミー　ゴハン　タベトル（テレビを見ながらご飯を食べている。）
　(6)　テレビ　ミント　ゴハン　タベラレ。（テレビを見ないでご

飯を食べなさい。)

a、bの形は、音調上は連体形に接続する。

カ[クヨ]ーニ、カ[カンヨ]ーニ、タ[ベ]ルヨ]ーニ、

カ[クガミタ]イニ、 カ[カンガミタ]イニ、

タ[ベ]ルガミタ]イニ、

カ[クホド、カ[カンホド、タ[ベ]ルホド、

ナガラは0型または-2型。重複形は **7.1**、ント・ズニ形は **16.1** を参照。

カ[キナガラ／カ[キナガ]ラ、

20.11 等位節

等位節の述語の形として次のものがあげられる。

1) テ・デ -te, =de 例) カイテ、ミテ、タカテ、コドモデ
2) テカカッテ 動詞@te=kakaQ-te 例) カイテカカッテ、ミテカカッテ
3) モンノ =moN=no 連体形に接続。 例) カクモンノ、カイタモンノ、タカイモンノ、コドモナモンノ
4) シ =si 断定形と推量形={d, j}aro(R)に接続*89。例) カクシ、カクダローシ、タカイシ、コドモダシ
5) タリ -tari
   動詞 @tari 例) カイタリ、ミタリ
   形容詞 -kaQ-tari 例) タカカッタリ
   名詞 =daQ-tari 例) コドモダッタリ
6) 動詞-(i)形 例) カキ、ミー

1)は、(1)のようにその節の事態と主節の事態とが対比的な場合、(2)のように継起的な関係の場合が、典型的である。(3)は、継起的な関係とも、主節事態の付帯状況を表すとも捉えれられる。(4)は、両事態に因果関係があることを含意し、原因・埋出節とも言える。

(1) キョーァ タカオカ ユキデ コッチ アメダト。(今日は高岡の方が雪で、こっちが雨だって。)
(2) ホケンヤサンナ キテ ミーンナ ハズサレタヨ。(保険屋

さんが来て、(保険を)皆お外しになったよ。)　　　［藤木］
(3) アノッサン　カサ　サイテ　ジテンシャ　ノットラレル。
　　（あの人、傘を指して自転車に乗っておられる。）
(4) ソイ　モン　タカテ　カエンチャ。（そんなもの高くて買え
　　ないよ。）

16.1で触れたように、動詞の否定中止形にはンデ・ナンデとント・ズニがある。共通語の「なくて」と「ないで」の違いに対応し*90、ンデ・ナンデは、(5)(6)のように主節に対する従属度が低い並列・対比の場合や、(7)のように因果関係を含意する場合に、ント・ズニは、(5)のような並列・対比で主節が肯定文の場合や(8)のような付帯状況を表す場合に使われる。

(5) キョー　タカオカ　ユキ　{フランデ／フラント}　コッチ　フンガダト。（今日は高岡は雪が{降らなくて／降らないで}、こっちが降るんだって。）
(6) キョー　ハナコ　{コンデ／×コント}　アシタ　ノリコ　コンガダト。（今日は花子が{来なくて／×来ないで}、明日はのり子が来ないんだって。）
(7) ハナコ　{コンデ／×コント}　ヨワッタ。（花子が{来なくて／×来ないで}、困った。）
(8) アノッサン　ナンモ　{?モタンデ／モタント}　キタジャ。（あの人、何も{×持たなくて／持たないで}来たよ。）

形容詞ナイの1)の形には、規則的なナテのほか、不規則なナシニ、ナクシテ、ナシがある。ナシニ・ナクシテは、事態を対比的に並列する場合に限られ、因果関係を表す場合には使いにくい。ナシは、複数の関連事態から1つを例示する場合に用いられる。

(9) ソッデ　ソイモンガー　シンブン　クバリダシタラネ　イッケンモ　シッパイスルコト　ナシニ　キチント　ミンナ　クバッテクルモンダッタ。（そして、そういう者が新聞を配りだしたら、一軒も失敗することなく、きちんと皆配ってくるものだった。）　　　　　　　　　　　　　　　［柳町］
(10) ナンナンナン。Xデ　ナシニ　ムコーノ　Y。（いやいやいや。X（人名）でなく、向こうのY（人名）。）　　　［柳町］

第3章　富山市方言の文法体系　　**201**

(11) コーヤッテ　ソーササエ　シテケバ　イクチューモンデ　ナクシテ　ンマ　イッピキ　イッピキノ　クセァ　アルダロ。(こうやって操作さえしていけばいくというものじゃなく、一匹一匹の癖があるだろ？) ［藤木］

(12) サ　アンタ　イッショニ　シンコンデ　イク　ユータッテ　ナン　イマミタイニ　ナンカ　コヤッテ　スッツイテ　アライタンデモ　ナシ　ダイブ　ハナレテ　アンタ。(それはあなた、一緒に新婚で行くといっても、今のようになんだかこうやってくっ付いて歩くのでもなく、だいぶ離れて、あなた。) ［藤木］

2）テカッテは、北前資料に観察される*91。(13)は主節の事態との継起的関係、(14)は主節の事態に対する原因を表しており、1）と同様に用いられている。

(13) 歳ゃいかんがにあんた、重い二十貫か三十貫あるが背中ぼんぼしてかかって貨車のそばまで持って来るがだれど。(歳が若いのに、あなた、重い、20貫か30貫あるものを背中におんぶして貨車のそばまで持って来るのだけど。) ［北前］

(14) 雪吹きつけて来てかかってなも、どこも分からんようになるが。(雪が吹きつけて来て、もう、どこも分からなくなるの。) ［北前］

3）モンノ、4）シは、共通語の「し」同様、主節の事態と関係のある事態を例示するもので、複数を並列することが多い。談話資料では3）が一般的で、4）は、従属節言い切りで主節がない例が多い。

(15) キッタナテ　チョット　スワラレモ　センモンノ　コシカケラレモ　センモンノ　オラッチャ　バスタオル　モッテッタリ　フロシキ　モッテッタリシテ　ソコイ　ヒーテ　ホッテ　ソコ　コシカケトアダ　ユーテ（汚くて、ちょっと座ることもできないし、腰かけることもできないし、私はバスタオルを持って行ったり、風呂敷を持って行ったりして、そこに敷いて、そしてそこに腰かけているのだ、と言って、） ［藤木］

(16)ヤッパリ　アノ　ヤッパリー　ウチニサ　フアンナ　コト
　　　トカ　カンガエトットネー　アルト　ヤッパリ　ドーシテ
　　　モ　フケルシネ。(やっぱり、あの、やっぱり、うちに(い
　　　て)さ、不安なこととかを考えているとね、やっぱり、ど
　　　うしても老けるしね。)　　　　　　　　　　　　［柳町］

5) タリは、従属節と主節あるいは複数の従属節の事態を並列する。「〜タリ〜タリスル」と、形式動詞スルの実質的動作内容を表す補語成分となる例もある。6) も、動詞-(i) 形を並列し、形式用言スルの補語成分とする形である。

(17)タダ　ホーコクショ　ミタリ　ソエガ　ソイガ　ミトルダ
　　　ケダカラ。(ただ報告書を見たり、そういうものを見ている
　　　だけだから。)　　　　　　　　　　　　　　　［柳町］
(18)オラッチャ　バスタオル　モッテッタリ　フロシキ　モッ
　　　テッタリシテ　ソコイ　ヒーテ　ホッテ　ソコ　コシカケ
　　　トアダ　ユーテ(私達はバスタオルを持って行ったり、風
　　　呂敷を持って行ったりして、そこに敷いて、そしてそこに
　　　腰かけているのだ、と言って、)　　　　　　　［藤木］
(19)ウラ　カエシ　オモテ　カヤシシテ　ソノ　アイテオ　エ
　　　ラブト。(裏を返し、表を返しして、その、相手を選ぶと
　　　(いうことだ)。)　　　　　　　　　　　　　　［藤木］

1) テ・デ、6) -(i) 形のアクセントは 7.1〜7.3 を参照。テカカッテのアクセントについては発話例を得ていないので省略する。モンノは、音調上の連体形に接続し、独立1型。シは音調上の終止形に接続、順接型。タリは、テ・タ形に準じ、音素配列によってアクセントの位置が決まる。

　　　カ［クモ］ンノ、カ［カンモ］ンノ、タ［カ］イモンノ、
　　　コ［ドモナモ］ンノ、
　　　［カ］クシ、カ［カ］ンシ、タ［カ］イシ、コ［ドモダ］シ、
　　　［カ］イタリ、ミ［タ］リ、タ［カカ］ッタリ、コ［ドモダッタ］リ、
　　　トカ、ダノ、ヤラ、カにも事態並列の機能がある(10参照)。

21. 談話展開において機能する形式

指示語については6を参照。ここでは接続詞、応答表現、間投表現について記す。

21.1 接続詞

接続詞は、いずれも複数の語の複合形式に由来する。ソ系の指示語に、コピュラや動詞「スル」、格助詞が後接する語形成のものが多い。富山市方言では、指示語にs＞hの音韻交替は起こらないが、接続詞では「ソシタラ」「ホシタラ」など、hに転じた形が語彙化して併存している。また、談話資料では、「ソシタラ」が「ソイタラ」「ソシタ」「ナラ」が「ナ」となるなど、動詞スル由来のsやラ行拍が脱落した形態的変異が頻出する。sやラ行拍の脱落形は内省では許容しにくく、ぞんざいな発話で臨時に出現する変異と言える*92。

以下、意味・語形成ごとに主な接続詞を記す。[ ]内はアクセント。

21.1.1 仮定の接続詞

1) ソシタラ［1］、ホシタラ［1］、ホッタラ［1］
2) ナラ［1］
3) ソンナラ［1, 3］、ホンナラ［1, 3］

1）は「指示副詞ソー＝動詞スルのタラ形」に由来する。〈ある事態を仮定して帰結を導く〉ことを基本義とする。(1)のように、共通語の「すると」「そうしたら」にあたる、事態間の継起的な関係を表すほか、(2)のように、共通語の「それなら」「じゃあ」にあたる、前文脈の事態を受けて帰結を導く用法も持つ。後者は、2) ナラ、3) ソンナラ、ホンナラの用法に重なる。3) は「指示代名詞ソレ＝ナラ」に由来する。

(1) ホイデ ハジメノ アイダ イットッテモネー サ コドンドモァ ネサセロー。ホッタラ オトナ スルコト ナイネカ。(そして、初めの間は行っていてもね、そりゃ、子

供達は寝かせるだろう？　そうしたら、大人はすることがないじゃないか。)　　　　　　　　　　　　　　　［柳町］
(2) A：キョー　アノ　ミセ　ヤスミダト。(今日あの店は休みだって。)
　　B：エー。{ソシタラ／ホシタラ／ホッタラ／ナラ／ソンナラ／ホンナラ}　ドコ　イク？(えー。じゃあどこに行く？)

21.1.2　理由

語形成から、次の3類に分けられる。

1) ダカラ[1]、ダケニ[1]、ダサカイ[1]、など
2) ソンダカラ[3]、ホンダカラ[3]、ソッダケニ[3]、など
3) ソダカラ[1,2]、ホダカラ[1,2]、ホヤケニ[1,2]、など

1)は「コピュラ＝理由の接続助詞」、2)は「指示代名詞ソレ＝コピュラ＝理由の接続助詞」、3)は「指示副詞ソー＝コピュラ＝理由の接続助詞」に由来する。3類とも、前文脈の事態を原因・理由とし、結果・帰結を導く。下の (4) ホダは、2) または3) の臨時変異とみなせる。1) のうち特にダカラは、共通語の「だから」と同様に、下の (5) のような、原因・理由にあたる事態が見出しにくく、話し手が、ダカラに続く事態を〈聞き手はすでに分かっているはずだ〉と捉えるという発話態度を表す用法がある。

(3) (相手に予め注意したのに、その注意を守らないで間違いをおこしたので){ソヤサカイ／ソンダサカイ／ダカラ}ヤメトカレ　ユートッタガニ。(だからやめておけと言っていたのに。)
(4) ソイツ　ヘルマニ　カエッテ　クーアン。ホダ　チョッコ　オソナンガーチャ　ジカンナ。(そいつ昼間に帰って来るの。だからちょっと遅くなるんだよ、時間が。)　　　　　［藤木］
(5) チョーナイジャ　ナクシテ　ホラ　アノ　Xデモ　イクネカイ。コノマエ　イッペン　ホラ　ダカラ　バス　ノッタトキニ　ソイガユーテ　ハナシ　シトッタガーチャ。(町内じゃなくて、ほら、あの、X (施設名) でも行くじゃないか。

この前、一度、ほら、だから、バスに乗ったときにそんなことを言って話をしていたんだよ。) 　　　　　　　　　　[柳町]

21.1.3　逆接
語形成から次の6類に分けられる。
1) ダレド [1, 2]
2) ダケド [1]
3) ソンダレド [3, 4]、ソッダレド [3, 4]、ホンダレド [3, 4]、ホッダレド [3, 4]
4) ソンダケド [3]、ソッダケド [3]、ホンダケド [3]
5) デモ [1]
6) ソッデモ [3]

1) はコピュラの逆接形、2) は「コピュラ＝逆接の助詞ケド」、3)、4) はそれらに指示代名詞ソレ・指示副詞ソーが前接した形に由来する。5) は副助詞デモ、6) はそれに指示代名詞ソレが前接した形に由来する。いずれも、前文脈の事態を受け、一般には想定・期待されない事態が起こることを表す。

(6) A：ハルマッツリ　スメァー　マー　ボンマデチモンナ　アンタ　ナーン　ホドンド　ヤスミチャ　ナイガ。ダエド　コデ　フジノキャネー、(春祭りが済めば、まあ、盆までは、あなた、いや、ほとんど、休みはないの。だけど、これでも、藤木はね、(言いさし))
C：ホンダレド　フジノッキャ　アンタ　ツイタチ　ナヌカ　ジューゴニチ　ニジューニニチト　ヨンカイ　ヤスミャ　アッタカラネ。(だけど、藤木は、あなた、朔日、7日、15日、22日と、4回休みがあったからね。)
　　　　　　　　　　　　　　　　　　　　　　[藤木]
(7) 軍港におりゃ真水の風呂入れる。そっでもやっぱり、経済せんにゃならんちゃね。(軍港にいれば真水の風呂を入れる。それでもやっぱり、節約をしなければならないよね。)
　　　　　　　　　　　　　　　　　　　　　　[北前]

21.1.4 添加

語形成から次の4類に分けられる。

1) ソシテ［1］、ホシテ［1］、ソッテ［1］、ホッテ［1］
2) ソレデ［2］、ソイデ［1］、ソッデ［1］、ホッデ［1］、等
3) デ［0］
4) ソレカラ［0］、ソイカラ［0］

1)は「指示副詞ソー＝動詞スルのテ形」に由来する。事態間の継起的な関係を表す。2)、3)は「（指示代名詞ソレ＝）格助詞デ」に由来し、共通語の「それで」同様、継続した話題を続ける場合に用いられる*93。4)は、(11)のように前文脈の情報にさらに情報を追加する場合や、(12)のように事態の継起的な関係を表す場合に用いられる。4)は「指示代名詞ソレ＝格助詞カラ」に由来するが、sがhに交替した形がなく、指示代名詞としての性格を残していると言える。

(8) アノ　ニューノ　トコエ　マッデ　カバンドモ　カ　カクイテサ（笑）　ホッテ　アソンドッタモンダチャ。（あのにお（田のなかに積み上げた藁）の所へ、全部、鞄などをかくしてさ。そして遊んでいたものだよ。）　　　　　　［藤木］

(9) ウッチャ　ウチデ　コイガニ　キメタガダカラ　コレニセンマイケト。ネー。ソイデ　ナンカ　モンアッタラ　アトカラ　コノヒトワ　コーダカラ　アーダカラトカ　ユーテ　キカシテクレト。（うちはうちでこう決めたのだからこれにしようじゃないかと。ねえ。それで、何か文句があったら後から、この人はああだからこうだからとか聞かせてくれと。）　　　　　　［柳町］

(10) ソシテ　イソベノ　ナン　イソー　イソコチュー　アンタラ　シランダロケド　ソイ　ゴフクヤ　アッテ　デ　ソコー　ガ　アノ　ムカシ　ア　ショーガッコート　ドージニ　シハンガッコーモ　ソコニ　ヘーセツサレタガ。（そして、イソベの、いや、イソコという呉服屋があって、で、そこが、あの、昔は小学校と同時に師範学校もそこに併設されたの。）　　　　　　［柳町］

(11)（富山県方言の特徴的な語形をいくつかあげた後で）<u>ソレカラ</u>　ホッコリスルチュガモ　アルヨ。（<u>それから</u>「ほっこりする」というのもあるよ。）　　　　　　　　　　　　［柳町］

(12)ワシ　ココナ　ウチー　キテー　<u>ソイカラ</u>　アノ　カミダキニ　シバラク　オッタネカイネ。（私はここの家に来て、<u>それから</u>、あの、上滝にしばらくいたじゃないか。）［藤木］

21.2　応答表現

21.2.1　肯定とあいづち

　話題の命題が真であることを表す肯定応答の形式に次のものがある。意味・語形成からaとbに大別される。［　］内はアクセント。

　a. 応答詞
　　1）　ウン・オン［1］
　　2）　オー［1］
　　3）　エー［1］

　b. 複合形式
　　1）　ソヤ・セヤ［1］
　　2）　ソー［1］
　　3）　ソイガ［0］
　　4）　オイヨ［1］、オイネ［1］、エーヨ［1］

　a類は、肯定の応答表現にも、相手の発話を理解していることを示すあいづちにも用いられる。1）は、[ɔ̃N～ɞ̃N]と、[ɯ]より広い母音で現れる。「オンオン」など切れ目なく繰り返して用いられることも多い。2）はぞんざいで男性的、3）はやや丁寧で女性的である。1）、2）、3）とも、(1)のように真偽疑問文に対して肯定判断を表す用法を典型とし、ほかに、(2)のように行為要求に応じることを表す用法や、(3)のように直前の発話内容に対して承認を示す用法を持つ。また、(4)のように、相手の発話を聞いて理解していることを示すあいづちの用法や、(5)のように、発話が一定の意味まとまりに達したことを自ら確認するような用法もある。

(1) A：Xノ　ジーサンモ　イッショニ　イッタカ。（Xの爺さ

B：オン。(うん。) ［柳町］
(2) A：アンタ　サキ　イカレ。(あなた、先に行きなさい。)
　　　B：オー　ナラ　イクチャ。(おう、じゃあ行くよ。)
(3) A：ムカシ　ヤッパリ　アノ　カチカチ　ユーテネ。(昔はやっぱり、あの、カチカチと言ってね、)
　　　B：エー　カワエ　イッテ　アンタ　アノ　クサ　トッテキテ(ええ、川へ行って、あなた、あの、草を取って来て、) ［藤木］
(4) D：アッデ　ヤッパリ　Aサンヨ　アノー　マー　イキャフッタスノサ(あれで、やっぱり、Aさんよ、あの、まあ、雪が降ったらさ、)
　　　A：エー(ええ。)
　　　D：タケンマダチャ。(竹馬だよ。) ［藤木］
(5) ソイ　コトモ　アルチャネ、オン。(そういうこともあるよね、うん。)

　b類は、直前の相手の発話内容が真であることを積極的に認めることを表し、ただ聞いていること・理解していることを表すあいづちとしては用いられない。1)は「指示副詞ソー＝コピュラのヤ」、2)は指示副詞で、「ソヤソヤ」「ソーソーソー」など、複数回重複して用いられることが多い。藤木・柳町資料とも1)が主で、2)は共通語の影響による新形だと思われる。1)は終助詞が付くこともある。

(6) A：オトコチャ　ヤッパシ　オクテブトリガ　オーイガダネ。(男というのは　やはり　奥手太りが　多いんだね。)
　　　A：ソヤ　ソヤ　ソヤネ。(そうそう、そうだね。) ［藤木］
(7) A：マト　ユーノワ　メーレー。(「マ」というのは命令(を表す)。)
　　　B：ソーソー。(そうそう。) ［柳町］

3)、4)は、共通語の「そうなの」「そうなんだよ」にあたる。
3) ソイガは「指示連体詞ソイ＝準体助詞ガ」という形成である。

複数回繰り返して用いられることが多い。4)のオイネなどは、a類のオンに終助詞が付いた形に由来すると思われる。相手の発話を受け、「よくぞその話題に触れてくれた」という態度で用いるもので、(9)のように、後に関連する補足情報が述べられることが多い。

(8) A：マー　ウチノ　チョーナイ　ワリト　ソノ　ガー　トース人　オランワー。コデ　ヨソニ　クラベテミット。（まあ、うちの町内はわりと、その、我を通す人はいないよ。これで、他所に比べてみると。）

　　B：<u>ソイガ゜　ソイガ゜　ソイガ゜</u>。（<u>そうなの、そうなの、そうなの。</u>）　　　　　　　　　　　　　　　　　［柳町］

(9) C：ソノ　バーチャン　ソノ　サキノ　バーチャンダチャ。（そのお婆さんは、その、先代のお婆さんだよ。）

　　A：ショダイノ　バーチャンダチャ。（初代のお婆さんだよ。）

　　B：<u>オイネ</u>。ヨー　ボッカケラレタモンダチャ。（<u>そうなんだよ。</u>よく追いかけられたものだよ。）　　　　　［藤木］

21.2.2　否定

否定の応答表現として「ナーン」（アクセントは0型）が多用される。短音形「ナン」となることも多い。

(10) A：イックト　ヨンクト　ロックダッタロ。（一区と二区と六区だっただろ？）

　　B：<u>ナン</u>　ニク　サンクモ　アル。（<u>いや、</u>二区、三区もある。）　　　　　　　　　　　　　　　　　　　　　　［柳町］

「ナーン」に、コピュラや終助詞ヨ・イネ・カ・ケが後接することがある。話し手の知識に照らし合わせて、話題の命題が偽だと判断する（疑問文の場合は、問う）場合に限られる。共通語の「そうではない」「違う」に似る。「ナーンヨ」は聞き手に認識の更新をせまるという側面が強く、「ナーンダ」（アクセントは3型）は問われてから答えを考えて（長期記憶を検索して）導いた場合に使われる。

(11) A：アシタノ　ノミカイ　アンタモ　イクガ゜ケ。（明日の飲

み会はあなたも行くの？）
　　B：{ナーン／×ナーンダ}　イカン。(いや、行かない。)
(10)'A：イックト　ヨンクト　ロックダッタロ。ナーンケ。(一
　　　　区と二区と六区だっただろ？　違う？)
　　B：{ナーンヨ／ナーンダ}　ニク　サンクモ　アル。(いや、
　　　　二区、三区もある。)

「ナーン」は、共通語の「ちっとも」にあたる否定の副詞としても用いられ、それが原義だと思われる（**16.3**）。次項に見るように、文脈上想定・期待される事態に対する否定を示唆する、一種のヘッジ表現としても用いられる。小西（2015a）を参照。

21.2.3　情報の受容

直前の発話内容を情報として受容したことを表す形式として、**21.2.1**のa類のほか、次のものがある。

　1)　ソーカ・ソーケ［1］
　2)　ソイガ、ソイガカ・ソイガケ［3］
　3)　ソイガダ［3］

1) は「指示副詞ソー＝終助詞カ・ケ」、2) は「指示連体詞ソイ＝準体助詞ガ（＝終助詞カ・ケ）」、3) は「指示連体詞ソイ＝準体助詞ガ＝コピュラ」という構成である。それぞれ、共通語の「そうか」、「そうなの（か）」、「そうなんだ」に相当する。2)、3) は既定の事態を知識として受容することを表し、1) のように聞き手の意志の表明など、既定の事態に当らない内容を受けることはできない。1) ソーカ、2) ソイガカには終助詞イネが続くこともある。

(12) A：ナラ　カエッチャエ。(じゃあ、帰るね。)
　　B：アレ　ソーケ。キー　ツケテカレ。(ああ、そうかい。
　　　　気を付けて行きなさい。)　　　　　　　　　［藤木］
(13) C：ロクニンホドシカ　オランガダ　ユーテ　キテミリャ
　　　　キューニンモ（笑）(6人ほどしかいないのだと言って、
　　　　来てみれば、9人も。)
　　A：ア　ソ　ソイガカ。ダマサレタ。(あ、そうなのか。騙
　　　　された。)　　　　　　　　　　　　　　　　　［柳町］

(14) A: アノ フタリ キョーダイナ゚ダト。(あの2人は兄弟なんだって。)
　　 B: ハーン ソイカ゚ダ。ニトル オモタ。(はあん、そうなんだ。似ていると思った。)

ほか、感動詞「フーン」「ハーン」は、新規情報を受容する場合に、感心や得心の態度を表すのに用いられる。1)〜3)と共起することもできる。

21.2.4 問い返し

発話が聞き取れない、または、その意味が理解できないことを表す形式として、次の形式がある。いずれも上昇調を伴う。

　　エ(ー)[0]、ア(ー)[0]、ン(ー)[0]

(15) D: ヤッパ ソレダカラ イマ マ アノー (やはり、それだから、今、まあ、あの)
　　 B: エー↑ (え？)　　　　　　　　　　　　　　　　　　　[藤木]
(16) C: デモ タノシミダチャネ。(でも楽しみだよね。)
　　 B: ン↑ (ん？)
　　 C: タノシミダッテ。(楽しみだって。)　　　　　　　　　　[柳町]

21.3 間投表現

文中で他の成分と統語的な関係がない、独立した成分として用いられるものを「間投表現」とする。意味・機能から、呼びかけ・注意喚起、フィラー、驚き、疑念表明の4類に分けてみていく。

21.3.1 呼びかけ・注意喚起

聞き手に対する呼びかけ・注意喚起の手段として、次のものがある。a、bは自立的な形式、cは付属語、dは韻律的な手段である。

　　a. 感動詞　オイ[1]、ホラ[1]、エ( )[0] (上昇調)
　　b. 2人称代名詞　アンタ[0]
　　c. 間投助詞　ネ、ノ、ヨ、イネ、サ
　　d. 下降上昇調

aのオイは、(1)のように発話冒頭で用いられる。男性的である。

ホラは、(2)のように聞き手に情報の認識を促すという性質を持つ。エ(ー)は、(3)のように、発話の途中や末尾で、聞き手の注意を喚起するために挿入される。(4)のように、質問文の冒頭にもしばしば現れる。相手に尋ねたいことが心中に生起したという心的過程が言語化したものと言える。(4)のような質問冒頭のエは必ずしも上昇調でなくてもよい。

(1) オイ コノ ストーブ チョコ アッタカナイガンナシカ。(おい、このストーブ、ちょっと、温かくないのではないか。) ［柳町］

(2) ソイカラ スグ アンタ ホラ トーキョエ イッテシモテ シゴネンモ オラナンダロ。(それから、すぐあなた、ほら、東京へ行ってしまって、4、5年もいなかっただろ？) ［藤木］

(3) アンタ イツマデモ ソイトコデ エ↑ ボートシトッテチャ ダメダロガイネ。エ↑ (あなた、いつまでもそんなところで、え？ ぼーっとしていてはだめだろうが、え？)

(4) (食堂のメニューを見ながら) エ ナニ タベル。(え、何を食べる？)

bのアンタは、発話中で注意喚起する機能を持ち、かなり高い頻度で使われる。

(5) A：ワタシトコ チョーナイ コッデ イーホーダ。ウン。(私のところの町内は、これで、(仲が)いい方だ。うん。)

　　B：イーホーダチャ アンタ。マイシュー キンヨービ ナリャ アンタ マージャンシトッテチャ アンタ ナン。(笑)(いい方だよ、あなた。毎週金曜日になれば、あなた、麻雀をしていては、あなた、もう。) ［柳町］

cはすべて長音化することも多い。もっとも頻度が高いのはネで、(6)のように、聞き手が発話内容を理解していることを確認する機能を持つ。(8)で示すノも機能は同じだと思われるが、頻度が少ない。ネ・ノともに、(7)(9)のように、文頭や文中で自立語

（間投詞）としても使われる。

(6) ホッテネ　コーヤッテ　コートコエ　エレタリ　コイ　ト
　　　コ　エレテ　アライタスノネ　ジキ　ヤコー　ナッガ。（そ
　　　れでね、こうやって、こんなところへ入れたり、こんなと
　　　ころに入れて歩くとね、すぐに柔らかくなるの。）　［藤木］

(7) ガッコーァ　スンダスノ　ネー　ウチエナモ　カエラズニ
　　　アンタ　カヴァン　カズイテ、（学校が済んだら、ねえ、家
　　　にも、もう、帰らずに、あなた、鞄を背負って、）　［藤木］

(8) ナモ　オマエ　ナニ　シトンガ　カニ　シトンガ　ユーテ
　　　ノ　ボッロクソニ　ユーゾ。（いや、「お前は何をしている
　　　んだ、何をしているんだ」と言ってね、ぼろくそに言う
　　　ぞ。）　［柳町］

(9) ホッデ　アンタトコノ　オモヤノ　トーチャンナー　ノー
　　　ソノ　サー　ヒクレニ　ソノー　ユキミチ　ンマ　ハシラ
　　　シテサー（そして、あなたのうちの母屋の父ちゃんが、ね
　　　え、その、さ、日暮に、その、雪道に馬を走らせてさ、）
　　　　　　　　　　　　　　　　　　　　　　　　　　　［藤木］

　ヨは、ネ・ノと同様に、(10)のように文の成分に付く用法、(11)のように発話冒頭で聞き手の呼称に付いて、聞き手を指定する用法も持つ。イネは、(12)のように情報の焦点となる成分に付く。(13)のようにヨが後接したイネヨという形もある。サは、(14)のようにネ・ノ・ヨ同様に注意喚起を促す形である。ヨ・イネ・サは、ネ・ノのように自立語にはならない。また、ネ・ノ・ヨ・イネは終助詞でもあるが、サは終助詞としては用いられない。

(10) コナイダ　Xサンニ　オーテヨー　ホイテ　Xサンナ　ウ
　　　チ　キテ（この間、Xさんに会ってよ、そして、Xさんが
　　　うちに来て、）　　　　　　　　　　　　　　　　　［柳町］

(11) コニッサンヨ　アンタ　キノー　ドコ　イットッタン。（小
　　　西さんよ、あなた昨日、どこに行っていたの？）

(12) ソイツガ　シタテイネ　ホッテ　カワエ　イッテサ　キモ
　　　ン　キテ　カワエ　ハイッテ　キモン　ヌラカイテ（それ
　　　がしたくてね、そして川へ行ってさ、着物を着て、川へ入

って、着物をぬらして、) [藤木]

(13) タウエミタイモンナラ　シトナミニ　ウエットッタレド<u>エネ</u><u>ヨ</u>　ナン　デッキンガーチャ。(田植えのようなものなら、人並みに植えていたけどね、ちっともできないんだよ。) [藤木]

(14) ダエド<u>サ</u>　ワタシモ　アノ　シバラクダレド<u>サ</u>　トーキョノ　オジノ　トコエネー(だけど<u>さ</u>、私も、あの、しばらくだけど<u>さ</u>、東京の叔父のところへね、) [藤木]

dの下降上昇調とは、次のような、文の成分末のイントネーションである*94。該当部分のみ音調符号を付す。cの間投助詞と同様、聞き手に対する注意喚起の機能を持つ。間投助詞と共起することもある。

(15) ヤッパリ　チッチャイ　トッカラ　<u>コッデ]ー[ー</u>　マーソノー　シロトリッテ　ユーテ　マー　ムカシ　サムラサムライドモアサ　ナンシタ　シロトリ　<u>ヤット]ッタケ]</u><u>ネ[ー</u>　ソレニ　チコ　チナンデ　エー　チッチャイ　トキカラ　<u>コッデ]ー[ー</u>　アソビニ　ソイコト　ヤッパリ　ンーマゼタン　ナカロカネー。(やはり小さい時から、<u>これで</u>、その、「城取」と言って、まあ、昔、侍達がさ、城取を<u>やっていたから</u>、それにちなんで、小さい時から、<u>これで</u>、遊びにそいういうことを、やはり、混ぜたのではないだろうかね。) [藤木]

(16) ソッダケニ　アノ　<u>ナ[ワト]ビユ]ーテネ]ー[ー</u>　エマミタイ　タダ　ナワトビ　スッガナン　ナイガーンネカイネ。(だから、あの、<u>縄跳びと言ってね</u>、今のようにただ縄跳びをするのではないのだよね。) [藤木]

21.3.2　フィラー

フィラー、すなわち、発話内容や表現の処理途中に言いよどみが生じるときの形式として、次のものがある。

ソノ・アノ [0]、ナ（ー）ン [0,-1]・ナモ [1]

ソノ・アノは指示連体詞に由来する形式である。

第3章　富山市方言の文法体系　215

(17) マー　ウチノ　チョーナイ　ワリト　ソノ　ガー　トースヒト　オランワー。コデ　ヨソニ　クラベテミット。（まあ、うちの町内はわりと、その、我を通す人はいないよ。）

[柳町]

(18) ムカシャ　アノ　ニューチモンナ　デカイト　アッタネカイネ。（昔は、あの、「にゅう」というものがたくさんあったじゃないか。）

[藤木]

ナ（ー）ンは、否定の呼応副詞・否定の応答表現としても用いられる（16.3、21.2.2）。語源は「ナニモ（何）も」だと推測され、このフィラーとしての用法の場合には由来に近いナモ、短音形ナンで現れることも多い。否定の応答表現として用いられる場合は、文脈上明示された問いに対する否定の表現だが、この用法では、明示されてはいないが、暗に想定・期待される前提に対する否定を表す。さらには、否定の表明という行動へのためらいの気持を標示する副次的な機能も持つ。詳しくは小西（2015a）参照。

(19) オラトコチャ　ナン　タイシタコト　デキンガヨ。（私のところは、いや、たいしたことができないのだよ。）

(20) よっぽど風悪なけんにゃ、材木の積み降ろしないとこぁ何処もつけん。つけたちゃ、なも、出て来るがに時間かかって。（よっぽど風が悪くなければ、材木の積み降ろしのないところは何処にも（船を）付けない。付けると、もう、出て来るのに時間がかかって。）

[北前]

21.3.3　驚き

直前の発話内容を含めた知覚内容に対する、驚きの感情標示として指示代名詞に由来する「アレ」（アクセントは０型）が多用される。(22) のように感嘆文でも用いられ、「アーンレ」（０型）と長音・撥音が挿入された形にもなる。

(21)（街で友人にばったり会って）アレ　アンタ　コイトコデナニ　シトンガケ。（あれ、あなた、こんなところで何をしているのか。）

(22) アーンレ　オッカッシャ。（あれ、面白いなあ。）　[藤木]

21.3.4　疑念表明

発話や知覚内容に対する疑念を表す形式として上昇調の「エー」がある。

(23) エー↑　アンタ　ナニ　ユートンガケヨ。(え？あなた、何を言っているんだよ。)

22. 本章のまとめ

本章では、富山県方言のうち、行政・経済の中心地である富山市方言の文法体系を記述した。表層的な記述に終わって煩雑となってしまっている点が多々あり、また、漏れもあると思われる。しかし、体系全体を見渡すことにより、日本語の一地域変種としての富山市方言を相対的に捉えやすくなった。富山市方言の特徴的な事項として、例えば次の点があげられる。

1. 準体助詞としてガが用いられる（5.4）。
2. 母音語幹（一段）動詞の活用において、r語幹化（ラ行五段化）がある程度進んでいる（7.1）。
3. 形容詞の活用において、中央語・共通語の「〜く」形が、-ø形（語幹のみの形）と-ナト形に分かれている（7.2）。
4. コピュラは東日本的なダが優勢だが、名詞述語の無標形にはコピュラを伴わない形もある（7.3）。
5. 主格・対格は、ø（無助詞）が主である（8.1、8.2）。
6. 提題・対比的とりたての助詞チャが発達している（9.1）。
7. 能力可能を表す接尾辞として、-(r)ee-ru がある（12）。
8. 恩恵の受納を表す「〜テアタル」構文が発達している（13）。
9. 疑問語疑問文でのみ「名詞＝ヨ」が可となるなど、疑問語疑問文と真偽疑問文の述語形に差がある（18.4）。
10. 動詞に、意志・推量をともに表す -(j, r)o(ʀ) 形（肯定）、-(a)ɴmai 形（否定）がある。-(a)ɴmai は勧誘形としての発達も遂げている（7.1、18.2.1、18.7、18.8）。
11. 命令を表す形として、尊敬辞の不規則な命令形 -(r)are が

発達している（7.1、18.9）。
12. 叙述文で使われるさまざまな終助詞が発達している。命令文にも専用の終助詞がある（18.9、18.10）。
13. 引用節の標示がøになりうる（20.1）。
14. 仮定節を作る形が豊富である（20.4）。
15. 逆接節を作る接尾辞 -(r)edo がある（7.1–7.3、20.7）。
16. 否定の応答形式ナーンが発達している（21.2.2）。

次章以下では、このうちいくつかについて、県内や他地域の方言と比較しながら改めて詳述し、通時的な変化についても考察を加える。

＊1　国土地理院「平成26年全国都道府県市区町村別面積調」による。
＊2　この資料の使用に関しては国立国語研究所より閲覧・複製・利用の許可を得た。手続きに際して井上文子氏にお世話になった。御礼申し上げる。
＊3　原資料では「藤ノ木」だが、現在の住居表示「藤木」に統一する。
＊4　資料には魚津市や黒部市も含むが、ここでは対象としない。
＊5　学校文法における助詞・助動詞のうち、仮定の「バ」、過去の「タ」など、拘束形態素に接続する形式は、文法的な接尾辞とみなす。
＊6　金森（1931a）は滑川町（現.滑川市）の1人称代名詞単数形として「オラ」「オラッチャ」「オル」、複数形として「オラ {ダツ・ラツ・ドモ・ラズレ}」、「オラッチャ {ダツ・ラツ・ドモ}」「オルドモ」をあげる。また「ワシ」「ワタシ」「ボク」も標準語の影響を多く受けた人が使用するとする。
＊7　他者の発話の引用部分に現れた例は除く。
＊8　簑島（1992:9）『おらっちゃらっちゃの富山弁』は、書名中の「おらっちゃらっちゃ」について「「おらっちゃ」だけで「オレたち（は）」の意だが、さらに「らっちゃ」という複数語尾を付加した「重語」だとする。「ラッチャ」が後接したのは、「オラッチャ」の複数の意が稀薄になったからだろう。
＊9　「ワタシラチ」は談話資料では現れないが、話者B・Cは可とする。
＊10　金森（1931a）は滑川町（現.滑川市）の2人称代名詞単数形として「アンタ」「アナタ」「アンタハン」「アンニャ」「オマエサ」「ッわ」「ワル」「ズラン」があり、ほかに「オドラ」などの罵る場合の語があるとする。複数形としては「アンタ {ガタ・ダツ・ラツ・ドモ}」「アンタハン {ガタ・ダツ・ラツ・ドモ}」「オマエサ {ダツ・ラツ・ラ・ドモ}」「ッわ {ダツ・ラツ・ラ・ドモ}」をあげる。
＊11　ここでは他者の発話の引用部分の例も含む。柳町資料では、ほかに立山町出身の話者もワシラを2回使っている。

＊12 「一般名詞-ラッチャ」は主格・提題助詞アが融合した形としてならば存在する。5.1（20）のような、副詞的・連体格助詞の付加は許容されない。
　　　（i）　セートサンラッチャ　マタ　アソンニ　コラレルモンニ。（生徒さん達はまた遊びにいらっしゃるもの。）［藤木］
　　　（ii）　セートサン｛ラチ／×ラッチャ｝モ　アソンニ　コラレル。
＊13　談話からの引用の場合、原則として固有人名は伏せたが、ここでは固有名が情報として意味を持つと思われたので、文脈から切り離して固有名をあげた。
＊14　否定形との同音衝突を避けるため、撥音化は、母音語幹の短い動詞では起らない。4章4.4を参照。
＊15　5.2で触れたように敬称接尾辞にはハンなど他の形式もあるが、形式名詞としては使われない。
＊16　「Nノウチ」「Nチ」の間にも同様の条件があると言える。
　　　｛オジサンチ／オジノウチ／×オジチ｝　イッテクル。（叔父（さん）の家に行ってくる。）
＊17　w語幹動詞とガとの融合形が「シマワン」など語幹末子音wを保持した形は、連体形の表層形simauに準体助詞ŋaが附属して融合するというプロセスでは生まれない。連体形の表層形が産出される前に、語幹simawに接辞-aNが直接付く、あるいは、連体形はsimawuという音素配列である、と想定しなくてはならない。
＊18　ソイは「そう言う」の縮約であるので、iiの特殊な場合がiiiと言える。
＊19　呉西や呉東の南部には、名詞としてのコ・アがあるようだ。また、主題形のうち直音形「カ」「サ」は富山市を中心に分布し、呉西や県東南部では拗音形「キャ」「サ」が主である（小西・中井2009、図1〜図3参照）。
＊20　「現場文脈指示」「言語文脈指示」「記憶文脈指示」については日本語文法研究会（2009b: 15–47）による。
＊21　ここでの「活用」の拡張的定義や、3つの類は、方言文法研究会（2014）が採用したものである。
＊22　富山県内の方言の動詞活用について、時代的に早くかつ比較的詳しいものとしては、金森（1931b）の滑川町（現在の滑川市。富山市の北東に隣接）における調査報告がある。その後の動詞の活用に関する記述は、特に呉東に関しては、金森の記述に依拠することが多かった。ほかに学校文法の枠組みに沿ったものとして、水野（1981）の立山町方言の記述がある。
＊23　動詞の活用形を片仮名表記する場合、「〜ル」、ル形など、V動詞の形で代表させる。
＊24　上野（1982）の氷見市の記述は、「老いる」「悔いる」といった母音連続oi, uiを持つ動詞でも、-2型とともに-3型が現れるとするが、今回対象とした話者では-2型しか得られていない。
＊25　話者Aは-2型のみ。
＊26　金森（1931b）、下野（1983）、真田（1996）、小西（2004c）。
＊27　無核化・短化や、V動詞における〜ロー形の選択が、〈意志〉と〈推量〉という意味の弁別を副次的に助けていると思われる。〈意志〉の場合に短音化しやすいという点は井上優氏の教示による。

*28 以下の本文では、@で、C動詞の音便語幹、V動詞の語幹の境界を表す。
*29 呉東の形容詞の活用については、金森（1931a）の滑川町（現．滑川市）を対象とした記述がある。形容詞の副詞形が〜ラトとなることも指摘している。
*30 同じ形が提題・とりたての助詞としても現れ、そちらのほうが内省でも許容しやすい。
*31 日本語変種の対格ø・オの選択において、述語との隣接性が関与するという点については、松田（2000）や阿部（2009）を参照。
*32 cのニは、コピュラの副詞形とも言えるものである。共通語のニ格相当名詞句の無助詞表現については石田（1997）を参照。また、仁田（1992）は、『方言文法全国地図』第1集第23図「息子が大工になった」を参照して、ニ格成分の無助詞表現が東北方言に起こることに注目している。同図の富山県内の地点に無助詞は回答されていない。
*33 引用を表すトは副助詞とみなす。20.1参照。
*34 富山市方言では「??イキワセン（行きはしない）」など、動詞-(i)形をワがとりたてる用法は許容しにくく、チャもこの用法を持たない。談話資料でも確例が得られない。9.2例（4）のように、累加のモは動詞-(i)形をとりたてることができる。
*35 こうしたア・ナの異形態の関係は、主格形式としてのア・ナと同じである。
*36 平岡（1955）が「のことは」に触れている。
*37 ノコタは次のように呉西の例も得られるが、ノコサは富山市街地の例しか得ていない。

・おとこだちのこた、こどものじぶんおもいだいて、たのしいこっちゃれど、おんなちゅうもんな、（略）（男達は子供の頃を思い出して楽しいことだが、女というものは、…）［砺波の談話資料（えんなか会1988）］

*38 ただし、「ソレコソ」という形では共通語と同様に使われる。

・ソレコソ コノアイダ オテラノ ゴボハンナ イワレルヨナ モンデネー（それこそ、この間お寺のお坊さんが仰るようなものでね、）［藤木］

*39 GAJ第54図「傘なんか（いらない）」では、呉西に属する旧．福岡町でドモ、呉東東部の魚津市でドマが回答されている。呉西や、呉東の海岸沿いに分布する用法なのかもしれない。
*40 それぞれ共通語の「しか」「だけ」「ばかり」と意味が共通する。意味については日本語記述文法研究会（2009a: 45-71）の記述を参考にしている。
*41 日本語記述文法研究会（2009c: 112-120）の分類・名称によった。ただし「累加列挙型」（共通語の「に」）に該当するものは富山市方言では一般的でなく、これを認めなかった。
*42 共通語では、自動詞の使役文において動作主がøとなることは可能。これは対格ヲの無助詞化と解される。ただし、無助詞成分と動詞との間に他の成分が入ると無助詞が許容されにくい。他動詞の使役文において動作主がøにはならないとされる。石田（1997）、杉本（2000）参照。
*43 -(r)ER-ruではない。すなわち、*カケール（書ける）のように長音では実現せず、エが母音単独音節として実現する。また、その際、カ[ケ[エ]ル、カ[ケ[エ]ンのように、エにプロミネンスが置かれ、上昇し直すことが多い。

*44　GAJの富山市新庄町の回答では、能力可能・状況可能とも、「読む」肯定形ヨメルチャ（チャは終助詞）、否定形ヨメンチャ、「着る」肯定形キラレッチャ、否定形キラレンチャと、C動詞で-e-ru、V動詞で-rare-ruが使われている。

*45　ただし受け手は焦点がある場合など限られた文脈でしか表されにくく、談話資料で例が得にくい。

*46　〜テイク・テク、〜テクルは空間的移動も表す。

*47　この形式の存在は青木（2013）が指摘している。

*48　近畿方言など西日本の一部では、「ココデ　待ットイテ。」など、動作の意志的な持続を担うことが知られているが（沖1996、高田1999）、富山市方言の慣用ではない。

*49　奥村（1996, 1997a, 1997b, 1998）によると、江戸語から明治期東京語において、否定辞「ない」の仮定形には「ないければ」や「んければ」という形が存在し、これらは当為表現にも使われたという。

*50　日高（2007b）は、GAJのとりたて否定形の全国分布を整理し、主題助詞ワの発達ととりたて否定形式の発達に相関が見られることを指摘している。

*51　大田（1931）は、「富山近在」の動詞否定形として「ノマン」（飲）、「カレン」（枯）とともに「ノムチャセン」「カレルチャセン」など、「終止基本形＝チャ＝セン」という形をあげている。この形は、筆者自身を含む本書のインフォーマントには許容されず、談話資料からも例が得られない。なお、大田（1931）のあげる、対応する形容詞の否定形は「ワルチャナエ」「ウツクシチャナエ」など、「語幹＝チャ＝形容詞ナイ」である。

*52　大阪方言のヤナシニにも同様の制限がある（高木2005）。

*53　広島・山口県下には、形容詞ナイの仮定形ナケラニャ・ナケンニャがある（神鳥1982、中川1982）。富山市のナケンニャも、ナケラニャのラが撥音化したもので、また、逆接形のナケンネドも、元はナケラネドという形だったと推測できる。

*54　モダリティの分類・体系については主に日本語記述文法研究会（2003）を参考とした。ただし、叙述文が表すモダリティについて、日本語記述文法研究会は「評価」「認識」「説明」「伝達」の4つをたてるが、ここでは「伝達」のモダリティをたてていない。

*55　14の〈希望〉も、1人称が動作主体の場合、評価のモダリティとみなせる。

*56　副詞形「〜ガミタイニ」は、前田（2006）が共通語の「ように」について「様態」とした意味は表さない。例えば次の文でガミタイニは用いにくく、用いるとしても「まるでびっくりしたように」の意にしかならない。

　・?ビックリシタガミタイニ　フリムイタ。（びっくりしたように振り向いた）

*57　ガ言い切りの可不可は、共通語の「の」の可不可に対応する。共通語の「の（だ）」については野田（1997）、諸方言の「の（だ）」相当形式については松丸（1999）、井上（2006a, 2006b）、野間（2013）を参照。例文も参考にしている。

*58　タ形のアクセントについては**17**および4章**4.3**を参照。

*59　叙述文に「Nデナシ」という形はなく、否定疑問の特別な形と言える。

「Nデナシケ」も可能だが、この場合はなぜか「カ」のほうが一般的。
*60　髙木（2012）は、首都圏方言では動詞の非「のだ」形の否定疑問文は許容度が劣るが、大阪方言では可とする。(2)で例示したように、富山市方言でも可。
*61　松丸（2012）は、〈知識確認の要求〉を表す終助詞ガが西日本のいくつかの方言に存在することを示すとともに、この形式は基本的には〈認識矛盾の表明〉を表すとする。富山市方言の「断定形＝ガイ・ガイネ」もこれに準じると言える。なお、井上（2006b）によれば、砺波方言には単独の終助詞がも存在する。また、「推量形＝ガイ・ガイネ・ゲ」は「断定形＝ガイ・ガイネ・ゲ」より広い用法を持ち、〈命題確認の要求〉にまで及ぶことは、本文に示したとおり。
*62　三宅（2011）では〈同意要求〉に含められた。
*63　前川（2000）が、関西方言の「ヤンカ」にこの用法があることを指摘している。
*64　三宅（2006, 2011）、髙木（2012）など、先行研究の「同意要求」の定義、「確認要求」との異同について、筆者には不明瞭な点があると感ぜられ、ここでは全面的には従わなかった。
*65　聞き手に提案するという点では、共通語の「〜うじゃない（か）」に近いが、共通語の「〜うじゃない（か）」が「私が1人で行こうじゃないか」など行為を話し手1人で行うことの提案にも使えるのに対し、「〜ンマイ（カ・ケ）」はそのような場合には使えない。「オラ　ヒトリデ　イクガニセンマイケ（私が1人で行くことにしようじゃないか）」のように、〈当該行為を話し手1人で行うことを共同で決定する〉ことを表す形式にしなくてはならない。
*66　下新川（入善町・朝日町）では、「〜ンマイ」に終助詞ヨが付いた「イカンマイヨ。」は「行かないでおこうよ」にあたる、〈動作を行わないことの提案〉の意を表す（筆者の調査による）。
*67　井上（2006b）は、富山県井波方言における命令文のタイプを「行為指示形による命令」と「意向形・不可能形による命令」に二分した。前者にはa・bが、後者にはdとfの一部が対応する。
*68　終助詞マ・ヤの意味に関しては、井上（1995b, 2006b）の井波方言の記述による。なお、井上（1995c, 2006b）によると、井波方言では、命令・禁止形および依頼形に終助詞カも付きえ、「許容・放任的な指示」を表す。筆者の調査・内省によると、富山市方言において終助詞カの付加は一般的ではない。ただし、呉東のなかでも中新川郡上市町出身の1947年生まれの女性話者から「イカレカ（行きなさいよ）」など、丁寧な命令形にカが付いた発話例を得ている。
*69　あるいは、同じラレルの連用形ラレに由来すると思われる。
*70　井上（2006b）は井波方言の否定依頼形について、「〜ントイテ」のみ可で、「ンデ」は不可とする。
*71　意志形のこの用法は、呉西方言を対象に瀧川（1999）が指摘している。
*72　アクセントについては4章も参照。
*73　井上（1995a）は砺波方言のゼの記述だが、富山市方言とほぼ相違がない（後述のジャ・チャ・ワも同様）。例文も井上のものを参考にしている。

*74 共通語のゾとほぼ同様だが、「さあ、がんばるぞ。」のような話し手の決意表明には用いにくく、聞き手への伝達という側面が強いように思われる。
*75 チャは、下新川（確認できたのは入善町・朝日町）では、「カクッチャ」「タカカッタッチャ」「コドモヤッチャ」など促音の入った「ッチャ」の形となる。
*76 話し手にとって既定の事態を述べるというチャの意味と関わる。
*77 ワにヨが後接する形は不適格だが、後述のワイはワヨに由来すると思われる。
*78 藤田（2000）の伝聞・引用の区別による。次のように、命令形や勧誘形にトが付くこともあるが、これは情報源（発話者）を主格で標示しうることから、引用の用法とみておく。
　　・コニッサンナ　イッショニ　｛コラレ／イカンマイケ｝ト。（小西さんが一緒に｛来なさい／行こう｝って。）
*79 談話資料の例を見る限り、ワイは推量形に接続する例が多く、ワイネは断定形に接続する例が多い。
*80 終助詞ヨについては拙稿（2015b）に詳しい。
*81 談話資料では、2）は藤木・北前資料に例があり、柳町資料にはなし。3）は北前資料にわずかに用いられるのみ。
*82 日本語記述文法研究会（2008）に大きくよる。ただし、「名詞節」は認めず、「名詞修飾節」を準体助詞が承けたものとみなした。
*83 西日本の同様の形式について小西（2013）が整理している。
*84 日本語記述文法研究会（2008: 98）を参照。表3.15, 3.16では、「考えてみれば、しばらく太郎に会っていない」のような前置き用法、「男もいれば女もいる」のような並列用法、「行かなければならない」「行けばいい」のような評価のモダリティの例、および、立山町出身の話者の例を除いた。
*85 地理的分布が市の南部に偏っている可能性がある。
*86 地理的分布が市の北部に偏っている可能性がある。
*87 1）のテモ・デモを1つの接尾辞とみなしたが、中止形接辞テ・デに、とりたて助詞モが後接したと分析することもできる。
*88 接続詞相当のダカラ・ソレダカラ等、立山町出身の話者による例を除いた。
*89 接尾辞 -(j, r)o(R) による推量形（カロー、ミロー等）は許容しにくい。
*90 日本語記述文法研究会（2008: 289–290）参照。
*91 藤木資料では立山町出身の話者に次のような「テカッテ」の例が確認できる。
　　・ソントキニ　ヨー　タベタケンカシラン　ナーン　エマダニネ　アサクサノリ　ゴハンニ　コーヤッテ　フフッテカッテ　タベタイトチャ　オモワンモンダチャネ。（その時によく食べたからか、いや、いまだにね、浅草海苔をご飯にこうやって振って食べたいとは思わないものだね。）
*92 接続詞ではこのような臨時の変異の出現頻度が他品詞に比べて明らかに高い。
*93 日本語記述文法研究会（2009b: 87–88）参照。
*94 先行研究（藤原1969、吉田1984など）で「ゆすりアクセント」「ゆす

り調」「うねり音調」などとされてきたもの。北陸地方の福井・石川・富山3県にわたって分布するとされる。新田（1987）は、下降の後に上昇するという音調の「くぼみ」が3県に共通する本質的特徴であるとする。

III

記述的アプローチ2
文法事象・文法形式各論

第4章
用言の音調交替とその機能

1. 本章の目的と問題の端緒

　本章では富山市方言の用言のアクセント上の特徴について記述・考察する。特に、2拍の動詞・形容詞の基本形、動詞否定ン形、過去タ形が、体言や一部の助詞に前接する環境で無核化（平板化）するという音調交替現象について扱う。

　問題の端緒となる富山市方言の用言のアクセントについて、3章2.2および7.1、7.2に記した内容と重なるが、まず概観しておく。

　富山市方言は、共通語と同様、下げ核を弁別特徴とするアクセント体系を持つ。名詞はn拍語に対してn＋1個のアクセント型を持つ多型アクセントであるが、動詞・形容詞は、少数の例外的な語を除き、型の区別がない一型アクセントである。例外語となるのは、動詞「クル（来）」「オル（居）」、形容詞「コイ（濃）」「ウイ（憂）」である。

　「カク。」「ミル。」など、動詞の終止基本ル形言い切りの場合、次末拍にアクセント核（下げ核）が位置する型（-2型）となる。ただし、ハイル（入）・トール（通）など、次末拍が母音連続aiのiや、長音素Rの場合は核が前にずれ、-3型となる。

　　　［カ］ク。［ミ］ル。［ク］ル。［オ］ル。ア［ソ］ブ。タ［ベ］ル。
　　　［ハ］イル。［ト］ール。

　連体形では、3拍以上の動詞は終止形と変わらないが、2拍動詞に限り、無核（0型）となる。ところが、2拍動詞でも、クル（来）・オル（居）は、連体形で-2型・0型が併存し、-2型のほうが優勢である。

　　　2拍　一般　カ［クト］キ。ミ［ルト］キ。
　　　　　 例外　［オ］ルトキ / オ［ルト］キ。

　　　　　　[ク]ルト]キ／ク[ルト]キ。
　　3拍以上　　ア[ソ]ブト]キ。タ[ベ]ルト]キ。
　中止テ形・過去タ形など、子音語幹動詞で音便語幹を用いる活用形では、オルのみが、例外的なアクセント型をとる（3参照）。オルについては、西日本諸方言でアクセント上例外的なふるまいをすることが知られており、富山県方言と歴史的に関係が深いと思われる石川県内の諸方言でもそうであることが報告されている*1。一方、「クル」がアクセント上例外的となる方言はめずらしいようだ。
　それ以外の活用形では、語形からアクセントが1つに定まり、例外語は存在しない。詳細は3章7.1に記した。
　形容詞でも、「コイ。」「タカイ。」など、終止基本イ形言い切りでは-2型となる。しかし、連体形では、2拍語のみ型の区別が現れる。すなわち、「濃い」「憂い」は終止基本形と変わらず-2型、「良い」「無い」は0型となる。3拍以上の語では、連体形も終止基本形と同じく-2型である。
　　2拍　　[コ]イ。[コ]イト]キ。
　　　　　　[ウ]イ。[ウ]イト]キ。
　　　　　　[イ]ー。[イート]キ。
　　　　　　[ナ]イ。[ナイト]キ。
　　3拍　　タ[カ]イ。タ[カ]イト]キ。
　　　　　　ウ[レシ]ー。ウ[レシ]ート]キ。
　他の活用形では語形からアクセントが1つに定まる（3章7.2）。
　なお、連体形で0型化する音調交替を起こす2拍動詞・形容詞でも、上のトキ（時）のような自立名詞を修飾する場合、-2型も観察される。特に、共通語翻訳式の質問調査の場では、話者が、おそらく明瞭に回答を示すという意図から、動詞・形容詞と「時」との間にポーズを入れて発話することがあり、そのときにしばしば-2型が現れた*2。一方、準体助詞ガが後接する場合は、
　　　　ミ[ルガ]ガ（見るのが）
など、無核形が義務的となり、有核形は許容されない。被修飾体言の自立性が高い場合に有核になりうると言える。

2. 音調交替とは

　前節で見た、一部の動詞ル形・形容詞イ形が、終止形としては有核、連体形としては無核で現れるという現象は、本来は有核の形式が特定の形態・統語環境において無核となる「音調交替」の一例と言える。この場合は、分節的なカタチとしての動詞・形容詞の基本形（無標の終止連体形）が音調の上で《自立形（有核形）》と《接続形（無核形）》とに分かれるとみなすことができる*3。

　2拍動詞ル形・形容詞イ形の無核化は、接続助詞カラ・サカイ、終助詞チャ・ワなど、一部の付属語が後接する場合にも起こる。終助詞ゼなど、必ず有核形に付くものもあり、語によって音調交替が起こるものと起らないものがあることになる。

　また、動詞テ形が、中止形としては有核、依頼表現や補助動詞が後接する場合は無核で現れるのも、音調交替の例と言える。

　　　［カ］イテ、ワタ］ス。（書いて、渡す。）
　　　［カイテ。（書いて。）
　　　［カイテクレ］タ。（書いてくれた。）

　以下、まず3において、テ形の音調交替について記述し、4において終止・連体形の音調交替について、付属語のアクセントの問題も含めて記述・考察する。

3. テ形の音調交替

　テ形のアクセントは、「居る」以外の動詞では、次のように、動詞の長さと語音により規則的に定まっている（3章7.1より再掲）。過去タ形など、子音語幹動詞で音便語幹をとる形もこれに準じる。

　　a）2拍 → -1型　例）ミ［テ、ミ［テ］カラ（カラは始点の格助詞）
　　b）3拍以上
　　　b1）一般には -2型　例）タ［ベ］テ、ハ［ジメ］テ
　　　b2）次末拍が /i, N, R/ → -3型
　　　　例）［カ］イテ（書）、ア［ソ］ンデ（遊）、［コ］ーテ（買）

b3）次末拍が /Q/
　　　　　b3-1）3拍 → -1型　例）マッ[テ、マッ[テ]カラ（待）
　　　　　b3-2）4拍以上 → -3型　例）ハ[シ]ッテ（走）
　　　　　　　-3拍目が母音連続 /ai/ の /i/ や /R/ の場合、-4型も。
　　　　　　　例）[ハ]イッテ/[ハイ]ッテ（入）、
　　　　　　　　　[ト]ーッテ/[トー]ッテ（通）
　　　b4）次末拍の母音が無声化した /i/
　　　　　b4-1）3拍 → -3型・-1型
　　　　　　　例）[カ]シテ/カシ[テ]（貸）
　　　　　b4-2）4拍以上 → -3型　例）カ[エ]シテ（返）
　連体形が例外的なふるまいをする「居る」は、テ形でも例外で1型となる。このため、同じ2拍r動詞「折る」とは次のようにアクセントでのみ対立する。
　　　　　[オ]ッテ、（居って、）　オッ[テ、（折って、）
　依頼表現「～テ。」や「テ＝補助用言」では、テ形は無核となる。なお、依頼のテに終助詞マ・ヤ・ヨが続くと、テの後に核が現れるが、これは終助詞マ・ヤ・ヨが低接（前接語が有核の場合はそのまま低く、無核の場合も低く下がって付く）というアクセント特徴を持つためと考えられる。
　　　（書）　[カイテ。[カイテ]マ。[カイテクレ]ル。
　　　（食）　タ[ベテ。タ[ベテ]マ。タ[ベテクレ]ル。
　これは前節でも触れたように、本来は有核の形式が特定の形態・統語上の環境において無核となる、音調交替の例である。新田（2004）によると、依頼表現のテ形が無核化する現象は京阪式方言において広く見られるようである。
　興味深いのは、この無核の形でも、「居る」と他の2拍促音便動詞とが不完全ながら対立することである。「居る」テ形は、無核化しても、アクセント句頭において1拍目から高い音調が可能だが、他の2拍促音便動詞ではアクセント句頭から高い音調は不自然に感じられる。そのため、アクセント句頭であることが明らかな文・発話の冒頭では、次のような対立が生じる。
　　　（居）　[オッテ。またはオッ[テ。

(折) オッ[テ。
   (居) [オッテミ]ル。または オッ[テミ]ル。
   (折) オッ[テミ]ル。

　過去タ形は、次節で見る連体形での音調交替を起こすが、この場合も、同様の対立が生じる。
   (居) [オ]ッタ。　[オッタト]キ。または オッ[タト]キ。
   (折) オッ[タ。　オッ[タト]キ。

　上野・新田 (1983) は、金沢方言には「2モーラ以上の任意の長さの頭高型 (高発式) の単純語を前部要素にもつ複合語は高発式である」という「式保存の法則」があるとする。
   (三つ) [ミ]ッツ。　(三つ目) [ミッツメ。
   (三日) ミッ[カ]]。　(三日目) ミッ[カメ。

　富山市方言の「三つ」も次のように複合語でも高く始まる音調をとるが、低く始まる型もありうる。富山県方言の「居る」テ形・タ形の音調は、これに類する現象と考えられる。
   [ミ]ッツ。　[ミッツメ。または　ミッ[ツメ。
   ミッ[カ。　ミッ[カメ。

4. 終止・連体形の音調交替

4.1 音調交替が起こる語形

終止・連体形で音調交替が起こる語形は、以下のとおりである。
  1. オル (居)・クル (来) 以外の2拍動詞のル形
  2. 形容詞イー (良)・ナイ (無) のイ形
  3. 動詞否定形「〜ン」
  4. さまざまな述語の過去形「〜タ」

1〜3と4とでは、音調交替の起こる環境やそれが義務的か任意的かという点で性質が異なる。以下では、1〜3を「音調交替用言」と呼んで、その音調交替について記述し、その後、タ形の音調交替について記述する。

4.2　音調交替用言に後接する付属語のアクセント

2拍動詞ル形などの音調交替は、連体形だけでなく、一部の付属語が接続する場合にも起こる。一方、音調交替が起らない付属語もある。すなわち、富山市方言の付属語のアクセント記述には、音調交替用言の無核形に付くのか、有核形に付くのかの指定が必要となる。

この観点から終止基本形・連体形に後接する付属語を分類すると、次のようになる。意味が紛らわしい語については〈　〉内に注記するが、各語の詳しい意味や用法は3章を参照されたい。

　　a. 音調交替用言の無核形に付く付属語

　　　　準体助詞：ガ

　　　　格助詞：ヨリ

　　　　副助詞：マデ、ダケ、ホド、グライ、バッカリ、カ（兼終
　　　　　　　　助詞）、ヤラ、ナリ

　　　　接続助詞：カラ〈理由〉、サカイ〈理由〉、ケド〈逆接〉

　　　　終助詞：ジャ、チャ、ワ、ト、ガイ（ネ）、ワイ（ネ）、ゾ
　　　　　　　　イネ、ケ、ネカ・ネケ

　　b. 音調交替用言の有核形に付く付属語

　　　　副助詞：ト〈引用〉、ッテ〈引用〉、チャ〈提題〉、モ、トカ、
　　　　　　　　ダトカ、ダノ、ノ、シカ

　　　　接続助詞：ト〈仮定〉、シ、デ〈理由〉

　　　　終助詞：ゼ、ゾ、ヨ、イネ、ノ（ー）・ネ（ー）・ナ（ー）

　　　　助動詞：ダロ（ー）・ヤロ（ー）

a、bとも、音調交替を起こさない動詞ル形・形容詞イ形の場合は、有核形に付く。また、動詞「居ル」「来ル」にaの付属語が付く場合、連体形の場合と同様、有核形・無核形の両方が可で、有核形が優勢である。

表4.1に、音調交替用言「見ル」「無イ」「見ン」、非音調交替用言「遊ブ」に付属語が付いた場合の音調を示す。

表4.1 「終止形・連体形＝付属語」の音調

	ミル	ナイ	ミン	アソブ
a.				
ガ	ミ[ルガ]ガ、	[ナイガ]ガ、	[ミンガ]ガ、	ア[ソ]ブガ]ガ、
ヨリ	ミ[ルヨ]リ、	[ナイヨ]リ、	[ミンヨ]リ、	ア[ソ]ブヨ]リ、
マデ	ミ[ルマ]デ、	－	[ミンマ]デ、	ア[ソ]ブマ]デ、
ダケ	ミ[ルダケ]ガ、	[ナイダケ]ガ、	[ミンダケ]ガ、	ア[ソ]ブダケ]ガ、
ホド	ミ[ルホドダ。	[ナイホドダ。	[ミンホドダ。	ア[ソ]ブホドダ。
グライ	ミ[ルグラ]イ、	[ナイグラ]イ、	[ミングラ]イ、	ア[ソ]ブグラ]イ、
バッカリ	ミ[ルバッカ]リ、	[ナイバッカ]リ、	[ミンバッカ]リ、	ア[ソ]ブバッカ]リ、
カ	ミ[ルカ]ガ、	[ナイカ]ガ、	[ミンカ]ガ、	ア[ソ]ブカ]ガ、
ヤラ	ミ[ルヤ]ラ、	[ナイヤ]ラ、	[ミンヤ]ラ、	ア[ソ]ブヤ]ラ、
ナリ	ミ[ルナ]リ、	－	－	ア[ソ]ブナ]リ、
カラ	ミ[ルカ]ラ、	[ナイカ]ラ、	[ミンカ]ラ、	ア[ソ]ブカ]ラ、
サカイ	ミ[ルサカ]イ、	[ナイサカ]イ、	[ミンサカ]イ、	ア[ソ]ブサカ]イ、
ケド	ミ[ルケ]ド、	[ナイケ]ド、	[ミンケ]ド、	ア[ソ]ブケ]ド、
ジャ	ミ[ルジャ]]。	[ナイジャ]]。	[ミンジャ]]。	ア[ソ]ブジャ]]。
チャ	ミ[ルチャ]]。	[ナイチャ]]。	[ミンチャ]]。	ア[ソ]ブチャ]]。
ワ	ミ[ルワ。	[ナイワ。	[ミンワ。	ア[ソ]ブワ。
ト(伝聞)	ミ[ルト。	[ナイト。	[ミント。	ア[ソ]ブト。
ワイネ	ミ[ルワ]イネ。	[ナイワ]イネ。	[ミンワ]イネ。	ア[ソ]ブワ]イネ。
ケ	ミ[ルケ]]。	[ナイケ]]。	[ミンケ]]。	ア[ソ]ブケ]]。
ネカ	ミ[ルネ]カ。	[ナイネ]カ。	[ミンネ]カ。	ア[ソ]ブネ]カ。
b.				
ト(引用)	[ミ]ルト、	[ナ]イト、	[ミ]ント、	ア[ソ]ブト、
ッテ	[ミ]ルッテ、	[ナ]イッテ、	[ミ]ンッテ、	ア[ソ]ブッテ、
チャ	[ミ]ルチャ、	[ナ]イチャ、	[ミ]ンチャ、	ア[ソ]ブチャ、
モ	[ミ]ルモ、	[ナ]イモ、	[ミ]ンモ、	ア[ソ]ブモ、
トカ	[ミ]ルト]カ、	[ナ]イト]カ、	[ミ]ント]カ、	ア[ソ]ブト]カ、
ダトカ	[ミ]ルダ]トカ、	[ナ]イダ]トカ、	[ミ]ンダ]トカ、	ア[ソ]ブダ]トカ、
ダノ	[ミ]ルダ]ノ、	[ナ]イダ]ノ、	[ミ]ンダ]ノ、	ア[ソ]ブダ]ノ、
ノ	[ミ]ルノ、	[ナ]イノ、	[ミ]ンノ、	ア[ソ]ブノ、

シカ	[ミ]ルシカ、	ー	ー	ア[ソ]ブシカ、
ト(仮定)	[ミ]ルト、	[ナ]イト、	[ミ]ント、	ア[ソ]ブト、
シ	[ミ]ルシ、	[ナ]イシ、	[ミ]ンシ、	ア[ソ]ブシ、
デ	[ミ]ルデ、	[ナ]イデ、	[ミ]ンデ、	ア[ソ]ブデ、
ゼ	[ミ]ル[ゼ。	[ナ]イ[ゼ。	[ミ]ン[ゼ。	ア[ソ]ブ[ゼ。
ゾ	[ミ]ルゾ。	[ナ]イゾ。	[ミ]ンゾ。	ア[ソ]ブゾ。
ヨ	[ミ]ルヨ。	[ナ]イヨ。	[ミ]ンヨ。	ア[ソ]ブヨ。
イネ	[ミ]ルイネ。	[ナ]イイネ。	[ミ]ンイネ。	ア[ソ]ブイネ。
ノー	[ミ]ル[ノ]ー。	[ナ]イ[ノ]ー。	[ミ]ン[ノ]ー。	ア[ソ]ブ[ノ]ー。
ダロー	[ミ]ルダ]ロー。	[ナ]イダ]ロー。	[ミ]ンダ]ロー。	ア[ソ]ブダ]ロー。

　和田（1969, 1984）以来、一般に、日本語諸変種の付属語および接尾辞（付属形式）のアクセント記述には、次の分類が適用されてきた。

　　独立型　付属語自身がアクセントを持つ。
　　順接型　それ自身アクセントを持たず、前接語のアクセントを変えない。
　　低接型　それ自身アクセントを持たず、前接語が有核の場合はそのまま低く、無核の場合も低く下がって付く。
　　融合型　前接語を無核化し、それ自身のアクセントを顕現させて全体で1アクセント単位を成す。

　上の「独立型」「順接型」「低接型」の区別は、体言や音調交替の起らない述語形式に接続する付属語にも、適用可能である*4。例えば格助詞ガは順接型、副助詞コソや助動詞ダは独立1型（1拍目にアクセント）、副助詞モやシカ、命令形・依頼テ形に付く終助詞マは低接型である。

　　コ[ドモガ、　　コ[コ]ロガ、
　　コ[ドモコ]ソ、　コ[コ]ロコ]ソ、
　　コ[ドモダ]チャ。　コ[コ]ロダ]チャ。
　　コ[ドモ]モ、　コ[コ]ロモ。
　　カ[ケ]マ。[カイテ]マ。

　しかし、富山市方言の動詞ル・形容詞イ、動詞否定ン形に付く付

属語の場合、上の分類に加えて、上のa・b、すなわち「音調交替用言の無核形に付く」か「音調交替用言の有核形に付く」かも指定することになる。次のように記述できる。

  準体助詞 ガ[a独立1]
  格助詞 ヨリ[a独立1]
  副助詞 マデ[a独立1]、ダケ[a独立2]、ホド[a独立0]、
     グライ[a独立2]、バッカリ[a独立3]、
     カ[a独立1]、ヤラ[a独立1]、ナリ[a独立1]
     ト〈引用〉[b順接]、ッテ[b順接]、チャ[b順接]、
     モ[b順接]、トカ[b独立1]、ダトカ[b独立1]、
     ダノ[b独立1]、ノ[b順接]、シカ[b順接]
  接続助詞 カラ[a独立1]、サカイ[a独立2]、ケド[a独立1]
     ト〈仮定〉[b順接]、シ[b順接]、デ[b順接]
  終助詞 ジャ[a独立1]、チャ[a独立1]、ワ[a順接]、
     ト[a順接]、ガイ（ネ）[a独立1]、
     ワイ（ネ）[a独立1]、ゾイネ[a独立1]、
     ケ[a独立1]、ネカ・ネケ[a独立1]、
     ゼ[b順接]、ゾ[b順接]、ヨ[b順接]、
     イネ[b順接]、ノ（ー）・ネ（ー）・ナ（ー）[b独立1]
  助動詞 ダロ（ー）・ヤロ（ー）[b独立1]

ただし、終止・連体形にも名詞にも付く助詞を見ると、両者の関係には相関がある。表4.2に、終止・連体形と名詞に共通して付く付属語の音調を示す[*5]。表から、a型の付属語は、例外なく名詞に付くときに名詞のアクセント型を変えない型（順接か独立）だが、b型の付属語は、名詞に付くときに低接型のものが多く、独立型も混じることが分かる。

また、終助詞においては、その相互承接と上記のa型・b型の別との間に、ある程度の相関が認められる[*6]。

 1) 他の終助詞が前接せず、どの終助詞も後接しない。
  a型：ジャ
  b型：ゼ、ゾ
 2) 他の終助詞が前接せず、3), 4) の終助詞が後接しうる。

表4.2　終止・連体形＝付属語、名詞＝付属語の音調

	ミル	コドモ [0]	ココロ [2]
a.			
ヨリ	ミ[ルヨ]リ、	コ[ドモヨ]リ、	コ[コ]ロヨ]リ、
マデ	ミ[ルマ]デ、	コ[ドモマ]デ、	コ[コ]ロマ]デ、
ダケ	ミ[ルダケ]ガ、	コ[ドモダケ]ガ、	コ[コ]ロダケ]ガ、
ホド	ミ[ルホドダ。	コ[ドモホドダ。	コ[コ]ロホドダ。
グライ	ミ[ルグラ]イ、	コ[ドモグラ]イ、	コ[コ]ログラ]イ、
バッカリ	ミ[ルバッカ]リ、	コ[ドモバッカ]リ、	コ[コ]ロバッカ]リ、
カ	ミ[ルカ]ガ、	コ[ドモカ]ガ、	コ[コ]ロカ]ガ、
ヤラ	ミ[ルヤ]ラ、	コ[ドモヤ]ラ、	コ[コ]ロヤ]ラ、
ナリ	ミ[ルナ]リ、	コ[ドモナ]リ、	コ[コ]ロナ]リ、
ケ	ミ[ルケ]]。	コ[ドモケ]]。	コ[コ]ロケ]]。
b.			
ト(引用)	[ミ]ルト、	コ[ドモ]ト、	コ[コ]ロト、
ッテ	[ミ]ルッテ、	コ[ドモ]ッテ、	コ[コ]ロッテ、
チャ	[ミ]ルチャ、	コ[ドモ]チャ、	コ[コ]ロチャ、
モ	[ミ]ルモ、	コ[ドモ]モ、	コ[コ]ロモ、
トカ	[ミ]ルトカ、	コ[ドモト]カ、	コ[コ]ロト]カ、
ダトカ	[ミ]ルダトカ、	コ[ドモダ]トカ、	コ[コ]ロト]カ、
ダノ	[ミ]ルダノ、	コ[ドモダ]ノ、	コ[コ]ロダ]ノ、
シカ	[ミ]ルシカ、	コ[ドモ]シカ、	コ[コ]ロシカ、
ヨ	[ミ]ルヨ。	コ[ドモ]ヨ。	コ[コ]ロヨ。
イネ	[ミ]ルイネ。	コ[ドモ]イネ。	コ[コ]ロイネ。
ノー	[ミ]ルノ]ー。	コ[ドモノ]ー。	コ[コ]ロノ]ー。
ダロー	[ミ]ルダ]ロー。	コ[ドモダ]ロー。	コ[コ]ロダ]ロー。

　　　　a型：チャ、ワ、ト、ガイ（ネ）、ワイ（ネ）、ゾイネ、カ、
　　　　　　ケ、ネカ、ネケ
　　　　b型：なし
　　3）上の2）の終助詞が前接しえ、4）の終助詞が後接しうる。
　　　　a型：なし
　　　　b型：ヨ

4）上の2）3）の終助詞が前接しえ、どの終助詞も後接しない。
　a型：なし
　b型：ノ（ー）、ナ（ー）、ネ（ー）

すなわち、終助詞が連続する際、「〜チャヨ」など「a型＋b型」、「〜チャヨノ」など「a型＋b型＋b型」、「〜ヨノ」など「b型＋b型」は許されるが、「*〜チャワ」などの「a型＋a型」や、「*〜ヨチャ」などの「b型＋a型」は許されない。a型終助詞のほうがb型終助詞よりも必ず用言に近い位置にあり、かつ、a型の終助詞どうしは共起しないという関係が見られるのである。

4.3　タ形の終止・連体形における音調交替

さまざまな述語の過去を表すタ形も、連体形や一部の付属語が後接する場合に無核となることがある。ただし、有核形も同等かそれ以上に現れる点、また、無核形が現れる付属語が前項a型のなかでも限られている点で、前項で見た音調交替用言とは異なる。下に、連体形（名詞トキ）、準体助詞ガ・副助詞ダケが後接した場合の音調を例示する。

　　ミ［タ］トキ。ア［ソ］ンダトキ。ミ［ナ］ンダトキ。
　　ミ［タト］キ。ア［ソンダト］キ。ミ［ナンダト］キ。
　　［ミ］ンダトキ。タ［カカ］ッタトキ。コ［ドモダッタ］トキ。
　　［ミンダト］キ。タ［カカッタト］キ。コ［ドモダッタト］キ。
　　ミ［タ］ガ、ア［ソ］ンダガガ、ミ［ナ］ンダガガ、
　　ミ［タガ］ガ、ア［ソンダガ］ガ、ミ［ナンダガ］ガ、
　　［ミ］ンダガガ、タ［カカ］ッタガガ、コ［ドモダッタ］ガガ、
　　［ミンダガ］ガ、タ［カカッタガ］ガ、コ［ドモダッタガ］ガ、
　　ミ［タ］ダケダ。ア［ソ］ンダダケダ。ミ［ナ］ンダダケダ。
　　ミ［タダケ］ダ。ア［ソンダダケ］ダ。ミ［ナンダダケ］ダ。
　　［ミ］ンダダケダ。タ［カカ］ッタダケダ。
　　コ［ドモダッタ］ダケダ。
　　［ミンダダケ］ダ。タ［カカッタダケ］ダ。コ［ドモダッタダケ］ダ。

無核形が許容される付属語は上のガ・ダケのほか、格助詞ヨリ、副助詞マデ、ホド、グライ、バッカリに限られる。いずれも名詞相

当句を作る場合と言える。また、上のように、無核形はタ形の長さによらず許容されるが、長い語形ほど有核になりやすいという傾向がある。

上野（1986, 1988）・新田（1988）は*7、タ連体形が、呉西の氷見市・小矢部市では有核、呉東の下新川郡入善町では無核となることを報告し、氷見市などの有核が本来の型で、入善町の無核形は基本終止形や否定形からの「類推による改新」（上野1986）によって生じたと解釈している。富山市の無核形も同様に解釈できる。

4.4 音調交替の機能

これまでに述べてきたように、富山市方言の終止・連体形の音調交替は、動詞・形容詞では2拍の語にしか起きず、また2拍動詞・形容詞においても例外語がある。このことから考えると、終止・連体形の音調交替は、被修飾名詞や付属語との形態・統語的な緊密性を標示する機能を共時的に持つとは認めにくい。そのような機能がもしあるとしても、あくまで間接的・副次的なものだと言える。

次の場合は、音調交替が動詞ルと否定ン形との弁別に関与している。共時的にはこれを音調交替の機能と見ることもできよう。

(1) a.　タ［ベ］ンガケ。（食べるのか。）
　　b.　タ［ベンガ］ケ。（食べないのか。）
(2) a.　カ［カレ］ンナ。（書きなさるな。）
　　b.　カ［カレンナ。（お書きにならないよ。）

V動詞・r動詞の終止連体形は、後続の付属語の語頭音が鼻音のとき、末尾拍ルが撥音になる異形態を持つ。(1a)の「タベン」はこれにあたる。タベルは音調交替を起こさないので、準体助詞ガが続く環境でも-2型となる。一方、(1b)の「タベン」は、否定形で、準体助詞ガが続くときは無核となる。また、(2a)は、禁止形ラレンナ-(r)aren-na、(2b)は否定ン形に終助詞ワの異形態（前接の撥音による順行同化形）ナが付いたものである。

以上の述語形式は、分節音上は同形だが、否定形が音調交替を起こすことにより、アクセントから肯定・否定の意味の弁別が可能となっている。見方を変えれば、否定形が音調交替を起こすからこそ、

動詞ル形の異形態「〜ン」が許されるのだと言える。異形態「〜ン」が現れるのは、それが否定形と同音衝突を起こさない場合に限られる。2拍V動詞は末尾が撥音の異形態を持たない（例えばミルにはミンという異形態がない）が、これはその異形態と否定形が分節音上同形であるうえに、基本形と否定形がともに音調交替を起こすため、アクセントからも区別がつかないためである。2拍であっても同音衝突の恐れがないr動詞や不規則動詞「来る」「する」は、「アンガケ（あるのか）」「クンガケ（来るのか）」「スンガケ（するのか）」など、末尾拍ンの異形態を持つ。

また、3拍以上のV動詞では、(3a)のように「ル形の異形態ン＝終助詞ノー」は許容しがたい。終助詞ノーはb型、すなわち音調交替用言であっても有核形に付く付属語であるため、否定形タベンと同音衝突を起こしてしまうからと解釈できる。一方、分節音上も基本形「〜ン」と否定形が異なる3拍以上のr動詞であれば、(4a)のように、「ル形の異形態ン＝ノー」が可能である[*8]。

(3) a.　［ヨ］ー　{タ［ベ］ルノ］ー／?タ［ベ］ンノ］ー}。（よく食べるなあ。）
　　b.　ナ［ー］ン　タベ］ンノ］ー。（ちっとも食べないなあ。）
(4) a.　［ヨ］ー　{ハシ］ルノ］ー／ハシ］ンノ］ー}。（よく走るなあ。）
　　b.　ナ［ー］ン　ハシラ］ンノ］ー。（ちっとも走らないなあ。）

5. 課題

本章では、富山市方言における用言のテ形および終止連体形の音調交替と、それに関連して付属語のアクセント記述の枠組みについて記述・考察した。

こうした用言・付属語のアクセントが、どのような過程を経て成立したのかという通時的な考察については、課題として残る。新田（1988）が示すように、富山県内の方言における動詞の類の区別の消失は、それに対応する名詞の類の区別の消失に連動しており、アクセントの体系的な変化から見て不思議なことではない。すなわち、

一般に、動詞と名詞の類別語彙は次のような対応関係をとることが期待されるが、富山県方言では、名詞・動詞ともに、(a) と (b)、(c) と (d) がそれぞれ合流している。

 a．2拍名詞1類＝2拍動詞1類
 b．2拍名詞4類＝2拍動詞2類
 c．3拍名詞1類＝3拍動詞1類
 d．3拍名詞6類＝3拍動詞3類

しかし、富山県方言では全ての動詞が有核型であり、対応する名詞のアクセント型と一致しない。この点に関し、上野（1988, 2006）、新田（1988）は、現在の動詞終止形が元の連体形に由来すること、古い段階（上野では日本語祖体系、新田は加賀北部地域の祖体系）の連体形が無核であったと推定されることをふまえて、現在の動詞終止形の有核型は、「言い切り」の音調により核が生じたものと論じている。

これら上野・新田の論とこれまで記述してきた富山市方言の用言のアクセントのありかたとを比べると、次の点をどう考えるかが問題となる。

 1）2拍の一部と3拍以上の動詞・形容詞で音調交替が起こらない。
 2）否定ン形は、長さによらず、無核化する。
 3）終止・連体形の有核形が現れるのは「言い切り」の場合だけでなく、付属語が後接する場合にも起きる。また、音調交替用言の無核形に後接する付属語もある。

富山市方言の用言アクセント成立に至る通時的な考察は、音調交替の機能をどう考えるかという点においても、日本語諸変種の用言アクセントの通時論においても益するところがあると思われるが、この点での考察は不十分である。

＊1 中井（2002）の京都方言、新田（1989）の金沢方言の記述を参照。
＊2 徳川他（1991）の調査結果でも、2拍動詞連体形では無核・有核が混じり、

「動詞の核が生かされるか、無核になるかは、2つの要素が切れているか、まとまっているかによって変わってくる。たとえば、動詞との間の切れ目を少しでも設けると、それぞれ別の単位となってしまう」としている。

*3 動詞基本形の音調交替および音調上の自立形・接続形という捉え方については、上野（1988）、新田（2004）の論を参考にしている。

*4 「融合型」は接尾辞に該当するもので、付属語にはないようである。

*5 独立型の付属語のアクセントは有核の自立語に付くとき顕現しないことがあるが、表ではその場合の音調を省略した。

*6 共通語の終助詞の相互承接に関する田野村（1990）の論を参考にしている。なお、終助詞イネは、ワイネ・ガイネ・ゾイネの構成要素となっていることからここでは除いているが、イネ自体はb型で、a型の助詞の一部（ト、ネカ）に後接するが、a型に前接することはないという点で、ここでいう相互承接の相関関係にやはり合致している。

*7 両論考の記述によると、新田が調査した同一データを用いているようだ。

*8 ただし、基本形の異形態「〜ン」に終助詞ネ（ー）・ナ（ー）が付くのはやや不自然に感じられる。理由は不明だが、富山市方言の本来の終助詞かどうかという点が関わるのかもしれない。

第5章
s語幹動詞イ音便化の例外語

1. 本章の目的

　富山市方言では、s語幹動詞（いわゆるサ行四・五段動詞、以下「s動詞」と呼ぶことがある）のテ形・タ形において、「出シテ」「出シタ」などの形とともに、「出イテ」「出イタ」などのイ音便形が用いられる。しかしながら、s語幹動詞でありながらイ音便形をとらない・とりにくい語も少なくない。本章では、どの語がイ音便化の例外となるのかを記述し、そこに何らかの音韻上や意味上の要因が見出せるのかを検討する。また、中央語史や他方言と対照し、この現象の歴史的意義についての考察も加える。

2. 先行研究と問題の所在

　現代共通語では、s動詞は、子音語幹動詞（五段動詞）のなかで唯一音便化しないが、日本語史（中央語史）上においては、一時期イ音便形が用いられたこと、また、それにも関わらず、のちに原形に戻ったことが知られている。また、イ音便形が用いられた時期においても、動詞によっては全くあるいは低頻度にしかイ音便形が現れないことが指摘され、イ音便化を妨げる要因が何であるのかがしばしば論じられてきた。現代でも西日本の一部の方言にはs動詞イ音便が見られるが、やはりイ音便化しない・しにくい語が少なくないことが報告されている。s動詞とは対照的に、k動詞（カ行五段動詞）イ音便化の例外語はわずかで、現代共通語にいたる中央語史上においては「行く」のみが例外で促音便となる（橋本1959）。関東方言の一部では「歩く」も促音便形（アルッタ、アルッテ）をとるようだが、例外となるのはせいぜいそのぐらいである。

近畿中央語文献において、イ音便形の例がない、または例が少ないことが指摘されているs動詞には次のものがある*1。

(a) 2拍でアクセント類別第1類…「押す」「貸す」「足す」など
(b) 語幹末母音*2が長音の語…「申す」
(c) 語幹末母音がeの語…「消す」「召す」「返す」など
(d) 使役形〜ス…「言わす」「折らす」「立たす」など

橋本（1962）は、そのほかに「致す」「おはす」「申す」などの敬語動詞においてイ音便が起こりにくいとしているが、奥村（1968）、柳田（1993: 633-634）はこの要因の関与を否定している。

s動詞イ音便形の発生が他の子音語幹（四段）動詞の音便形に比べて遅れ、また、のちに原形に復した理由については、k動詞イ音便形との同音衝突を回避するため（柳田1993: 642）、語幹末子音sが他動性を標示する機能を担っているため（福島1992）といった説がある。また、坪井（2001: 85-88）や秋山（1999）は、他行の四段動詞では音便形が上二段動詞との形態上の示差性を高める機能を果たしているのに対し、サ行四段動詞には対応するサ行上二段動詞がないことが、サ行四段動詞のイ音便形の衰退に関与したのではないかと論じている。

現代諸方言におけるs動詞イ音便の地理的分布については『方言文法全国地図』（GAJ）第2集（国立国語研究所1991）第92図「出した」、第98図「貸した」でその概略を知ることができる（「出した」については1章の図1.6を参照）。これらの図から、イ音便は中部地方以西の西日本に分布すること、また、上記要因（a）にあたる「貸した」では「出した」よりもイ音便形の分布域が狭いことが確認できる。

奥村（1968）は、橋本（1962）の論をうけ、上の（a）（b）（d）の要因が、現代の多くの方言においても関与していると論じている。さらに、岐阜県各地において単独ではイ音便形をとらない「足す」が複合動詞の後部要素となる場合にイ音便形をとるという現象が見られることを述べ、「多音節語が音便化しやすい」という一般的な

傾向があると指摘している。

　西日本の特定の方言を対象にした共時的な記述・分析はいくつかあるが、そのなかでも、福井（1982）の、自らの内省にもとづく飛騨萩原方言の記述は、s動詞のイ音便化の可否が音韻的に条件づけられた規則によって説明できるかどうかという観点に立つ詳細な論である。福井によると、2モーラ動詞では、音便化を起こすものは連体形が頭高の語に限られており、平板型の動詞（「押す」「貸す」「足す」「消す」など）は音便化しない。音便化を起こすか否かは、アクセントと、その単語がこの方言にとってnativeであるかどうかによって決まる。ただし、「蒸す」だけは、連体形が頭高で、かつ、この方言でも日常的な語だが、音便形は不自然に感じられるとする。3モーラ以上の動詞ではアクセントが音便化に関与しない。3モーラで完全に音便形が非文法的なのは「申す」のみで、また、語幹末母音がeのもの（数は少なく、「消す」「召す」「湿す」「示す」「試す」ぐらい）は音便化を起こしにくいようだとしている。複合動詞についても考察しており、単独ではイ音便化しない「足す」「越す」が後部要素となる場合（「継ぎ足す」「勝ち越す」など）は、完全に非文法的とは言いきれなくなるが、「消す」が後部要素の複合動詞は非文法的であるとする。

　富山県内の方言においても、先行研究から、s動詞でイ音便化の例外となる語が存在することがうかがえる。前述のGAJ第92図「出した」の富山県内の分布を見ると、福岡町福岡・細入村猪谷・朝日町東草野を除く地点でイ音便形「ダイタ」が回答されているが、第98図「貸した」ではイ音便形は現れない*3。日高（1997）は、五箇山（平村・上平村）の11名および岐阜県白川村の1名（話者の生年範囲が1913〜1929年）を対象にした面接質問調査で、s動詞115語のタ形についてイ音便の可否を問うた結果を報告、分析している。ここでも、「押す」「貸す」などの2拍第1類の語、「返す」などの語幹末母音がeの語、「申す」などの語幹末母音が長音のもの、「喜ばす」などの使役性の高い他動詞がイ音便形になりにくいという結果が出ている。また、山田（2000b）によるアンケート調査でも*4、「（傘を）さして」「出して」に比して、語幹末長

音の「通して」で若干イ音便形の使用率が低くなり、2拍第1類の「貸して」と使役形「持たして」ではイ音便形を可とする回答者が著しく減っている。

　これらの富山県内の方言の記述は中央語史研究の成果をふまえたもので興味深いが、イ音便化の例外語が音韻的・意味的要因で全て説明できるのかという観点からは考察されていない。富山県下の方言は、3章7で見たように、動詞のアクセントがほぼ一型で、2拍動詞の類の対立がない。そのような方言において2拍1類に属するs動詞がイ音便化しにくいということがどのような意味を持つのか、また、上の要因には該当しないものでイ音便化しない・しにくい動詞がほかにないかという共時的な検討が必要である。

3. 調査方法

　上述の先行研究をうけ、本論では、少数の富山市方言話者を対象とした面接質問調査の結果および筆者の内省から、イ音便化しない・しにくいs動詞を示し、それに関与する音韻・意味などの言語内的要因にどのようなものがあるか、それらの要因では説明できない例外語も存在するのかといった観点から考察する。

　インフォーマントと調査期間は以下の通り。話者A〜Cは3章と共通。話者C（筆者）の判断は本章では補助的データとする*5。

　　話者A　1922（大正11）年生まれ。男性。
　　話者B　1945（昭和20）年生まれ。男性。
　　話者C　1973（昭和48）年生まれ。女性。筆者。
　　話者D　1924（大正13）年生まれ。女性。

　話者A・B・Dを対象とした調査では、語ごとに短文を用意し、「「手紙を出した」の「出した」のところをダイタと言えますか」などのように質問し、イ音便形が可能か不可能かを判断してもらった。調査語リストの作成には国立国語研究所（1971）・宮島（1972）の語彙索引を参考に、筆者の内省や調査の過程で得られた方言動詞も含めた。

　まず、話者Bを対象として、2拍語を網羅し、3拍以上の語にお

いてもなるべく基礎語彙を多くとりあげた調査を行った。その後、項目数を減らして話者A・Dを対象とした調査、話者Bを対象とした補足・確認調査を行った。結果として、話者Bでは230語、話者Aでは51語、話者Dでは47語に対する判断を得た。音便化するのはテ形、タ形、トル形〈進行・結果〉、タラ形〈仮定〉などだが、調査の質問文は原則、タ終止形とした[*6]。

4. 調査結果と考察

4.1 イ音便化の例外とその言語内的要因

調査結果を、単純動詞（表5.1）、複合動詞・使役形（表5.2）に分けて示す[*7]。単純動詞は拍数・アクセント類別（2拍動詞のみ）・末母音によって、複合動詞は後部要素の動詞の拍数等によって分け、話者3名から判断の得られた語を先に配列する。カタカナで表記した動詞は方言動詞である。話者別の結果の欄のうち、〇はイ音便形可、×は不可、？は判断に迷ったり判断がゆれる、－は動詞自体を使用しない、空欄は未調査を表す。話者Bのみに確認し、動詞自体を使用しないと回答された語は表に含めていないが、次のものがある。これらには、話者の使用語彙にない語と、方言を使用する文脈では使用されない（と話者が判断した）語が含まれる。「記す」「書き記す」「言いさす」などは後者であろう。

　　鼓す、為す、減（ヘ）す、召す、致す、おわす、醸す、懲らす、
　　知らす（「知らせる」がふつうという）、記す、のめす〈なぐる〉、
　　ほかす〈捨てる・放る〉、言いさす、書き記す

表5.1・5.2から、先行研究で指摘されていたイ音便化を妨げる要因が富山市方言でも関与していることが分かる。なかでも顕著なのは、語幹末母音がeの場合で、単純動詞・複合動詞全てにわたり、どの話者からもイ音便形が不可と判断された。この点は筆者の内省も同様である。語幹末母音eのs動詞はそれほど多くなく、単純動詞は今回の調査項目に尽きることから、「語幹末母音eの動詞はイ音便化しない」と結論づけられる。「返す」「消す」には、語幹末尾のesをjasに変えた同義語「カヤス」「ケヤス」が存在するが、そ

れらでは表の3拍語の欄に記したようにイ音便形が可能である。

　語幹末母音iのs動詞は、和語には見当たらない。漢語由来の「辞す」「愛す」について話者Bに尋ねたところ、両語ともイ音便形は不可とされた。筆者の内省でも同じである。漢語動詞であっても「略す」「訳す」などはイ音便化することから、語種よりも語幹末母音がイ音便化を妨げる要因として強く働いていると解釈できる。

　一方、語幹末母音が長音 OR の語では、「通す」および複合語「やり通す」は話者BとDが可、「催す」は話者Bのみ可、「申す」は3

表 5.1　s動詞イ音便調査結果（1）単純動詞

	話者 B A D										B A D		B A D
2拍1類 -a,o,u		荒らす	○	飛ばす	○	落とす	○	**3拍 -OR**		巡らす	○		
足す	○	合わす	○	流す	○	脅す	○	通す	○?○	もたらす	○		
越す	××?	癒す	○	鳴らす	○	下ろす	○	申す	×××	もてなす	○		
漉す	××?	犯す	○	均す	○	こぼす	○	**3拍 -e**		揺るがす	○		
貸す	×××	かざす	○	慣らす	○	諭す	○	返す	○	ワラカス〈割〉			
増す	×××	枯らす	○	逃がす	○	過ごす	○	示す	×××	施す	○		
押す	×××	交わす	○	抜かす	○	倒す	○	試す	○	滅ぼす	○		
燃す	×－－	切らす	○	脱がす	○	灯す	○	なめす(皮を〜)	××－	うつぶす	○		
2拍1類 -e		下す	○	濡らす	○	残す	○	**3拍 -i**		着古す	○		
消す	×××	暮らす	○	根差す	○	戻す	○	愛す	×	平伏す	○		
2拍他 -a,o,u		汚(けが)す	○	退(の)かす	○	宿(やど)す	○	**4拍 -a,o,u**		**4拍 -OR**			
指す〈差・刺〉	○○○	貶(けな)す	○	逃(の)がす	○	寄越す	○	動かす	○	催す	○××		
出す	○○○	こがす	○	伸ばす	○	汚(よご)す	○	表す	○	**5拍以上 -a,o,u**			
干す	○○○	こなす	○	はがす	○	燻(いぶ)す	○	怒らす(肩を〜)	○	甘やかす	○		
ナス注1	?××	肥やす	○	化かす	○	移す(写)	○	促す	○	後ろかす	○		
止(よ)す	?××	凝らす	○	果たす	○	崩す	○	通わす	○	おどろかす	○		
伸(の)す	×××	壊す	○	生やす	○	尽くす	○	絡ます	○	おびやかす	○		
伏す	×××	探す	○	晴らす	○	つぶす	○	乾かす	○	輝かす	○		
蒸す	×××	覚ます(冷)	○	腫らす	○	吊るす	○	燻らす	○	かどわかす	○		
生(む)す	×××	さらす	○	ばらす	○	無くす(亡)	○	くらます	○	そそのかす	○		
2拍他 -i		透かす(空)	○	浸す	○	外す	○	転がす	○	たぶらかす	○		
辞す	×	澄ます	○	冷やす	○	ほぐす	○	転ばす	○	ときめかす	○		
3拍 -a,o,u		済ます	○	蒸かす	○	訳す	○	仕出かす	○	轟かす	○		
離す(放)	○○○	ずらす	○	増やす	○	竄す	○	滑らす	○	ひけらかす	○		
回す	○○○	逸らす(反)	○	減らす	○	許す	○	耕す	○	綻ばす	○		
渡す	○	正す	○	任す	○	略す	○	偲ぶ	○	仄めかす	○		
カヤス〈返〉	○○○	騙す	○	満たす	○	きたす	?	遣わす	○	紛らわす	○		
ケヤス〈消〉	○○○	たやす	○	乱す	○	囃す	?	出くわす	○	持て余す	○		
殺す	○	垂らす	○	みなす	○	託す	?	ナクナス〈無〉		煩わす	○		
直す	○	散らす	○	目指す	○			靡(なび)かす	○	冗談めかす	○		
隠す	○○○	でかす注2	○	燃やす	○			悩ます	○	志す	○		
話す	×××	照らす	○	漏らす	○			フヤカス注3		**5拍以上 -e**			
明かす	○	溶かす	○	ヨカス〈退〉				紛らす	○	覆す	×		
余す	○	退(ど)かす	○	沸かす	○			纏わす	○	翻す	×		
あやす	○	閉ざす	○	起こす	○			惑わす	○	たたきのめす	×××		

注1　〈借金を作る〉
注2　タ形「でかした/でかいた」（=よくやった）でのみ使用。
注3　〈ふやけさせる〉

者とも不可という結果であった。筆者の内省でも大差なく、「通す」「やり通す」「催す」では判断に迷うが、「申す」はイ音便形が許容できない。末母音がORの語は「イ音便が不可」とまでは言えないが「イ音便化しにくい」と言える。

　2拍動詞は3拍以上の動詞よりもイ音便化しない語が多く、特にアクセント類別1類の動詞はイ音便化しにくい。この点も、先行研

表5.2　s動詞イ音便調査結果（2）　複合動詞・使役形

	話者 B	A	D		話者 B	A	D
後部2拍1類 -a,o				乗り過ごす	○		
つぎ足す	○	×	×	やり過ごす	○		
注ぎ足す	○			**後部3拍 -OR**			
追い越す	○	○	○	やり通す	○	?	○
引っ越す	?	?	×	**後部3拍 -e**			
勝ち越す	○			言い返す	×	×	×
負け越す	○			ひっくり返す	×	×	×
持ち越す	○			裏返す	×		
後部2拍1類 -e				繰り返す	×		
吹き消す	×	×	×	取り返す	×		
後部2拍他 -a,o				指し示す	×	×	
思い出す	○	○	○	**4拍 - 末母音a**			
話し出す	○			思い巡らす	○		
呼び出す	○			**C動詞使役 -asu形**			
飲み干す	○	?	?	遊ばす	○	×	×
後部3拍 -a,o				行かす	○		
引き回す	○	○	○	言わす	○		
ヒックリカヤス[注1]	○	○	○	嗅がす	○		
イーカヤス[注2]		○	○	聞かす	○		
見渡す	○	○	○	持たす	○		
引き渡す		○		折らす	?		
着慣らす	○			**V動詞使役 -sasu形**			
使い果たす	○			開けさす	×		
噛み殺す	○	○	○	寝さす	×		
引き殺す		○					

注1〈ひっくり返す〉
注2〈言い返す〉

究で指摘されてきたことと一致する。2拍動詞第1類では「足す」一語に対してのみ話者Bがイ音便形を可とし、他の語は3者とも不可か判断に迷う。2類や類別外の動詞は1類よりイ音便化する語が多いが、それでも3拍以上の動詞に比べると不可となる動詞が目立つ。これには語幹末母音の違いが関わるようで、母音aの動詞「指す」「出す」は3者とも可としているのに対し、母音oでは「干す」は可だが「止す」「伸す」は不可あるいは「？」、母音uの3語は3者とも不可とする。「伏す」「伸す」は、室町期の口語資料でイ音便形とならない・なりにくいと指摘される（橋本1962）。「蒸す」「止す」がイ音便形をとらない・とりにくいのは、飛騨萩原方言と共通する（福井1982）。

　2拍動詞の1類と2類とでイ音便化の起こりやすさに差があることは認められるが、富山市方言の場合、これを音韻的要因とみなすことはできない。3章2.2で見たように富山市方言の動詞アクセントは「居る」「来る」を除き一型で、1類と2類とにアクセントの対立がないからである。したがって、2拍1類に属する動詞一語一語の形態情報としてイ音便化しないということが個別に指定されていると考えざるをえない。「足す」のイ音便形でインフォーマント間に判断の差があるのは、この語ごとの指定に個人差があるということであろう。通時的にはアクセントがイ音便の可・不可を決める音韻条件であったのかもしれないが、現在の富山市方言のようにアクセントの対立がなくなった段階で、イ音便化しないということが1類所属の動詞個々の形態情報として世代を超えて保持・習得され続けてきたということになる。

　3拍以上で語幹末母音a, o, uの単純動詞では、3話者に共通して「話す」でイ音便が不可となる。イ音便化の例外となることが動詞個別の形態情報として定められていると言える。なお、「話す」がイ音便形をとりにくいという報告は他方言や中央語文献を対象とした諸研究には見られない[*8]。話者Bのみ調査した語には「きたす」「志す」などイ音便形の文法性判断に迷うものが数語あるが、全て日常の使用が稀な語と言える（そのうちの何語かに対してはインフォーマントも非日常的と内省する）。

単純動詞と複合動詞を比べると、単純動詞でイ音便が可とされれば、それを後部要素とする複合動詞でも可とされる*9。「越す」は、単純動詞としてはイ音便形が許容されにくいが、「追い越す」は3話者とも可とする。話者Bは他に「勝ち越す」等も可と判断する。単独ではイ音便形をとらない動詞が複合動詞の後部要素となる場合にイ音便形をとるという現象は、奥村（1968）の報告する岐阜県各地での「足す」や、福井（1982）の報告する同じく岐阜の飛驒萩原方言の「足す」「越す」でも見られる。ただし富山市方言では「引っ越す」はイ音便形が許容されにくい。これは共時的には単純動詞ともみなせるもので、2拍1類動詞や「話す」と同様の語彙的な例外語とも考えられる。

　接辞-(s)as-uによる使役形は、「子音語幹-as-u」のみ話者Bが可とする。筆者の内省でも「子音語幹-as」はイ音便でも言えなくもないが、「母音語幹-sas」では全く許容できない。ただし、どの話者においても、使役形は-(s)as-uより-(s)ase-ruが優勢である。

　以上をまとめると次のようになる。

1）末母音e, iの動詞はイ音便化しない。
2）末母音ORの動詞はイ音便化しにくい。
3）2拍動詞は3拍以上の動詞よりもイ音便化しないものが多い。
　3–1）特にアクセント類別1類の動詞はイ音便化しにくい。ただし、富山市方言ではs動詞のアクセントの対立がないことから、1類に属する個々の動詞の形態情報としてイ音便化しないことが定められていると考えられる。
　3–2）1類以外の2拍動詞では、末母音u＜o＜aの順にイ音便化しやすくなる。
4）3拍以上の語幹末母音a, o, uの単純動詞では「話す」がイ音便化しない。「話す」は個別に定められた例外語と考えられる。「引っ越す」も、これを単純動詞とみなせば、同様の個別の例外語と言える。
5）単独ではイ音便化しない動詞でも、それを後部要素とする

複合動詞ではイ音便化しやすくなる。
6）接辞-(s)as-uによる使役形もイ音便化しにくい。また、「子音語幹-as」より「母音語幹-sas」のほうがイ音便化しにくい。

4.2　例外が生まれる動機

　以上の結果からいま一歩ふみこんで、上の諸要因がなぜ要因となりうるのか、その背後にある言語構造あるいは言語伝達上の原理は何かを考えてみたい。

　その前に注意すべきは、同じイ音便を起こすk, g語幹（カ行・ガ行五段）動詞においては、上のような諸要因が関与しないという点である。富山市方言も共通語と同じで、k, g動詞イ音便の例外語は、促音便が義務的となる「行く」のみで、他は義務的にイ音便となる。

　s動詞においては、イ音便化が許されない・許されにくい語が複数存在する上に、イ音便化が許される語においてもそれが義務的なわけではなく、非音便形が並存する。つまり、s動詞イ音便を妨げる要因が要因となりうる原理を考察する際にも、その原理はs動詞に限って働くものであり、k, g動詞にはその要因・原理が関与しない。k, g動詞イ音便に比べてs動詞イ音便は特別に制限の強いものであり、あくまでその制限がどのように加わるかという点に、ある種の言語構造や伝達上の原理が見出せると考えられる。

　s動詞のイ音便化を妨げる要因の1つに、語形の長さ（2拍動詞と3拍以上の動詞との差、単純動詞と複合動詞との差）がある。この要因の背景には、語形を保って語としての同定性（一語としての同一性、他の語との弁別性）を担保するという動機が認められる。s動詞のイ音便は、各動詞が一語としての同一性を標示する語幹の末尾子音sを脱落させるものである。つまり、音便化は、語のカタチを一部失わせるという形態音韻変化である。基本形2拍のs動詞、言い換えれば語幹が「1拍＋子音s」の動詞においては、一語としての同一性・他の語との弁別性を保つという原理が働くために、3拍動詞よりもイ音便化しにくく、また、それが複合動詞の要素となった場合には単純動詞の場合よりもイ音便化しやすくなるのだと思

われる。

　なお、日本語史におけるs動詞イ音便の発生の遅れ・衰退の原因として、k語幹動詞イ音便形との同音衝突の回避ということが指摘されている（柳田1993）。富山市方言の2拍s動詞でイ音便化しない動詞を見ると、「貸す／書く・欠く」「増す／巻く」「伏す／吹く」「蒸す・生す／剥く・向く」「押す／置く」など、確かに対応するk動詞があるものが多い。ただし一方で、イ音便形が可能な動詞であっても、「出す／抱く」「指す／裂く」など、対応するk動詞があるものも見出すことができることから、対応するk動詞の存在がs動詞のイ音便化の可・不可を決める共時的な条件とは考えにくい。しかし、上述のように、k動詞のイ音便化はs動詞のイ音便化に比べて規則的かつ義務的なものである。通時的に見れば、k動詞イ音便化がs動詞イ音便化に先行するもので、また後にそれが義務的になったため、短いs動詞では語としての同一性・他の語との弁別性という点からイ音便が避けられやすかったのだと考えられる。また富山市方言において、2拍動詞のアクセント対立が失われた後も、それに属する語がイ音便化の例外語であり続けた背景にも、語としての同一性・他の語との弁別性の保持という原理が働いたと思われる。

　語幹末母音eの場合も、動詞としての語形の保持という点が関わるだろう。語幹末母音eのs動詞がイ音便化すると *keʀta（消した）、*kaeʀta（返した）など、母音連続 ei > 長音 eʀ が生じる。これが、富山市方言のs動詞において語幹末母音eという条件がイ音便化を強く妨げる動機となっているのであろう。ただし、これもk, g動詞においては、seʀta（急いた）、zawameʀta（ざわめく）、kaseʀda（稼いだ）など語幹末母音eの例が見出せ、s動詞のイ音便化にのみ該当するものである。

　接辞-(s)as-uがついた使役形の場合も、それが〈使役〉という文法的意味の標示を十分に果せなくなるという意味で、同類の原理によると言える。子音語幹-as-uのほうが母音語幹-sas-uよりもイ音便形をとりやすいのは、ik-u対ik-as-u（行）、asob-u対asob-as-u（遊）などの基本形と使役形の対応が、cir-u（散る）対cir-as-u（散らす）、odorok-u（驚く）対odorok-as-u（驚かす）など、

有対の自動詞・他動詞の形態上の対応と並行的であるため、それらs語幹他動詞/語根 -as-u/ のイ音便形からの類推によって/子音語幹 -as-u/ が許されやすいということであろう。

　末母音が oR の場合にイ音便化しにくいのは、その音節構造によるものだろう。つまり、toRi-ta（通した）など CVVV という超重音節を避けるという語音構造上の原理が、末母音 oR におけるイ音便化を避ける傾向に現れたと思われる。なお、k, g 動詞で末母音が長音の語は見出せない。

　末母音 i という点については、それ自体がイ音便を妨げる要因となるのか、はっきりしない。「愛す」については、そのイ音便形が *aiR-ta と超重音節となること、「辞す」については、動詞自体が2拍で短いうえに、漢語動詞で日常的用語とは言いがたいことによるのかもしれない。また、語幹末母音が e の動詞と考え合わせると、特にイ音便となることによって動詞が長音をとることが、何らかの理由で避けられるとも考えられる。k 動詞では kiRta（聞いた）、siRta（敷いた）など和語の例がある。

　3拍以上の単純動詞のイ音便化例外語として「話す」があった。前述のように、これがイ音便の例外語となるのは全国的には珍しいようである。「話す」がイ音便化しにくい理由として思い当たるのは、「離す・放す」との弁別性を保つという点ぐらいだが、他の活用形で同形の語どうしがテ・タ形においてのみ弁別を求めるとは考えにくい。「引っ越す」については後部要素がイ音便化しない「越す」であることが関わるだろうが、「追い越す」などの複合動詞に比して単純動詞ともみなしうる「引っ越す」がイ音便化しにくいという理由は見出しにくい。

5．課題

　本章では、富山市方言においてイ音便化しない s 語幹動詞にどのようなものがあるか、また、その語からどのようなイ音便化を妨げる音韻・意味上の要因が見出せるかを検討した。その結果、中央語史上や他方言において指摘されてきたのと同じ要因が富山市方言に

おいても観察された。特に、2拍動詞アクセント類別1類という要因は、s動詞にアクセントの対立がない富山市方言においては共時レベルでは音韻的要因とはみなせないという点は、s動詞のイ音便という現象そのものを考える上で、重要な点だと思われる。

　先行研究も含め、現在得られるデータを見た限りでは、s動詞イ音便化が起こる方言においてイ音便化を妨げる要因はほぼ共通するが、その要因相互の軽重に方言による違いが見られる。例えば、小西（2002）の報告する山梨県奈良田方言では、語幹末母音がeであることよりも、語幹末母音が長音*10 であることのほうが、イ音便化を妨げる要因として強く働いている。こうした方言間の対照により、日本語諸変種におけるs動詞イ音便という現象の形態音韻論的な意味がより明確になるであろう。

---

*1　橋本（1962）、奥村（1968）、北原（1973: 104）の指摘による。福島（1992）の整理を参考にまとめた。
*2　厳密には「語幹末子音sの前の母音」と言うべきであるが、ここでは簡便のため「語幹末母音」とする。
*3　ただし、富山市新庄町・大山町上滝・細入村猪谷では「カセタ」が回答されている。これは母音語幹（下一段）動詞「カセル」のタ形と思われる。
*4　市民講座の受講生を対象としたもので、被調査者の実数は記されていないが、毎回の参加者は70名ほど、うち8割が富山県内出身者であり、県外出身者の回答はデータから除いたとする。対象者の年齢幅は47歳から91歳である。
*5　イ音便を妨げる要因に該当する場合の文法性判断が恣意的になる恐れがあったため、本章では筆者の判断は補助的に用いる。
*6　筆者の内省では、後続の接辞（テヤタ）の種類や統語環境でイ音便形の文法性判断が異なることはない。ただ、計量的に見た場合にこれらの要因が関与する可能性は否定できない。
*7　単純動詞と複合動詞の区別にはやや問題がある。例えば、語形成的には複合動詞とみなせる語でも、共時的に後部要素が単純動詞として用いられない「持て余す」「たたきのめす」、語彙的接尾辞を付した派生語「冗談めかす」「ワラカス（うっかり割る）」などは単純動詞とした。一方「引っ越す」は共時的に単純動詞ともみなせそうだが、「越す」を後部要素とする複合動詞とみなした。
*8　中央語文献については中川美和氏の教示を得た。例えば、室町末期の和泉流狂言の台本『狂言六義』（北原・小林1991）には、次のような「はなす」の

イ音便形の例が見える。注によればこの「咄いた」は「情けをかけた」の意。
　　「今度在京の内に、咄いた人の所へ暇乞いに行かふ」　　　　　（墨塗）
筆者の調査した山梨県奈良田や静岡県三ヶ日町でも「話した」のイ音便形は可能とされる（小西2002, 2004a）。

＊9　複合動詞「飲み干す」に対して話者A、Dが判断に迷うのには、日常の使用が稀ということが関わるだろう。

＊10　oRのほか、奈良田には半子音wが脱落したことによって生じたmaRsu（回す）などのaRがある。

第6章
下新川方言における形容名詞述語の活用

1. 問題の所在と本章の目的

　「静かだ」などいわゆる「形容動詞」は、形態的には連体修飾形が「～ナ」であるという点以外は「名詞＝コピュラ」に等しいという特徴を持つことから、しばしば問題とされてきた語彙である（柏谷1973）。品詞論での扱い方は、用言型の独立した範疇（品詞）とみなす立場（橋本文法・学校文法など）、体言型の独立した範疇とみなす立場（寺村1982）、形容詞の下位類とする立場（鈴木1978、村木1998など）に分けられる。本書は2つめの立場により、「シズカ」などを「形容名詞」としてきたが、形容名詞と一般名詞とを区別する立場において、両者の境界は明確なものではなく、連続的であることが指摘されている（飯豊1973、寺村1982、村木1998）。言語類型論においては、物の性質や状態を表す形容詞的語類が形態・統語論的に名詞的にふるまうか動詞的にふるまうかが論じられることがあるが、そのような観点から見ると、日本語は、形態的特徴が異なる2つの形容詞的語類、すなわち動詞的性格が強い形容詞（イ形容詞）と、名詞的性格が強い形容名詞（ナ形容詞・形容動詞語幹）が存在する言語として注目されることにもなる*1。

　ところが、この「形容動詞」「形容名詞述語」の形態論的ふるまいは方言によって異なっており、共通語よりも名詞述語との違いが大きい方言が西日本を中心に分布する。『方言文法全国地図』第3集（国立国語研究所1993）の「静かだ」の活用を扱う第145～150図では、中国・四国や近畿・北陸・九州の一部で、共通語では連体形でしか用いられない「～ナ」が終止形としても用いられ、「～ナカッタ」「～ナカロー」「～ナケリャ」のような「～ナ＝形容詞活用語尾」形や、「～ニアッタ・ナッタ」や「～ニアロー・ナロ

ー」のような「〜ニ＝アル」と分析できる（あるいは、それに由来する）形式が見られる。都竹（1953）は、一般には「形容動詞」を一品詞とする必要性を認めないが、上のような特別な形の「形容動詞」を持つ方言では「形容動詞」を品詞として独立させる必要があるとしている。さらに、福岡など九州の一部には、「〜カ」「〜カッタ」「〜カロー」など、形容詞と同形の活用形式もある。琉球の一部の方言においても、「〜サン」など、形容詞と形容名詞とが同じ活用形式（いわゆる「サアリ活用」）を持つ方言が見られる*2。

　これらの諸形式のうち、終止形の「〜ナ」や「〜ニアル」型の形は中央語史上にも見えるが、「〜ナカッタ」「〜カッタ」といった形容詞と類似した形は中央語史上に確認できない。これらは、通時的には、形容名詞述語が形態的に形容詞に類似・同化する方向へ変化したと言える。そのような変化の原因の1つは、形容詞と形容名詞述語とが意味的にも統語的にも近い特徴を持つためだろうが、具体的にどのような変化過程を経て現在の形式が成立したのかは明らかでない。日本語諸変種と日本語史における形容名詞という語類の位置づけを考えるためにも、個々の方言の共時的な記述が必要である。本節では、「〜ナカッタ」などの形容名詞述語形態を持つ方言の1つとして、富山県下新川郡朝日町・入善町方言をとりあげ、名詞述語や形容詞の活用との異同に注目しながら、記述・分析する。

2. 調査方法

　本章の記述は、1997〜2001年、朝日町および入善町で行った、面接質問調査の結果による。インフォーマントは以下の通り。

　　話者A　1930（昭和5）年生まれ。女性。朝日町笹川で生育し、調査時も在住。外住歴なし。
　　話者B　同上
　　話者C　1949（昭和24）年生まれ。女性。朝日町笹川で生育し、調査時住所も同じ。東京都内に18歳時約1年間在住。
　　話者D　1921（大正10）年生まれ。男性。19歳〜26歳まで中国にいた以外は入善町横山に在住。

話者E　1942（昭和17）年生まれ。男性。入善町春日で生育し、調査時も在住。外住歴なし。

話者F　1943（昭和18）年生まれ。女性。入善町一宿で生育し、調査時も在住。外住歴なし。

　朝日町の話者A・Bを対象とした調査は、形容詞と形容名詞述語の活用の記述を目指したものである。その調査により形容名詞述語の活用をある程度把握した上で、地域差・年齢差を知るために朝日町の話者Cや入善町での調査を行った。

　下新川郡は富山県最東部に位置する（1章の図1.1参照）。朝日町と新潟県との境は北アルプスの北端にあたり、その面積の大部分が山地である。笹川は、笹川（集落と同名の川）の河口を約4kmさかのぼった谷沿いにある集落である。入善町は朝日町の西隣に位置する。横山・春日は海岸に近い平野部の農村地帯の集落である。

　なお、上の話者の音韻体系はほぼ共通語と同じである。高年層話者においては、音声的には /si, zi/ の母音の中舌化（ただし /su、zu/ との区別はある）、/se, ze/ の子音の口蓋化という特徴が観察された。アクセントにおいても富山県内の他地域と同様で、下げ核を弁別特徴とし、n拍語にn＋1個の型が存在するアクセント体系を持つ。

3. 記述と考察

3.1　活用形一覧

　表6.1に、朝日町笹川方言の高年層話者A・Bによる形容名詞述語の活用を、一般名詞述語・形容詞の場合とともに示す。名詞は「ホン（本）」、形容名詞は「シズカ（静か）」、形容詞は「タカイ（高い）」を例とする。コピュラには新形のヤもあるが、優勢形ジャで代表させる。笹川方言の形容名詞として確認できた語は次のとおり（「シズカ」も含む）。（　）はおおまかな意味、［　］内はアクセント。

　　ハデ（派手）［2］、ヘタ（下手）［2］、マメ（達者）［0, 2］、イチャケ（可愛い）［2］、シズカ（静か）［3］、ハンジョ（賑や

か）[1]、フシギ（不思議）[0, 3]、マジメ（まじめ）[1, 3]、シンパイ（心配）[0, 3]、ゼータク（贅沢）[3]、スキ（好き）[2]、キライ（嫌い）[0]、オモ（主）[2]、ムリ（無理）[1]、ヨケー（余計）[0, 3]

ただし、「スキ」以下の 5 語は、終止基本の「〜ナ」、過去の「〜ナカッタ」をとりにくい。その理由については後述する。また、共通語の「ようだ」「みたいだ」「そうだ（様態）」にあたる助動詞相当形式ヨー（ナ・ジャ）、ミタイ（ナ・ジャ）、ソー（ナ・ジャ）も形容名詞に準じた形式をとる。

表 6.1 の「疑問」に準じるものとして、副助詞ヤラ、副助詞兼疑

表 6.1　笹川方言の形容名詞述語・名詞述語・形容詞の活用

	形容名詞述語 シズカ sizuka	名詞述語 ホン hoN（本）	形容詞 taka（高）
終止基本	〜ジャ =zja 〜ナ =na	〜ジャ =zja	タカイ -i
推量	〜ジャロー =zjar-oR 〜ナカロー =na=kar-oR	〜ジャロー =zjar-oR	タカカロー -kar-oR
疑問	〜ナケ =na=ke	〜ケ =ke	タカイケ -i=ke
感嘆	〜ナヤ =na=ja	〜ヤ =ja	タカヤ -ja
連体	〜ナ =na	（〜ノ =no） 〜ナ =na 注	タカイ -i
中止	〜デ =de	〜デ =de	タカテ -te
仮定	〜ナラ =nara 〜ナケリャ =na=ker-ja	〜ナラ =nara	タカケリャ -ker-ja
逆接	〜ジャレド =zjar-edo 〜ナカレド =na=kar-edo	〜ジャレド =zjar-edo	タカカレド -kar-edo
過去	〜ジャッタ =zjaQ-ta 〜ナカッタ =na=kaQ-ta	〜ジャッタ =zjaQ-ta	タカカッタ -kaQ-ta
否定	〜デナイ =de=na-i 〜ジャナイ =zja=na-i	〜デナイ =de=na-i 〜ジャナイ =zja=na-i	タカナイ -ø=na-i
なる	〜ニナル =ni=nar-u	〜ニナル =ni=nar-u	タカナル -ø=nar-u
過ぎる	〜スギル -suŋi-ru	（欠）	タカスギル -suŋi-ru

= 語境界、- 形態素境界。
注：準体助詞ガが続く場合のみ。

問の終助詞カ、助動詞相当ミタイ（ナ・ジャ）に接続する形がある。形容名詞では、「〜ナヤラ」=na=jara、「〜ナカ」=na=ka、「〜ナミタイナ」=na=mitai=naとなる。また「過ぎる」に準じる接続をする形に、ソー（ナ・ジャ）がある。形容名詞では「シズカソー（ナ・ジャ）」などとなる。

　表で「感嘆」としたのは、知覚事態に対する話し手の感動・驚きを表す感嘆文において、対象の性質や話し手の感情の程度が極端であることを表す終助詞ヤを用いるものである。共通語の「なんて〜だ（ろう）」構文と同じように、名詞句・動詞句の場合には程度性を含む連体・連用修飾語句を必要とする。ヤは長音化するのがふつうで、また、ヤが承ける句内のアクセント核が実現せず（無核化）、全体が高く平らになるという韻律的特徴を持つ。

（1）イチャケナ　コヤー。（かわいい子だなあ。）
（2）シズカナヤー。（静かだなあ。）
（3）タカヤー。（高いなあ。）
（4）タカカッタヤー。（高かったなあ。）
（5）ウマソーニ　{ノム／ノンダ}　ヤー。（おいしそうに{飲む／飲んだ}なあ。）

　ヤへの接続はやや特異で、上の例のように、動詞の終止基本ではル形に、形容詞の終止基本では語幹に付く。ただ、富山市方言では「タカイヤー」など「〜イ＝ヤ」も可能である（3章**18.6**）。ここでは、/-i=ja/ → /-ja/ という縮約規則により、「タカヤ」などの形になると解釈する。

　表6.1から、笹川方言の形容名詞述語では、「〜ナ」形が連体形だけでなく終止形としても用いられ、また、疑問の終助詞ケ（および副助詞カ・ヤラ）が後続する場合にも用いられることが分かる。つまり、「〜ナ」が現れる形態統語環境は、形容詞の「〜イ」が現れる環境と一致する。また、「〜ジャッタ」「〜ジャロー」「〜ジャレド」「〜ナラ」という名詞述語と同形の形式とともに、「〜ナカッタ」「〜ナカロー」「〜ナカレド」「〜ナケリャ」といった「〜ナ＝形容詞活用語尾」という構造の、名詞述語とは異なる形がある。例をあげる。

(6) アカ　シズカ {ジャ／ナ} ネー。(あそこは静かだねえ。)
(7) アンタ　アノヒトノコト　シンパイ {ジャロー／ナカロー}。
　　(あなた、あの人のことが心配だろう。)
(8) ソイ　シズカ {ナラ／ナケリャ} オラモ　スンデミタイワ。
　　(そんなに静かなら私も住んでみたいよ。)

　中止形や否定形・なる形は名詞と同じ形しかない。副詞的修飾の場合、形容詞は「タカナト　アゲル（高く上げる）」のように「～ナト」形をとるが（7章）、形容名詞はこの場合も「～ニ」の形である。

　入善町横山の高年層話者Dの活用体系も、ほぼ同様である。異なる点として、形容詞の仮定形に「タカケリャ」のほか「タカカリャ」などの「～カリャ」-kar-ja形が併用され、並行して形容名詞にも「シズカナカリャ」などの「～ナカリャ」-na=kar-ja形が併用されることが挙げられる。

　3章7.3で見たように、富山市には、終止形としての「～ナ」や「～ナ＝形容詞語尾」形はなく、連体形で「～ナ」を使うほかは、名詞述語と同様の形が用いられる。朝日町・入善町でも調査時において全域で用いられるのではなさそうで、入善町市街地（入善町入膳）生え抜きの高年層話者（1923／大正12年生まれ、女性）や入善町西部（入善町西入善）の高年層話者（1923／大正12年生まれ、女性）では、形容詞や名詞述語の活用はほぼ同様だが、形容名詞述語の終止形「～ナ」や「～ナ＝形容詞語尾」形は使わないとのことであった。後述のとおり、朝日町笹川や入善町横山でも若い世代は使わなくなってきている。

3.2 「～ナ」と「～ジャ」の違い

　まず、「～ナ」形について、「～ジャ」形と対照しながら検討する。前述のように、下新川方言の「～ナ」は、連体形としてだけでなく終止形としても、また、助詞カ・ケ・ヤラ、助動詞ミタイ（ナ・ジャ）等の形式が後続する場合にも使われており、その出現環境が形容詞の「～イ」形と一致する。共通語の形容名詞では、助詞カやヤラが後続する場合には形容名詞単独となり、また、「ここは静か。」

のように、単独で文を終止することも可能である。すなわち、下新川方言の「～ナ」形の出現環境は、共通語の形容名詞単独の出現環境にも重なっている。それに対して、「～ジャ」は、共通語の「～ダ」と同じように、終止形としてしか用いられず、連体形としてや助詞カ等が後続する環境では用いられない。

　終止形としては「～ナ」と「～ジャ」の両方があるが、用法が等しいわけではない。「～ナ」は話し手が知覚した対象の状態や、話し手自身の一時的感情を描写する文、特に感嘆文で用いられやすく、「～ジャ」は対象の恒常的な属性についての真偽判断や評価を話し手が行う文で用いられやすいという違いがある。

　(9)　(現在いる場所がとても静かなことに気付いて) シズカ {×ジャ／ナ} ヤー。(静かだなあ。)
　(10)　(現在いる場所がとても静かなことに気付いて、隣の友人に) シズカ {ジャ／ナ} ネー。(静かだねえ。)
　(11)　(以前に行った場所を思い出しながら、一緒に行った友人に) アカ　シズカ {ジャ／ナ} ネー。(あそこは静かだねえ。)

　(9) は、先に触れた感嘆の終助詞ヤを用いた文である。発話時点において知覚したその場の「静かさ」に対する話し手の感動を表しており、感嘆(詠嘆)文の典型的なものと言える (益岡1991: 87-89)。「～ジャ」はこの終助詞ヤとは共起しない。(10)(11) は、終助詞ネを用いた文である。(9) と同じように対象・事態に遭遇したときの知覚内容に対する発話者の感動を表す点で感嘆文と連続するが、聞き手をめあてとする対話文である点、さらに (11) は対象を知覚した時点と発話時点が一致しないという点で、感嘆文の典型からは外れたものである。これらでは「～ジャ」も可能だが「～ナ」のほうが用いられやすい。

　「～ナ」は、次のような、話し手の判断や感情・知識を伝達する文でも使うことができ、「～ナ」形自体が〈感嘆〉の意味を担うとは言えない。ただし、(14) では話者は「～ジャ」のほうが「～ナ」より自然だと内省する。

　(12)　(「今日あの家は静かか？」と聞かれて) シズカ {ジャ／ナ}

ワ。(静かだよ。)

(13) オラ　アノヒト　シンパイ　{ジャ／ナ}　ワ。(私はあの人が心配だよ。)

(14) (「あの人はまじめか？」と聞かれて) マジメ　{ジャ／ナ}。(まじめだ。)

(12) (13) が対象や話し手の一時的な状態を述べているのに対し、(14) は主題である「あの人」の、「まじめ」という恒常的な性質を述べている。文の意味的タイプから言えば、前者は話し手の知覚を通して捉えられたことを客観的に述べる文 (いわゆる「現象描写文」)、後者は対象についての話し手の判断を述べる文 (いわゆる「(真偽) 判断文」) にあたる。真偽判断文において「〜ナ」より「〜ジャ」が用いられやすい傾向は、次の文でより顕著になる。

(15) アノッサン　ウドン　スキ　{ジャ／×ナ}　ワ。(あの人はうどんが好きだよ。)

(16) オラ　アノヒト　スキ　{ジャ／×ナ}　ワ。(私はあの人が好きだよ。)

(17) コノ　シゴトガ　オモ　{ジャ／×ナ}　ワ。(この仕事が主だよ。)

(18) ソリャ　ムリ　{ジャ／×ナ}。(それは無理だ。)

(19) ソノゼンナ　ヨケー　{ジャ／×ナ}　ワ。(そのお金は余計だよ。)

(15) (16) では「スキ」を「キライ」に変えても「〜ナ」は不可。「スキ」「キライ」は、意味的な分類では「感情形容詞」とされるが、一般の感情形容詞が一時的な感覚・感情を表すのに対し、持続的・恒常的な感情を表すという点で特殊である。文の意味的類型としては、(15) は、(14) と同じく、対象 (あの人) の性質 (うどんが好き) についての話し手の判断を述べた真偽判断文と言える。(16) は、話し手の対象に対する感情を述べた文だが、一時的な感情としてではなく話し手の判断として述べている点では、(14) (15) と同じである。また、(17) 〜 (19) の述語「オモ」「ムリ」「ヨケー」は、対象自体が持つ状態・性質ではなく、他の事物や一般的な基準から見た評価的なあり方を表す。そのため、これらを述

語とする文も、話し手の判断を述べる文だと言えよう。

　(14) と同じ「あの人はまじめだ」、(15) と同じ「あの人はうどんが好きだ」という命題を持つ文でも、(20)(21) のような感嘆文では「～ナ」が積極的に用いられる。つまり、「～ナ」と「～ジャ」のどちらが用いられやすいかは、必ずしも語によって決まっているわけではなく、対象の性質や状態に対する感嘆の表現か、対象・事態についての判断の表現かといった、文全体の意味に関わっているのである。

　(20)（その人の熱心に働く姿を思い出しながら）アノヒトァ　マ<u>ジメナネー</u>。（あの人は<u>まじめだねえ</u>。）
　(21)（人がおいしそうにうどんを食べるのを見ながら）アノッサン　ウドン　<u>スキナネー</u>。（あの人、うどんが<u>好きだねえ</u>。）

「キライ」「オモ」などは、そのような感嘆文を作ることができず、終止形「～ナ」は確認できないが、連体形としてや、終助詞カ・ヤラなどの語が後続する環境では「～ナ」が用いられる。

　以上、感嘆文では「～ナ」が、真偽判断文では「～ジャ」が用いられやすいという違いがあることを見た。これらの点から、終止形「～ナ」は特定のモダリティを積極的に表さない形式であり、「～ジャ」は事態が真であることを話し手が判断するという真偽判断のモダリティを積極的に表す形式であると解釈する。この「～ジャ」の表すモダリティを、簡単に〈断定〉としておく。真偽判断文で「～ナ」より「～ジャ」が好まれるのも、「～ナ」が判断のあり方を積極的に表さない形式であり、「～ジャ」が〈断定〉を表す形式であることに起因すると考えれば説明できる。典型的な感嘆文は、発話時点で知覚したことをそのまま言語化するという点で、感動詞や名詞一語からなる未分化文と連続している。未分化文は判断系のモダリティとは無縁であるが、感嘆文も、判断系のモダリティからは遠いタイプの文である（益岡1991: 87–89）。感嘆文で「～ジャ」より「～ナ」が好まれるのはそのためだろう。

　中世から近世期における近畿中央方言（上方語）においても、坪井 (1981) や矢島 (1994) の論によって、終止形「～ナ」と「～ジャ」が併存していたことが知られている。矢島 (1994) によれ

ば、近世前・中期上方語の形容名詞述語文では、「～ナ」は対象の在り方に対する捉え方をそのまま描述する場合に使われ、「～ジャ」は対象を主題としてとりたて、それについての知識や本質的な属性、及び思考を経た上での判断などが述べられる場合に使われるという。さらに、矢島は、ナ終止文の特性は、対象の存在のしかたを表す「連用形ニ＋補助動詞アリ・アル」に、ジャ終止文の特性は、主題に対する述部を構成する機能を基本とする「連用形デ＋補助動詞アリ・アル」に由来すると論じている。近世期上方語における「～ナ」と「～ジャ」の相違は、笹川方言におけるそれらの違いによく似ている。通時的には、笹川方言の「～ナ」と「～ジャ」もそれぞれ「～ニ＝アル」と「～デ＝アル」に由来し、その本来の意味の相違を受け継いだものと思われる。

3.3 「～ナ＝形容詞語尾」形

次に、「～ナ＝形容詞語尾」という構造を持つ「～ナカッタ」「～ナカロー」「～ナカレド」「～ナケリャ」と、それに対応する名詞述語と同形の「～ジャッタ」などの形式について検討したい。

まず、「～ナ＝形容詞語尾」形の構造上の特徴として、次のように、形容詞とは異なり、アクセント上2単位となるという点が指摘できる。

  静かだ シ［ズカ］ナカ］ッタ。シ［ズカ］ナカロ］ー。
      シ［ズカ］ナカレ］ド、シ［ズカ］ナケリャ］］、
 cf. 高い タ［カカ］ッタ。タ［カカロ］ー。
      タ［カカレ］ド、タ［カケリャ］］、

また、インフォーマントが調査者（筆者）に分かるようにゆっくりと発音する際、次のように、「～ナ」の後にポーズを置くことがあり、調査者が「シズカ、ナカッタ」と形容名詞後にポーズを置くと訂正される。

  シ［ズカ］ナ、［カ］ッタ
  シ［ズカ］ナ、カ［ロ］ー

このことから、形容名詞と「ナ」の結び付きよりも、「ナ」と「カッタ／カロー／…」の結び付きのほうが緩く、アクセント上は

「語幹＝ナ」という単位と「カッタ／カロー／…」という単位から成ると解釈できる。

　形容名詞述語の活用形における「カッタ／カロー／…」は、終止法や連体法でそれ自体が自立して用いられる「形容名詞＝ナ」形に付くという点や、独立したアクセント単位となるという点から、形容詞の語尾「カッタ／カロー／カレド／ケリャ／カリャ」よりも独立性が強く、前接形式との緊密性の緩い形式と言える。この点で、名詞に付くコピュラ「ジャ／ジャッタ／ジャロー／ナラ」に似る。機能上も、コピュラと同様、それ自体が語形変化しない形容名詞に付いて、それが述語として用いられるために必要なテンス・モダリティを分化させる付属語、すなわちコピュラに準じた機能を持つ機能的な用言と解釈できる。

　この「〜ナ＝形容詞語尾」形は、通時的には、形容詞の活用形「〜カッタ、〜カロー、…」の再分析によって語尾「カッタ」「カロー」等が析出され、それが形容名詞の「〜ナ」形に付いて成立したと考えられる*3。

　先に、「〜ジャ」と「〜ナ」では、文の意味的類型によって用いられ方に違いがあることを見た。「〜ジャッタ／ジャロー／…」と「〜ナ＝カッタ／カロー／…」との間にも意味上の違いがあるのかを確認しておきたい。「〜ナ＝カッタ／カロー／…」は（22）（23）のような感嘆文で用いられやすいが、（24）（25）のようなそれ以外の文でも用いられる。この点は「〜ジャ」と「〜ナ」の違いと共通している。

(22)（以前に行った場所を思い出して）アカ　{シズカジャッタ／シズカナカッタ} ヤー。（あそこは静かだったなあ。）

(23)（友人の家に初めて来たとき、車通りがとても少ないのに気づいて）コカ　{シズカジャロ／シズカナカロ} ゲ。（ここは（さぞ）静かだろうね。）

(24)（「昨日あそこは静かだったか？うるさかったか？」と聞かれて）{シズカジャッタ／シズカナカッタ} ヨ。（静かだったよ。）

(25)（「今日あの家は静かか？」と聞かれて）キョーワ　{シズカ

ジャロ／シズカナカロ} ガ。(今日は静かだろうよ。)

(26)のような話し手の判断を表す文では「～ナカッタ」よりも「～ジャッタ」のほうが用いられやすい。また「スキ」「ムリ」等の語ではそれが顕著になる。この点も「～ジャ」「～ナ」と並行している。

(26)(故人について「あの人はまじめだったか？」と聞かれて){マジメジャッタ／マジメナカッタ}。(真面目だった。)

(27)オラ　アノヒト　{スキジャッタ／×スキナカッタ}。(私はあの人が好きだった。)

(28)ソリャ　{ムリジャッタ／×ムリナカッタ}。(それは無理だった。)

ただし、「～ナカロー」ではそのような傾向が薄れ、「オモ」等でも「～ナカロー」が可能である。

(29)コノ　シゴトガ　{オモジャロ／オモナカロ}　ワイ。(この仕事が主だろうよ。)

仮定形「～ナラ」と「～ナケリャ・ナカリャ」、逆接形「～ジャレド」と「～ナカレド」には、特に意味上の違いが見られない。「オモ」等の語ではどちらかと言えば前者のほうが好まれるが、後者も可能である。

(30)ソノ　シゴトガ　{オモナラ／オモナケリャ}　ヒキウケン。(その仕事が主なら引き受けない。)

仮定条件を表す形式には、「～タチャ」という形式もあるが、「オモナカッタチャ(主だったら)」などの形式が可能である。また、原因・理由節は「～ジャ」「～ナ」に接続助詞「カライ」(共通語の「から」相当)を付けて表されるが、この場合も「オモナカライ(主だから)」等の形式が可能である。

すなわち、過去の「～ナ＝カッタ」と「～ジャッタ」については、非過去の「～ナ」と「～ジャ」に平行した意味的違いが認められるが、推量形では、感嘆文で「～ナ＝カロー」がやや用いられやすいという以外にははっきりした意味の差がなく、仮定形・逆接形の場合には併用される形式間の意味の違いが見られなくなる。これらから、過去の「～ナ＝カッタ」は判断系のモダリティに関しては無標

の形式であり、「〜ジャッタ」は「〜ジャ」と同じように話し手の判断による〈断定〉というモダリティを表す形式と言えそうである。そうした対立は、非過去の「〜ナ」と「〜ジャ」の対立からの類推によって生まれたものであろう。一方、「〜ナカロー」「〜ジャロー」は、「ジャ」「ジャッタ」の表す〈断定〉に対立する〈推量〉という意味を担う形式であるため、「〜ナカロー」と「〜ジャロー」との間に意味的な対立は生じない。感嘆文で用いられやすいのは、終止基本形や過去形からの類推によるのではないかと思われる。従属節の述語となる「〜ナケリャ」「〜ナカレド」と「〜ナラ」「〜ジャレド」の場合も、その仮定条件・逆接確定条件を表すという文法的意味からは事態を客観的なものとして提示するか、話し手の判断を経たものとして提示するかという対立は生じにくく、同義の2形式が並存しているのだと思われる。

3.4　中・若年層における形容名詞述語の活用

中年層話者CとFでは、前述の「〜ナ」「〜ナカッタ」の意味的な制限が失われた例が得られた。

(31) ワタシ　アノヒト　スキ {ヤ／ナ} ワ。(私はあの人が好きだよ。)

(32) モットモ {ヤ／ナ} ワ。((あなたの言うことも) もっともだよ。)

一方で、終止形は「〜ナ」より「〜ヤ」が優勢で、過去・推量・逆接・仮定形では「〜ナ＝形容詞語尾」形より「〜ヤッタ」など名詞述語と同形のほうが優勢である。

中年層話者Eは、「〜ナ」等の意味制限は高年層と同様であったが、やはり終止形「〜ナ」や「〜ナ＝形容詞語尾」形は劣勢になっている。入善町のさらに一世代若い世代の話者では、終止形「〜ナ」や「〜ナ＝形容詞語尾」形は全く用いられない[*4]。このことを考慮すると、調査時において終止形「〜ナ」や「〜ナ＝形容詞語尾」形は衰退しつつあり、その過渡的状態において、本来はあった「〜ナ」「〜ナカッタ」の意味特徴が若い世代には習得されず、「〜ナ」「〜ナカッタ」の意味制限がないという状況を呈していると解

3.4 名詞と形容名詞の連続性

本章の最初に述べたように、共通語の形容名詞と名詞（一般名詞）との境界は明確なものではなく、連続的であることが指摘されている。形容名詞独自の活用形式を持つ下新川方言では、名詞と形容名詞との境界はどうなるのであろう。

3.2 や **3.3** では、一部の形容名詞において「〜ナ」「〜ナカッタ」の形がとりにくい場合があることを述べた。語ごとに整理すると次のようになる。

(a) 表6.1のとおりの形をとる語。

ハデ（派手）、ヘタ（下手）、マメ（達者）、イチャケ（可愛い）、シズカ（静か）、ハンジョ（にぎやか）、フシギ（不思議）、マジメ（まじめ）、シンパイ（心配）、ゼータク（贅沢）

(b) 「〜ナ」「〜ナカッタ」が終止形として用いにくい（感嘆文以外ではとることができない）語。

スキ、キライ

(c) 「〜ナ」「〜ナカッタ」が終止形にならない語。

オモ（主）、ムリ（無理）、ヨケー（余計）

名詞と形容名詞とを品詞論的に区別するという立場にたてば、名詞との違いがもっとも大きい（a）の語を「典型的な形容名詞」と位置づけることができる。また、(b) (c) は、「〜ナ」「〜ナカッタ」を終止形として用いにくく、名詞述語と同形の「〜ジャ」「〜ジャッタ」を用いるという点から、典型的な形容名詞よりも名詞に近いふるまいをするものとして位置づけられる。

(c) と典型的な名詞との間には、さらに次のように段階的に名詞に近いふるまいをする語が存在する。

(d) 終止基本・過去・推量・仮定・逆接形では名詞述語と同じ形をとり、形容名詞に特殊な形式は用いられないか、用いにくい語。助詞カ・ケ・ヤラが接続する場合も、「〜ナ」ではなく、名詞と同じように直接付くのがふつうである。

連体の形に「〜ナ」「〜ノ」が併存する。
　　　ナナメ（斜め）、サカスマ（逆さま）、トクベツ（特別）、
　　　ピッタリ、マッシロ（真っ白）、アタリマエ（当たり前）
　(e) 連体の形に「〜ナ」と「〜ノ」が併存する以外は名詞述語
　　　と同じ形をとる語。
　　　ザラザラ、ツベツベ（すべすべ）、ペカペカ（ぴかぴか）、
　　　ボロボロ

　(b)〜(e)の語は、共通語においても、典型的な形容詞・形容名詞とは形態・統語・意味的に異なる特徴を持つことが知られている。

　まず「程度性」（程度の幅を示す尺度を持つか）という点である。Bhat（1994）は、形容詞という語彙範疇は単一の性質（single property）を表す点で名詞と異なっており、そのような意味的な特徴が、程度を表す語によって修飾されたり、比較構文や感嘆文を作れたりといった統語的な特徴に現れるとする。国立国語研究所（1972）も、ものごとの属性をあらわす主要な品詞である形容詞においては、その意味の特性として「程度性」を含んでいることが多く、そのことは程度副詞によって修飾される語が多いことに現れているとし、さまざまな形容詞について、程度の高低や極端さを表す副詞「すこし」「かなり」「ずっと」「まったく」等によって修飾されうるか否かをテストしている。その結果、「すこし」「かなり」のような程度の高低を表す副詞で修飾しうる「多い」「うれしい」は、目盛りの上を連続的に自由に上下するような、尺度的ともいうべき性質を表す語だとし、これらを「基本的な一般的な形容詞」であると位置づける。「程度性」を持つかどうかは、表6.1にあげた程度を過度に越すことを表す「〜過ぎる」形を派生しうるか、終助詞やや「なんて〜だろう」構文による感嘆文が可能か否かも判定基準となりうる。

　こうした形態・統語的基準を(a)〜(e)の語にあてはめてみると、(a)(b)および(e)の語彙は、「とても」での修飾や「〜過ぎる」形が可能で、さらに、「ほとんど」「まったく」では修飾しにくいという点で、意味的に程度性を含んでいると言えるが、(c)(d)

の語彙は程度性を含まず、「主」「無理」「当たり前」「サカスマ（さかさま）」のように程度のない状態を表したり、「真っ白」のように極端な程度にあることを表したりする。なお、(c)の語は、すでに述べたように対象自体が持つ状態・性質ではなく、他の事物や一般的な基準から見た評価的なあり方を表すという意味特徴がある点も指摘できる。

(b)の「スキ」「キライ」は、形容詞を「属性形容詞」と「感情形容詞」に分けた場合、後者に属するが、意味的には持続的・恒常的な感情を表し、統語的には叙述文において主語（感情主）の人称制限がないといった、他の感情形容詞とは異なる特徴を持つことが指摘されてきたものである（国立国語研究所1972、樋口1996、八亀2008）。また、ほぼ同義の動詞「好く」「嫌う」がある点も指摘できる。

(d)(e)の語彙は、共通語でも下新川方言でも、連体の形に「〜ナ」「〜ノ」が併存する点で共通する。先に見たように、(e)のほうは、語義に程度性を含むという点で、むしろ典型的な形容詞・形容名詞の特徴に合致するが、畳語形のオノマトペという、語種および形態の面で特殊な語彙である。また、(d)(e)ともに、体言につく場合には、下の例のように、ある集合のうちから一定の性質・状態を持つものを指定する場合には「〜ノ」、対象の性質・状態を描写する場合には「〜ナ」が使われやすい。

(33)（いくつかある絵のうちの1つを指して）アノ　サカスマ
　　　｛ノ／×ナ｝　エ。（あの、逆さまの絵。）
(34)ウエシタガ　サカスマ｛ノ／ナ｝　エガ　アル。（上下が逆
　　　さま｛の／な｝絵がある。）

沢田（1992）は、「白（だ）」と「白い」のような語基が等しい名詞と形容詞の間に、名詞には「指定性」、形容詞には「限定性」「描写性」という機能的特性が見られることを論じているが、笹川方言の「〜ノ」と「〜ナ」にもそれに並行した特性が見られると言える。筆者の内省では共通語でも同様ではないかと思われる。

以上のように、形容名詞述語の活用のしかたにおいて名詞述語との違いが大きい下新川方言においても、形容名詞と名詞との境界が

明確に引けるわけではなく、共通語と同様の形態・統語・意味上のさまざまな相違によって両者が連続的に移行すると言える。

4. まとめと課題

本節で述べてきたことをまとめると以下のとおりである。
1. 下新川方言の形容名詞述語には、名詞述語と同形の「〜ジャ、〜ジャッタ、〜ジャロー、…」とともに、「〜ナ、〜ナカッタ、〜ナカロー、…」という形がある。
2. 終止形においては、対象の状態を描写する場合に連体形と同形の「〜ナ」が、対象の性質に対する真偽判断や評価を述べる場合に「〜ジャ」が使われやすい。「〜ナ」がモダリティを積極的に標示しない形であるのに対し、「〜ジャ」は〈断定〉という判断のモダリティを積極的に表す形だと言える。
3. 過去終止形「〜ナカッタ」と「〜ジャッタ」でも、「〜ナ」と「〜ジャ」に平行した意味・用法差が認められる。推量形「〜ナカロー」と「〜ナロー」では感嘆文で前者が用いられやすい傾向はあるものの、明確な差はない。仮定形「〜ナケリャ・ナカリャ」と「〜ナラ」、逆接形「〜ナカレド」と「〜ジャレド」でも、両者の意味差は観察されない。
4. 若い世代では終止形「〜ナ」や「〜ナ＝形容詞語尾」形が廃れてきている。また、中年層は「〜ナ」「〜ナカッタ」を劣勢ながらも使い、高年層が許容しない・許容しにくい環境でも許容する。衰退に至る過渡的な段階で、本来の意味特徴が保持されなくなったためと思われる。
5. 形容名詞と名詞との境界が明確に引けるわけではなく、共通語と同様の形態・統語・意味上のさまざまな相違によって両者が連続的に移行する。

「〜ナ」や「〜ナカッタ」の意味特徴は、筆者が調べた限りでは石川県小松市松岡町方言でも同様であった（小西2005）。『方言文法全国地図』を見ると、この形は中国や四国に比較的広く分布して

いる。他の地域でも同様の意味の差があるのか、また、若い世代でも形や意味が保持されているのかが興味深いところである。

　また、「〜ナ＝形容詞語尾」型の活用形式の地理的分布と成立過程との関係についても、課題として残る。終止形「〜ナ」の使用は、中世から近世期の近畿中央語文献においても確認できるが、「〜ナ＝形容詞語尾」の存在を指摘したものはない。一方で現代諸方言の分布を見ると、北陸・中部、中国・四国と、近畿を挟んで東西に終止形「〜ナ」、「〜ナ＝形容詞語尾」形が分布する。多元的に発達したものなのか、文献上には現れなかった近畿中央語の位相の形式が周囲に広まったのか、どちらとも言えない。ただ、はたしてこれが結論の出る問いなのか、ということも問題である。

＊1　形容詞の類型論の代表的なものとして、Dixon（1982）の論などがある。日本語のイ形容詞が動詞的であることを論じたものとしては松本（1998）の論がある。また、副島（2001）は「高くはある」などの迂言形式に着目し、通時論的な観点もとり入れて、むしろ日本語のイ形容詞は名詞的だと結論づける。

＊2　GAJの分布は、小西（2006）が整理している。また、九州のカ語尾形容動詞については陣内（1996）や早田（1985: 98-107）、杉本（1993）が詳しく記述している。

＊3　同じように形容詞の語尾「カッタ／カロー／…」を析出して成った形式には、動詞否定形「〜ン」の過去・推量等の形「イカンカッタ」「イカンカロー」「イカンケリャ」もあるが、これはイ［カンカ］ッタ など全体で1アクセント単位となるという点で、形容動詞の「〜ナ＝形容詞語尾」形とは異なる。

＊4　話者Eと同地点の1963年生まれ・男性、話者Fと近隣の入善町福島の1965年生まれ・女性の話者などを対象とした面接調査の結果。

第7章

形容詞の副詞化形式「ナト・ラト」と「ガニ」

1. 本章の目的

　富山県内の方言では、共通語の形容詞連用形「〜ク」に対応する形が、中止の「テ」や補助用言「ナイ」「ナル」「スル」が後続する場合と、動詞の副詞的修飾成分となる場合とで分かれている。例えば富山市や高岡市では、前者の場合には、「タカテ（高くて）」「タカナイ（高くなる）」などの語幹形（語幹-ø形）が用いられ、後者の場合には、「タカナト・タカラト（高く）」などのナト・ラト形や、それよりも用法・頻度が限られるが「タカイガニ」など「〜イガニ」という形が用いられる。ナト・ラトという接辞は中央語の文献上には見られず、由来がはっきりしない。ガニも文献上は確認できないものだが、イ形に付くことから「準体助詞ガ＝格助詞ニ」に由来する形式だと思われる。
　(1)　ソイ　タカナイ。（そんなに高くない。）
　(2)　ダンダン　タカナル。（だんだん高くなる。）
　(3)　カミオ　｛クロナト／クロラト／クロイガニ｝　ソメル。（髪を黒く染める。）
こうした形容詞連用形の分化は富山県に限られるわけではなく、隣の石川県金沢市方言でも似た状況を見せる。金沢市方言では、語幹末母音aの形容詞においては語幹形ではなくウ音便短音形が用いられる。
　(4)　タコナイ。（高くない。）
　(5)　ツメオ　｛アコラト／アカイガニ｝　ソメル。（爪を赤く染める。）
　富山県内の方言におけるナト・ラト形の存在や形容詞連用形の分化については、金森（1931a）・五艘（1954）が早く指摘し、その

275

後、山田（2001b: 60）の記述がある。金沢方言におけるラト形の存在についても加藤（1999: 22）が指摘している。しかし、「〜イガニ」によって形容詞が副詞的修飾成分となることや、その用法に地域差があることについては、十分な報告がない。

　形容詞の副詞化形式として「〜ナト・ラト」や「〜イガニ」を用いるという特徴は、現代共通語に至るまでの日本語中央語史においては見られなかったものである。語彙範疇としての副詞と形容詞連用形との関係という点から見ても興味深い現象であり、これらの形式がどのような意味・形態上の体系を成しているかが、共時的記述としては必要となる。また、それらの副詞化形式がどのような過程を経て発達したのかを探ることは、近年の「文法化」研究など、文法形式の発達・変化に関する実証的研究と理論的研究にも寄与するところがあると考える。

　本章ではまず、臨地調査の結果をもとに、富山県内の各地および石川県金沢市方言における形容詞連用形に対応する諸形式について、なるべく詳しく記述する。そして、その記述をもとに、富山・金沢方言において形容詞連用形の分化が起こり、接辞ナト・ラトや複合形式「〜イガニ」が発達した契機・過程について考察する。

2. 方法

　本章の記述は、方言話者を対象とした面接質問調査の結果や調査中等に得られた自然談話の用例にもとづいて行う。調査期間は2000年〜2007年。調査地域・地点および話者については次の通り。［　］内は、得られた例文の地域を区別するために用いる略称。「金沢方言」に対し、富山県内の方言を一括して「富山県方言」と呼ぶ。

　　富山県下新川郡朝日町［朝］
　　　　話者A：1930（昭和5）年生まれ。女性。朝日町笹川で生育し、現在も在住。外住歴なし。
　　　　話者B：同上
　　富山県富山市［富］
　　　　話者A：1922（大正11）年生まれ。男性。生育地は富山市

北新町。調査時住所は富山市東田地方町。富山市以外での居住歴は約4年。

話者B：1933（昭和8）年生まれ。男性。富山市岩瀬天神町（いわせてんじんまち）で生育し、調査時住所は富山市銀嶺町（ぎんれいちょう）。富山市以外での居住歴はなし。

話者C：1924（大正13）年生まれ。女性。0〜2歳、和歌山県。その後、富山市中野新町（現．太田口）に居住。調査時住所は富山市東町。2歳以後の富山市以外での居住歴はなし。

富山県高岡市［高］

話者A：1926（大正15）年生。男性。高岡市川原本町で生育し、調査時も在住。高岡市以外での居住歴なし。

話者B：1922（大正11）年生。女性。高岡市波岡（はおか）で生育し、調査時住所は高岡市伏木矢田（ふしきやた）。高岡市以外での居住歴なし。

石川県金沢市［金］

話者A：1927（昭和2）年生まれ。男性。金沢市森山で生育し、調査時住所は金沢市神宮寺。金沢市以外での居住歴は約1年間。

話者B：1940（昭和15）年生まれ。女性。金沢市瓢箪町で生育し、調査時住所は金沢市神宮寺。

3．形容詞の活用概観

形容詞の副詞化形について検討する前に、対象方言の形容詞の活用体系を概観する*1。表7.1に朝日町方言、表7.2に金沢市方言の形容詞の活用の概略を示す。

朝日町方言では、終止基本・連体形3拍以上の形容詞の活用は規則的で、語幹に接辞イ、カッタ等や補助用言ナイ、ナルを付けて文法的形式を作る。2拍の語はやや不規則的である。「コイ」は、イ形を除いて、語幹が長音化した「コー」に接辞等が付く*2。「イー」は、仮定形などで語幹が長音化するほか、副詞形として「〜イ＝ガニ」が用いられる点に特徴がある（ナト形よりも優勢）。「ナ

イ」は、中止形で語幹が長音化する点、仮定形・逆接形で特別な形を持つ点のほか、ナルが後続する際、「〜イ＝ガニ」「〜イ＝ヨーニ」という形をとる点に特徴がある。形式用言スルが後続するときも、ナルと同様だが、スルが接続する形容詞には共通語と同様の制限がある*3。ただし、「ナイガニスル」「ナイヨーニスル」という形式があり、動詞「なくす」と同様の意味を表す。「タカナイ（高くない）」などの否定の形式用言「ナイ」も、形容詞「無い」に準じた活用をする。朝日町方言では形容詞一般の副詞化形式として「〜イ＝ガニ」が用いられるわけではなく、「イー」「ナイ」に限って、しかも「無い」ではナル・スルが後続する際に現れる。「ナイヨーニ」の「ヨーニ」は「形式名詞ヨー（様）＝助詞ニ」とに分析できる*4。

　金沢方言でも、基本形3拍以上の形容詞の活用は規則的である。語幹末母音がaの形容詞は、共通語のク形に対応する中止・否定・なる・副詞形で語幹末母音がoに変わる形（ウ音便短音形）をとる。また、推量は「〜イ＝ヤロー」で、逆接は「〜イ＝ケ（レ）ド」で表される（表では省略）。2拍形容詞はやはり不規則的である。「コイ」の語幹が、イ形以外で長音化するのは朝日町方言と同様*5。「イー」は、イ形以外ではヨを語幹とする。「ナイ」の「なる」形が「〜イ＝ガニ」となるのは朝日町と同様だが、「〜イ＝ヨーニ」は用いられないようである。スルが後続する際もナルと同様で、後続する形容詞には共通語と同様の制限がある。ただし、「無い」にスルが接続する場合、「ナイガニスル」（＝なくす）はあるが、「*ノースル」という形はない。金沢方言では「〜ラト」とともに「〜イ＝ガニ」が形容詞一般の副詞化形として用いられる。

　地理的に中間に位置する富山市・高岡市は、形容詞活用の単純・複雑さという点でも中間的で、全体的には朝日町に近いが、「良い」の活用などで金沢に近い面も見られる。富山市で朝日町と異なるのは、逆接形で「〜カレド」とともに「〜ケレド」を併用する点、「無い」の逆接形「ナケンネンド」を欠く点、「良い」で基本形を除き「ヨカッタ」「ヨケリャ」「ヨーテ」など「ヨ」を語幹とする形が併用される点である（3章7.2）。副詞形のナト・ラトについては、

表7.1　朝日町方言における形容詞の活用

	3拍以上	2拍		
	taka（高）	ko（濃）	i（良）	na（無）
終止基本・連体	-i	ko-i	iʀ < i-i	na-i
過去	-kaQ-ta	koʀ-kaQ-ta	i-kaQ-ta	na-kaQ-ta
推量	-kar-o(ʀ)	koʀ-kar-o(ʀ)	i-kar-o(ʀ)	na-kar-o(ʀ)
仮定	-ker-ja	koʀ-ker-ja	i-ker-ja iʀ-ker-ja	na-keɴnja
逆接	-kar-edo	koʀ-kar-edo	i-kar-edo	na-keɴneɴdo na-keɴnedo na-kar-edo
中止	-te	koʀ-te	iʀ-te	naʀ-te na-te
否定	-ø=na-i	koʀ=na-i	iʀ=nai	（欠）
なる	-ø=nar-u	koʀ=nar-u	iʀ=nar-u	na-i=ŋa=ni-nar-u na-i=joʀ=ni=nar-u
副詞	-nato	koʀ-nato	iʀ-nato iʀ=ŋa=ni	（欠）

表7.2　金沢市方言における形容詞の活用

	3拍以上		2拍		
	語幹末a taka（高）	a以外 hiku（低）	ko（濃）	i, jo（良）	na（無）
終止基本・連体	-i	-i	ko-i	iʀ < i-i	na-i
過去	-kaQ-ta	-kaQ-ta	koʀ-kaQ-ta	jo-kaQ-ta	na-kaQ-ta
仮定	-ker-ja	-ker-ja	koʀ-ker-ja	jo-ker-ja	na-ker-ja
中止	@te	-te	koʀ-te	joʀ-te	noʀ-te
否定	@ø=na-i	-ø=na-i	koʀ=na-i	joʀ=na-i	（欠）
なる	@ø=nar-u	-ø=nar-u	koʀ=nar-u	joʀ=nar-u	noʀ=nar-u na-i=ŋa=ni=nar-u
副詞	@rato -i=ŋa=ni	-rato -i=ŋa=ni	koʀ-rato -i=ŋa=ni	iʀ=ŋa=ni	（欠）

凡例（表7.1、7.2共通）
- 形態素境界（@ ウ音便短音形に接続する場合）、= 語境界

話者によって異なり、話者A、Bはナト、話者Cはラトであった。高岡市は、推量形で「〜イ＝ヤロ（ー）」が併用される点、逆接形で「〜カレド」が使われず「〜ケレド」と「〜イ＝ケド」を用いる点、「無い」の逆接形「ナケンネド」「ナケンネンド」を欠く点、「良い」のイ形で「ヨイ」が併用され、過去形や推量「〜カロー」形、テ・ナイ・ナル接続形で「ヨ」を語幹とする形のみになる点、副詞形が「〜ナト」ではなく「〜ラト」になる点が朝日町と異なる。

　なお、『方言文法全国地図』（GAJ）第3集（国立国語研究所1993）の形容詞の活用の図などによると、富山県内にはテ・ナイ・ナルに接続するときウ音便短音形（タコテなど）、ウ音便長音形（タコーテ、メズラシューナルなど）を用いる地点も見られる。

　シズカなど形容名詞述語は、富山県内の3地点・金沢市ともに、形容詞と対応するような連用形の分化はない。すなわち、中止形や否定ナイが後接するときは「シズカデ」*6、なる・するが後接するときや副詞形は「シズカニ」などとなる。ただし、金沢市では副詞形として「〜ナ＝ガニ」も許容される。これについては後述する。

4.「〜ク」に対応する諸形式

　共通語のいわゆる連用形「〜ク」に対応する諸形式の意味・用法範囲について、地域差に注意しながらみていく。

4.1　テ形・補助用言後続形

　前節で見たように、富山県内の3地点では、接辞テ、および、補助用言ナイ・ナル・スルが後続するときは、語幹にテ・ナイ・ナル・スルが続く形となる。金沢市方言では、語幹末母音がaのときはウ音便短音形に、その他の場合は語幹に、テ・ナイ・ナル・スルが続く。ただし、両方言とも、終止基本形が2拍の形容詞では語幹末が長音化する。3拍以上の形容詞でも「タカーナイ」など長音化形がありうるが、これは、共通語の「タカクナル」と同様の程度強調形である。

　テ形は、共通語と同様、次の（6）や（7）のように中止形とし

て用いられる。標準語のク形は単独で中止法で用いられるが、富山・金沢方言ではテ形でしか中止を表せない。

(6) ネモ　タカテ　シツモ　イーチャ。（値段も高くて質もいいよ。）〔富〕

(7) イロガ　コーテ　スキヤ。（色が濃くて好きだ。）〔金〕

ナイ・ナル・スルが後続する時は、共通語のク形と同様、次のように副助詞モなどが介在できる。

(8) タコモナイシ　ヤスモナイト。（高くもないし、安くもないそうだ。）〔金〕

(9) タカモナリャ　ヤスモナルワ。（高くもなれば安くもなるよ。）〔富〕

語幹・ウ音便短音形との間にいかなる形式の介在も許さないテ形や、終止・連体イ形、過去カッタ形、仮定ケリャ形などと異なり、語幹形・ウ音便短音形とナイ・ナル・スルの形態論的な緊密性は低い。本書では、両形の間に助詞が介在しうること、ナイ・ナル・スルが自立語としても使われることから、両形の間に単語境界があるとみなす。ただし、この語幹形・ウ音便短音形の自立性は低く、文の成立のために必須の補語的要素としてナイ・ナル・スルとともに述語を構成するものである。

GAJによると、「語幹-テ」「語幹-ø＝ナイ・ナル」という形を用いる地域は、近畿地方などにも見られる。これは、大西（1997）が述べるように、通時的には、ウ音便によって語幹が不安定になるのを避けることを動機として成立した形だと思われる。

形容名詞述語のいわゆる連用形の場合は、前述のとおり、富山・金沢方言ともに共通語と似て、中止形・ナイ後続形とナル・スル後続形が異なり、それぞれ「シズカデ（ナイ）」「シズカニ｛ナル・スル｝」などとなる。

4.2　副詞形1「～ナト・ラト」

共通語の「高くない」「赤くなる」におけるク形は、後続のナイなどの形式用言とともに全体で述語を構成する必須補語であるのに対し、「手を強く握る」「髪を赤く染める」におけるク形は、述語動

詞にとって付加的な副詞的修飾成分である。富山・金沢方言では、いわゆる形容詞連用形のこのような統語的な違いが形態上にも反映されていると言える。富山・金沢方言における形容詞を語基とする副詞形には、接尾辞ナト・ラトによる派生形と、連体イ形にガニを付した複合形がある。まず、意味・用法の上でより広く、また、富山・金沢間でほとんど差がないナト・ラト形について見ていく。

ナト・ラト形は、富山県方言においても金沢方言においても、高年層には広く用いられているが、若い世代では衰退しつつある形である。朝日町の西隣の入善町や富山市の1940年以降生まれの話者では、テ・ナイ・ナル・スルが後続する場合は高年層と同様の形を用いるが、ナト形については「年配の人と話すときにしか使わない」「年配の人が使うのを聞くが自分は使わない」と内省され、代わりに共通語と同じク形を用いると言う。また、金沢方言の話者B（1940年生まれ）は、ラト形を用いず、「〜イガニ」をもっぱら用いるという。

ナト・ラト形は、前述のテ・ナイ・ナル・スル接続に準じて作られる。すなわち、富山県内の3地点では「語幹-ナト・ラト」、金沢市では「語幹・ウ音便短音形-ラト」になる。どの地点でも、2拍形容詞では「コーナト・コーラト（濃く）」のように語幹末が長音化する。これもテ・ナイ等に接続する場合と同様である。3拍以上の形容詞にも「タカーナト」「タコーラト」のような長音形があり、富山県方言では先に述べたのと同様の程度強調形であるが、金沢方言では、インフォーマントの内省では、必ずしも程度強調の意味を帯びないという*7。なお、前述のとおり、形容名詞にはナト・ラト形はない。

富山・金沢方言のナト・ラト形は、共通語のク形の副詞的用法にほぼ対応する広い用法を持っている。例えば、共通語のク形は、いわゆる情態の副詞の下位類として代表的な〈様態の副詞〉と〈結果の副詞〉の両方に相当する用法を持つが、富山・金沢方言のナト・ラト形にも同様の用法がある。

まず、動詞の動きの側面を修飾して、その動きのあり方を表す「様態の修飾」（矢澤2000）の例を示す*8。(13)(14)は動作の

あり方についての主観的な評価づけを行う例で、仁田（2002）の「評価的な捉え方をした動き様態の副詞」に該当する*9。

(10) 手を ｛ツヨナト／ツヨラト｝（強く） 握る。［朝・富／高・金］

(11) ｛ハヨナト／ハヤナト／ハヤラト／ハヨラト｝（早く） 歩く。［朝（イ形は「ハヨイ」）／富／高／金］

(12) ヒクラト（低く） うなる。［金］

(13) サムシナト（寂しく） 暮す。［朝］

(14) ｛オトナシナト／オトナシラト｝（おとなしく） 座っている。［朝・富／高・金］

次に、動詞の変化の側面を修飾対象として、変化の結果における主体や対象の状態を表す「結果の修飾」の例を示す。(15)〜(19)は対象の色・大きさ・温度などの状態の変化を表す例、(20)はその状態を持った対象が生産されることを表す例、(21)は主体の配列の変化を表す例である。

(15) 紙を　クロナト（黒く） 塗る。［朝・富］

(16) 木を ｛ウスナト／ウスラト｝（薄く） 削る。［朝／金］

(17) 野菜を　ツメタナト（冷たく） 冷やす。［富］

(18) アノヒト　カミ　アカラト　ソメットテヤネー。（あの人は髪を赤く染めてらっしゃるね。）［高］

(19) 爪を　アコラト（赤く） 染める。［金］

(20) 字を ｛コーナト／コーラト｝（濃く） 書く。［朝／高］

(21) りんごが ｛マルナト／マルラト｝（丸く） 並んでいる。［朝／高］

次は様態と結果の中間的な例である。(22)(23)は、矢澤(1983, 2000)が「状況の修飾」と呼ぶ、動作・作用の最中に現れる主体・対象の状態を表す例。(24)〜(26)はどれも動作主体・対象の位置を表すが、(24)(25)が動作・作用の最中の主体・対象の位置を表し、「状況の修飾」の一種とみなせるもの、(26)が動作・作用の結果における対象の位置を表し、結果の修飾に近いものである（矢澤2000、仁田1983, 2002、井本2001）。

(22) 火が ｛アオナト／アオラト｝（青く） 燃えている。［朝・

(23) 部屋を　アカルーラト（明るく）　照らす。［金］
(24) 飛行機が　ヒクーラト（低ーく）　飛んでいった。［高］
(25) 旗を　｛ヒクナト／ヒクラト｝（低く）　振る。［朝・富／高・金］
(26) 手を　｛タカナト／タカラト／タコラト｝（高く）　上げる。［朝・富／高／金］

ナト・ラト形は、結果や様態の修飾とはみなしにくい、次のような場合にも使われる。

(27) いつもより　｛オソナト／オソラト｝（遅く）　帰る。［朝・富／高・金］
(28) 朝　ハヨラトカラ（早くから）　起きる。［金］
(29) ｛メズラシナト／メズラシラト｝　ハヨ＊10　カエッテキタ。（めずらしく早く帰ってきた。）［朝・富／高］

(27)(28)は、動作が成立する時を表し、仁田(2002)の「時間関係の副詞」に該当する。(28)では、ラト形に助詞カラが付きうることもうかがえる。(29)は、事態の多寡を評価的に表した例で、矢澤(2000)が「事態存在の修飾成分」として様態の下位類としたもの。ただし、(29)およびこの類例は、金沢市の話者と高岡市の１人の話者には不自然と判断された。

次の例は、発話・思考動詞を修飾して、発話・思考対象に対する評価づけを「良い」「悪い」で表したものである。ソーントン(1983)は、次に述べる知覚対象の状態や思考内容を表す場合とともに〈内容〉を表すとした。この類も話者によっては不自然とされる。特に金沢市方言では確例が得られず、「～イガニ」が用いられる。

(30) 人のことを　｛ワルナト／ワルラト｝（悪く）　言う。［朝・富／高］
(31) 人のことを実際よりも　｛イーナト／ヨーラト｝（良く）　書く。［朝／高］
(32) 何でも　ワルラト（悪く）　考える。［高］

次のナト・ラト形は、知覚動詞を修飾し、知覚対象の状態を表す。

文が意味を成すのに必須の成分で、前節で見た補語的な成分と様態・結果を表す副詞的修飾成分との間に位置するものと言えよう。金沢市の話者は、このタイプの判断に迷うことが多く、「〜イガニ」のほうが自然だと内省する。また、(35)は、朝日町の話者以外は不可とする。後述の感覚・思考内容を表す例に近いと言える。

(33) あの人は　{ワカナト／ワカラト／ワコラト}（若く）　見える。[朝・富／高／金]

(34)（電話で）声が　{トーナト／トーラト}（遠く）　聞こえる。[朝・富／高]

(35) 触ってみると　アツナト（熱く）　感じた。[朝]

なお、ナル・スルが後続するときは、先に見たようにふつうは語幹形やウ音便短音形が使われるが、話者に内省を求めるとナト・ラト形も可能という。ナルよりもスルで許容度が上がり、特に下のような命令表現や長音化した強意形で出現しやすい。副詞部分に焦点が置かれると、自立的なナト・ラト形が現れやすいのだと言える。

(36) アツナト　セー。（厚くしろ。）[朝]

(37) ヘヤ　モット　アカルーラト　シトケヤ。（部屋をもっと明るくしておきなさい。）[金]

以上で見てきたように、接辞ナト・ラトの生産性は非常に高く、形容詞を副詞化する汎用の接辞と言ってよい。属性形容詞はまずナト・ラト形を作ることができる。ただし、共通語のク形は、「うれしく思う」「恥ずかしく感じる」のように、主体の感情・感覚の内容を表しうるが、富山・金沢方言のナト・ラト形はこの用法を持たない。これに伴い、形容詞の意味的分類から言えば、「うれしい」「悲しい」「恥ずかしい」などのいわゆる感情形容詞はナト・ラト形を作ることができない。ただ、「寂しい」「楽しい」など、動作のあり方や対象についての主観的な評価となりうるものは、(13)のようにナト・ラト形が可能となる。

4.3　副詞形2「〜イガニ」

次に、副詞的修飾のもう1つの形「〜イ＝ガニ」について見る。

ガニ形の意味・用法は、今回対象とした地域間で差がある。金沢

市方言では、ラト形とほとんど変わらない広い意味・用法を持つが、富山県西部の高岡市方言では意味・用法が狭くなる。富山市方言・朝日町方言では意味・用法の範囲はほぼ高岡市方言と同様だが、質問調査の回答では高岡市よりもこの形が出現しにくい。富山市では、文法性判断に話者間の個人差も見られる。

　金沢方言のガニ形は、ラト形と同様に「様態の修飾」「結果の修飾」の用法を持つ。(38)〜(41)が様態、(42)〜(44)が結果の例、(45)(46)が中間的なもので、(45)が状況、(46)が位置変化を表す例である。

　(38)手を　ツヨイガニ（強く）　握る。
　(39)ハヤイガニ（早く）　歩く。
　(40)ヒクイガニ（低く）　うなる。
　(41)オトナシーガニ（おとなしく）　座っている。
　(42)爪を　アカイガニ　染める。
　(43)木を　ウスイガニ（薄く）　削る。
　(44)絵を　オーキーガニ（大きく）　書く。
　(45)部屋を　アカルイガニ（明るく）　照らす。
　(46)手を　タカイガニ（高く）　上げる。

　(47)のような発話・思考対象の評価の場合、(48)(49)のような知覚対象の状態を表す場合は、ラト形よりガニ形が用いられやすい。

　(47)人のことを実際よりも　イーガニ（良く）　書く。
　(48)あの人は写真よりも　ワカイガニ（若く）　見える。
　(49)(電話で)声が　トーイガニ（遠く）　聞こえる。

　ただし、ガニ形は、動作の成立する時を表す場合には用いられないという点で、ラト形よりも用法が限られる[*11]。「{ハヤイガニ／オソイガニ} 帰る」は、「早いのに／遅いのに」という意味の逆接節になってしまう。

　(50)いつもより　{ハヨラト／×ハヤイガニ}（早く）　帰る。

　高岡市方言では、(51)〜(53)のような結果の修飾や、(54)(55)のような発話・思考対象の評価づけ、(56)(57)のような知覚対象の状態を表す場合に、ガニ形を用いることができる。

(51) アノヒト　カミ　アカイガニ　ソメトッテヤネー。(あの人は髪を赤く染めてらっしゃるね。)

(52) 字を　オーキーガニ（大きく）　書く。

(53) りんごが　マルイガニ（丸く）　並んでいる。

(54) 人のことを実際よりも　イーガニ（良く）　書く。

(55) 何でも　ワルイガニ（悪く）　考える。

(56) あの人は　ワカイガニ（若く）　見える。

(57) ［電話で］声が　トーイガニ（遠く）　聞こえる。

　しかし、高岡市方言では、様態の修飾の場合はガニ形を用いることができない。また、先の(22)～(25)のような状況の修飾やそれに準ずるもの、(26)のような位置変化を表すものも許容度が落ちる。下のような事態の多寡を表す「珍しく」の場合も、ナト・ラト形は可だが、ガニ形は不可とされる。「早く帰る」のような時間関係を表す場合にガニ形が用いられないのは金沢方言と同じである。

(58) ｛メズラシラト／×メズラシーガニ｝　｛ハヤラト／×ハヤイガニ｝　カエッタ。(珍しく早く帰った。)

　富山市・朝日町方言では、「良い」に限ってガニ形がナト形（富山市ではラト形も）よりも用いられやすいが、それ以外では全体的にナト形が用いられ、ガニ形が現れにくい[*12]。例文を示して強いてガニ形の判断を求めると、結果の修飾や知覚対象の状態の場合には「新しい言い方」とされたり、話者・例文によって判断がゆれたりするものの比較的容認されやすい。一方、様態の修飾や「早く帰る」のような時間関係の場合、「珍しく帰る」のような事態の多寡の場合は、明らかに不可とされる。

　なお、「良い」については、高岡市方言でもラト形よりもガニ形のほうが用いられやすく、金沢方言ではガニ形のみで、ラト形が得られなかった。

　富山・金沢方言ともに、ナイ・ナル・スルが後続する場合は、ガニ形は用いられにくい（ナト・ラト形よりも容認されにくい）。ただし、3節で触れたように「無い」にナル・スルが続く場合はガニ形が使われる。

(59) お金が　ナイガニナル（なくなる）。

(60) お金を　ナイガニスル（なくす、使って失う）。

特に金沢方言では「形容名詞ナ＝ガニ」も許容される。下はそれぞれ様態、結果の修飾の例。

(61) 廊下を　シズカナガニ（静かに）　歩く。［金］

(62) 棒を　マッスグナガニ（まっすぐに）　伸ばす。［金］

ただし、共通語と同様の「形容名詞＝ニ」のほうが優勢で、「〜ナガニ」の形は自然談話には観察されなかった。「〜ナガニ」形を用いた例文で文法性判断を求めると、話者によっては可とされるという程度である。また、同じ話者でも調査時によって判断がゆれ、不安定である。高岡市方言の話者では、形容詞では可能とされる結果の修飾の「〜ナガニ」は不可で、次のような知覚対象の状態の場合には比較的用いやすいとされた。

(63) あの人は　マジメナガニ（真面目に）　見える。［高］

金沢方言・高岡市方言ともに、「形容詞イ＝ガニ」に比べて、「形容名詞ナ＝ガニ」は定着していないと言える。

5. ナト・ラトやガニの発達

以上、富山・金沢方言において、形容詞の連用形が分化していること、そのうちの副詞形にはナト・ラト形とガニ形とがあり、後者の意味・用法には地域差があることを述べた。このような、形容詞連用形の分化という現象は、現代共通語に至るまでの日本語中央語史上には見られなかったものである。そこで、以下では、富山・金沢方言における、形容詞連用形の分化の背景と過程という通時的な問題について考察したい。

5.1　形容詞連用形分化の背景

富山県方言や金沢市方言における形容詞連用形の分化の背景には、日本語史上に起った連用形ウ音便の成立があると考えられる。

金沢市方言において語幹末がaの形容詞に見られる「タコ」などのウ音便短音形は、近畿中央語でも起ったウ音便化（子音kの脱落

と、au > o(R)）による形である。また、先述のように、富山県下の3地点の方言ではウ音便形によって語幹が不安定になることを避け、「語幹 - テ」「語幹＝ナイ・ナル・スル」という形が成立したと考えられる。しかし、これらの新形は、拘束形態素である語幹そのもの、あるいは語幹に非常に近い形であるために、もとのク形のもう1つの役割であった、副詞的修飾という統語的機能を、単独では担いにくかったと思われる。すなわち、ク形や「タコー」などのウ音便長音形なら、語尾クや長音によって、それが連用修飾を行う形だということが担保されるが、語幹形やウ音便短音形ではそのような機能を担う標識がない。そのために、副詞的修飾成分であることを担保する何らかの形式が必要とされたのだと思われる。

5.2　接尾辞ナト・ラトの由来

　そのような接辞としてまず発達したのがナト・ラトだったと考えられる。富山県内3方言・金沢市方言を通じて、ガニよりもナト・ラトのほうが副詞化形式として汎用性が高く、また高年層を中心に用いられることから考えて、ナト・ラトの発達が先行したと思われる。また、ナト・ラトが、テ・ナイ・ナル・スルが付く時と同じ語幹形・ウ音便短音形に付くという点、形容名詞にはナト・ラトは付かないという点も、形容詞ウ音便短音形や語幹形が自立して用いにくいために別の副詞形を必要としたという先述の推測と整合する。

　ナトとラトは、音形の類似している点、機能・用法が等しい点から考えて、出自が同じと考えて間違いないだろう。その出自ははっきりしないが、形の類似から、西日本に分布する〈選択的例示〉を表す「ナリト」「ナト」が関係すると推測される。GAJ第1集第44図「お茶でも飲もう」や第45図「パンでも御飯でも好きな方を食べなさい」（国立国語研究所1989b）によると、岐阜県や近畿・中国地方、九州北西部に「ナリト」やその母音・子音脱落形「ナット」「ナイト」が分布し、それに混じって「ナト」という形も近畿を中心に見られる。しかも、この「ナト」は、次のように、形容詞連用形（ウ音便形）にも付くことができるという。

　(64) アコーナト　シローナト　スキニ　ヌッタラエー（赤くで

も白くでも好きに塗ればよい）［奈良方言］＊13

　しかし、このような近畿方言などのナトと、富山・金沢方言のナト・ラトの意味・機能には隔たりがあり、〈選択的例示〉という意味からどのような過程を経て富山・金沢方言のような意味が希薄な副詞化接辞に変化したのか、十分説明できない。

　ナト・ラトが、選択的例示のナリト・ナトに由来すると考えるなら、ナトとラトの前後関係についてはナトが先ということになる。ラトが金沢市や富山県呉西地域に分布し、ナトが富山県呉東地域、特に県最東部で優勢であるという地理的分布からも、ナトがより古い形である蓋然性が高いと言える。ただし、nとrの音韻対応を示す他の語例は得られていない。

5.3　ガニの文法化

　ガニは、「準体助詞ガ＋助詞ニ」に由来すると思われる＊14。富山・金沢方言ともに、準体助詞ガは現在でもさかんに用いられている。機能的にはほぼ共通語の準体助詞「の」に対応するが、(66)のように「〜のもの」に置き換えられる用法はなく、その場合「〜ノガ」となる（GAJ第16〜18図、本書3章5.4）。

　(65) タカイガ　カウ。（高いのを買う。）

　(66) アンタノガ　ミセテ。（あなたの（もの）を見せて。）

　先に見たように、「〜イガニ」は、富山県東部から金沢方言にかけて段階的に意味・用法が広くなる。表7.3にまとめる。この地域差は、ガニの、形容詞の副詞化形としての文法化の度合いを示すと考えられる。すなわち、地域間を対照すると、西に位置する金沢市で発達度合いがもっとも高く、東に進むほど低くなる。このような地域間に見られる共時差と通時的な発達過程とは、対応するだろう。つまり、金沢方言のガニは、高岡市方言のような段階を経て、現在のような汎用性を獲得したと思われる。

　高岡市方言では、〈動作の結果による主体・対象の状態〉〈知覚対象の状態〉〈発話・思考対象の評価〉を表す際にガニ形を用いることができる。これらは全て、動作の主体・対象となるモノの状態を表していると言える（発話・思考対象の評価の場合、対象自体に備

表7.3 富山・金沢方言における副詞形「〜イガニ」の用法

	金沢市	高岡市	富山市・朝日町
動作の結果（例：髪を赤く染める）	○	○	?
知覚対象の状態（例：人が若く見える）	○	○	?
発話・思考対象の評価（例：人を悪く言う）	○	○	??
位置変化の結果（例：手を高く上げる）	○	?	??
動作の様態（例：手を強く握る）	○	×	×
動作の時（例：家に早く帰る）	×	×	×

わる状態ではないが、発話・思考によって規定された状態と言える）。これらは、次のようにガニのガを主体・対象の名詞で置き換えた文への言い換え（Nガ・ヲ＋形容詞連用形＋V→形容詞イ形＋Nニ＋V）が可能である*15。

　　髪を赤く染める→赤い髪に染める
　　人が若く見える→若い人に見える
　　人のことを良く書く→良い人に書く

　このことから、高岡市方言のガニは、「準体助詞ガ＝助詞ニ」という語源的構成要素の意味を比較的保ったものだと言える。「手を高く上げる」のような位置変化の場合にガニが用いられにくいのは、「*高い手に上げる」と言い換えられないことに通じる。ただし、「りんごが丸く並んでいる」「りんごを丸く並べる」のような配列変化の文では、この言い換えが不可能だがガニが容認される。これは物の配列のほうが位置よりも視覚的な実質を感じやすい（この例で言えば、並べた結果、りんごの連続によって丸が描かれる）ためではないかと思われる。このことを考慮するとガニはすでに語源的意味・構成を失いつつある段階とも考えられる。

　金沢方言のガニは、位置変化や動作の様態を表す場合にも用いられる。様態の修飾は、モノではなく動作のあり方を表すものであり、「形容詞イ形＋Nニ＋V」という構文への言い換えはできない。つまり、金沢方言のガニは、「準体助詞ガ＝助詞ニ」というもとの構成・意味に分析できず、全体として形容詞を副詞化する形態素とみなしてよい段階に達している。ただし、金沢方言においても「早く

帰る」のような動作の時を表す場合にはガニ形は用いられない。結果の修飾と様態の修飾は、位置変化や状況の修飾を介して連続しているが、動作の時の修飾成分は、それらとの連続性が希薄であり、ガニはこの用法を持つには至っていないのだと思われる。また、先述のように、逆接の「ガニ（のに）」との衝突を避けるという事情もあるだろう。ラトのほうがガニよりも、動作の時間関係も表せる点で、形容詞の副詞化形式として生産性が高いと言える。

　ただし、先述のように、ナト・ラト形は若い世代では衰退してきている。一方、ガニは、形容詞を副詞化する接辞として比較的最近発達したもののようである。ナト・ラトの衰退とガニの発達とは互いに独立した現象ではなく、因果関係があると捉えるべきかもしれない。若い世代の使用状況が分かれば、その点についても示唆を得ることができるだろう。

6. まとめ

　本章では、富山・金沢方言における形容詞連用形が意味・統語的な違いに応じて分化していることを述べ、その成立過程を考察した。
　特に興味深いのは、「〜イガニ」の用法に地域差が見られ、その地域差がガニの文法化の度合いの差を示すことである。高岡と金沢のガニの違いは、〈様態〉〈結果〉などの副詞的修飾成分の統語的・意味的な違いにより説明しえた。様態の修飾成分、結果の修飾成分といった区別は、共通語の文法記述において必要・有効なものとされてきた概念だが、ここでは、それらが、富山・金沢方言におけるガニ形の文法化の過程を説明する要因としても有効なことを示した。本節で述べた形容詞連用形の分化現象は、方言の文法における体系や変化過程の独自性を示す事例であると同時に、その説明要因には共通語の文法的諸現象に通じる一般性が観察される事例であると言える。

*1　3章 **7.2**、6章 **3** の内容と一部重なる。
*2　「ウイ」(憂い＝身体の具合が悪い、だるい)も「コイ」と同じ活用をする。2拍形容詞は表7.1の3語と「ウイ」しか見つかっていない。
*3　「ウレシー」などの感情形容詞や「メズラシー」にはスルが付かないなど。共通語(特に書き言葉)では、「うれしくさせる」のように、感情形容詞に使役形サセルが後接しうるが、今回の方言話者からはその形も得られなかった。
*4　朝日町のなかでも笹川方言では、古語の母音連続 au に対応して aR が現れることがあり、「〜ヨーニナル」が「〜ヤーニナル」となることもある。
*5　金沢方言では、「濃い」と同様の活用をする2モーラ形容詞として現在のところ「スイ(酸い)」が見つかっている。
*6　否定表現では「シズカヤナイ」「シズカジャナイ」も用いられうる。
*7　強意の意味を持つかどうかを話者に直接尋ねると「特に意味が強いわけではない」という。テ・ナイ等に接続する場合の長音形については「意味が強い」などと内省されるのと対照的である。加藤(1999: 23)がラト形の例として、「タコーラト」「オソーラト」のようなウ音便長音形のみをあげている点からも、金沢方言では長音形がニュートラルな意味で用いられるのではないかと思われる。ただし、今回の調査においては、「タコラト」「オソラト」のような短音形のほうが多く得られ、長音形が時々混じるという程度であった。
*8　例を示す際は、簡便のために副詞的修飾成分のみ方言形を片仮名表記し、それ以外は共通語形を漢字・平仮名交じりで表記することがある。また／で区切って地域による方言形の差を示す。
*9　ただし(14)のような「おとなしく」は、仁田(2002)が、「主体状態の副詞」に含めつつ「評価性が高い」としたものである。
*10　ハヨは、形容詞のウ音便短音形に由来する語彙的な副詞と思われる。これを「ハヨナト／ハヤナト／ハヤラト」に変えても可とされる。
*11　「珍しく早く帰る」などの「メズラシイガニ」も不可とされる。ただし、この場合はラト形も用いにくいということであった。
*12　「イーガニ」は、「部屋をイーガニ(きちんと)片付ける」などの文でも用いることができ、「きちんと、ちゃんと」という意味の副詞として語彙化されていると考えられる。
*13　大西拓一郎氏の教示による。
*14　広島市やその周辺の広島県西部方言には「イーガニ　カク(きちんと書く)」など、〈きちんと〉の意の副詞イーガニがある。この方言には母音連続 ai>a(R) の音韻対応が見られることから、「いいぐあい(具合)に」に由来すると思われる。富山県や金沢市方言のガニも「具合に」に由来する可能性があるが、当該方言に ai>a(R) という音韻対応はなく、表7.3に示す用法の序列も説明しにくい。「いい具合に」由来の副詞イーガニが伝播し、ガが準体助詞と再分析されたとも考えられる。
*15　〈発話・思考対象の評価〉のなかでも「人のことを悪く言う」は、「悪い人に言う」に言い換えにくい(ただし、「あの人はいつも○○さんのことを悪い人みたいに言うよね」「うん、いつも悪い人に言う」という文脈なら許容さ

れやすい)。ここでは、〈発話・思考対象の評価〉を〈知覚対象の状態〉や〈動作の結果〉に近いものと位置づけたが、発話・思考という動作の側面を修飾するととらえれば、〈動作の様態〉にも近い。

第8章
引用標識のゼロ化とその要因

1. 本章の目的

　富山県内の方言では、前接語句が引用句であることを標示する形式（以下「引用標識」とする）が、しばしば「ø」（ゼロ形式）となる。
　（1）　タロー　モー　ヤメタイø　ユータ。（太郎が「もう辞めたい」と言った。）
　共通語の引用助詞「と」にøが対応する現象、言い換えれば引用助詞の無助詞化は、しばしば「ト抜け」とも呼ばれ、近畿から中

図8.1　「田中という人」の「という」（GAJ第32図の略図）

国・四国の一部にも見られることが知られている。引用標識のø化が起こる地域の範囲は、『方言文法全国地図』（国立国語研究所1989b, 2002）などで知ることができるが、ø化の頻度の地域差を知る資料はない。また、ø化の言語内的要因についても先行研究の指摘があるが、その地域間の異同は十分に明らかでない。

本章では、引用標識のø化が起こる他の西日本方言域の方言を対象とし、談話資料の用例調査にもとづいて、ø化の頻度とその言語内的要因について、分析・考察する。この分析・考察により、富山県方言における引用標識のø化を、西日本方言域のなかで相対的に捉えることができると期待される。

2. 先行研究

2.1 引用標識の全国分布

引用標識の全国分布を知る資料として、『方言文法全国地図』(GAJ) 第32図「田中という人」、第233図「行こうと思っている」がある（国立国語研究所1989b, 2002）。前者の略図を図8.1に示す[1]。

øは、近畿から中四国にかけて連続して分布するほか、富山県など北陸にも分布することが分かる[2]。第233図でもøの分布域はほぼ同じである。GAJ第32図では、富山県内の調査地点でøが回答されたのは富山市新庄町と福光町高窪の2地点のみで、他の9地点では「ト」「ッテ」やそれらと「ユー」が融合した「田中ッチュー人」などが回答されている。第233図では、福岡町福岡と細入村猪谷がø、他の9地点はトである。

2.2 ø化に関わる言語内的要因

ø化に関わる言語内的要因として、先行研究では次のことが指摘されている。

 I ø化の生起制限（必要条件）
  ø化が起こるのは、引用句に動詞「言う」か「思う」が直接後続する場合に限られる。

Ⅱ ø化の定量的要因
　a. 動詞「言う」＞「思う」
　b.「〜と言う」の文法化の度合い：高＞低

　Ⅰは、動詞が「言う」「思う」に限られ、かつ、「〜<u>と</u><u>は</u>言っていない」「〜と<u>私は</u>思った」のように、助詞や他の成分が介在する環境では不可となることを意味する。なお、大阪方言では「言う」の敬語動詞「おっしゃる」「申す」でも可能である。以上は、前田（1977）の大阪方言資料（落語と谷崎潤一郎「卍」）の用例調査、高永（1983, 1996）の広島県宮島町方言の自発的談話の用例調査、井上（2003）の富山県井波町方言の内省による記述などで指摘されている。富山市方言話者である筆者の内省もこれに合致する＊3。

　ø化はⅠに合致する場合も義務的ではなく、その生起頻度はⅡの要因に左右される。このうちaは、前田（1977）が大阪方言、高永（1983, 1996）が広島県宮島町方言に関して、bは、朝日（2008）神戸市西区の伝統的集落とニュータウンでそれぞれ収録した自発的談話の用例調査結果にもとづいて指摘したものである。ここでの「文法化」とは、「田中という人」「広島といえば宮島だ」のように、「言う」の〈発話する〉という語彙的意味が稀薄化し、「引用標識＋言う」が助詞・助動詞相当の複合辞化することを指す。

　ほかにø化の言語外的要因に触れたものとして、岸江（1992）の大阪府での調査報告がある。GAJと同じ項目「田中という人」を用いて場面別・世代別に問うたもので、若年層では非公式場面でもト抜けが減少し、関東的な「ッテユー」の使用が増加していること、公式場面では年層によらず「トユー」の率が高いことなどを指摘する。

3. 方法

　GAJを見ると、引用標識øの地点の分布密度には地域差がある。GAJの第32図「田中という人」、第233図「行こうと思っている」は前節Ⅱのø化が起こりにくい要因に該当しており、そのことがøの分布密度に関与していると考えられる。ただし、Ⅱの要因がø化

の起こるどの地域でも等しく関与するのか、先行研究では十分に明らかでない。そこで、本章では、ø化しうる地域の方言談話文字化資料を用い、引用標識の用例を採集、その定量分析を行う。

　対象資料として次の2つを用いる。[　]内はここで用いる略称。
　『全国方言資料』（日本放送協会編1999）[N]
　『全国方言談話データベース 日本のふるさとことば集成』
　　　　　　　　　　　　　　　（国立国語研究所編2001–2008）[K]

これらは、全国規模の方言談話収集事業において、ある程度統一した方針のもとに一定期間内に収集された方言談話の集成であり、地域間比較にも適している。今回の調査では、GAJでøが分布する富山・京都・大阪・兵庫・岡山・広島・愛媛・高知の府県内で収録された談話を対象資料とする。表8.1に各談話の話者等の情報を示す。地点名は原資料の記載に従う。調査地点方言の話者でない調査者・司会者の発話は対象外とした。また、音声データを確認し、不明瞭な例を除外したり、異なる形式と認定した場合、表記・共通語訳を改めた場合がある。

4. 調査結果と分析

4.1　引用標識のバリエーションとそのアクセント特徴

　談話資料における引用標識のバリエーションとそれぞれの用例数・使用率を表8.2と図8.2に示す。ここではø化しえない環境も含めた全引用標識を対象とする。

　引用標識のバリエーションを次のように認定・分類した。

　　ø、ト、（ッ）テ、縮約 i、縮約 ii、（ト）ユーテ、他

øの例は、上述のø化の必要条件Iに該当するものだけである。(4)(5)のように、京都と大阪の資料では謙譲語「申す」を述語動詞とする例も確認できた。

　　(2)　ヒトナカエ　デルンジャケンø　オモテ　ジュンジュンニ
　　　　キレーニ　シテキヨルø　ユータ。（人中へ出るのだからと思って、順々にきれいにしてきていると言った。）[E3]
　　(3)　コガーナ　クロイ　ユノタマøユーノガ（このような黒い

表 8.1　調査対象とした談話資料

	地点	収録年	話者生年	出典（略称・巻）
	富山県			
T1	氷見市飯久保	1956	1887–1897	N3
T2	下新川郡入善町小摺戸	1956	1880–1896	N3
T3	東砺波郡平村上梨	1960	1885–1888	N8
T4	砺波市鷹栖	1981	1898–1907	K10
	京都府			
Ky1	京都市	1953	1895–1901	N4
Ky2	京都市中京区	1983	1904–1934	K11
	大阪府			
Os1	大阪市	1953	1888–1898	N4
Os2	大阪市東区	1977	1898–1914	K13
	兵庫県			
Hy1	神崎郡神崎町粟賀	1958	1885–1889	N4
Hy2	城崎郡城崎町飯谷	1958	1872–1882	N4
Hy3	相生市相生	1985	1911–1914	K13
	岡山県			
Ok1	真庭郡勝山町神代	1955	1876–1900	N5
Ok2	小田郡矢掛町内田	1979	1918–1919	K14
	広島県			
Hr1	佐伯郡水内村	1955	1885–1895	N5
Hr2	庄原市山内町	1955	1895–1898	N5
Hr3	広島市古江東町	1977	1899–1912	K15
	愛媛県			
E1	温泉郡川内村井内	1956	1887–1905	N5
E2	北宇和郡津島町	1956	1890–1896	N5
E3	松山市久谷町奥久谷	1981	1903–1914	K17
	高知県			
Kc1	香美郡美良布町	1956	1871–1903	N5
Kc2	幡多郡大方町	1956	1892–1900	N5
Kc3	幡多郡大月町竜ヶ迫	1962	1886–1894	N8
Kc4	高知市領家、針原	1977	1907–1936	K17

表 8.2 引用標識の用例数・使用率

	ø	%	ト	%	(ッ)テ	%	縮i	%	縮ii	%	(ト)ユテ	%	他	%	計
T1	2	7.4	8	29.6	0	0.0	11	40.7	2	7.4	0	0.0	4	14.8	27
T2	2	5.7	5	14.3	12	34.3	10	28.6	6	17.1	0	0.0	0	0.0	35
T3	0	0.0	3	20.0	6	40.0	0	0.0	6	40.0	0	0.0	0	0.0	15
T4	44	62.0	6	8.5	0	0.0	19	26.8	0	0.0	2	2.8	0	0.0	71
Ky1	4	11.4	12	34.3	3	8.6	12	34.3	4	11.4	0	0.0	0	0.0	35
Ky2	9	20.0	5	11.1	8	17.8	15	33.3	8	17.8	0	0.0	0	0.0	45
Os1	16	55.2	9	31.0	2	6.9	1	3.4	0	0.0	1	3.4	0	0.0	29
Os2	51	31.5	40	24.7	17	10.5	48	29.6	3	1.9	3	1.9	0	0.0	162
Hy1	19	79.2	1	4.2	0	0.0	4	16.7	0	0.0	0	0.0	0	0.0	24
Hy2	14	53.8	1	3.8	11	42.3	0	0.0	0	0.0	0	0.0	0	0.0	26
Hy3	121	84.0	5	3.5	1	0.7	3	2.1	2	1.4	11	7.6	1	0.7	144
Ok1	14	87.5	0	0.0	0	0.0	0	0.0	0	0.0	2	12.5	0	0.0	16
Ok2	84	87.5	1	1.0	0	0.0	0	0.0	1	1.0	10	10.4	0	0.0	96
Hr1	14	93.3	0	0.0	0	0.0	1	6.7	0	0.0	0	0.0	0	0.0	15
Hr2	12	75.0	2	12.5	0	0.0	1	6.3	0	0.0	1	6.3	0	0.0	16
Hr3	66	93.0	0	0.0	1	1.4	0	0.0	0	0.0	4	5.6	0	0.0	71
E1	13	46.4	3	10.7	0	0.0	11	39.3	1	3.6	0	0.0	0	0.0	28
E2	7	38.9	9	50.0	0	0.0	0	0.0	2	11.1	0	0.0	0	0.0	18
E3	78	85.7	9	9.9	0	0.0	1	1.1	2	2.2	1	1.1	0	0.0	91
Kc1	2	6.7	22	73.3	5	16.7	0	0.0	1	3.3	0	0.0	0	0.0	30
Kc2	14	50.0	8	28.6	2	7.1	1	3.6	1	3.6	2	7.1	0	0.0	28
Kc3	15	78.9	2	10.5	0	0.0	0	0.0	0	0.0	2	10.5	0	0.0	19
Kc4	50	33.1	95	62.9	2	1.3	0	0.0	1	0.7	3	2.0	0	0.0	151

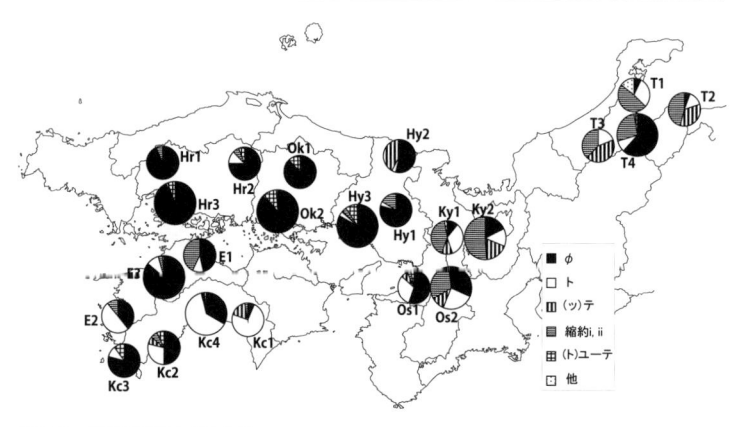

図 8.2 引用標識の使用率

湯の玉というのが）［Hr1］

(4) ショーガネーナー_ø_　モーシテオリマスヨナ　コトデ（「しょうがないよね」と申しておりますようなことで。）［Ky1］

(5) ワタシモネ　ワテ_ø_　モーシマスネン。（私もね「ワテ」と申すんです。）［Os2］

　トは、述語動詞が「思う」の例が多い。

(6) ホントニ　イマノシューワー　ダークナ　コッチャナート　モーテ（本当に今の人たちは楽なことだなと思って）［T1］

　（ッ）テは、述語動詞の多くは「言う」で、「思う」は1例（Ky2）、ほかに「ある」「歌う」などもある。促音を含むッテと含まないテとの選択には地域差や何らかの言語内的要因が関与すると思われるが、ここでは両者を区別しない。

(7) オーサカベン　ナニガ　ワルイネンテ　ヨー　ユータコト　アリマスケドネー。（「大阪弁で何が悪いんだ」とよく言ったことがありますけどねえ。）［Os2］

(8) ヨリアイニ　デナハレヨーッテ　ヤメカンナラン（「寄り合いに出なさいよ」とわめかなければならない。）［Hy2］

　「縮約ⅰ」としたのは、有形の引用標識ト等と「言う」が縮約しているが、「言う」の動詞としての活用形を保ったものである。

(9) ソレオ　ミズテン　チュイマンネン。（それを「ミズテン」と言うんですよ。）［Os2］

(10) ワカガエルッツ　コトモ　ナイケンドーノー（若返るということもないけれどねえ。）［Kc2］

　「縮約ⅱ」は、有形の引用標識ト等と「言う」の縮約したもので、「言う」の動詞としての活用形を保っていない、下のような例である。

(11) セローリテテテネァ（競争織りといってね、）［T2］

(12) ニッチョーノ　ヤスミテナ　コト　アラヘンドッサカイナー（日曜の休みというようなことはないのですからね。）［Ky1］

(13) カエテー　モノガ（飼料というものが）［E2］

　（ト）ユーテには、ユーテとトユーテがある。後者はKc4に2例

のみ見られる。短音化したユテも含む。「引用標識ø・ト＝「言う」テ形」に由来し、全体で引用標識化した形である。

　　(14) コドモシュー　チョット　イッテコーイ　ユーテ　ユータラ（「子供衆、ちょっと行って来い」{と／×と言って} 言ったら、）[Os2]

　　(15) ソーユー　ココロネ°デ　オガマニャ　ナンチャーニ　ナリャー　セン　トユーテ　ワタシワ　ユーチャル　コドモニ。（そういう心根で拝まないと何にもなりはしない {と／×と言って} 私は言ってやる、子供に。）[Kc4]

引用標識（ト）ユーテと認めたのは、上の(14)(15)のように「と言って」と共通語訳できない場合のみである。(16)(17)のように「と言って」と共通語訳できる例は、引用標識ø・トに動詞「言う」テ形が続いたものとみなして、øやトとの例とした。

　　(16) ホデ　アノー、ドッチカ°　イチバンヤ　ニバンヤ　ø　ユテ　キメタリネー（それで、あの、どっちが1番だとか2番だと言って決めたりねえ。）[Hy3]

　　(17) ヤゲン　ø　ユーテ　コーユー　フーニ　ナッテ　マンマルイノデ　マンナカイ　シンボガ　アルノ（薬研と言って、こういうふうになって、まん丸のでまんなかに心棒があるのを、）[Hr3]

「他」としたのは、(18)のような「ティ（ッ）ティ」4例（いずれもT1）、(19)の「オモーテ」1例である。ティ（ッ）ティは、上述の（ト）ユーテの類がさらに縮約したものではないかと思われる。オモテは「引用標識ø＝「思う」テ」という構成だろうが、例は少ない*4。

　　(18) マタ　ジキニ　カッテクレティティ　イワッシャルモンナラト　モテ（またすぐに（米を）搗いてくれとおっしゃるものならと思って）[T1]

　　(19) ムカシデモ　オンナジコト　ショッタナ　ø　オモーテ　ウチラ　オモウワ　ン ー。（昔でも同じことをしていたなと私達は思うわ、うん。）[Hy3]

ここで、øも含めた引用標識のアクセントに触れておく。富山市

方言話者としての筆者の内省では、引用標識ト・ッテ・ユーテは全て「低接」(前節語句が有核の場合はそのまま低く、無核の場合は低く下がって付く)というアクセント特徴を持つ。ø化した場合も、引用句後のピッチの下降は実現する。

(20) a.　ミッ[カ]ト　オモ]タ。(三日と思った。)
　　 b.　ミッ[カ]ッテ　ユ]ータ。(三日と言った。)
　　 c.　ミッ[カ]ユーテ　ユ]ータ。(同)
　　 d.　ミッ[カ]ø　ユ]ータ。(同)
　　　　　　　　　　　　　　[上昇位置、] 下降位置、ミッカは無核

つまり、ø化した場合、離散音上は形を持たないが、有形のトなどと同様に「低接」という韻律特徴は保たれる。そのため、前接語が無核の体言の場合、その韻律から、主格名詞句か引用句かが区別できる。

(21) a.　ダ[レ　ユ]ータ。(誰が言った。)【主格】
　　 b.　ダ[レ]　ユ]ータ。(「誰」と言った。)【引用】

引用標識がø化しても「低接」というアクセント特徴を保つことは、富山市方言の他の話者(1922年生まれ・男性1名、1945年生まれ・男性1名)、広島県三次市方言(1936年生まれ、男性1名)でも確認できた。(22)は三次市方言話者より得た例文である。

(22) アガーナ[ヤ]ツア　イ[シャ]ø　ユエ]ン。(あんな奴は医者と言えない。注：イシャは無核)

4.2　ø化の頻度の地域差

表8.2・図8.2から、ø化率が高いのは特に兵庫県南部から岡山県・広島県にかけての本州瀬戸内海沿岸であることが分かる。また、近畿では京都市より大阪市で高く、愛媛県では瀬戸内海に面したE3がE1・E2より高い。ø化率は、近畿から中四国にかけての地域で連続的・移行的な分布を見せると言える。なお、高知県では、東部より西部でø化率が高い傾向も認められる。

近畿・中四国地域と地理的に連続しない富山県では、『全国方言資料』の3地点よりも、『日本のふるさとことば集成』のT4でø化率が高い。前者のほうが収録時期・話者の生年が早いことに加え、

後者が平野部（砺波市）の市街地に位置し、前者3地点は経済・文化的な中心地から離れた地域という違いもある。富山県内のø化は比較的新しく平野部に広まった現象のようにも思えるが、現在のデータでは判然としない。

　今回の談話資料の結果とGAJを対照してみると、ø化率が高い地域ではGAJでøの回答密度が高く、ø化率が低い地域ではGAJでøの回答密度が低いという傾向が見られる。

4.3　ø化の頻度に関わる言語内的要因

　次にø化の頻度に関わる言語内的要因について検討する。T3はøの例がないので、以下の分析から除く。

(a) 動詞「言う」と「思う」

　表8.3に、ø化の必要条件Iを満たす引用標識の例のみを対象とし、引用標識「ø」「他（ø以外）」の別、および述語動詞「言う」「思う」の別に用例数を示した。この表から、「思う」より「言う」でø化率が高い地点が多いことが分かる。この傾向が有意か否かを確認するため、表8.3の2×2分割表に対し独立性の検定（フィッシャーの直接確率検定法による両側検定）を行なったところ、T4、Os1、E3で1%水準、E2で5%水準の有意差が得られた。北陸・近畿・四国という地理的に連続しない地点において、述語動詞「言う」「思う」の違いという同じ要因が、ø化の頻度に関わることが確認できた。

　今回の結果では、全体にø化率が高い兵庫・岡山・広島ではこの要因が効いていない。ただし、高永（1996）の広島県宮島町の自然談話データでは、ø化率が「言う」で65.7%、「思う」で20.6%と差があったという。高永の自然談話データには調査者によるインタビューでの発話も含まれている。くだけたスタイルでは全体にø化率が高く、要因（a）が効いてこない広島においても、改まった（あるいは共通語志向の）スタイルでは要因（a）が効いてø化率が下がるのであろう。

表8.3 引用標識ø・他×動詞「言う」「思う」

		ø	他	計	ø%			ø	他	計	ø%			ø	他	計	ø%
T1	言	2	17	19	10.5	Hy2	言	9	4	13	69.2	E2	言	7	5	12	58.3
	思	0	7	7	0.0		思	5	1	6	83.3		思	0	6	6	0.0
	計	2	24	26	7.7		計	14	5	19	73.7		計	7	11	18	38.9
T2	言	2	22	24	8.3	Hy3	言	106	12	118	89.8	E3	言	76	7	83	91.6
	思	0	1	1	0.0		思	15	0	15	100.0		思	2	5	7	28.6
	計	2	23	25	8.0		計	121	12	133	91.0		計	78	12	90	86.7
T4	言	44	21	65	67.7	Ok1	言	14	1	15	93.3	Kc1	言	2	22	24	8.3
	思	0	5	5	0.0		思	0	0	0	—		思	0	6	6	0.0
	計	44	26	70	62.9		計	14	1	15	93.3		計	2	28	30	6.7
Ky1	言	2	21	23	8.7	Ok2	言	72	7	79	91.1	Kc2	言	11	10	21	52.4
	思	2	9	11	18.2		思	12	0	12	100.0		思	3	1	4	75.0
	計	4	30	34	11.8		計	84	7	91	92.3		計	14	11	25	56.0
Ky2	言	9	31	40	22.5	Hr1	言	11	1	12	91.7	Kc3	言	14	1	15	93.3
	思	0	4	4	0.0		思	3	0	3	100.0		思	1	1	2	50.0
	計	9	35	44	20.5		計	14	1	15	93.3		計	15	2	17	88.2
Os1	言	15	2	17	88.2	Hr2	言	9	1	10	90.0	Kc4	言	49	84	133	36.8
	思	1	7	8	12.5		思	3	2	5	60.0		思	1	5	6	16.7
	計	16	9	25	64.0		計	12	3	15	80.0		計	50	89	139	36.0
Os2	言	51	73	124	41.1	Hr3	言	61	4	65	93.8						
	思	0	3	3	0.0		思	5	0	5	100.0						
	計	51	76	127	40.2		計	66	4	70	94.3						
Hy1	言	13	4	17	76.5	E1	言	11	12	23	47.8						
	思	6	0	6	100.0		思	2	2	4	50.0						
	計	19	4	23	82.6		計	13	14	27	48.1						

(b)「〜と言う」の意味・複合辞化

　前述のとおり、朝日 (2008) は、神戸市の談話データから、述語動詞「言う」が発話動詞としての性質を失い、引用標識とともに複合辞化した用法ではø化しにくいことを指摘した。ここでは、朝日の指摘をふまえた上で、「言う」の語彙的意味の多義性にも留意し、「〜と言う」の例を次の5種に分類する。

① 発話の引用
② 呼び名の引用
③ 接続助詞型の複合形式
④ 連体助詞型の複合形式
⑤ その他の複合文法形式

①は、「Xと言う」が〈Xと発話する〉という意味を表す場合にあたる。つまりX部分が発話内容を示し、「言う」が〈発話する〉という語彙的意味を持つ。典型的には、下の（23）や前掲（14）のように、特定の主体による一回的事態としての発話を引用するものとなる。

（23）さっき太郎が「疲れたなあ」と言った。［作例］

典型から外れるものとして、下の（24）（25）や前掲（7）（16）のように、発話時点ないし発話主体が不特定で、特定の状況において発話内容が慣習化された例も含む。

（24）ホイデ　モー　ドンナイ　シテモ　ネムタカッタラ　チョ
　　　ト　イネ　ツマシテモラオø　ユーテナー　イマダニ　ワタ
　　　シナー　アノ　イネ　ツムø　ユーテ　ミナニ　ワラワレヤ
　　　ンネンケドモナ（そして、もうどんなにしても眠かったら、
　　　ちょっと「稲を摘ませてもらおう」と言ってね。今でも私
　　　はね「稲を摘む」と言って、みんなに笑われますのですけ
　　　れどもね。）［Os1］

（25）オーサカ　マツノウチヤ　ジューゴンチマデø　イーマスケ
　　　ドナ（大阪は、松の内は15日までと言いますけどね。）
　　　［Os1］

これらは、発話の個別具体性や再現性に欠けるが、音声言語として表現された内容を引用するという点で〈発話する〉という語義を保つとみなす。（24）の2例は〈（眠い時は慣習として）「稲を摘む」と言う＝発話する〉と解釈してここに分類したが、〈「寝る」ことを「稲を摘む」と言う＝表現する〉という構文ととれば次の②の例となる。（25）は、藤田（2000: 116–117）が「ある地域・分野・集団などの共有物である共通認識や諺・格言などを実物表示して掲示・紹介する表現」としたものにあたる。

次のように擬音語を承ける例もわずかに見られた。この類の例は〈Xと音を発する〉という意味を持ち、〈Xと発話する〉に準ずる例とみて①に含めた。

(26) マコト　ソロリコ　ソロリコ　チーン　チーン∅　ユーテ
　　　（ほんとうにソロリコソロリコチーンチーンといって、）
　　　［Kc4］

②「呼び名の引用」としたのは、対象に特定の名前・言語表現が割り当てられることを述べる例である。他動詞型「ZがYをXと言う」、自動詞型「YがXと言う」があり、前者は〈YをXと{名づける／呼ぶ／表現する}〉、後者は〈YがX{という名前を持つ／と呼ばれる／と表現される}〉という意味を持つ。複合辞化した「〜と言う」のうち④と連続するが、ヴォイス・テンス等が分化しうる点で動詞としての性格を保持している。前掲 (5) (9) (11) (17) もこの例である。

(27) レンシュースルコトオ　マイオ　ナラス∅　ユーンデス。
　　　（練習することを「舞をナラス」というのです。）［Hy3］

③「接続助詞型の複合形式」は、「〜と言う」にテモ・タラ・トなどの接続形式が付き、全体で接続助詞相当形式として機能する例である。発話時や主体が特定できず、テンス等も分化しない。順接仮定型「〜と{いったら／いえば／いうと}」、あるいは、逆接仮定型「〜と{いって(も)／いったって}」の固定した形で用いられる。(29) のように、共通語の「〜と{いったら／いえば／いうと}」では訳しにくい、提題形式化したものを含む。

(28) イッスンカク∅ユート　イマノ　ナニニ　ナンノカナ。（一寸角というと今の何になるのかな。）［E3］

(29) キツネ∅ユータラ　アタマオ　コー　アノー　タウエシタ　ミズデナー、アタマオ　コーット　ナゼタラナ　バケルンヤテー。（きつねというのは、頭をこう、あの、田植えをした水でね、頭をこうやってなぜるとね、化けるんだって。）［Hy3］

(30) ソーカトユーテ　ダレンマレ　ヤレヨ∅　ユータチ　アレモ　コーシャガ　ナケリャ　ヤレルモンヂャナイ。（そうかとい

って、誰にでもやれよと言ったって、あれも技巧がなければやれるものではない。)［Kc4］

　④「連体助詞型の複合形式」は、「XというY」という固定形で用いられ、Xが呼び名(名前・固定された言語表現)、Yがその呼ばれる対象という関係にあるものである。②「呼び名の引用」の連体形にあたるが、名づけの主体を問題にしない点、(31)のような呼び名の引用という意味も稀薄となり、類概念の総称的な叙述を行う拡張用法もある点で、「言う」の動詞としての性格が稀薄化し、「という」で複合的な文法形式化しているとみなし、②と区別した。Yが形式名詞・準体助詞「もの」「こと」「の」の例も含むが、助動詞相当の「ものだ」「のだ」「ようだ」等は除く。(33)のような感嘆の慣用句「なんというY」も含む。(3)(10)(13)もこの例。

(31) 人間<u>という</u>のは厄介な生き物だ。［作例］
(32) カミツキゾーリトユーモノオ　ハイテイタガ（紙つき草履<u>というもの</u>を履いて行ったが、）［Kc2］
(33) ナンチュー　マ　ナサケナェ　ノコリューコッテゴザルマシタヤラー（<u>なんという</u>、まあ、情けない、名残り惜しいことでございましたね。）［T1］

　⑤「その他の複合文法形式」としたものには、(34)や前掲(12)の「というような」、(35)のような伝聞の助動詞相当、(36)のような提題助詞相当などがある。

(34) タノンマッセ　チュナモンデスワナ。（「頼みますよ」<u>というような</u>ものですよね。）［Os2］
(35) マコト　アノ　フーリンワ　マヨケデ　ツケタ<u>トユーヂャ</u>カ。（本当にあの風鈴は魔よけでつけた<u>という</u>ではないか。）［Kc4］
(36) コドモノ　ジ　ジブンノ　アソビø<u>ユーテ</u>ナー、ダイナンガ°ー、オンナノシトヤッタ　ドナイナガ°　アッタン。（子供の頃の遊び<u>って</u>ねえ、どんなのが、女の人だったら、どんなのがあったの。）［Hy3］

　ø化の必要条件Ⅰに該当する「〜と言う」の例を①〜⑤に分類・集計したのが表8.4である。ø化率を見ると、引用標識全体におい

てø化率が高い兵庫・岡山・広島の資料では①～⑤の区別とø化率の相関が見出せないが、それ以外の地域では多くの地点において、①（発話の引用）でø化率が高く、②～⑤のうち特に④（連体助詞型の複合形式）でø化率が著しく低い傾向がある。

そこで、まず、談話ごとに、「①」「②～⑤の合計」×「ø」「ø以外」の2×2分割表に対して独立性の検定（同前）を行ったところ、T4・Ky2・Os2・Kc4で1%水準の有意差、E3で5%水準の有意差が得られた。これらはいずれも、まとまった数の引用標識の例が得られた『日本のふるさとことば集成』所収の談話である。また、『全国方言資料』所収のT2・Kc2でも10%水準の有意傾向が見られた。この検定結果は、地域を越えて①の場合にø化しやすいことを示している。

次に、特に④においてø化率が低くなることを確認するために、「②③の合計」「④」×「ø」「ø以外」の2×2分割表に対して独立性の検定（同上）を行ったところ、T4・Kc4で1%水準の有意差、Os2で5%水準の有意差、Hy3で10%水準の有意傾向が得られた。ここでも、富山・近畿・高知という複数地点でø化に関して同じ要因が効くことが確認できた。

なお、疑問語「ナン（何）」に引用標識が付く例が全資料を通じて6例ある。下の（37）のような②に分類される例がKy1・Ky2・Os2・Hy1に各1例、前掲（33）のような④の例がT1・Ty2に各1例ある。

(37) C：ナ、ナンチューノ？（なんというの？）
　　　D：ツルビエ（つるびえ。）
　　　C：ツ　ツルビエøユーノ。（つるびえというの。）［Ky2］

これら6例は全て「ナンチュー」など縮約形で現れ、øの例はない。筆者や他の富山・広島方言話者の内省による判断では「ナンøユー」は許容できない。疑問語「ナン（何）」を承ける場合は極めてø化しにくいという汎地域的な制限があると思われる。

4.4　まとめ

ø化の頻度と言語内的要因に関する調査結果の要点を以下に示す。

表 8.4 引用標識 ø・他 × 「〜と言う」用法

		ø	他	計	ø%			ø	他	計	ø%			ø	他	計	ø%
T1	①	0	7	7	0.0	Hy2	①	8	4	12	66.7	E2	①	3	1	4	75.0
	②	0	0	0	-		②	0	0	0	-		②	0	0	0	-
	③	2	2	4	50.0		③	0	0	0	-		③	2	0	2	100.0
	④	0	5	5	0.0		④	1	0	1	100.0		④	2	4	6	33.3
	⑤	0	3	3	0.0		⑤	0	0	0	-		⑤	0	0	0	-
	計	2	17	19	10.5		計	9	4	13	69.2		計	7	5	12	58.3
T2	①	2	5	7	28.6	Hy3	①	42	5	47	89.4	E3	①	43	1	44	97.7
	②	0	6	6	0.0		②	14	0	14	100.0		②	13	0	13	100.0
	③	0	2	2	0.0		③	18	0	18	100.0		③	4	2	6	66.7
	④	0	6	6	0.0		④	25	3	28	89.3		④	16	4	20	80.0
	⑤	0	3	3	0.0		⑤	7	4	11	63.6		⑤	0	0	0	-
	計	2	22	24	8.3		計	106	12	118	89.8		計	76	7	83	91.6
T4	①	31	2	33	93.9	Ok1	①	8	1	9	88.9	Kc1	①	0	6	6	0.0
	②	6	2	8	75.0		②	1	0	1	100.0		②	0	7	7	0.0
	③	3	3	6	50.0		③	1	0	1	100.0		③	2	3	5	40.0
	④	2	13	15	13.3		④	3	0	3	100.0		④	0	6	6	0.0
	⑤	2	1	3	66.7		⑤	1	0	1	100.0		⑤	0	0	0	-
	計	44	21	65	67.7		計	14	1	15	93.3		計	2	22	24	8.3
Ky1	①	1	1	2	50.0	Ok2	①	43	6	49	87.8	Kc2	①	6	1	7	85.7
	②	0	3	3	0.0		②	4	0	4	100.0		②	1	1	2	50.0
	③	1	6	7	14.3		③	9	0	9	100.0		③	2	0	2	100.0
	④	0	6	6	0.0		④	16	1	17	94.1		④	2	7	9	22.2
	⑤	0	5	5	0.0		⑤	0	0	0	-		⑤	0	1	1	0.0
	計	2	21	23	8.7		計	72	7	79	91.1		計	11	10	21	52.4
Ky2	①	4	1	5	80.0	Hr1	①	4	0	4	100.0	Kc3	①	11	0	11	100.0
	②	2	9	11	18.2		②	2	0	2	100.0		②	0	0	0	-
	③	2	4	6	33.3		③	0	0	0	-		③	2	0	2	100.0
	④	1	11	12	8.3		④	3	1	4	75.0		④	1	1	2	50.0
	⑤	0	6	6	0.0		⑤	2	0	2	100.0		⑤	0	0	0	-
	計	9	31	40	22.5		計	11	1	12	91.7		計	14	1	15	93.3
Os1	①	11	0	11	100.0	Hr2	①	7	1	8	87.5	Kc4	①	22	9	31	71.0
	②	2	1	3	66.7		②	0	0	0	-		②	9	10	19	47.4
	③	1	0	1	100.0		③	1	0	1	100.0		③	12	9	21	57.1
	④	1	1	2	50.0		④	0	0	0	-		④	4	40	44	9.1
	⑤	0	0	0	-		⑤	1	0	1	100.0		⑤	2	16	18	11.1
	計	15	2	17	88.2		計	9	1	10	90.0		計	49	84	133	36.8
Os2	①	24	16	40	60.0	Hr3	①	20	4	24	83.3						
	②	12	11	23	52.2		②	10	0	10	100.0						
	③	5	4	9	55.6		③	11	0	11	100.0						
	④	10	29	39	25.6		④	16	0	16	100.0						
	⑤	0	13	13	0.0		⑤	4	0	4	100.0						
	計	51	73	124	41.1		計	61	4	65	93.8						
Hy1	①	0	0	0	-	E1	①	2	1	3	66.7						
	②	3	1	4	75.0		②	3	1	4	75.0						
	③	7	1	8	87.5		③	0	1	1	0.0						
	④	3	2	5	60.0		④	6	7	13	46.2						
	⑤	0	0	0	-		⑤	0	2	2	0.0						
	計	13	4	17	76.5		計	11	12	23	47.8						

1. 引用標識のø化が起こるのは、先行研究の指摘どおり、引用句を承ける動詞が「言う」か「思う」で、かつ引用句と動詞との間に他の語句が介在しない統語環境に限られる。なお、京阪地域では「言う」の語彙的謙譲動詞「申す」でø化した例もあった。
2. 兵庫南部・岡山・広島の本州瀬戸内沿岸で特にø化率が高い。
3. 引用句を承ける動詞が「言う」のほうが「思う」よりもø化しやすい。ただし、引用標識全体におけるø化率が高いと、この要因は顕現しない。
4. 述語動詞が「言う」の場合、〈発話の引用〉でø化しやすく、〈呼び名の引用〉や複合辞化した場合はø化率が劣る。特に名詞型複合辞「XというY」で著しくø化率が低い。ただし、この要因も引用標識全体でø化率が高いと顕現しない。
5. 疑問語「ナン（何）」に引用標識が付く場合は、極めてø化しにくい。

5. 考察　ø化の動機

　前節で見出したø化頻度の言語内的要因は、北陸・近畿・四国という連続しない複数地域に共通して関与している。このことは、これらの要因が何らかの言語内的な動機にもとづくことを示唆する。ここでは、「引用標識の機能負担」という観点から考えてみる。

　ø化の頻度に関わる要因（b）「〜と言う」の意味や文法化、特に「〜と言う」が〈発話の引用〉の場合にもっともø化しやすいという点は、この観点から説明しやすい。発話内容の引用文では、「太郎が『もう｛行け／行くね／行くの？｝』と言った」のように、引用句以外の連用修飾語句では現れえないモダリティ形式や終助詞等が引用内容部分末尾（引用標識の直前）に位置することが多い。また、発話内容の引用部分は、いわゆる「声色」など"地"の文とは異なるパラ言語的特徴を伴うこともある。このように、引用部分が個別的な出来事としての発話の再現である場合、特にもとの発話の

再現性が高いほど、引用標識によらずにそれが引用句だという統語分析・発話の解釈がしやすくなる、つまり、引用標識の機能負担が軽くなる。一方、〈呼び名の引用〉の場合や複合辞の場合には、そうした引用部分と地の部分とのレベル差がなく、特定のパラ言語的特徴を伴うことはない。また、人名など有生名詞が引用部分に位置する場合は、述語動詞「言う」の動作主体と引用句の弁別のために有形の引用標識が機能することになる。4.1で見たように、引用標識のø化が起こっても「低接」という韻律特徴は保たれるので、それによって格成分か引用句かが弁別できることもあるが、引用部分の語句が有核（特に尾高）の場合にはその弁別性は失われてしまう。

　要因 (a) の「～と言う」が「～と思う」よりø化しやすいという点も同様に説明可能である。「～と言う」、特に上で見たような〈発話の引用〉は、引用部分が音声という物理的な形を伴うものの再現であるが、「～と思う」が引用する思考内容は、そのような形を持たない。また、発話内容の場合に比べ思考内容の引用部分末尾には特別なモダリティ形式が来ることが少ないと思われる。そのため「～と思う」では発話の引用の「～と言う」に比べ、有形の引用標識が機能する。なお、高永 (1988, 1996) は、「～と思う」は丁寧体になることが多いことから、発話のスタイル差の違いに還元できるとしているが、今回の談話資料では特に「思う」が丁寧体に偏るということはなく、発話のスタイル差には還元できないと考える。

　ただし、複合形式のなかでも連体助詞型「XというY」で著しくø化率が低いことは、機能負担という観点からは説明しにくい。この点は、連体助詞型「という」が、「といっても」等の接続助詞型の複合形式に比べ語形が短いことも関わるかもしれない。連体形でø化が起こったときの形「ユー」は、1音節と短く、かつ、半子音・母音のみから成るために前接語と融合・縮約しやすい。そこで、複合文法形式としての語形を保つべく、ø化を避け、「トユー」や、縮約のみが起こった「チュー」「ツ」等が用いられやすいと考えられる。

　また、疑問語「ナン」を承ける場合にø化が極めて起こりにくい

のは、撥音/N/に半子音+母音拍/ju/が続くのを回避するという音素配列上の動機によるものだろう。ただし、筆者を含む富山・広島方言話者（同前）の内省では「ホン（本）」など撥音を末尾に持つ他の語句を承ける場合はø化が可能で、今回の談話でも（2）のような例が見出せる。「ナン」の場合、もともとは量的にø化が起こりにくかったのだろうが、すでに「ナントユー」「ナンチュー」などの形で慣用化・固定化されていると言える。

6. まとめと課題

　本章では、西日本方言談話資料の用例調査により、引用標識のø化の生起頻度の地域差と言語内的要因を明らかにするとともに、その言語内的要因を動機づけるものについて考察した。生起頻度の地域差についても、頻度に関わる言語内的要因についても、母方言話者の内省に依拠する質的な調査から見出すことは困難で、談話資料の用例の定量分析という方法は、この課題に合致していたと言える。

　まず、富山県方言の位置づけという観点から見ると、ø化の頻度は瀬戸内海沿岸地方に比べて高くはないこと、富山県方言のø化には汎方言な言語内的要因が関わっていることが分かった。

　繰り返し述べたように、西日本諸方言の引用標識のø化には、引用句に動詞「言う」「思う」が直接後続する環境でのみ起こるという厳しい生起制限がある。これに対し、主格・対格やニ格相当のø化においては、少数の述語動詞に限って起こるという制限も、副助詞や他の成分が介在しえないという制限もない。この点で、引用標識のø化は、格助詞のø化とは異質である。この異質性は、引用句「〜と」は基本的・本来的に副詞的成分であるとする藤田（2000）の立場と整合する。また、動詞が「言う」「思う」に限られるのは、この二つがそれぞれ発話・思考内容を引用する構文の述語動詞として代表的なものであることに関わるだろう。しかし「〜と言う」「〜と思う」が引用構文の代表というだけでは、ø化がこの2つに限られるという厳密な制限が通方言的に存在することの説明としては不十分に思える。この点は課題として残る。

＊1　図 8.1 の作成にあたり、国立国語研究所「方言研究の部屋」が公開する電子データとプログラムを利用した。
＊2　瀬戸内海沿岸地域の ø の分布は『瀬戸内海言語図巻』(藤原他 1974) 第 21・22 図「人というものは」でも確認できる。
＊3　福田 (2000) は、広島方言で「おまえ、花子がきれいじゃø先生に言ったろうが」のような別の語句が介在する文での ø 化を可とするが、筆者が広島県広島市・三次市の方言話者数名に確認したところ不可と判断された。また、髙永 (1983, 1996) の談話資料では「聞く」でも脱落例が 1 例あったとするが、これも広島県内方言話者の内省では不可とされることから、談話において臨時・例外的に出現したものと思われる。
＊4　T4 にも「トオモテ」と思われる例があるが、「引用標識ト＝述語動詞オモテ」の例と解釈した。

第**9**章

提題・対比的とりたての助詞「チャ」

1. 本章の目的

富山県方言には次のような助詞「チャ」がある。

(1) オラ　ゼッタイ　イク<u>チャ</u>　ユートラン。(私は「絶対行く」とは言っていない。)
(2) コイ　ケッカニ　ナル<u>チャ</u>　イガイダノー。(こんな結果になるとは意外だなあ。)
(3) オーエス<u>チャ</u>　ナンケ。(「オーエス(OS)」{って／というのは／とは}何？)
(4) ハタラク<u>チャ</u>　タイヘンナコトダノー。(働く{って／というのは／とは}大変なことだなあ。)
(5) A：コレ　ミエッケ？(これ、見える？)
　　B：ハッキリト<u>チャ</u>　見エン。(はっきりとは見えない。)

共通語訳に示したように、「チャ」は、共通語の「とは」「って」「というのは」に対応する場合が多く、さらに(5)のような副詞的修飾成分をとりたてる「は」に対応する場合もある。つまり、文中において、主題となる名詞句や、主題とは言い難いがコメント付与対象となる副詞句などをとりたてる機能を果たす助詞と言える。共通語の「とは」「って」「というのは」は、いずれも引用表現に由来する主題提示(提題)形式とされる。こうした形式との用法上の類似や語形から、「チャ」は、「「と」相当の引用助詞＋「は」相当の助詞」の縮約したものと推測される。本章では、共通語の「とは」「って」「というのは」と対照しながら「チャ」について記述していく。

2. 方法

　本章の記述は、県の東部（呉東）に位置する富山市で生育した筆者自身の内省、および、他の富山県方言話者を対象とした面接質問調査で得たデータにもとづく。調査は2002～2010年にかけて断続的に行った。話者の情報は次のとおり。

　県東部（呉東）
　　富山市：1922（大正11）年・男性、1933（昭和8）年・男性、1945（昭和20）年・男性、1973（昭和48）年・女性（＝筆者。18歳以後は県外に居住）
　　中新川郡立山町：1924（大正13）年・男性

　県西部（呉西、五箇山）
　　砺波市：1934（昭和9）年・男性、1936（昭和11）年・男性（調査時は旧.井波町に居住）、1961（昭和36）年・男性
　　南砺市（旧.井波町）：1939（昭和14）年・女性、1950（昭和25）年・女性、1962（昭和37）年・男性、1962（昭和37）年・男性（18歳以後は県外に居住）
　　南砺市（旧.東礪波郡平村）：1925（大正14）年・男性

　チャの用法については調べた限り、上の地域間で差が観察されなかった。以下では、主に富山市方言に依拠した例文を示す。

3.「XチャY」文の意味

　「チャ」を用いた文の基本構造を「XチャY」と表記する。Xは〈主題・説明対象〉、Yは〈説明〉にあたる。XとYの意味関係やXの統語的性質から、「XチャY」文を次のように大別できる。〈X－Y〉として示す。

　　(a)〈発話・思考内容－その成否〉
　　(b)〈知覚内容－その評価〉
　　(c)〈言語表現－その属性〉
　　(d)〈心的情報処理の対象－処理結果〉、Xが名詞句

(e)〈心的情報処理の対象－処理結果〉、Xが文の成分

(a)～(e)それぞれの典型例が(1)～(5)である。本節では順に「XチャY」文(「チャ文」と略記)の意味を記述していく。

(a)〈発話・思考内容－その成否〉

このタイプのチャ文は、〈発話・思考内容を再現して示し、その成立・不成立を示す〉という意味を持つ。共通語の「とは」に対応する。引用句という副詞的成分をとりたてる点で、このXを文の主題とは捉えにくい。

(6) オラ ゼッタイ イクチャ ユートラン。(私は「絶対行く」とは言っていない。)＝(1)
(7) アンタモ イクチャ オモワンダ。(あなたも行くとは思わなかった。)

藤田(2000:459)が述べるように、共通語の「とは」には「引用助詞ト＝とりたて助詞ワ」に分析可能なものと、分析不可能でひとまとまりで機能するものがあるが、上は前者にあたる。このタイプは、多少自然さが損なわれるが、「今日雨が降ると言っていない」「あなたも行くと思わなかった」のように「は」を略しても文が成立する。

共通語の「と＋は」も「チャ」も、(6)(7)のように述語が否定形をとることが多く、その場合、他の発話・思考の成立を含意しがちである。また、肯定形述語で表される命題((6)であれば「私は絶対に行くと言った」)が真だと見込まれる文脈において、その見込みを否定するために用いられることが多い。次の(8Ba)のように、言語的に明示された引用句から発話が成立するものと不成立のものとを対比的に述べる場合は、成立するXを「と＝は」「チャ」でとりたて、Yで肯定形述語をとることもできる。ただし、(8Bb)のように、文脈上明示されていない発話をとりたててその成立を述べる文は、「とは」では適格だが、「チャ」では容認しにくい。「チャ」は所与の命題を対比的にとりたてる用法に偏る。

(8) A：アンタ ユキ フル ユータヨネ。(あなたは「雪が降る」と言ったよね？)

B： a. オラ　アメ　フル<u>チャ</u>　ユータレド、ユキ　フル<u>チャ</u>　ユートラン。（私は「雨が降る」<u>とは</u>言ったけど、「雪が降る」<u>とは</u>言っていない。）

　　b. オラ　アメ　フル {?チャ／トワ}　ユータヨ。（私は「雨が降る」<u>とは</u>言ったよ。）

　共通語には「と＋は」と引用動詞「言う」とが複合助詞化した形式「Xとはいえ」「Xとはいっても」があるが、富山県方言の「チャ」は、(9) に示すように、これらには置き換えられない。また、(10) のように、「Xと(は)言えない・呼べない」の形で〈Xと表現するには適格でない〉という意味を表す場合もチャは容認しにくい。(11) のように引用内容が発話可能か否かを述べる場合は問題ない。

(9) リッシュン {ø／×<u>チャ</u>}　ユーテモ　マダ　サムイチャ。（立春<u>と</u>(<u>は</u>)いってもまだ寒いよ。）

(10) ?アイツァ　ケンキューシャ<u>チャ</u>　ユエン。（あいつは研究者<u>とは</u>言えない。）

(11) オラ　ゼッタイ　イク<u>チャ</u>　ユエン。（私は「絶対に行く」<u>とは</u>言えない。）

　なお、「引用句＝引用助詞ト」にチャが後接する場合もある。後述の (e) にあたるとみなす。

(12) オラ　ゼッタイ　イク {チャ／トチャ}　ユートラン。（私は絶対に行く<u>とは</u>言っていない。）

(b) 〈知覚内容－その評価〉

　このチャ文は〈知覚内容をとりたてて主題化し、それに対する評価を示す〉という意味を持つ。これも共通語の「とは」と共通するが、この場合の「とは」は、「と＋は」に分析できず、全体で1つの提題形式化したものである（藤田2000:159）。ここでの「知覚内容」には、聴覚で捉えた言語表現も含まれる（例15）。

(13)（試合結果を知って）コイ　ケッカニ　ナル<u>チャ</u>　イガイダノー。（こんな結果になる {<u>とは</u>／?というのは／?って} 意外だなあ。）

(14) a. アンタガ　アカイ　フク　キテクルチャ　メズラシー。
　　　（あなたが赤い服を着てくるとは珍しい。）
　　 b. アカイ　フクチャ　メズラシー。（赤い服とは珍しい。）
(15)　A：モー　カエリタイ。（もう帰りたい。）
　　　B：a.イマサラ　カエリタイ　ユーテ　ナゲダスチャ　ナサケナイ。（今更「帰りたい」と言って投げ出すとは情けない。）
　　　　 b. イマサラ　カエリタイチャ　ナサケナイ。（今更帰りたいとは情けない。）

　（13）（14a）（15Ba）のように、知覚事態を主述構造を持つ表現として再現する場合もあれば、（14b）や（15Bb）のように、評価の直接の要因・対象となる事態の構成要素のみをとりたてる場合もある（藤田2000: 464）。後者はそれぞれ後述の（d）（c）の例とも言える（4も参照）。

　共通語の「って」は上の例のように知覚内容に対する評価を話し手の判断として示すと不自然に感じられるが、「こんな結果になるって意外｛だなあ／じゃない？／だよね？｝」のように、発話時に話し手がそのように把握しつつあるという表現や、聞き手に確認・同意を求める表現になると容認できる。これは（d）で述べる「って」の意味特性と合致する。「というのは」は容認できなくもないが、冗長に感じられるのではなかろうか。

　なお、「チャ」は、「こんな結果になろうとは意外だなあ。」のような推量-(j, r)o(R)形を承ける用法や、「こんな結果になるとは。」のような終助詞的用法は発達させていない。

　共通語の「とは」は、知覚内容を言語表現として再現して主題化する場合に限られ、次のような仮定的な事態をとりたてることはできない。「チャ」は、このような場合も可能だが、これは後述の（d）にあたるものとみなす。

(16)（試合を観戦しながら）イマカラ　ギャクテンスルチャ　ムリダロー。（今から逆転する {×とは／?って／というのは}、無理だろう。）

(c)〈言語表現−その属性〉

　このチャ文は、〈所与の言語表現を確認・情報更新が必要なものとしてとりたて主題化し、その言語表現としての属性を示す〉という意味を持つ。ここでの「言語表現」には、抽象的な言語記号（タイプとしての記号）も、具体的な発話（トークンとしての記号）も含む。前者の典型例が（17）で言語記号の辞書的意味を問う文、後者の例が（18）〜（20）で、（18）は固有名詞、（19）は指示語の指示対象（表意）、（20）は発話断片の含意を問題にしている。

(17) オーエス<u>チャ</u>　ナンケ。(「オーエス（OS）」{って／というのは／とは}何？) ＝ (3)

(18) ナンダ。メーボニ　アッタ　タナカ<u>チャ</u>　アンタノコトダッタガダ。(なんだ。名簿にあった「田中」{って／というのは／とは}、あなたのことだったんだ。)

(19) A：ソコニ　アルヨ。(そこにあるよ。)
　　 B：ソコ<u>チャ</u>　ドコー。(そこ{って／というのは／とは}どこ？)

(20) A：オラ　ヒトリデ　キタガ。(私、1人で来たの。)
　　 B：ヒトリデ　キタ<u>チャ</u>　ドイコトケ。(1人で来た{って／というのは／とは}どういうこと？)

　共通語では「って」「というのは」「とは」が対応する。丹羽（2006: 第8章）は、提題の「って」等を、大きく「言葉を再現して提示する」用法と、「捉え直し題目を表す」用法とに区別したが、上の例はその前者にあたる。田窪（1987）は、日本語では意味・指示対象が不明な名詞句をとりたてる場合、「は」は不自然で、「って」などの引用形式を要することを指摘した。富山県方言の「チャ」もこの要請にかなう形式である。

　丹羽（2006: 246）は、（21）のような言葉の真偽、（22）（23）のような意味以外の属性（前者は表記、後者は所属する言語変種）を問題にするものも「言葉を再現して提示する」用法に含める。共通語の「とは」はこれらでは用いにくい。（22）（23）のように名詞句を言語記号としてとりたてて意味以外の属性を問題にする場合なら、「は」も許容しやすい。

(21) タイフー クルチャ ホントケ。(台風が来る {って／というのは／?とは} 本当？)

(22) ユーウツチャ ドー カクガ。(「ゆううつ」{って／というのは／?とは} どう書くの？)

(23) アルバイトチャ エーゴケ。(「アルバイト」{って／というのは／?とは} 英語？)

さらに、共通語の「って」は、次のように、発話内容を指示する表現にも付きうる。この場合「というのは」「とは」は不適格、「は」は適格となる。「チャ」は、「って」と同様に適格となる。言語表現そのものではなく、発話を指示する表現に付き、意味的にはその指示対象をとりたてる点で、「って」や「チャ」は、元の「引用」という文法機能から離れている。

(24) A: オーエス イレカエンニャナラン。(OSを入れ替えなければならない。)

　　 B: {イマ ユータガ／ソレ} チャ ナンノコトケ。({今言ったの／それ} {って／×というのは／×とは／は} 何のこと？)

このように(c)において共通語の「って」と富山県方言の「チャ」はよく似ているが、違いもある。「って」は、これまでの例のように、文脈中のさまざまな言語表現から、その属性について説明を要するものを話し手が主題として設定することはできるが、下のようにすでに主題となっているものを引き続き主題とし、その性質を説明する場合は容認しにくく、「というのは」「とは」のほうが自然である。「チャ」にはこの制限はない。

(25) A: オーエスチャ ナニケ。(「オーエス(OS)」{って／というのは／とは} 何？)

　　 B: オーエスチャ オペレーショナルシステムノ リャクデ、〜。(OS {?って／というのは／とは} オペレーショナルシステムの略で、〜。)

(26) ナラ オーエスニツイテ カンタンニ セツメーシトクチャ。オーエスチャ、オペレーショナルシステムノ リャクデ、〜。(じゃあ、OSについて簡単に説明しておくね。OS

{?って／というのは／とは} オペレーショナルシステムの略で、〜。)
　一方、次の文では、「って」が可だが、「チャ」は用いにくい。
(27) A：ソコニ　アルヨ。(そこにあるよ。)
　　　B：?ソコニチャ　ドコー。(そこに{って／?というのは／とは}、どこ?) cf. (19)
(28) A：ハヨ　イコーヨ。(早く行こうよ。)
　　　B：?イコーヨチャ　ドコニー。(行こうよ{って／?というのは／?とは}、どこに?)
　「って」は既出の発話から引用した文の成分(上の例では「名詞＝格助詞」「動詞意志形＝終助詞」)を承けて、その名詞句の指示対象や動詞句の欠けている補語を問うことができるが、「チャ」や「というのは」「とは」はそれらでは用いにくい。言語表現を提示してその意味を問うという機能を考えると、「チャ」や「というのは」「とは」のようにXとYとが統語的に同質なのがふつうで、XとYの不均衡を許す「って」のほうが特殊なように思える。

(d)〈心的情報処理の対象−処理結果〉：Xが名詞句
　言語表現が表す事物・概念をとりたてて主題とする。このタイプのチャ文には、〈心的情報処理を要する対象となる事物・概念をとりたてて主題化し、処理結果を示す〉という意味がある。ここでの「心的情報処理」は、さまざまな事物・概念およびそれらの相互関係についての情報が収められた心的データベースの検索や、その情報にもとづく推論などの計算処理を指す。先に見た(c)も心的情報処理の一種で、(c)では処理を要する対象が言語表現、(d)では言語表現が表す事物・概念という違いがある。こうしたチャ文の意味は共通語の「って」文にもほぼ共通するが、「って」は、処理課題・処理対象の設定とデータベースの検索・更新処理に重きがおかれ、与えられた処理課題に対する結果を提示する場合の使用が限られる。
　まず、共通語の「って」と共通する用法の例をあげる。
(29)サンチョーメノ　コニッサンチャ　ドイヒトケ。(3丁目の

小西さん {って／というのは／とは} どういう人？)

(30) ニンゲンチャ　ホントニ　コートードーブツナガカノー。(人間 {って／というのは／とは} 本当に高等動物なのかな。)［丹羽2006:249、例（43）］

(31) ハタラクチャ　タイヘンナコトダノー。(働く {って／というのは／とは} 大変なことだなあ。)

(32) タローチャ　イマ　アコデ　ハタライトンガダト。(太郎 {って／?というのは／×とは} 今あそこで働いているんだって。)

(33) タローチャ　キョーノ　ソーベツカイ　デルヨネ。(太郎 {って／?というのは／×とは} 今日の送別会に出るよね？)

(34) アンタチャ　キツネウドンダッタケ？((食堂で) あなた {って／×というのは／×とは} きつねうどんだっけ？)

(35) コノヘンニ　ユービンキョクチャ　アル？(この辺に郵便局 {って／?というのは／×とは} ある？)

(36) コノホンチャ　モー　ヨンダ？(この本 {って／×というのは／×とは} もう読んだ？)

(37) キョーチャ　ブカツチャ　アッタガケ？(今日 {って／?というのは／×とは} 部活 {って／?というのは／×とは} あったの？)

共通語の「とは」は、(29)～(31) のように、本質的特徴を述べる（疑問文の場合、問う）場合に限られる。「というのは」は、本質的特徴に限られるわけではないが、話し手がその特徴を把握していない事物を対象とするという性格を持つ。「って」や「チャ」は、(29)～(31) のような本質的特徴を述べる場合に限らず、(32) のような一時的状態、(33) のような一回的な動作、(34) のような臨時対応物（いわゆるウナギ文の場合）、(35) のような存否、(36) のような経験の有無を述べる場合も用いられる。さらに、「って」も「チャ」も、(37) のように、二重のとりたて構造を持つ文（この例ではまず「今日」をとりたててその属性を問い、さらに「部活」の存否を問う）や、上の (34)(36)(37) のように、指示表現に付いて、意味上はその指示対象をとりたてることもでき

る。この特徴はすでに用法（c）に関して指摘したことと重なる。

　（29）〜（37）のうち（31）（32）以外は、Xに関する情報について問うたり（自問も含む）、確認・同意を求めたりする文である。（31）は、話し手が知覚・経験によって初めて（あるいは改めて）認識したXに関する情報Yを、自らのデータベースの更新内容として示す文、（32）は、聞き手が知らないと思われるXに関する情報Yを、聞き手のデータベースの更新内容として伝える文である。上の例のように、検索・更新結果Yは、典型的にはXに関する既定の情報だが、必ずしもそうではない。（38）（39）のように、言語的意味（内包）を持つが現実世界において指示対象（外延）が未定のXについて、適当な事物をデータベースから探す場合も「チャ」「って」が用いられる。（39）のように、検索結果が得られないことがYとして示されてもよい。

　　（38）ツギノ　ハンチョーチャ　ダレ　イーカナー。（次の班長って誰がいいかなあ。）
　　（39）ノリチャンノ　オイワイニ　フサワシーモンチャ　ナカナカ　オモイツカンナー。（のりちゃんのお祝いにふさわしいものってなかなか思いつかないなあ。）

　心的データベースの検索・更新、またそれにもとづく推論の結果提示という意味特徴上、次の（40）のように発話時にXとYの対応関係を定める文や、（41）のように容易に知覚されて格別の心的処理を必要としない場合には、「チャ」「って」を用いにくい。（42）の問いも、太郎に用がある、いつもなら出迎える太郎が出てこない等の場合なら自然だが、何の気なしに家族の状況を尋ねるという文脈では不自然である。

　　（40）（食堂でメニューを見ながら）ワタシ {×チャ／?ワ／ø} ヒガワリテーショク。アンタ {×チャ／ワ／ø} ナンニスル？（私 {×って／は／ø} 日替わり定食。あなた {×って／は／ø} 何ニスル？）
　　（41）オハヨー。キョー {?チャ／ワ／ø} イー　テンキダネ。（おはよう。今日 {?って／は／ø} いい天気だね。）
　　（42）（帰宅してすぐに）タロー {チャ／ワ／?ø} モー　ネタ

ケ？（太郎｛って／は／?ø｝もう寝た？）

　下の（43）Bのa・bは、Aの疑問語疑問に対し回答を与える文である。Aの問いの対象をそのまま承け、既存の知識により答えるaでは「って」がやや不自然に感じられるが、副詞「確か」を加えて発話時に情報を検索中であることを示すと容認しやすい。「チャ」はaでも問題なく用いられる。また、Aが前提としている「小西さんは3丁目だ」を否定する内容のcでは「って」「チャ」ともに用いられる。(c)の用法に関しても述べたように、「って」には、処理課題・処理対象を新しく設定するという性格や、データベースの検索・更新を要する処理を行わせるという性格が強い。「チャ」にはそのような制限はなく、所与の処理課題・処理対象を継承して主題とし、求められた結果を示すことができる。

(43)　A：サンチョーメノ　コニッサンチャ　ドコノ　シュッシンケ。（3丁目の小西さんってどこの出身？）
　　　B：a.コニッサンチャ　トヤマシュッシンダヨ。（小西サン｛?って／は｝富山出身だよ。）
　　　　　b.コニッサンチャ　タシカ　トヤマシュッシンダヨ。（小西さんって、確か、富山出身だよ。）
　　　　　c.コニッサンチャ　サンチョーメデナイヨ。（小西さんって3丁目じゃないよ。）

　(44Ba)(45Ba)は、真偽疑問文に対する否定応答文、(44Bb)(45Bb)は肯定応答文である。

(44)　A：コニッサンチャ　トヤマシュッシンケ。（小西さんって富山出身？）
　　　B：a.ナン、コニッサンチャ　トーキョーシュッシンダヨ。（いや、小西さんって東京出身だよ。）
　　　　　b.オン、コニッサンチャ　トヤマシュッシンダヨ。（うん、小西さん｛?って／は｝富山出身だよ。）

(45)　A：タローチャ　キョーノ　ソーベツカイ　デルガ？（太郎って今日の送別会に出るの？）
　　　B：a.ナン、タローチャ　デンヨ。（いや、太郎｛?って／は｝出ないよ。）

　　　　　b. オン、タロー {?チャ／ワ} デルヨ。(うん、太郎{×って／は}出るよ。)
　　　　　c. イマサラ ナニ ユートンガ。タローチャ デルヨ。カンジダネカ。(今さら何を言ってるの。太郎{?って／は}出るよ。幹事じゃないか。)

　これらはどれも処理課題・処理対象を新しく設定するという「って」の性格に反するが、否定応答のaが肯定応答のbより、また、属性を問う (44) が一回的事態の成否を問う (45) より、相対的に適格性を増す。真偽疑問文ではデフォルトの回答として肯定応答が想定されているために否定応答のほうがXに関する情報として価値を持ち、また、属性情報のほうが一回的事態の成否に関する情報よりもデータベースを更新する価値を持つと捉えやすいためだろう。「チャ」も一回的事態の成否の問いに肯定回答を与える (45Bb) では、とりたてて標示する必要のないものをわざわざ標示しているようで、適格性を欠く。ただし、(45Bc) のように、Aが想定する命題「太郎は送別会に出ない可能性がある」を否定するという態度であれば、太郎に関する新しい情報としての価値を持ち、「チャ」が用いやすい (「って」も適格性が増すように感じられる)。

　また、丹羽 (2006: 255) は、「って」が可、「は」が不可となる場合の一例として、(46) のような事物の絶対存在についての確認要求表現をあげるが、このような表現に「チャ」は用いられない。この「って」は「というのは」ではなく「というのが」に置き換えられる点からも、提題助詞としての「って」の特殊性がうかがえる。

　　(46) ヤキニククイホーダイ {×チャ／×ユーガワ／ユーガ} アンネカ。アレデ クイキレンデ クルシンドルッサン ヨー オッチャ。(焼肉食い放題 {って／×というのは／というのが} あるじゃない。あれで、食いきれずに苦しんでいる人が、よくいますよ。) [丹羽2006: 255、例 (76b)]

　(47Ba) (48a) は「太郎は今日は来ない」「このボタンは押してはいけない」ことを既定の事態として伝える文である。「のだ」(富山県方言では「ガダ」) 文とすることにより、話し手が既定の事態と把握していることが明示されている。(47Bb) (48b) は「太郎

は今日は来ない」「このボタンは押してはいけない」ことを話し手の知識・判断として伝える文だが、このように話し手の心的データベースの検索を経ず、聞き手のデータベース更新も迫らない場合、「って」はやや不自然、「チャ」は適格である。さらに、(47Bc)(48c)のように、推量や命令（禁止）表現で話し手の蓋然性・妥当性の判断を示すと「って」は不適格だが、「チャ」はこのような文でも適格である。

(47) A： タロー　オソイネ。（太郎、遅いね。）
　　 B： a.タロー<u>チャ</u>　キョー　コンガダヨ。（太郎 {って／は} 今日来ないんだよ。）
　　　　 b.タロー<u>チャ</u>　キョー　コンヨ。（太郎 {?って／は} 今日来ないよ。）
　　　　 c.タロー<u>チャ</u>　キョー　コンカロー。（太郎 {?って／は} 今日来ないだろう。）

(48) a.　コノボタン<u>チャ</u>　オシタライケンガダヨ。（このボタン {って／は} 押してはいけないんだよ。）
　　 b.　コノボタン<u>チャ</u>　オシタライケンヨ。（このボタン {?って／は} 押してはいけないよ。）
　　 c.　コノボタン<u>チャ</u>　オサンデ。（このボタン {×って／は} 押さないで。）

(49)のように、「チャ」は複数の事項を対比的に示す文でも問題なく使えるが、「って」は従属節で対比のために導入される事項に付きにくい。これも、対比される事項に関する情報の提示が、データベースの検索・更新を要する処理を行う「って」の性格に合わないためだろう。また、(50)のように複数の事項に対する肯否を対比的に示す文では、主節に否定が来るほうが「チャ」を用いやすい。より情報価値の高いほうを主節で表すということだろう。

(49) タロー<u>チャ</u>　オトナシカレド、ジロー<u>チャ</u>　カッパツダノー。（太郎 {?って／は} おとなしいけど、次郎 {って／は} 活発だね。）

(50) A： タロート　ジロー<u>チャ</u>　ソーベツカイ　デルガ？（太郎と次郎って送別会に出るの？）

　　　　B： a.　タローチャ　デッケド、ジローチャ　デンヨ。
　　　　　　　（太郎は出るけど、次郎は出ないよ。）
　　　　　　b.?　タローチャ　デンケド、ジローチャ　デルヨ。
　　　　　　　（太郎は出ないけど、次郎は出るよ。）

　「って」「チャ」が重なる用法のうちでも典型的な、Xに関する既定の情報をYとして問う・提示するという文では、(47Ba)や(48a)に示したように、「ガダ」「のだ」を付すことによってYが既定の事態であることを言語的に明示できる。(47Ba)(48a)の「ガダ」「のだ」は、それぞれ野田（1997）の"関係づけの「のだ」"、"非関係づけの「のだ」"にあたるもので、当該の事態を別の事態と関連するものとして意味づけたり、既定の事態として把握・提示する機能を持つ点で、「って」「チャ」の典型的な用法と合う。岩男（2008）が「って」に関して(51)の例をあげて指摘するように、特に平叙文でYが動的な事象の場合は「のだ」文にすると「って」「チャ」が容認しやすくなる。特別な文脈がなければ、Xに関する情報として価値があるのはX自体の属性情報であるため、一回的な動作（例えば「アメリカに行った」）という情報は価値が低く、心的処理を要する対象としてXをとりたてるという意味特性に合わないが、「のだ」を付すと、それがXに関する新規属性情報として価値を持つと捉えやすいのだろう。(52)のように、聞き手について誤った想定をしており、それを正す情報を伝える文脈であれば、非「のだ」文も許容しやすい。

　(51) ケンクンチャ　アメリカニ　{?イッタ／イッタガダ}　ヨ。
　　　（堅君ってアメリカに　{?行った／行ったんだ}　よ。）［岩男 2008:(25)(25)'］
　　(52)　A： ケンミタイナ　カイガイ　イッタコトモナイヤツニ　イロイロ　イワレタナイワ。（堅みたいな海外に行ったこともない奴にいろいろ言われたくないよ。）
　　　　　B： ナニ　ユートンガ。ケンチャ　キョネン　アメリカニ　{イッタ／イッタガダ}　ヨ。（何言ってるの。堅って去年アメリカに　{行った／行ったんだ}　よ。）

(e)〈心的情報処理の対象－処理結果〉：Xが文の成分

　「って」は、発話を引用する場合を除き、「名詞句＋格助詞」などの文の成分には付きにくいが、「チャ」はさまざまな文の成分に付くことができる。次の例は、格成分中の名詞句が表す事物のあり方をYで述べている。厳密な意味での主題ではないが、格助詞のない「名詞句＋は・チャ」に言い換えられる場合も多く、先の（d）に近い。意味も、（d）の〈心的情報処理を要する対象としてXをとりたて、処理結果Yを示す〉と共通する。筆者の内省では場所のニ格や起点のカラ格では「って」も容認しやすい。

(53) コノビルニチャ　ドイミセ　ハイットンガ？（このビルに {って／は} どんな店が入っているの？）

(54) ホッカイドーニチャ　イッタコト　アル？（北海道に {って／は} 行ったことある？）

(55) ヘー、コノヘンデチャ　ノーギョー　サカンナガダ。（へえ、この辺で {?って／は} 農業が盛んなんだ。）

(56) コノマドカラチャ　ナニモ　ミエンノー。（この窓から {って／は} は何も見えないね。）

　複数のXの各々に値Yを割り当てる対比の文も可能である。

(57) 　A：タンジョービ　コドンドモカラ　ナニ　モロタガ？（誕生日に子供達から何をもらったの？）
　　　B：タローカラチャ　テブクロ　モロテ、ハナコカラチャ　ハナタバ　モロタヨ。（太郎からは手袋をもらって、花子からは花束をもらったよ。）

　次の例は、動作「言う」の着点としての「太郎」をとりたてて、処理課題命題「太郎に言う」に対する判断処理結果「否」を、推論にもとづく判断（否定推量）や、聞き手への要求（禁止）として示した文である。この「チャ」は焦点標示の機能を持っている。

(58) コノハナシ　タローニチャ　{ユワンデイカロー／ユワンデヤ}。（この話、太郎には {言わなくてよいだろう／言わないでよ}。）

　次の（59）は、統語的には、副詞的修飾成分に「チャ」「は」が付き、動詞否定述語が続く構造、（60）（61）（62）はそれぞれ、動

詞テ形・形容詞ク相当形・名詞述語デ形に「チャ」「は」が付き、補助用言の否定形が続く構造となっている。意味的には、想定される命題に対し否定の判断を述べるものである。(59)では、Aの直接の問い「見えるか」は一般に「はっきりと見えるか」を含意する。Bの応答は、その命題「はっきりと見える」に対し、「はっきりと」をとりたてることによって、その部分を問題にする限り否と判断されることを伝えている。また、(60)は、想定される命題「この本をすでに読んだ」を否定している。この場合、「は」と同様に、「読んでいないが買った」等、他の成立事態の存在を含意しやすい。これらの「チャ」も否定の焦点を標示している。

(59) A：コレ ミエッケ？（これ、見える？）
　　 B：ハッキリトチャ ミエン。（はっきりとは見えない。）
　　　　＝(5)
(60) コノホン マダ ヨンデチャオラン。（この本はまだ読んではいない。）
(61) オモタホド タカチャナカッタ。（思ったほど高くはなかった。）
(62) ココチャ チューシャジョーデチャナイガニノー。（ここって駐車場ではないのにねえ。）

なお、(60)〜(62)に対応する肯定のとりたて表現「×ヨンデチャオル（読んではいる）」「×タカチャアル（高くはある）」「×チューシャジョーデチャアル（駐車場ではある）」は文脈によらず形式自体が不適格である。また、「動詞-(i)形＝は＝する／しない」に相当する「×イキチャ｛スル／セン｝」などの形も文脈によらず容認できない。

「チャ」は、事態が成立する最少・最低限の数量・程度を示す「は」に対応する用法を持たない。これは〈心的情報処理の対象としてとりたてる〉という意味にそぐわない用法と言える。(65b)のように、〈想定される命題を否定する〉という文脈で、体言性の強い「Xグライ」を「チャ」でとりたてるのであれば、容認しやすい。

(63) ヤスイサカイ、イチニチ ニヒャッポン｛×チャ／ワ｝ウ

レヨー。(安いから、一日に二百本は売れるだろう。)
(64) A: イロ ヌッタラ スコシ {×チャ／ワ} マシニナル
ケ。(色を塗ったら少しはましになる？)
　　B: マー、スコシ {×チャ／ワ} マシニナロー。(まあ、
少しはましになるだろう。)
(65) a. エーゴデモ アイサツグライ {×チャ／ワ} デキヨ
ー？(英語でも挨拶ぐらいはできるでしょ？)
　　b. A: アンタ エーゴデチャ アイサツモ デキンカロ
ー。(あなたは英語では挨拶もできないでしょ
う？)
　　　 B: ナニ ユートンガ。アイサツグライ {チャ／ワ}
デキッチャヨ。(何を言ってるの。挨拶ぐらいはで
きるよ。)

なお、こうした意味特性により、「Xダケチャ＋否定形述語」は、共通語の「Xだけは＋否定形述語」と意味的に対応しない。共通語の「Xだけは買わない」は、〈"Xを買わない"ことが最低限成立する〉つまり〈他の何を買おうとも、Xを買うことはない〉の意となる。しかし「チャ」は最低限の表示ができず、(66)のように、想定されている命題〈ビールだけを買う〉を否定する。このような「チャ」は共通語に対応する形式が見つけにくい。また、比較基準のヨリ格を「チャ」でとりたてる文でも、(67)のように、前文脈から引用したヨリ格をとりたて、その事態が成立しないことをYとして述べる文しかありえないようだ。

(66) A: ビールダケ カウガ？(ビールだけを買うの？)
　　B: ビールダケチャ カワンヨ。(＝"ビールだけを買う"
のではないよ。ビール以外も買うよ。≠ビールだけは
買わないよ。)
(67) A: タローヨリ セ タカナリタイ。(太郎より背が高く
なりたい。)
　　B: タローヨリチャ ムズカシカロー。(太郎よりというのは、難しいだろう。)

文の成分に付くやや特殊なものとして、共通語の「〜ては」条件

節の用法のうち、後件に否定的な事態が来る「〜ては」に対応する「〜テチャ」がある。ただし「食っては寝る」のような〈反復〉、「もうやめてはどうか？」のような〈提案〉の用法はない。この「〜テチャ」は、これまで見た「チャ」との連続性も感じられるが、条件形式としてさらに複合助詞化をとげたものと言える。

(68) ガマンシテ　ビョーキニ　ナッテチャ　モトモコモナイ。
　　　（我慢して病気になっては元も子もない。）

4.「XチャY」文の別義どうしの関係

前節で見たように「XチャY」文は多義に渡り、統一的な意味を見出そうとしても、他のとりたて・提題助詞と弁別性を保つような記述は難しい。しかし、これらの別義どうしは互いに連続的であり、全体として類縁関係を成していると捉えられる。ここで別義どうしの連続性・接点を整理しておく。

まず、3でも述べた (d) と (e) の関係について。(e) は、統語的には格成分・副詞的修飾成分・述語中の補語成分をとりたてるが、意味的には心的処理の対象事物・概念をとりたてて処理結果を示すという関係が見られる。(d)(e) で並行的な関係にある例を下にあげる。

(69) a.　コノビルチャ　ドイミセ　ハイットンガ？（このビルはどんな店が入っているの？）【用法(d)】
　　 b.　コノビルニチャ　ドイミセ　ハイットンガ？（このビルにはどんな店が入っているの？）＝ (53)【用法(e)】
(70) a.　コノホンチャ　マダ　ヨンドラン。（この本はまだ読んでいない）【用法(d)】
　　 b.　コノホン　マダ　ヨンデチャオラン。（この本はまだ読んではいない）＝ (60)【用法(e)】

(c) と (d) が〈心的情報処理の対象-処理結果〉という点で近い関係にあることも3で述べた。また、共通語の引用表現由来の提題形式に関する論（田窪1987、藤村1993、丹羽2006等）が示唆・指摘してきたように、言葉の意味を示すことと、言葉の意味す

る事物を同定するためにその本質的特徴を示すこと、また、固有名詞の指示対象を示すことと、それ自体は指示対象を持たない名詞句（西山（2003）の「変項名詞句」）が表す概念の指示対象を示すこととは、近い関係にある。

(71) a. ショキカチャ　ドイイミ？（「初期化」ってどういう意味）【用法(c)】
　　 b. ショキカチャ　ドースルガ？（「初期化」ってどうするの？）【用法(d)】

(72) a. イマ　ユータ　ヤマダチャ　ダレ？（今言った「山田」って誰？）【用法(c)】
　　 b. タローノ　カノジョチャ　ダレ？（太郎の彼女って誰？）【用法(d)】

（a）と（b）の接点には、次のような、知覚した内容に対する思考の非成立および意外感を表す文がある。(73a)は過去時点での思考の非成立を表すが、事態Xが成立したことや、話し手がXの成立を意外と感じていること、つまり、(73b)と同じ意味が、含意されやすい。

(73) a. Xチャ　オモワンダ。（Xとは思わなかった。）【用法(a)】
　　 b. Xチャ　{イガイダ／ビックリシタ}。（Xとは{意外だ／驚いた}。）【用法(b)】

（a）と（c）とは、Xとして発話内容を再現したものをとる点で接するが、とりわけ(74a)のように、発話内容をXとし、どの発話主体においても成立していないことを述べる文は、Xの言葉としての属性を示すとも捉えられ、(a)兼(c)の例と言える。(74b)もこれに近いが、これは、(a)の通常の語順「×ダレガXチャユータ？」と言い換えられないことから(a)を兼ねるとはみなせない。

(74) a. Xチャ　ダレモ　ユートラン。（Xとは誰も言っていない。）【用法(a)兼(c)】
　　 a'. ダレモ　Xチャ　ユートラン。（誰もXとは言っていない。）【用法(a)】
　　 b. Xチャ　ダレガ　ユータガ？（Xって誰が言ったの？）

　　　　　【用法(c)】
　　b'. ×ダレガ　X<u>チャ</u>　ユータ？（誰がXっ<u>て</u>言ったの？）

　(a)と(d)(e)は、(d)(e)がXに関する所与の命題の真偽をYとして示す場合に類似する。また、(a)は引用句という副詞的成分をとりたてるものであり、(e)のなかでも引用句成分「～ト」をとりたてる場合は文意が重なる。

(75) a.　X<u>チャ</u>　ユワン。（「X」<u>とは</u>言わない。）【用法(a)】
　　 b.　X<u>チャ</u>　イカン。（X<u>は</u>行かない。）【用法(d)】
　　 c.　Xト<u>チャ</u>　ユワン。（「X」<u>とは</u>言わない。）【用法(e)】

　(b)と(c)との接点として、聴覚で把握した事態の構成要素、すなわち発話内容をとりたて、その評価を示す場合があげられる。同様に、(b)と(d)の接点として、視覚等で把握した事態の構成要素をとりたて、その評価を示す場合がある。このタイプの文はそれぞれ、(b)と(c)、(b)と(d)を兼ねるとみなすことができる。

(76) イマサラ　カエリタイ<u>チャ</u>　ナサケナイ。（今更帰りたい<u>とは</u>情けない。）＝（15Bb)【用法(b)兼(c)】

(77) アカイ　フク<u>チャ</u>　メズラシー。（赤い服<u>とは</u>珍しい。）＝（14b)【用法(b)兼(d)】

5. 課題と展望

　本章では富山県方言の「チャ」について、共通語の「って」「とは」などと対照しながら記述してきた。「って」については「チャ」との対照を通して、先行研究で示唆されながらも必ずしも注意されてこなかった意味特徴や用法制限も浮かび上がった。

　引用表現に由来する提題形式として、共通語にはほかに「と言う」の仮定条件形由来の「というと」「といえば」「といったら」がある。富山県方言（特に呉西）には、「といったら」と構成が等しい「ユータラ」「チュータラ」があるが、次のように、共通語の「といったら」よりも広い用法を持つ。

(78) A：キンノ　タナカサンニ　オータヨ。（昨日、田中さんに会ったよ。）

B：　タナカサン<u>ユータラ</u>　ダレケ。（田中さん｛×といったら／って｝誰？）

「ユータラ」「チュータラ」がこのように共通語の「といったら」より広く用いられる現象は、西日本の他の方言でも観察されるようである。こうした他の引用表現由来の提題形式についても方言間・形式間で対照しながら記述することで、〈引用〉と〈提題〉〈とりたて〉の関係について捉え直すことが可能となるだろう。

終　章
本書の成果と課題

　1章では、本書の基本的な目的が、次の2つにあることを述べた。
　　1）文法事象・文法形式の地理的分布から、富山県方言の特性、および、富山県方言の分布形成過程を明らかにする。
　　2）富山県方言の文法について総合的・体系的に記述する。その記述にもとづいて、他方言や中央語史と対照し、文法形式・文法事象の発達・変化過程を考察する。
　さらに、本書の副次的な目的が、話者の内省に依拠する記述と談話資料の用例にもとづく記述、また、定性的な記述と定量的な記述との融合の有効性を示すことにあることも述べた。
　本書を締めくくるにあたり、第Ⅰ～Ⅲ部で明らかになったことを改めて示しながら、上の目的に照らし合わせてどのような成果を示しえたのか、および、今後の課題として何が残るのかを記しておく。

1．地理的分布からのアプローチ

　2章1では、『口語法調査報告書』『方言文法全国地図』『富山県方言分布地図』などの資料にもとづき、文法面での富山県方言の特性や県内の地域差の形成過程について記述・確認した。先行研究で指摘されていた「おおよそ西部方言的」だが、特に呉東において「東部方言的要素」が存在するという点について、牛山（1969）の東西方言対立の指標5項目を中心に確認した。さらに2章2では、富山県内のコピュラの分布とその形成過程について、筆者自身の臨地調査結果にもとづいて論じてきた。こうした記述・考察から、従来、呉東における「東部方言的要素」として先行研究がしばしば言及してきた、母音語幹動詞の命令形「～レ」と、コピュラの「ダ」について、いずれも比較的最近起こった自律的な変化で成立したも

ので、東日本方言との接触を想定したり、富山県方言を日本語の基層方言の1つと位置づけたりする必要がないと結論づけた。さらに、富山市などの呉東西部には、勧誘の「〜ンマイ」など、他にも独自の発達・変化を遂げている文法事象が見られることをあげ、呉東西部は自律的な合理的文法変化を遂げる性格を持つことを述べた。

なお、富山県方言の特性については、第Ⅱ・Ⅲ部の記述的アプローチからも明らかにしえた点がある。3章では、富山市方言の文法体系全体の記述を行ったが、母音語幹動詞のr語幹化が進んでいることの記述は2章の論点を補足するものとなった。また、5章のs語幹動詞イ音便、6章の形容名詞述語の活用、7章の形容詞の副詞化形式、8章の引用標識のø化は、いずれも、富山県方言が西日本方言と歴史的に連続していることを示す事例である。3章や9章では、富山市方言において主格・対格のø標示の頻度が高いこと、提題・対比的とりたて助詞チャを発達させていることを記述したが、これらについての他方言との対照や歴史的位置づけについては本書では扱うことができなかった。

2. 記述的アプローチ

2.1 文法体系の記述

本書の目的2）に対応する記述的アプローチの第1として、第Ⅱ部3章では、富山市方言の文法体系の総合的な記述を行った。管見の限り、日本語の一地域方言の文法体系について、この章ほどの総合的かつ詳細な記述はなされたことがないはずである。

この章については執筆に迷う部分も多かったが、それが本書の成果にも課題にもつながっている。3章でもっとも苦心したのは、その構成である。3章における節・項は、文法を構成する部分体系に対応し、節・項の順序はそれら部分体系どうしの関係づけを意味するからである。3章1でも述べたように、3章の構成は、日本語記述文法研究会（2003–2010）『現代日本語文法』や下地（2013）を指針としたが、執筆を進めるうちに、筆者の文法観や富山市方言の言語的事実にそぐわない部分や、記述の重複・漏れに気づき、何度

も構成を見直すこととなった。

　まず問題となったのは「品詞」として何をたてるかである。品詞に関して富山市方言（を含む富山県方言）に固有の問題はなく、共通語と同じ品詞体系を採用すればよいという見通しを持っていたが、学校文法における「形容動詞」「感動詞」の扱いや、助詞の下位分類、助動詞の認定について、3章全体に適用できる既存の品詞体系を決定するのは困難であった。結果として、シズカダなど「形容動詞」にあたるものは「形容名詞」と助動詞の一種である「コピュラ」とで構成されるとみなし、「感動詞」については「応答詞」を分立したほかは学校文法のそれに準じた。また、助詞の下位分類を「格助詞」「準体助詞」「副助詞」「接続助詞」「終助詞」とした。途中、「副助詞」にあたるものを「とりたて助詞」と「並列助詞」に分け、いくつかを「接尾辞」とみなすなどしたが、接尾辞的でもありとりたての機能を持つドモや、不定・疑問のカなどの位置づけに困り、品詞としては広く「副助詞」とし、その機能が名詞句に意味を添えることや、並列、とりたてなど多岐に渡るとしたほうが、「助詞」にあたるものを漏れなく扱いやすいと判断した。また「助動詞」を基本的には活用を持つ付属語としながら、活用のない推量のダロー・ヤロー、形容名詞述語に準じるミタイ（ダ）などを含めることとした。

　節の内部の構成にもっとも迷ったのは「モダリティ」である。文の類型については結果として『現代日本語文法』にしたがい「叙述文」「疑問文」「命令文」「確認要求文」「意志文」「勧誘文」「感嘆文」の区別を設けた。意味からも共通語や富山市方言の文法的事実からも、「確認要求文」「意志文」「勧誘文」「感嘆文」は、「叙述文」「疑問文」「命令文」のいずれかに関わる周辺的・中間的なものと位置づけるほうが適切だろうが、その点の記述・考察は不十分である。また、叙述文の述語に現れるモダリティの下位分類として、「評価」「認識」「説明」をたてた。これも『現代日本語文法』を参考にしたものだが、「説明」のモダリティ形式とした「ガ（ダ）」などは、「認識」の下位類とみなすべきようにも思えた。また、『現代日本語文法』では「伝達」のモダリティをたて、そのもとに終助詞を記述

しているが、本書では「伝達」をモダリティの下位類とは認めずに、終助詞の意味・用法について形式ごとに記述することとした。終助詞にはチャ・ワなど「認識」のモダリティに属すと考えるべきものがあるが、終助詞という品詞と、モダリティの下位分類とをどう対応づけるかについては課題として残る。

以上のような3章の構成に伴う問題は、それ自体、文法体系記述を行う際の基礎的な検討事項であるが、本書の執筆を進めながら、共通語においても方言においても、記述文法のための一般性の高い枠組みはいまだ検討の余地があるという認識を強くした。本書では、結果として執筆を進めながら事後的に見出したものを提示することとなり、矛盾する部分や漏れがあるだろうが、今後の各地方言の記述を進める際、たたき台として利用する価値はあると思われる。

なお、音韻体系にもとづく表記の方針を明示し、それに準拠して文法記述を行うこと、音韻論上の知見を文法記述に生かすこと、および、文法の各部分体系において、形式間の範列的関係と各形式の連辞的構造との双方が明らかになるように記述することは、3章全体を記述する上で留意したことである。この点では、意図どおりの記述を果たし得たと思われる。特に、母音語幹動詞の命令形の認定にアクセントを考慮した点はアクセント情報が文法記述に重要なことを示す事例となった。また、各文法形式の記述にできる限りアクセント情報を付与した点は、抽象的な記述にとどまらず、音声言語として再現するという実用的な文法記述として意味があると思われる。

2.2 文法形式・文法事象各論

第Ⅲ部の各章では、個別の文法形式・文法事象をとりあげ、共時的記述を行うとともに、中央語史との関係、県内や他方言との地域差についても言及し、通時的な考察を行った。これらは、本書の目的2) に直接対応するものだが、目的1) の、富山県方言の特性や方言分布の形成を明らかにすることにもつながっている。

4章「用言の音調交替とその機能」、5章の「s語幹動詞イ音便化の例外語」は、富山市方言の共時的記述であり、3章の形態音韻論

的記述の詳細を補うものである。4章は、終止形と連体形との関係、終助詞など付属語の特徴を、アクセントの面から捉え直すものであり、本書の方法論上の目的である、音韻論と文法論とのインターフェースという点に即した視点をとっている。また、5章で扱ったs語幹（サ行四・五段）動詞のイ音便は、地理的分布としては西日本に偏るもので、また、中央語や他方言でも例外が多いことが問題にされてきた現象であり、この章の成果は、西日本方言から見た富山県方言の特性を浮かび上がらせている。

　6章は、富山県のなかでも呉東東部に位置する下新川方言の形容名詞述語の活用について扱ったものである。この章では、「〜ナ」が終止形ともなる点、「〜ナ＝形容詞語尾」という構成の形式が発達している点を述べたが、前者は近世期上方語や西日本方言の一部に、後者は西日本方言の一部に見られることであり、富山県方言と西日本方言の連続性を示す事象と言える。また、品詞論においてしばしば問題となってきた形容名詞（形容動詞語幹）という語彙の形態統語論的特徴を記述することで、日本語諸変種の形容詞的語類の特性の一端も示すこととなった。

　7章では、富山県方言の複数地点および石川県金沢方言を対象とし、形容詞を副詞化する特別な形式として接尾辞ナト・ラトと、複合的形式ガニの2種が発達していることを記述した。この発達の背景には、形容詞〜ク形のウ音便化という西日本方言に広く起った現象があり、やはり富山県方言と西日本方言との関係（この場合は、連続性だけでなく、その延長に起こった特殊な変化）を示すこととなった。また、当該の副詞形の発達においては、共通語の文法記述の成果である副詞の下位分類が、言語内的要因として有効なことが確認できた。

　8章では、引用標識のø化という現象について、近畿から中四国方言を比較対象として、談話資料の調査にもとづいて定量的に分析・考察した。ø化の現象自体が西日本に限られること、ø化の生起頻度に関わる言語内的要因において他方言と共通することから、この事象においても富山県方言を西日本方言のなかに位置づけることとなった。

9章では、提題・対比的とりたての助詞チャについて詳しく記述を行った。チャは富山市方言に限らず呉西や五箇山でも用いられ、かつ、他方言にはない助詞であり、富山県方言を特徴づける形式だと言える。引用表現に由来する提題形式という点では共通語の「って」に似るが、文の成分を広く承けるなど「って」とは異なる特性を独自に発達させていることが明らかになった。中央語・共通語の「は」を初めとする提題・対比的とりたて形式とその形式による構文の発達は、日本語を特徴づけるものであるが、諸方言における提題・対比的とりたて形式のバリエーションや用法についての記述・対照は、十分になされていない。一般言語学的にも貢献しうるテーマであり、今後の課題である。

3. 方法論上の成果と課題

　最後に、本研究の成果と課題を、方言文法研究あるいは文法研究一般における方法論という視点から述べる。
　第Ⅱ・Ⅲ部の記述は、富山県方言話者をインフォーマントとする面接質問調査と、同じく富山県方言話者である筆者自身の内省に大きく依拠している。方言研究者には、内省にもとづく母方言の研究は行わず、面接やアンケートなどの客観的な手続きを踏むことを自らに課すタイプの人もいる。筆者自身もそのような姿勢・手法による研究の意義と楽しさは認めるところであるし、実際に他方言の記述を行ってもきた。しかし、本研究で自らの母方言を研究対象に選び、また、その記述に自らの内省を積極的に活用したのは、富山県方言の文法について明らかになっていないことが多くあり、それを明らかにすることで方言研究や文法研究に貢献しうるのではないか、また、自らが母方言話者であることや地理的感覚を持っていることがその研究の遂行に有効に働くのではないかと考えたからである。
　一方で、本書では、各章のテーマに対して筆者の内省のみに依拠するのではなく、必ず、他の話者、特に筆者より年輩の話者の内省による判断もデータとして利用してきた。その理由の1つは、筆者自身の興味・関心や目標が、文法体系の総合的な記述と、文法形式

の発達・変化、および富山県内の地域差とその形成についての考察という点にあったため、自らが用いない文法形式・文法事象についても考察の対象とするほうが、実りの多い研究となりうると考えたことにある。また、もう1つの理由として、成人前に富山県を離れ、すでに約20年の間、富山県方言を含む各地方言のフィールドワークを続けてきた筆者には、自らの文法形式の使用・不使用についての内省や語句・文の文法性判断が信頼に足るものなのか自信が持てなかったということもある。そこで、自らの内省によって記述のおおまかな枠組みを立てながら、他の話者の判断を問うことで、その仮説の検証を行うという手続きを経た。実際にそのように調査・記述を進めてみると、筆者の内省が同じ富山市方言の他の話者と大きく異なることはなかったが、文法性判断の個人差がその文法事象の特徴の一端を示すことにもなるなど、他の話者の判断と自らの判断を比較することは決して無駄な作業ではないことが分かった。

　もう1つ、本書がデータ収集において活用したのは、自然談話資料である。序章でも述べたように、すでに地域間の比較が可能な自然談話資料の蓄積があるにも関わらず、現状ではこれが方言文法研究に有効に活用されているとは言いがたい。特に、既存の自然談話資料を用いて、考察対象となる文法事象・文法形式の例を採集し、それを定量的に記述・分析した研究は少ない。一方で、自然談話資料には、言いよどみ・言い間違いや統語的なねじれが存在するという問題や、当該の形式・現象が対象とした資料に現れないことがその形式・現象が存在しないことを意味するわけではないという問題がある。そこで、本書では、自然談話資料の用例のみに依拠するのではなく、面接調査や筆者の内省から得られる定性的な把握と、自然談話資料の用例による定量的な把握とを、相互に行いながら記述するというスタンスをとった。

　2章2で扱ったコピュラの変異の音韻・統語環境による分布の把握はその一例であるとともに、筆者が自発的な発話の定量的な分析の必要性を最初に感じた事例である。この研究は当初、面接質問調査によってのみ行うつもりであったが、古形のヂャが質問による回答ではなかなか得られないことから、調査中に得られた発話の用例

の採集をあわせて行うことにした。それにより、予想していなかった音韻・統語環境による差もつかむことができ、それらの情報が、変化過程・分布形成過程の考察に役立つものとなった。

　3章の富山市方言の体系記述では、章全体が面接調査による話者の内省と談話資料の用例に依拠しているが、特に、1人称代名詞（5.1）、対格標示（8.2）、仮定節の述語形式（20.4）、原因・理由節の述語形式（20.6）については、談話資料における形式間の意味・用法差や、資料間の差を定量的に示すことで、定性的記述に地理的・言語内的要因によるふくらみを持たせることができた。計量的な記述が可能・有効な項目は他にもあるはずだが、本書では十分になしえなかった部分もある。

　また、8章で扱った、引用標識ゼロ（ø）化とその要因は、定性的記述では限界のある現象であり、自然談話資料による定量的な記述と分析が有効であった。特に、近畿や中国地方方言と対照することにより、ø化の生起頻度がそれほど高くない富山県や近畿方言などではø化を妨げる言語内的要因が共通しており、広島など山陽域の方言ではそれらの要因が効かないことが全体としてø化の頻度を高めていることを実証的に示すことができた。

　こうした本研究での成果から、自然談話資料の用例の定量的な分析が、個人の内省に頼る定性的な記述では見出しにくいことを明らかにする、重要なデータ収集手段であることを示しえたと思う。この点は、コーパス言語学の成果においてすでに示されていることであり、各地の方言談話資料の狭義コーパス化が今後望まれる。

　本研究では、定量的な把握のもう1つの代表的な手段である、多人数を対象としたアンケート調査は行っていない。しかし、例えば、5章で扱ったs語幹動詞の例外語についての記述などは、数名の話者間でも判断に差が見られたことから、多人数を対象とした調査がおそらく有効であったと思われる。

　共通語を対象とした文法研究では、その研究の受容者（論文等の読者）も共通語話者であることが多いため、その記述の信頼性・妥当性の検証を行いやすい。一方、前述のとおり、方言を対象とした研究では、研究の受容者がその方言の母語話者でもあることが極め

て稀なため、どのようにデータを得るかやそのデータの質への反省が、共通語研究以上に重要となる。方言文法研究をより実り多いものとするために、文法記述と並行して、データ収集の方法論についても検討を続けたい。

参考文献

秋田県教育委員会（編）（2000）『秋田のことば』無明舎出版
秋山英治（1999）「サ行四段活用動詞のイ音便はなぜ衰退、消滅したのか」『愛媛国文と教育』32号
青木博史（2013）「クル型複合動詞の史的展開―歴史的観点から見た統語的複合動詞」『日本語文法史研究1』ひつじ書房
朝日祥之（2008）『ニュータウン言葉の形成過程に関する社会言語学的研究』ひつじ書房
愛宕八郎康隆（1969）「奥能登珠洲方言の「ディァ・ジャ・ヤ」」『国文学攷』49号
阿部貴人（2009）「対話における無助詞化の地域差―東京・大阪・津軽方言の対照から」『月刊言語』38巻4号
飯豊毅一（1973）「形容詞・形容動詞の語幹・各活用形の用法」鈴木一彦・林巨樹（編）『品詞別日本文法講座4 形容詞・形容動詞』明治書院
石田尊（1997）「ニ格相当の無助詞名詞句について」『筑波日本語研究』2号
市岡香代（2006）「富山市方言における意志・推量表現形式「ウ」の意味・用法とその変化―形式分化の観点から」『日本方言研究会第82回研究発表会発表原稿集』
井上優（1995a）「富山県砺波方言の終助詞「ゼ」の意味分析」『東北大学言語学論集』4号
井上優（1995b）「方言終助詞の意味分析―富山県砺波方言の「ヤ／マ」「チャ／ワ」」『国立国語研究所研究報告集』16号
井上優（1995c）「富山県砺波方言の「命令形＋カ」」『日本語研究』15号
井上優（1998）「富山県砺波方言の終助詞「ジャ」の意味記述」『日本語科学』4号
井上優（2003）「方言のしくみ　文法（語法・意味）」小林隆・篠崎晃一（編）所収
井上優（2006a）「富山県井波方言の「ガヤ」について」益岡隆志・野田尚史・森山卓郎（編）『日本語文法の新地平2 文論編』くろしお出版
井上優（2006b）「モダリティ」佐々木ほか（2006）所収
井上優・小西いずみ（2006）「疑問表現」大西拓一郎（編）『方言文法調査ガイドブック2』（科学研究費補助金研究成果報告書）
井本三夫（編）（1998）『北前の記憶―北洋・移民・米騒動との関係』桂書房
井本亮（2001）「位置変化動詞の意味について―副詞句の解釈との対応関係と語彙概念構造」『日本語文法』1巻1号

岩男考哲（2008）「「って」提題文の表す属性と使用の広がり」益岡隆志（編）『叙述類型論』くろしお出版
牛山初男（1969）「語法上より見たる東西方言の境界線について」『東西方言の境界』信教印刷
上野善道（1982）「富山県氷見市方言のアクセント」『日本海文化』9号
上野善道（1986）「下降式アクセント（発表要旨）」『都立大学方言学会会報』117号
上野善道（1988）「下降式アクセントの意味するもの」『東京大学言語学論集'88』
上野善道（2006）「日本語アクセントの再建」『言語研究』130号
上野善道・新田哲夫（1983）「金沢方言におけるアクセントと語音の関係」『日本海文化』10号
えんなか会（1988）『生まれ在所のはなしことば　耳にのこるおじじおばばや親たちの声』えんなか会
大田栄太郎（1931）「動詞形容詞の活用形」『越中方言研究彙報』2輯
大田栄太郎（1973）「口頭伝承」富山県（編）『富山県史　民俗編』富山県
大西拓一郎（1994）「鶴岡市大山方言の用言の活用」国立国語研究所（編）『鶴岡方言の記述的研究』秀英出版
大西拓一郎（1995）「岩手県種市町平内方言の用言の活用」『国立国語研究所研究報告集』16号
大西拓一郎（1996）「大分県豊後高田市大力方言の動詞の活用」平山輝男博士米寿記念会（編）『日本語研究諸領域の視点（上）』明治書院
大西拓一郎（1997）「活用の整合化—方言における形容詞の「無活用」化、形容動詞のダナ活用の交替などをめぐる問題」加藤正信（編）『日本語の歴史地理構造』明治書院
大原英嗣（1938）「富山県泊町のアクセント」『方言』8巻2号
沖裕子（1996）「アスペクト形式「しかける・しておく」の意味の東西差—気づかれにくい方言について」『日本語研究諸領域の視点（上）』明治書院
奥村彰悟（1996）「江戸語における「ないければ」—洒落本における打消の助動詞を用いた条件表現」『筑波日本語研究』1号
奥村彰悟（1997a）「「ないければ」から「なければ」へ——九世紀における打消の助動詞「ない」の仮定形」『日本語と日本文学』25号
奥村彰悟（1997b）「明治期における「んければ」」『筑波日本語研究』2号
奥村彰悟（1998）「江戸語における形容詞型条件表現の変化—助動詞「ない」との関連」『筑波日本語研究』3号
奥村三雄（1956）「辞の形態論的性格」『国語国文』25巻9号
奥村三雄（1968）「サ行イ音便の消長」『国語国文』37巻1号
柏谷嘉弘（1973）「「形容動詞」の成立と展開」鈴木一彦・林巨樹（編）『品詞別日本文法講座4 形容詞・形容動詞』明治書院
加藤和夫（1999）『ビデオ「金沢ことば」の解説』金沢市教育委員会
加藤正信（1995）「方言」国語学会（編）『国語学の五十年』武蔵野書院
金森久二（1931a）「代名詞形容詞調査報告（滑川町に於ける）」『越中方言研究彙報』1輯

金森久二（1931b）「オラッチャラッチャ考」『越中方言研究彙報』2 輯
金森久二（1931c）「滑川町における動詞調査報告」『越中方言研究彙報』2，3 輯
金森久二（1931d）「滑川町に於ける動詞調査報告（続）」『越中方言研究彙報』3 輯
金森久二（1932a）「滑川町に於ける助詞考察」（一）～（三）『越中方言研究彙報』4，5，6 輯
金森久二（1932b）「中新川郡に於ける指定の助動詞概観」『越中方言研究彙報』6 輯
金田章宏（2001）『八丈方言動詞の基礎研究』笠間書院
川本栄一郎（1971）「富山県庄川流域におけるズーズー弁の分布とその解釈」『語学・文学研究』2 号
川本栄一郎（1980）「奥能登の親族呼称」『国語学』120 号
神鳥武彦（1982）「広島県の方言」飯豊毅一・日野資純・佐藤亮一（編）『講座方言学 8 中国・四国地方の方言』国書刊行会
岸江信介（1992）「近畿方言の動態と分布との関連」『日本語学』11 巻 6 号
北原保雄（1973）『きのうふはけふの物語研究及び総索引』笠間書院
北原保雄・小林賢次（1991）『狂言六義全注』勉誠出版
木部暢子（1983）「付属語のアクセントについて」『国語学』134 号
九州方言学会（編）（1991）『九州方言の基礎的研究　改訂版』風間書房
工藤真由美（編）（2004）『日本語のアスペクト・テンス・ムード体系―標準語研究を超えて』ひつじ書房
芥子川律治（1971）『名古屋方言の研究』泰文堂
芥子川律治（1983）「愛知県の方言」飯豊毅一・日野資純・佐藤亮一（編）『講座方言学 6 中部地方の方言』国書刊行会
国語調査委員会（編）（1906a）『口語法調査報告書』上・下（復刻版、1986 年、国書刊行会）
国語調査委員会（編）（1906b）『口語法分布図』（復刻版、1986 年、国書刊行会）
国立国語研究所（編）（1966）『日本言語地図　第 1 集』大蔵省印刷局
国立国語研究所（1971）『動詞・形容詞問題語用例集』秀英出版
国立国語研究所（編）（1972）『形容詞の意味・用法の記述的研究』秀英出版
国立国語研究所（編）（1978-1987）『方言談話資料』全 10 巻、秀英出版
国立国語研究所（編）（1989a）『日本方言親族語彙資料集成』秀英出版
国立国語研究所（編）（1989b）『方言文法全国地図　第 1 集』大蔵省印刷局
国立国語研究所（編）（1991）『方言文法全国地図　第 2 集』大蔵省印刷局
国立国語研究所（編）（1993）『方言文法全国地図　第 3 集』大蔵省印刷局
国立国語研究所（編）（1999）『方言文法全国地図　第 4 集』大蔵省印刷局
国立国語研究所（編）（2001-2008）『全国方言談話データベース　日本のふるさとことば集成』全 20 巻、国書刊行会
国立国語研究所（編）（2002）『方言文法全国地図　第 5 集』財務省印刷局
国立国語研究所（編）（2006）『方言文法全国地図　第 6 集』国立印刷局
小西いずみ（1998）「指定辞「dea」「デヤ」の音価について」『日本方言研究会

第66回発表原稿集』
小西いずみ（1999a）「富山県における指定辞デャ・ダ・ジャ・ヤの分布と変遷」『日本語科学』5号
小西いずみ（1999b）「指定辞ジャからヤへの移行における一現象―撥音前接時におけるジャの多用」『日本語研究』19号
小西いずみ（2000）「東京方言が他地域方言に与える影響―関西若年層によるダカラの受容を例として」『日本語研究』20号
小西いずみ（2001a）「富山県笹川方言における形容動詞述語形式―名詞述語と異なる「〜ナ」「〜ナカッタ」等を中心に」『国語学』52巻3号
小西いずみ（2001b）「サ行動詞イ音便化の例外語について―富山市方言の場合」『地域言語』13号
小西いずみ（2002）「サ行動詞イ音便化の例外語について―山梨県奈良田方言の場合」『山梨ことばの会会報』12号
小西いずみ（2004a）「三ヶ日町方言におけるサ行動詞イ音便について」篠崎晃一（編）『静岡県三ヶ日町方言調査報告』東京都立大学国語学研究室
小西いずみ（2004b）「富山・金沢方言における形容詞の副詞化接辞「ナト・ラト」と「ガニ」―方言に見られる文法化の事例」『社会言語科学』7巻1号
小西いずみ（2004c）「富山県方言の文法―地理的分布と記述研究の視点から」中井精一・内山純蔵・高橋浩二（編）『日本海沿岸の地域特性とことば―富山県方言の過去・現在・未来』桂書房
小西いずみ（2005）「石川県小松市松岡町方言における形容詞・形容動詞の活用」『日本語研究』25号
小西いずみ（2006）「（特集・地図に見る方言文法）静かだ」『月刊言語』35巻12号
小西いずみ（2008）「富山市方言における用言のアクセント―終止連体形の音調交替を中心に」山口幸洋博士の古希をお祝いする会（編）『方言研究の前衛　山口幸洋博士古希記念論文集』桂書房
小西いずみ（2010）「西日本方言における引用標識ゼロ化の定量分析―生起頻度と言語内的要因の方言間異同」『広島大学大学院教育学研究科紀要 第二部 文化教育開発関連領域』59号
小西いずみ（2012）「富山方言における引用表現由来のとりたて・提題助詞「チャ」」『国語学研究』51号
小西いずみ（2013）「西日本方言における「と言う」「と思う」テ形の引用標識化」藤田保幸（編）『形式語研究論集』和泉書院
小西いずみ（2015a）「富山市方言の「ナーン」―否定の陳述副詞・応答詞およびフィラーとしての意味・機能」友定賢治（編）『感動詞の言語学』ひつじ書房
小西いずみ（2015b）「富山市方言における終助詞「ヨ」」日本方言研究会（編）『方言の研究1』ひつじ書房
小西いずみ・井上優（2013）「富山県呉西地方における尊敬形「〜テヤ」―意味・構造の地域差と成立・変化過程」『日本語の研究』9巻3号
小西いずみ・中井精一（編）（2009）『富山県方言文法地図』（科学研究費補助金研究成果報告書）

小林隆（2004）『方言学的日本語史の方法』ひつじ書房
小林隆・篠崎晃一（編）（2003）『ガイドブック方言研究』ひつじ書房
五艘辰男（1954）「富山県方言の副詞について」富山市教育委員会（編）『富山市児童言語調査 4 副詞・感動詞篇』富山市教育委員会
佐伯安一（1990）「方言」入善町史編さん室（編）『入善町史　通史編』入善町
佐々木冠（2004）『水海道方言における格と文法関係』くろしお出版
佐々木冠・渋谷勝己・工藤真由美・井上優・日高水穂（2006）『シリーズ方言学 2 方言の文法』岩波書店
真田信治（1979a）「越中五箇山方言での連体助詞「の・が」」『地域語への接近―北陸をフィールドとして』秋山書店
真田信治（1979b）「方言の助動詞」鈴木一彦・林巨樹（編）『研究資料日本文法・助辞編（二）助動詞』明治書院
真田信治（1990）『地域言語の社会言語学的研究』和泉書院
真田信治（1994）「富山県の方言について」『阪大日本語研究』6 号
真田信治（1996）「総論」平山輝男・他（編）『富山県のことば』明治書院
真田信治（編）（1997）『五箇山・白川郷の言語調査報告』（科学研究費補助金研究成果報告書）
真田ふみ（1978）『越中五箇山方言語彙（6）人間・親族に関することば』私家版
真田ふみ・真田信治（1994）『越中五箇山方言語彙（12）文表現に関することば』私家版
沢田奈保子（1992）「名詞の指定性と形容詞の限定性、描写性について―色彩名詞と色彩形容詞の使い分け要因の分析から」『言語研究』102 号
渋谷勝己（1993）「日本語可能表現の諸相と発展」『大阪大学文学部紀要』33 巻 1 号
渋谷勝己（2000）「方言地理学と文法」『阪大日本語研究』12 号
下地理則（2013）「危機方言研究における文法スケッチ」田窪行則（編）『琉球列島の言語と文化―その記録と継承』くろしお出版
下野雅昭（1983）「富山県の方言」飯豊毅一・日野資純・佐藤亮一（編）『講座方言学 6 中部地方の方言』国書刊行会
陣内正敬（1996）『北部九州における方言新語研究』九州大学出版会
杉本妙子（1993）「北部九州方言のカ語尾形容詞型の形容動詞」近代語学会（編）『近代語研究 第九集』武蔵野書院
杉本武（2000）「無助詞格のタイプについて」『文藝言語研究　言語篇』38 号
鈴木重幸（1978）『日本語文法・形態論』むぎ書房
ソーントン、ロザリンド（1983）「形容詞の連用形のいわゆる副詞的用法」『日本語学』2 巻 10 号
副島昭夫（2001）「日本語形容詞の述語形式について」『東京大学留学生センター紀要』11 号
高木千恵（2005）「大阪方言の述語否定形式と否定疑問文―「〜コトナイ」を中心に」『阪大社会言語学研究ノート』7 号
高木千恵（2012）「方言から見る「同意要求」のタイプ」『日本語文法学会第 13 回大会発表予稿集』

高瀬重雄（編）（1994）『日本歴史地名大系16 富山県の地名』平凡社
高田祥司（1999）「大阪方言におけるテオク形の用法　東京方言との対照を中心に」『現代日本語研究』6号
高永茂（1983）「広島県宮島方言の「ト抜け」に関する社会言語学的考察」『日本方言研究会第42回研究発表会発表原稿集』
高永茂（1996）『都市化する地域社会の社会言語学的研究』渓水社
瀧川美穂（1997）「富山県呉西地域における命令表現の体系」『言語科学論集』1号
瀧川美穂（1999）「富山県高岡方言の要求表現における志向形の動向について」『国語学研究』38号
田窪行則（1987）「統語構造と文脈情報」『日本語学』6巻5号
田野村忠温（1990）『現代日本語の文法I「のだ」の意味と用法』和泉書院
都竹通年雄（1953）「方言文法論の方法」『国語学』12号（『都竹通年雄著作集第2巻文法研究篇』ひつじ書房所収）
坪井美樹（1981）「形容動詞活用語尾と断定の助動詞―歴史的変遷過程における相違の確認」馬淵和夫博士退官記念国語学論集刊行会（編）『馬淵和夫博士退官記念国語学論集』大修館書店
坪井美樹（2001）『日本語活用体系の変遷』笠間書院
寺村秀夫（1982）『日本語のシンタクスと意味I』くろしお出版
土井忠生・森田武・長南実（編訳）（1995）『邦訳日葡辞書』4刷、岩波書店
東条操（編）（1956）『日本方言学』吉川弘文館
徳川宗賢・真田信治・新田哲夫（1991）『富山市におけるアクセントの動態（資料）』（文部省重点領域研究研究成果報告書）
富山市教育委員会（編）（1951–1956）『富山市児童言語調査』1〜6集、富山市教育委員会
富山新聞社大百科事典編集部（編）（1976）『富山県大百科事典』富山新聞社
中井幸比古（2002）『京阪系アクセント辞典』勉誠出版
中川健次郎（1982）「山口県の方言」飯豊毅一・日野資純・佐藤亮一（編）『講座方言学8 中国・四国地方の方言』国書刊行会
西山佑司（2003）『日本語名詞句の意味論と語用論―指示的名詞句と非指示的名詞句』ひつじ書房
新田哲夫（1987）「北陸地方の間投イントネーションについて」『金沢大学文学部論集文学科』7号
新田哲夫（1988）「加賀北部地域における動詞アクセントの変遷」『日本海文化』14号
新田哲夫（1989）「金沢方言の動詞のアクセント」『日本海域研究所報告』21号
新田哲夫（2004）「京阪式アクセントにおける動詞の類推変化について」『国語学』55巻1号
仁田義雄（1983）「結果の副詞とその周辺―語彙論的統語論の姿勢から」渡辺実（編）『副用語の研究』明治書院
仁田義雄（1992）「格表示のあり方をめぐって―東北方言との対照のもとに」『日本語学』11巻6号

仁田義雄（2002）『副詞的表現の諸相』くろしお出版
日本語記述文法研究会（編）（2003）『現代日本語文法 4 第 8 部モダリティ』くろしお出版
日本語記述文法研究会（編）（2007）『現代日本語文法 3 第 5 部アスペクト　第 6 部テンス　第 7 部肯否』くろしお出版
日本語記述文法研究会（編）（2008）『現代日本語文法 6 第 11 部複文』くろしお出版
日本語記述文法研究会（編）（2009a）『現代日本語文法 5 第 9 部とりたて　第 10 部主題』くろしお出版
日本語記述文法研究会（編）（2009b）『現代日本語文法 7 第 12 部談話　第 13 部待遇表現』くろしお出版
日本語記述文法研究会（編）（2009c）『現代日本語文法 2 第 3 部格と構文　第 4 部ヴォイス』くろしお出版
日本語記述文法研究会（編）（2010）『現代日本語文法 1 第 1 部総論　第 2 部形態論』くろしお出版
日本方言研究会（編）（2005）『20 世紀方言研究の軌跡』国書刊行会
日本放送協会（編）（1999）『CD-ROM 版 全国方言資料 全 12 巻』日本放送出版協会（ソノシート版は 1959–1972 年刊）
丹羽哲也（2006）『日本語の題目文』和泉書院
野田春美（1997）『「の（だ）」の機能』くろしお出版
野間純平（2013）「大阪方言におけるノダ相当表現—ノヤからネンへの変遷に注目して」『阪大日本語研究』25 号
橋本四郎（1959）「「行く」の音便」『女子大国文』12 号
橋本四郎（1962）「サ行四段活用動詞のイ音便に関する一考察」『国語国文』31 巻 4 号
早田輝洋（1985）『博多方言のアクセント・形態論』九州大学出版会
馬場宏（1996）「能登半島における「父・母」の呼称—敬度の低下と意味変化」『日本方言研究会第 62 回研究発表会発表原稿集』
樋口文彦（1996）「形容詞の分類—状態形容詞と質形容詞」言語学研究会（編）『ことばの科学 7』むぎ書房
彦坂佳宣（1997）『尾張近辺を主とする近世期方言の研究』和泉書院
彦坂佳宣（2005）「原因・理由表現の分布と歴史—『方言文法全国地図』と過去の方言文献との対照から」『日本語科学』17 号
日高水穂（1997）「五箇山方言のバ・マ行五段動詞ウ音便、サ行五段動詞イ音便」真田信治（編）（1997）所収
日高水穂（2003）「「のこと」とトコの文法化の方向性—標準語と方言の文法化現象の対照研究」『日本語文法』3 巻 1 号
日高水穂（2004）「格助詞相当形式コト・トコ類の文法化の地域差」『社会言語科学』7 巻 1 号
日高水穂（2007a）『授与動詞の対照方言学的研究』ひつじ書房
日高水穂（2007b）「文法化理論から見る『方言文法全国地図』—「とりたて否定形」の地理的分布をめぐって」『日本語学』26 巻 11 号
平岡伴一（1955）「方言研究の一方面—富山方言の係助詞「のことは」」近畿方

言学会（編）『東条操先生古稀祝賀論文集』近畿方言学会
平山輝男（1938）「北陸道アクセントの概観（上）」『音声学協会会報』52号
平山輝男（1943）「富山県下のアクセントについて」『音声学協会会報』72・73号
福井玲（1982）「飛騨萩原方言のサ行イ音便について」『東京大学言語学演習'82』
福島直恭（1992）「サ行活用動詞の音便」『国語国文論集』21号
福田稔（2000）「地域方言における補文標識省略」『帝塚山学院大学人間文化学部研究年報』2号
藤田保幸（2000）『国語引用構文の研究』和泉書院
藤村逸子（1993）「わからないコトバ、わからないモノ―「って」の用法をめぐって」『言語文化論集』14巻2号
藤原与一（1962）「日本語諸方言上の「ダ・ジャ・ヤ」」『方言学』三省堂
藤原与一（1969）「越前の一小方言について」『国文学攷』50号
藤原与一・広島方言研究所（1974）『瀬戸内海言語図巻　上巻』東京大学出版会
方言文法研究会（編）（2014）『全国方言文法辞典資料集（2）活用体系』（科学研究費補助金研究成果報告書）
前川朱里（2000）「「（ヤ）ガナ」と「ヤンカ」の用法・機能上の相違について―「ではないか」との対比を中心に」『現代日本語研究』7号
前田勇（1977）『大阪弁』朝日新聞社
前田直子（2006）『「ように」の意味・用法』笠間書院
益岡隆志（1991）『モダリティの文法』くろしお出版
松田謙次郎（2000）「東京方言格助詞「を」の使用に関わる言語的諸要因の数量的検証」『国語学』51巻1号
松丸真大（1999）「京都市方言における「ノヤ」「ネン」の異同」『阪大社会言語学研究ノート』1号
松丸真大（2012）「方言における「知識確認の要求」」『日本語文法学会第13回大会発表予稿集』
松本克己（1998）「形容詞の品詞的タイプとその地理的分布」『月刊言語』27巻3号
水野元雄（1981）『立山町とその周辺の方言』私家版
南不二男（1962）「文法」国語学会（編）『方言学概説』武蔵野書院
南不二男（1980）「方言文法のむずかしさ」『言語生活』342号
蓑島良二（1992）『おらっちゃらっちゃの富山弁』北日本新聞社
三宅知宏（1996）「日本語の確認要求的表現の諸相」『日本語教育』89号
三宅知宏（2011）『日本語研究のインターフェース』くろしお出版
宮島達夫（1956）「文法体系について―文法のために」『国語学』25号
宮島達夫（1972）『動詞の意味・用法の記述的研究』秀英出版
村木新次郎（1998）「名詞と形容詞の境界」『月刊言語』27巻3号
室山敏昭（1965）「京都府奥丹後袖志方言の断定の助動詞について」『日本方言研究会第2回研究発表会発表原稿集』
室山敏昭（1967）「京都府与謝郡伊根町方言の「ダ」ことばについて」『生活語

研究』2 号
八亀裕美（2008）『日本語形容詞の記述的研究―類型論的視点から』明治書院
矢澤真人（1983）「情態修飾成分の整理―被修飾成分との呼応及び出現位置からの考察」『日本語と日本文学』3 号
矢澤真人（2000）「副詞的修飾の諸相」『日本語の文法 1 文の骨格』岩波書店
矢島正浩（1994）「近世前・中期上方語における形容動詞文―ナ終止・ジャ終止の表現性をめぐって」『国語学』176 号
柳田征司（1993）『室町時代語を通して見た日本語音韻史』武蔵野書院
山口幸洋（1996）「方言における文字化の条件―表記以前の問題」『日本語学』15 巻 4 号
山田敏弘（編）（2000a）『とやま・ことばの研究ノート　第 1 集』私家版
山田敏弘（編）（2000b）『とやま・ことばの研究ノート　第 2 集』私家版
山田敏弘（2000c）「金森久二の富山方言研究」山田（2000a）所収
山田敏弘（編）（2001a）『とやま・ことばの研究ノート　第 3 集』私家版
山田敏弘（編）（2001b）『文法を中心としたとやまことば入門』私家版
吉田則夫（1984）「「方言文アクセント」についての一考察」『方言研究年報』26 号
渡辺友左・真田信治・杉戸清樹（1986）「越中五箇山山村の社会変化と敬語行動の標準」国立国語研究所（編）『社会変化と敬語行動の標準』秀英出版
和田実（1969）「辞のアクセント」『国語研究』29（徳川宗賢（編）『論集日本語研究 2 アクセント』有精堂出版、所収）
和田実（1984）「辞アクセントの記号化」金田一春彦博士古稀記念論文集編集委員会（編）『金田一春彦博士古稀記念論文集 第 2 巻』三省堂
Bhat, D. N. S. (1994) *The adjectival category: Criteria for differentiation and indentification*. Amsterdam / Philadelphia: John Benjamins.
Dixon, R. M. W. (1982) Where have all the adjectives gone? In *Where have all the adjectives gone? and other essays on semantics and syntax*. Berlin/New York: Mouton.

本書と既発表論文との関係

序章　書き下ろし。
第1章　小西（2004c）にもとづき大幅に加筆・修正。
第2章　小西（1999a）にもとづき加筆・修正。
第3章　ほぼ書き下ろし。部分的に小西（2008）の内容にもとづく。
第4章　小西（2008）にもとづき加筆・省略・修正。
第5章　小西（2001b）にもとづき部分的に改めた。
第6章　小西（2001a）にもとづき加筆・修正。
第7章　小西（2004b）にもとづき部分的に表現を改めた。
第8章　小西（2010）にもとづき部分的に表現を改めた。
第9章　小西（2012）にもとづき部分的に表現を改めた。
終章　書き下ろし。

　また、本書は2007年度に東北大学大学院文学研究科に提出した博士（文学）学位論文「富山県方言の文法に関する研究」にもとづく。本書の第3章にあたるものは学位論文にはなく、学位論文を構成する一部の章・節が本書の第3章にとりいれられている。

あとがき

　本書の執筆過程、またその基盤となった調査・研究を進める過程では、多くのかたがたのご指導・ご協力を賜った。
　まず、本書のもととなった博士学位論文をご指導・ご審査くださった東北大学大学院文学研究科の小林隆先生、齋藤倫明先生、才田いずみ先生、大木一夫先生に御礼申し上げる。近年の日本の方言研究を牽引してこられた小林先生に直接のご指導を仰ぐことができたのは、私にとって大変に幸せなことであった。
　東京都立大学・同大学院在学中には、篠崎晃一先生、荻野綱男先生、小林賢次先生にご指導を賜った。篠崎先生・荻野先生のご指導により臨地調査を経験したこと、小林先生のご指導により中央語史と方言分布とを対照する視点を得たことが、私の研究の出発点である。また、学生時代から今日に至るまで、研究・教育活動を通じて多くのかたがたにいただいたご助言・ご教示は、本書に直接・間接に生きている。とりわけ、井上優氏、塚田実知代氏には多岐に渡るご助言・ご教示・ご協力を賜った。現在の勤務先である広島大学国語文化教育学講座の先生がたや、卒業・修了生を含む学生諸氏には、日々の教育・研究を通してさまざまな刺激を受けた。皆様に御礼申し上げる。
　ひつじ書房の松本功氏には、本書の出版をお引き受けいただくとともに、初稿に対して丁寧なコメントをいただいた。担当の鈴木紫野氏、渡邉あゆみ氏は、本書の内容をふまえた上で、いつも適切な編集・校正を行ってくださった。私の我が儘も受けとめながら、編集・出版のプロとして刊行まで導いてくださったことに感謝申し上げる。
　本書は、富山県方言話者である多くのインフォーマントのご教示がなければ成立しない。調査開始から本書刊行まで約20年を経た

ため、すでに鬼籍に入られたかたも多い。自分の怠慢を恥じつつ、改めて御礼の気持ちを伝えたい。

　私に学ぶ環境を与えるとともに、自らの専門的職業人としての倫理と知的探求を全うする姿を示し続けてくれた父と亡き母への感謝と尊敬の念は、到底書き尽くせない。本書を捧げることでその思いを表すことに代える。

　2016年2月

小西いずみ

索　引

あ
あいづち　45, 46, 51, 157
アスペクト　27, 151
ア段拗音の直音化　48

い
「言う」　85, 184, 296-313
石川県金沢市方言　231, 275-292
石川県小松市松岡町方言　273
意志形による命令表現　15, 24, 92, 166
意志と推量の区別　149, 161
「一家の主婦」を表す名詞　50, 51
井上優　9, 10
イントネーション　155, 215
引用　171, 184
引用表現由来の提題形式　315, 332, 334

う
ウナギ文　323

え
『越中五箇山方言語彙』　10
『越中方言研究彙報』　9

お
応答　84
「思う」　296-313
尾張方言　55

か
加賀藩　37, 49, 50, 52
格体制　69, 125, 126, 128-130
確認要求　326
金森久二　9
上方語　265, 266
漢語動詞　248, 254
感嘆　261, 265
感嘆文　263, 267-269, 271
間投詞　214
間投助詞　177, 178, 212

き
詰問　156, 175

け
形容詞化　151
形容詞的語類　257
結果の副詞　282-292
言語類型論　257
現象描写文　264
限定性　272

こ
語彙化　164, 173, 204, 293
語彙的意味の稀薄化　297
『口語法調査報告書』　8, 21, 22, 26
『口語法分布図』　8, 21
恒常的　263, 264, 272
語としての同定性　252

361

さ

再分析 267
サ行（s語幹）動詞イ音便 26
真田信治 9, 10
真田ふみ 9, 10

し

指示代名詞 48, 216
指示副詞 45, 209, 211
指示連体詞 75, 84, 209, 211, 215
指定性 272
終助詞の相互承接 235
主題 86
授与動詞 36
準体助詞 275, 290, 291
様態の副詞 282
焦点 214, 329, 330
助詞ダッテ 45, 46, 51
心的データベース 322, 324, 327

す

推量 51
推量形 45, 46

せ

接続詞ダカラ 45, 46, 51
接続詞ダケド 45, 51
絶対存在 326

そ

ソ系の指示語 204
存在動詞 27

た

他動性の標示 244

ち

超重音節 254
地を這った伝播 49

て

提題 86, 308
提題形式化 307
程度性 271, 272
伝聞 171, 308

と

同音衝突の回避 253
東西方言境界 53
東西方言対立 36, 39, 337
動詞の異形態 79, 238, 239
富山藩 37, 40, 49, 50, 52, 56
とりたて否定 138

な

納得 157
奈良方言 290

に

西日本共通語 51, 52
西日本方言域 296
2人称代名詞 35, 212

の

「のだ」 42, 45, 51, 82, 152, 154, 155, 326, 328

は

バ・マ行（b・m語幹）動詞ウ音便 35
反語 157
判断 263
判断文 264, 265, 268

ひ

飛騨萩原方言　245, 250, 251
非難　156, 175, 176, 178
比喩　151, 199
評価　263, 264, 272
描写性　272
広島県三次市方言　303
品詞論　257, 270, 339

ふ

複合助詞化　332
複合辞化　297, 305
文の類型　143, 339
文法化　183, 276, 311
文法化の度合い　292, 297

ほ

母音語幹動詞の命令形　36, 56, 337
方言区画　19, 36

む

無核化　160, 227, 261
ø（無助詞）　103, 105, 106, 110, 111, 115, 126
無生名詞　76

も

モダリティ制限　192
モダリティの下位分類　339

や

山田敏弘　9, 11
山梨県奈良田方言　255

よ

様態の副詞　282–292

ら

ラ行五段（r語幹）化　24, 30, 56, 338

る

類縁関係　332
類推　238, 269

れ

例示　76, 151, 289, 290
連声　46
連体格　35

小西いずみ（こにし いずみ）

略歴

1973年、富山県生まれ。1999年、東京都立大学大学院人文科学研究科博士課程退学、東京都立大学人文学部助手。2008年、東北大学大学院文学研究科博士課程後期修了。博士（文学）。現在、広島大学大学院教育学研究科准教授。

主な論文

「富山県における指定辞デャ・ダ・ジャ・ヤの分布と変遷」（『日本語科学』5号、1999年）、「会話における「ダカラ」の機能拡張―文法機能と談話機能の接点」（『社会言語科学』6巻1号、2003年）、「富山県呉西地方における尊敬形「〜テヤ」―意味・構造の地域差と成立・変化過程」『日本語の研究』9巻3号、2013年、井上優との共著）。

ひつじ研究叢書〈言語編〉第130巻
富山県方言の文法
A Grammar of the Toyama Dialect of Japanese
Izumi Konishi

発行	2016年3月15日　初版1刷
定価	8000円+税
著者	Ⓒ 小西いずみ
発行者	松本功
ブックデザイン	白井敬尚形成事務所
組版所	株式会社 ディ・トランスポート
印刷・製本所	株式会社 シナノ
発行所	株式会社 ひつじ書房
	〒112-0011　東京都文京区千石2-1-2 大和ビル2階
	Tel: 03-5319-4916　Fax: 03-5319-4917
	郵便振替 00120-8-142852
	toiawase@hituzi.co.jp　http://www.hituzi.co.jp/

ISBN978-4-89476-763-8

造本には充分注意しておりますが、落丁・乱丁などがございましたら、小社かお買上げ書店にておとりかえいたします。
ご意見、ご感想など、小社までお寄せ下されば幸いです。